# 教学艺术

主　编　李　萍　刘庆昌

副主编　周继荣　李丽娟　史志杰

编　委　张增建　李　文　柳玉芝　胡亚蓉
　　　　徐　倩　吉赵凯　耿　虎　崔四君
　　　　肖明光　石颐园　杨树福　武燕珍
　　　　苏耀忠　闫晓馨　武明珠　任金璞
　　　　李彩萍　孔建斌　陈红梅　吴建平

山西出版传媒集团　山西教育出版社

图书在版编目（ＣＩＰ）数据

教学艺术 / 李萍，刘庆昌主编. — 太原：山西教
育出版社，2022.8
    ISBN　978-7-5703-2570-2

    Ⅰ．①教…　Ⅱ．①李…　②刘…　Ⅲ．①课堂教学—教
学艺术—初中　Ⅳ．①G632.0

    中国版本图书馆 CIP 数据核字（2022）第 091455 号

**教学艺术**
JIAOXUE YISHU

责任编辑　李　磊
复　　审　彭琼梅
终　　审　冉红平
装帧设计　王　妮
印装监制　蔡　洁

出版发行　山西出版传媒集团·山西教育出版社
　　　　　（太原市水西门街馒头巷 7 号　电话：0351-4729801　邮编：030002）
印　　装　山西基因包装印刷科技股份有限公司
开　　本　720×1020　1/16
印　　张　26
字　　数　423 千字
版　　次　2022 年 8 月第 1 版　2022 年 8 月山西第 1 次印刷
书　　号　ISBN　978-7-5703-2570-2
定　　价　82.00 元

# 前　言

　　新世纪以来的中国基础教育已经发生了历史性的变化，其中最为关键的变化应是教育观念和方法越来越趋于专业化，学校教师对教育理论的学习和应用比以往任何时候都更加自觉。教育领域的人们正在摆脱对经验和传统的依赖，进而把自己的实践工作与相关的专业理论和技术联系了起来。从基础教育的未来发展看，无论改革怎样深入，立德树人的根本任务是不会改变的。这就意味着重视和促进教师的专业发展会是一个永恒的问题，毕竟任何的教育理想和改革的愿望，都必须借助于教师的教学劳动才能实现。

　　教师及其教学劳动听起来也没多么复杂，照韩愈的话说，不就是"传道、授业、解惑"吗？这样的认识至今也不能说有错，但的确已经远远不能适应现代教育发展的需求了。事实上，自20世纪50年代以后，人们对教学的理解就不再局限于知识的传授了。社会对创造型人才的需求，倒逼教育系统基于心理科学理论挖掘教学的更高价值，总的来说，通过教学促进学生的综合发展逐渐成为新的主题。在此过程中，教师被赋予了更多的教育责任，当然也被要求有更高的教学能力。

　　说到教师的教学能力，这既是一个有活力的领域，同时也是一个内容繁杂的领域。若要求全，我们可以就此编制出一个多维度、多层面的集合性作品，但这对于一线教师来说或有意义，也可能成为一种负担。鉴于此，实际上很有必要结合现实的基础教育改革实践和教师专业发展中的核心关切，就教师教学的关键能力做一番深入的研究。我们相信这样的工作更能满足一线教师的迫切需要，也能够在一定程度上用有限的主题集中体现教学理论的相关价值。

　　山西中考命题研究团队在与一线教师长期的互动中，发现"一核·六维·四手段"命题理论内含的教学理念在实践中的落地，必须依靠一线教师教学观念的更新和教学能力的提升。虽然教学能力是一个复杂的系统，但对于教师来说，教

1

学操作能力、教学评价能力和教学反思能力应是其中的关键。

显而易见，教学操作能力是一种基础性的教学能力，它存在于教学过程的每一个环节，对教学的质量具有决定性的作用，由于认识到教学操作的理想境界是专业化基础上的艺术化，我们将教学操作能力提升到教学艺术的层面进行关注；教学评价能力可以是教学操作能力的一部分，但现实地看来，它已经延伸到了教学研究领域，很有必要做专门的对待；教学反思能力显然是教师自身专业发展的必然要求，虽不直接作用于教学过程，但会间接地提升教学过程的品质，在当前教育改革的大背景下显得尤为重要。基于以上的认识，我们策划并编写了《教学艺术》《教学评价》《教学反思》等教育类图书，力求在新的教育理念引领下向一线教师提供自我修炼教学综合能力的专业信息。

《教学艺术》从教学艺术的基本原理出发，进一步设计教学艺术的基础观念、教学艺术的行为领域、教学艺术的操作、教学艺术的主体形象，并提供了各学科教学艺术操作的具体案例赏析，体现了理念与操作相结合的著述思路。

《教学评价》首先论述了教学评价观，并在此基础上涉及教学评价与教师教学、教学评价与学生学习、教学评价与教师发展，并专门论述了中考命题"一核·六维·四手段"理论所蕴含的教学评价思路，对一线教师深入理解"教、学、评"的内在一致性应有助益。

《教学反思》的内容由"理论阐释""操作思路"和"实践应用"构成，一方面强调教学反思理论的操作性理解，另一方面突出了实践意义上的具体操作，目的是要为一线教师进行专业化的教学反思提供具体的依循。

丛书写作过程中，教育部印发了《义务教育课程方案（2022年版）》和语文等16个学科课程标准，其目的是为了贯彻落实党的十八大、十九大精神，落实全国教育大会部署，全面落实立德树人根本任务，进一步深化课程改革。我们认为，新课程方案和课程标准的落实，当然需要就新方案和新标准进行专门的教师培训，与此同时，也需要在新的改革精神指导下，对教师的教学综合能力进行必要的培训。只有这样，才能使立德树人的根本任务顺利完成，使深化课程改革落到实处。从这个角度讲，本丛书无疑具有应课程改革之需的意义，应能为一线教师适应课程与教学的新变化发挥针对性的作用。

李 萍

# 目　录

# 第一章

# 教学艺术的基本原理

## ——诠释教学艺术"新内涵"

教学是一门艺术，它之所以称得上是一门艺术，是因为课堂教学能给予教师充分自由的创作空间和余地，使教师可以像美术家、音乐家、文学家那样进行艺术创作。教学艺术是教师钻研教材、研究学生、进行创造性劳动的智慧之果。但不同的是，教师的创作不仅要以独特的个性来发挥和施展自己的才能，还必须与学生配合。学生既是这一创造活动的对象，又是这一创造活动的积极参与者和主要受益者。这种创作的成果，不是被人称颂的巨幅画卷，不是流传百世的动人乐章，也不是脍炙人口的诗文名篇，而是在学生成长过程中对其灵魂的塑造。

# 第一节　教学艺术的基本原理

## 一、教学艺术的概念

通常而言，教学艺术就是教师在课堂上遵照教学法则和美学尺度的要求，灵活运用语言、表情、动作、心理活动、图像组织、调控等手段，充分发挥教学情感的功能，为取得最佳教学效果而施行的一套独具风格的，创造性、个性化的教学活动。这一界定明确了教学艺术不仅仅是一种教育行为，更指出具有创造性和个性化的教育行为才可能成为教学艺术，这是由于教学的个性化创造中包含着教师的教学理想，因而教学艺术必然指向学生的情感和思维发展，并现实地存在于教师和学生的教学感受之中。

为了达到这样的效果，需要教师富有创造性地运用各种手段唤起学生的学习兴趣，使学生愉快、主动地获取知识；需要教师运用自身独特的创造力和审美价值，把在长期课堂教学实践中积累起来的教学理论、教学经验、教学技能发展到理想的境界，对于教师来说，就是"教得巧妙、教得有效、教出美感、教出特点"。

捷克教育家夸美纽斯曾系统深刻地阐述了教学艺术的技巧问题。他认为，"伟大的成就常常只是一个技巧问题，而不是一个力量问题"，如果把这句话运用于教学中，意指教师要教得巧妙，使教学呈现出灵巧和智慧，而不是使用蛮力强制学生学习。当然，教师的教学也不是简单地凭经验而教，而是要遵循教学规律来进行，遵循美的规律进行教学，在独特创造性的教学中逐渐形成自己的教学风格，将自己思想与才能中最优秀的一面展现出来，给学生以深刻而持久的教育影响，才会具备别人不可轻易取代的价值。因此，教师需切实提高自己的教学艺术水平，使学生学得轻松、学得扎实、学得愉悦、学得深刻，使学习成为一件快乐的事情。学生在学习过程中不仅收获了知识，培养了能力，更具有了正确的情感态度价值观，具备了应对未来的全面素养。只有这样，教学艺术才会开花结果。

## 二、教学艺术的功能

教学艺术被称作一门艺术，它就具有了与其他艺术的相似之处，并且在社会生活中发挥着相同的陶冶、教育、审美等功能。但它也具有一些不同于其他艺术的独特功能，特别是追求课堂高效的艺术功能，具体表现在以下方面。

### （一）有效促进学生发展

教学艺术能激发学生学习动机，有效促进教学信息传递的速度和强度，并能及时根据实际情况作出调整和控制，有利于学生掌握所学内容。其次，教学艺术能给学生以示范、启发、点拨，让学生动脑、动眼、动嘴、动手，有利于开发学生智力，培养学生各方面的能力。此外，教学艺术把科学美和艺术美融为一体，讲究一种适合学生需要的教学美，融语言、思维、视听艺术于一体，昭示美感的真谛，达到以美引真、以美怡情的效果。

### （二）有效提高课堂效率

提高单位时间的教学信息量或训练量，取得预期的教学或训练效果，一直是教师在课堂教学中追求的目标。在教学过程中，也许一次出人意料的体验活动，一个身临其境的教学细节，就会激发学生的学习动机和兴趣，最大程度地调动教育对象的一切非智力因素，积极参与到学习过程中。教师能够运用教学艺术持久地保持学生被激发出来的学习动机和兴趣，获取高质量的课堂教学效率。

（三）有效提高情感教育效果

讲究教学艺术的教师总是注意知识与思想教育的有机结合，在学生获得科学知识的基础上，引导他们确立起科学的世界观。一个教学艺术精良的教师，能在教学中把自身产生的道德情感，通过学科内容中所具有的现象进行表达，进一步去影响学生，让学生受到学科内容中包含的道德情感和教师体验到的并加以表达的道德情感的双重影响。由于这种双重影响，学生更容易产生道德情感，所达到的教育效果更佳。教学艺术精湛的教师，总是善于用情感之火点燃学生的学习之情，不仅有益于学生当前的学习，也必将对学生的一生产生深远的影响。

（四）有效塑造教师良好的自身形象

良好的教师形象有赖于高超教学艺术的塑造。所谓"言传身教""为人师表"都说明教师必须努力塑造好自身的形象，并以这种形象在学生面前树立学习生活、做人做事的榜样。尤其是教师在长期的教学实践中逐渐培养起来的教学风格是一种教学艺术。如教师在传授知识的过程中，每当看到学生全神贯注、聚精会神地听自己讲课时，教师内心会产生一种其他人所没有的愉悦心情，以至达到忘我的境界，这时教学已然成为师生的精神享受。形成自己的教学风格，既是优秀教师所追求的一种目标，也是其一生所追求的教学境界。

## 三、教学艺术的特点

"特点"意即与众不同之处。与一般艺术相比，教学艺术在目的、主体、客体和创作手法上，都有其特殊性。

（一）教学艺术的特殊性要求

1. 教学艺术活动的目的是使学生全面发展

与一般艺术的目的不同，教学艺术的目的是更好地教育和改造年轻一代的身心，使他们真正成为德智体美劳全面发展的人，这就使得教学艺术成了最高级的艺术，因为其目的是"塑造"人。

2. 教学艺术活动的主体是教师和学生

在教学活动中，教师和学生都是具有特殊角色和地位的人，教师主导教学活动的任务、方法、手段和内容，决定着教学的方向；学生则是教学活动的主体，决定着教学活动的效果。他们共同承担着创造教学艺术的重任，都是教学艺术创造的主体。课堂教学艺术不是教师一人的"独角戏",而是师生共同创造的"奏鸣曲"。

### 3. 教学艺术的客体是教学活动

一般艺术的客体是大千世界,包括了生活的方方面面。教学艺术的客体则是教师和学生在教学过程中试图改造的教学活动本身。一幅幅生动活泼、充满魅力的教学活动画面,就是教学艺术的成果。

### 4. 教学艺术的创作手法与众不同

教学艺术的表现手法具有高度的综合性。创造教学艺术的教师需要集音乐家、画家、表演艺术家的素养于一身,并通过综合各种艺术的手段,在教室和课堂这样特定的真实场景中,通过艺术地创设各种教学活动,高效完成教学任务。

### (二)教学艺术特殊的教学境界

教学艺术作为特殊的教学境界,有着特殊的艺术魅力。主要表现为以下特点:

### 1. 形象性

教学艺术注重形象性,它运用语言、表情、图像、音响等方式表达思想、抒发情感、描述和解释知识。尤其是对于正在从形象思维向抽象思维过渡的中学生来说,教学必须具有形象性。

首先,教学语言要做到准确简练、通俗易懂、生动形象,有吸引力和感染力。其次,教师在教学中能正确地使用目光、表情、手势、形体等体态语言来增加教学的形象性。最后,可借助现代化的教学手段,来解决教材中一些难以用语言讲解达到形象化的问题。

### 2. 情理性

情理性是教学艺术的显著特征。情感是教学艺术的核心,教师应当具备怎样的素质才能在教学中拨动学生的心弦,引起学生内心世界强烈的反响和共鸣呢?教学艺术要求再现与表现的完美统一和优化发展,没有情与理的交融是不可能的。在课堂教学中,教师的思想"情"意与科学再现教学内容之"理"水乳交融,才能共同创造出审美教学情境,才能取得优化效果。

首先,要求教师具有高尚的情操。只有以满腔热情和神圣的使命感投入到教学工作中的人,才能迈进教学艺术的殿堂。其次,要求教师具有较深的艺术修养，能够发现美、识别美、鉴赏美、品味美，能够用自己的智慧去创造美。最后，要求教师对教材做深入地钻研。苏霍姆林斯基在论教育素养时说过："教师越是能够运用自如地掌握教材，那么，他的讲解就越是情感鲜明，学生听课后需要花在教科书上的时间就越少，这是教师素养的一个微妙而又非常重要的特征。"可见，教师只有在深钻教材的基础上，才能用自己富有情感的语言去感染学生，与学生一起"入情入境"。

3. 审美性

审美性是教学艺术最突出的特点。教学艺术的审美性表现在教学设计的美、教学过程的美、教学语言的美、教师教态的美、板书呈现的美等方面。

教学设计的美表现在教学计划、方案新颖，别具一格而又具有可行性、富有成效性。教学过程的美表现在整个教学过程自然流畅：起（开始）能引人兴趣；承（上下衔接）能环环紧扣，别具匠心；转（转化）能自然畅达，波澜起伏，引人入胜；合（结尾）能令人茅塞顿开、豁然开朗，或者余味无穷、发人深思。教学语言的美表现为生动形象、言简意赅、精确明快、富有情感。教师教态的美表现为教师衣着打扮美观大方、仪态端庄，态度真诚热情，举止潇洒自然等。板书的美表现为布局设计比例协调、对比鲜明、成系统，重点、难点突出，书写规范而且漂亮、工整等。

必须明确指出，在教学艺术中，审美仅仅是手段，是从属于教学效益并以教学效益为取舍标准的。只有当既"美"（艺术性）且"能"（科学性）相结合，且发挥更大的教学效益时，才能称得上是真正的教学艺术。

4. 独创性

教育家第斯多惠说："教师必须有独创性。"实践证明，创造性乃是教学艺术具有生命力的表现，因为艺术的生命在于创造。在每一堂成功的课例当中，都体现着教师对美的独特感受、对教材的个性化理解，体现着教师新颖的设计和创新的方法。教学工作是创造性很强的工作，教育对象不同、班级基础不同、每一篇课文不同、时代对我们的要求不同……所有这些都要求教师发挥自己的聪明才智，走出模仿的圈子，去不断探索、不断改革、不断创新。

课堂教学的独创性表现在以下几方面：

第一，处理教材的独创性。教师处理教材就好像是导演处理剧本，需要一个艰苦的再创造过程。教材的处理也要体现教师的个性，表现出独一无二的"这一个"来。

第二，教学结构的独创性。课堂教学结构应忌平淡无奇，求出奇制胜。设计结构要有出人意料之外又在情理之中的独特效果。

第三，板书设计的独创性。板书设计得恰当、设计得巧妙，能产生奇特的效果。教师要在板书设计上做独特处理，把板书和板画融为一体，使得板书形象、新奇、独特。

5. 实践性

实践性是被许多大教育家公认的教学艺术的特性，因为整个教学艺术过程都是与教学实践紧密联系、不可分割的。教师的备课，是教师为创造教学艺术进行的"运筹帷幄"，上课则是教师教学艺术决胜千里的实践，只有取得了丰富的实践经验，才能使教学艺术既合于教学规律，又合于师生的个性特点和心理特点。教师组织教学与课堂管理、板书与语言、讨论与提问，也都是教学实践的一部分。所以说，教学艺术是实践性非常鲜明的艺术，一切夸夸其谈如纸上谈兵者都与教学艺术无缘。

因此，教师的备课、课堂组织必须有的放矢，要在充分了解学生的基础上进行。

6. 吸引性

教学艺术具有鲜明的吸引性和引导性，要面对学生、引导学生，促进学生学习。教师要吸引学生全神贯注、专心致志地学习，并引导学生由好学者成为乐学者，需具有调动学生积极主动学习的本领，这就是教学艺术区别于其他艺术的根本所在。

我国著名的教育家特级教师于漪老师曾讲过一个有趣的故事。很久以前，有一位饱学的老先生曾对我说："教书教书，肚子里要有书。最要紧的是得有学问，教法无关紧要。俗话说，'巧妇难为无米之炊'。"显然，这话只讲对了一半。那时我还年轻，立即直率地对这位老前辈说："的确，巧妇难为无米之炊，肚子空空的，能讲出什么来？但还有一句俗话，茶壶里煮饺子——倒不出来！有学问不一定能讲得出，还得讲究教学方法。学问好，教法又高明，那才是锦上添花。"老先生不以为忤，反而称赞我"锦上添花"讲得好。这个故事十分形象地阐述了一个道理，就是作为一个优秀的教师，首先得有满肚子的知识，才能为有米之炊，但是只是拥有丰富的知识还远远不够，还需要讲究教学艺术，才能实现教学的目标。

可见，教师的职业特点对从事教师职业的人提出了特殊的要求。教学艺术的特殊境界其关键在于教师要运用不同的艺术行为，承担全面育人的任务，因而需要教师对教学内容有深刻的情感体验，对教学对象有深厚的热爱之情，这样才能在教学中产生"移情"的效果，进而培育受教育者成为"全人"。

# 第二节　教学艺术的重新定位

教学艺术是一线教师很有热情思考和探索的领域，这一方面是因为他们对教学有精益求精的追求，另一方面是因为许多哲学的思潮和技术的运用还没有对教学的传统产生深刻影响。在此背景下，许多教师对于自己的职业劳动还比较容易保持一定程度的诗意，进而对于美和艺术这样的话题具有一定的敏感，只要有相关的思想和理论引导，教学艺术就能成为他们不断改良教学操作以追求良好教学效果的意识视域。即使是较为朴实甚至较为刻板的教师，由于没有更具有吸引力的观念引导，教学艺术也成为他们为现实的教学利益努力的方向。

进入 21 世纪，在新课程改革潮流的推动下，学生的学习方式和课堂教学的模式成为教学发展的关键领域，看起来比艺术、审美更具有基础性的人文底蕴和科学素养实际发挥了精神引领的作用。加上具有技术性的教学设计从理念转变为常规工作行为，教学艺术在教师意识中被推挤到边缘，与此对应的教学艺术研究也因此逐渐消退。而我们过去对教学艺术的认识本身也是该领域研究消退的重要原因。至少，把教学艺术视为教学的一种属性、一个侧面以及把它视为某种对教学的"修辞"是不尽彻底的。

我们思考的重点还不仅仅是寻找教学艺术研究消退的缘由，而是在新的背景下如何郑重审视原本有意义的教学艺术。因而，在不能改变外部发展趋势的情况下，我们应该立足于教育的立场，对教学艺术的一些基本问题进行重新思考，即带着理性批判的立场并参阅以往的研究成果来进行，并不是要从零开始，当然也不意味着我们的重新思考仅局限于平面化的回顾和反思。刘庆昌教授认为，对教学艺术做教学论的理解，应该成为我们重新审视教学艺术问题的重要内容，这是基于"教学艺术论不是已有教学论的补充或一门独立的学科，而是一种独特的教学流派"这一认识。在此基础上，所谓对教学艺术的教学论理解，其实质是对教学活动的艺术化问题考察，并以此为依据，进一步揭示教学艺术的精髓。把这种认识落到实处，即指向对教学艺术的行为载体和思想精髓的深入探讨。刘庆昌教授在《关于教学艺术的基本理论判断》一文中，对教学艺术进行重新定位，并做了相应的理论阐释。此处援引其文章内容如下，以飨读者。

## 一、引言

教学艺术是一个极有魅力的问题，它吸引多少人的注意也不奇怪，因为它既具有实践的意义，也具有理论探讨的价值。但不能不说，这也是一个艰难的问题。其艰难主要在于教学艺术在实践的层面是一种罕见的存在，在理论上又是一个不能完全感知的对象。而且，日常思维和理论思维在这一领域极容易相互僭越，却又不能截然两分。或因此，对教学艺术有兴趣的研究者，非常容易兴冲冲地走进去，然后意沉沉地走出来。之所以有走进去的热情，是因为教学艺术与教学的美、与学习者的审美愉悦紧密相连，而美与审美对于有人文情怀和诗心诗意的人来说是具有先验的吸引力的；之所以会出现失意的走出，一方面是因为美正如柏拉图所说"是难的"，另一方面是因为研究者所把握的教学艺术，正如王国维谈论哲学时所说的，"可爱者不可信，可信者不可爱"。具体地说，有一些对教学艺术的理解，感性而实际，很受实践者的欢迎，却未能切中要害；有一些对教学艺术的理解，理性而地道，却因不能契合实践者的思维实际而没有市场。这就使得接近本质的认识走不动，而贴近实践的认识又走不远，最终的结局是：关于教学艺术的理论探索因缺乏实践的需要作为动力渐渐萧条，而关于教学艺术的实践思虑因缺乏深刻的认识已经被教学技术的风潮遮蔽。客观而言，这一领域的研究已经从曾经的蔚然成风演化为今日的门可罗雀，实在有些遗憾。对于教学艺术这个问题，如果可以满足于借用艺术这个概念对教学的方法、技艺加以修饰，我觉得理论研究者就不必认真；可如果真把教学艺术当回事，那就必须对它做出理性的判断，最关键的是要走出日常思维的过于感性和不重严谨。

我并不认为教学艺术研究中存在的过于感性和不重严谨完全是研究者个人的问题，毕竟在这一领域始终存在着具有理论兴趣甚至学科建构兴趣的人。之所以出现这种情况至少还与以下两种因素有关：其一是主流的教学理论，要么具有理性主义的哲学取向，要么具有科学主义的心理学取向，即便艺术一词在其中出现，也基本是在修辞意义上的使用，因而它不过是理性逻辑运行中的一小朵浪花；其二是教学艺术虽然是理论研究者的命名，但对其更有兴趣和切身感受的必定是课堂里的教师，他们无需加工的实践理性从开端处就使得这一概念具有了操作的性格。这一事实决定了有关教学艺术的思考如果不与具体的教学操作融为一体便立即失去了生命力。因而，立志探究教学艺术的人们从其成果的效用性角度考虑，也会自然倾向于远离形而上学的思考。除此之外，艺术一词与教学的连接很容易把研究者的注意力引向常规艺术及其理论，而当研究者接触到艺术理论之后，便无法摆脱它的强大影响力，以致把一种主观建构的"教学艺术"概念与常规艺术事实在一定的强度上等量齐观，进而会在常规艺术理论的启示下展开自己的教学艺术思考。其结果很可能是研究者在意识中把有实际目标的教学活动做了诗意的和浪漫的修辞。但当他们把注意转向教学过程时，却发现现实的教学并不必然诗意和浪漫，只好设想"单就一定的艺术修养而言，教师应该从小说、电影、戏剧中吸取那些教学中可以借鉴的地方"。实际上是说，教学艺术的理论思考从起步阶段就在主流教学理论和常规艺术理论之间游弋，但因教学本身并非常规艺术，所以有关教学艺术的理论思考既没有扎根于教学理论，也不可能扎根于艺术理论，最终成为具有一定的美学色彩却难有优质作为的特殊存在。当然，这也不能说明教学艺术只是一个听起来令人欣慰的说法，我相信与理性有关的概念建构即使不排除建构者个人的主观旨趣，也一定具有现实中客观存在的概念所指元素和潜质。换言之，如果教学与艺术毫无关联，人们也不会仅凭主观的想象把教学和艺术组合成教学艺术。问题的关键在于我们对经组合而成的教学艺术做怎样的理解，这将决定着由此展开的教学艺术思考能够具有怎样的效用和命运。

现在看来，以往关于教学艺术的主流认识，是把教学实体和艺术观念进行了嫁接，从而出现"教学的艺术性""教学的艺术侧面"甚至"教学的艺术"之类的定位。细究这几种定位，"教学的艺术性"是指教学实体可能具有的一种属性，有它，教学会有色彩，没有它，也不影响教学的成立，继续延伸则会有"教学应该艺术"的建议。"教学的艺术侧面"这一定位的背后存在着一个既定的假设，即教学客观上具有一个可以被称为艺术的侧面，它与教学的其他侧面共同构成了教学整体。果真如此，那没能显现任何艺术色彩的教学是不是完整的教学呢？如果答案是否定的，那这种定位的可取程度还不及"教学的艺术性"。而"教学的艺术"这一定位，应该说是最具有市场效应的，大多数理论工作者和几乎所有的实践工作者基本上就是这样认识教学艺术的。但问题在于"教学的艺术"中的"艺术"，无论怎样表达，也难以走出方法和技巧的范围，这就在很大程度上限制了教学艺术研究的范围。在这一范围内思考教学艺术，只有与具体的教学对象、内容和情境相结合才有实际的意义，但对教学理论的贡献就不能乐观。研究者如果想在此范围内对教学艺术做理论的探索，则难以避免"为赋新词强说愁"的尴尬。如果我们承认"教学艺术"概念形成的合理性，目前仍然需要对这一概念做理性的审视。这种审视首先意味着我们在理性上认定了教学艺术的客观存在，其次意味着我们对以往关于教学艺术的认识不完全认同。对于我个人而言，这种不认同由来已久，从涉猎这一领域开始，就认为教学艺术就是教学活动自身，而不是教学的属性、侧面和方法、技巧。具体而言，"教学艺术是教师为达到理想的教学效果，按照教学、学习和教学美的规律进行的创造性的、个性化的教育行为"①。这一界定明示了教学艺术是一种教育行为，也就是教学活动本身，但只有具有创造性和个性的教育行为才可能成为教学艺术。由于教学的个性化创造中包含着教师的教学理想，因而教学艺术必然指向学生的情感和思维发展，并现实地存在于教师和学生的教学感受之中。在此认识基础上，我觉得以下三个判断值得重视：教学艺术是一种教育行为艺术；教学艺术是一种即兴的表现和对话艺术；教学艺术存在于教师和学生的教学感受之中。

## 二、教学艺术是一种教育行为艺术

有一个问题可能比教学艺术是什么还要基本，那就是为什么会出现教学艺术。之所以有这样的认识，是因为教学在其原始阶段仅仅意味着"上所施下所效"，即使在其中能见到"艺术"，它最多也只是一种教学的内容，而不是作为教学性质的艺术。应该说，原始阶段的教学是比较粗放的，会随机发生于日常的生活与生产过程中。在这一历史阶段，教学的片段自觉客观存在，但其组织性和计划性因无必要便不成事实。特定的历史情境决定了人类并没有多少经验和知识的

①刘庆昌、杨宗礼：《教学艺术纲要》，教育科学出版社，1993，第11页。

积累需要他们郑重其事地计划和组织教学。用今天的话说，可供教和学的内容一则数量较少，二则简单直观，教的一方能有意识地示范或告知便足以使其得以传递，莫说艺术，恐怕连同专注也难持久。我们考虑到艺术除了娱神就是娱人，那原始阶段的教者需要借助艺术的行为使学习者产生愉悦的情绪吗？答案显然是否定的。从心理学的角度说，只有学习者因学习艰难而痛苦而教者又觉得学习必须进行时，他才可能去在教的方法上有思考，由此才可能使他的教从粗放、简单的示范、告知走向艺术的方向。但这也只是我们所做的一种心理学解释，此解释所对应的实际现在看来指涉着一个漫长的历史过程。因内容艰难而导致的学习者痛苦，只能说是教学艺术出现的一种可能性诱因，它并不必然让教学艺术开始自己的旅程。假如教者并不在乎学习者的学习心理感受，很可能还会对学习者的痛苦表现施以惩罚，这便与教学艺术风马牛不相及。历史地看，教者对教之法的关注一方面必与教学内容的数量可观和在有限的时间里难以有效传递有关，另一方面应更重要，即与人文思想中育人成分的出现有关。须知人文的精神首先具有同类个体间的同情内涵，在教学过程中则表现为教者对学习者的期待与怜惜。我读《学记》，尤其重视"玉不琢，不成器；人不学，不知道"一句，皆因其中有使人"成器"的自觉，无异于今日之"培养人"的教育意念。正是这种容易淹没于人们日常阅读中的教育意念，使得《学记》中关于教与学的方法说明无不具有教育的色彩。进而，当我们面对"禁于未发""当其可""不陵节而施""相观而善"和"道而弗牵""强而弗抑""开而弗达"的时候，能够跨越时空感受到的绝不仅仅是关于教学的一种奇思妙想，更有隐藏在"豫""时""孙""摩"智慧里和"和易以思"追求中的教育情怀。

在有教育情怀的教者那里，对教学艺术的追求本质上是一种教育实践，这是因为他们对教学艺术的追求与教育事业的基本追求密切相关。我们知道教育的第一使命，就教育的内在功能而言是为了促进个体的发展，就教育的外在功能而言是为社会培养人才。究竟如何才能高效率、好效果地实现这两个功能，固然需要遵循教和学的科学规律，也需要在教学的艺术化上做文章。这里所说的教学的艺术化并不是要满足教师和学生的审美需要，而是要减轻学生学习的不必要的艰难和痛苦。也就是说，学习中的一些艰难和痛苦是必要的存在且只能由他们承受，但有一些艰难和痛苦是不必要的，且能够借助教学的艺术化在一定的程度上得以缓解和消除。教学的艺术化在这里意味着教学过程因教师的知识理解水平和人文素养联合作用而形成了具有美学品格的课堂精神空间，在其中的教师和学生均能处于积极和有活力的"工作"状态。不仅如此，学生借助积极和有活力的学习体验，在完成学习任务的同时，还能够在环境熏染中优化自己的精神品质。其次，我们知道教育另一个重要的使命是传承文化，服务于社会文明的延续和发展。伴随着哲学、科学及其他精神生产的发展，越来越多和越来越复杂的思想和知识走进学校课程，而学生的受业年限又不能无限度延长。要在有限的时间内实现数量和质量不断增长的文化内容的传递，教师同样需要基于教学的科学，对教学的内容做艺术化的处理，这既可能借助物理的表现技术，但更重要的是对各种性质的教学内容中的美学元素进行深入的挖掘。

教学的艺术化是要通过具体的操作实现的，而具体的操作在教育精神的关照下即成为具体的教育行为。我们说教学艺术是一种教育行为艺术，就是指教学过程中以教师为主体的核心教学操作行为的艺术。这里所谓的核心教学操作行为主要包括以下三个方面：一是服务于教学内容信息传递的教学表达行为。课堂中的教师表达最基本的意义是对所要传授的教学内容的语言再现，其较高层次的意义则是对教学内容的表现。二是服务于学生一般发展的教学对话行为。当然，教学对话并不只是语言学意义上的话语交流，更为本质的是存在于师生交流中的思维、情感和价值的碰撞与融合。三是服务于教学表达行为和教学对话行为有序进行的教学组织行为。在现代教育背景下，教学组织行为已不再是教师对课堂活动单方面的安排和控制，对话的教育精神引领使得教师的教学组织行为越来越具有人际互动的品格。基于如上的认知，在行为操作的意义上，教学艺术的外在表现或说教学艺术在课堂局外人的感觉经验中，其实就是教学表达艺术、教学对话艺术和教学组织艺术。需要说明，以上三种核心教学操作行为在实际教学艺术情境中是不能分割的有机整体，我们的划分只是一种理论分析的结果，目的是要捋清教学艺术思考的思路，以免把教学艺术繁琐化为非本质教学操作的细节考究。而更重要的是，对核心教学操作行为的思考，不能只接受技术理性的支配，还要接受教育精神的引领，只有这样，才能保证教学艺术的教育性质，才能保证具体的教学行为艺术成为教育行为艺术。

### 三、教学艺术是一种即兴的表现和对话艺术

（一）关于教学艺术的即兴特征

把教学艺术定位为教育行为艺术，就决定了它只能发生和存在于教学现场，同时也意味着它是以过程的方式展开的。不在教学现场和不占据时间的教育行为，只能以观念的形式存在于人的意识中，也就不是实际的教育行为。这就像教学的艺术性和艺术侧面，由于其本身就是一个理论分析的结果，因而此种意义上的教学艺术应该说就不能成立。至于把教学艺术理解为教学的方法、技巧，视野明显过于狭窄，很大程度上也对艺术做了庸俗化的理解。我们说教学艺术是一种教育行为艺术，首先意味着它是一种现实的存在，而不是教学理论分析中的一个概念。其次意味着它是一个过程性存在，是艺术化的教学整体，而不是作为教师教学机智外化的、服务于教学片段和局部的具体方法与技巧。在此认识上再加以抽象，教学艺术其实是一种即兴的教学现场艺术。

所谓即兴，就是随兴而发。即兴的教学艺术意味着教师未有事先的周密准备和预演，完全在当下的教学感受基础上所进行的教学创作和展现。在这一点上，教学艺术的发生显然不同于一般的艺术实践。比如表演艺术，演员在观众面前的最终表现，虽然不排除偶尔的即兴发挥，但从整体上讲，是事先多次推敲、排练的结果。教师不是演员，他们通过决策和设计形成的教案也不是剧本，而学生也不是目标自由的教学欣赏者，各种因素综合决定了教师在课堂中的任何表现都具有基于师生现场互动的生成性。教师可以预先设计出一种欲在未来教学中实现的奇思妙想，却无法设计、也无法预知学生未来的课堂反应，他不能不顾及学生的感受而独立展开自己的奇思妙想，果真如此，教学艺术也就成为一种完全的不可能。如此看来，说"备课艺术是教学艺术的重要组成部分，也是提高教学艺术水平的前提和条件"[1]，虽然具有教学工作全程的视野，但也有把教学艺术扩大化的倾向。教学艺术毕竟是教育行为艺术，备课阶段，教师教的行为尚未发生，无论其中渗入了多少艺术的想象，也只能是未来教学艺术实践的基础性条件，而非教学艺术本身。我之所以强调教学艺术的即兴特征，还有一个原因是有研究者把教学设计、课堂实录、教学录像视为教学艺术品[2]，这很显然没能把握住教学艺

---

[1] 孙俊三：《备课艺术导论》，《湖北民族学院学报（社会科学版）》1992年第1期。

[2] 卢真金：《教学艺术风格发微》，《现代中小学教育》1991年第2期。

术的现场即兴特征。

揭示出教学艺术的即兴特征，至少具有两方面的意义：其一，明示了教学艺术就是运动着的教学活动本身，是具有艺术品格的教学过程本体，而非思辨得来的一种教学的性质和侧面。这一明示有利于教学艺术研究既扎根于课堂教学过程中，又扎根于积累深厚的一般教学理论之中。客观而言，许多关于教学艺术的论述，在实践的一侧，更多的是对优秀教师课堂经验总结和反思文本的理论提炼，很少来自对现场教学艺术实践的观察研究。而在理论的一侧，则更像是教学工作概念与艺术理论的嫁接，一般教学理论在其中的影响和作用是比较表面化的。其二，可启迪教师把追求教学艺术化的重心放在课堂教学之中。应该说，一线教师要做到这一点并不难，因为他们的核心教学工作就在课堂中，课堂就是他们的舞台和战场，但这只是我们在日常思维作用下的一种想当然。现实地看，钟爱教学艺术的教师，因没有对教学艺术的到位认知，而是更习惯地认为教学艺术就是具体教学环节上的机智与灵巧，进而把他们心中的教学艺术追求主要聚焦于非教学本体的枝节处，极大地限制了教学境界的提升。如果能承认教学艺术的现场即兴特征，教师们必将能意会到一切目标明确的准备都难以触及教学艺术的本质。

艺术，尤其是发生和存在于人际的艺术，与创造者的思维品质、人文情怀以至价值哲学是无法分开的。在此意义上，教学艺术的关键根本不在具体操作的方法和技巧上，过于显在的方法和技巧反而会使教学的运行染上某种匠技色彩。真正的教学艺术存在，只能是一定的思维品质、人文情怀和价值哲学支持下的，一定的教师在一定的教学现场才能自然创造出来的，并最终转化为师生教学审美感受的教学过程本身。实际上，无论是教学艺术的研究者，还是学校的教师，对教学过程自身的艺术化整体上还是缺乏重视，因而对教师自身的思维、情怀和价值哲学素养与教学艺术的联系总的说来缺乏认识上的自觉。但我相信，当他们意识到教学艺术并非一般艺术这一事实后，应该能逐渐认识到教学与艺术的关联其实是一种内在精神上的关联。我们可以注意到，能给人以享受的课堂教学过程并非教师具体教学操作的高明所致，而教学艺术则是人对课堂这一精神空间的整体感知效果。那么，这种整体感知的效果如何得来呢？仔细思考，的确无外于思维的、情感的和价值的单项或综合力量作用。

### （二）教学表现与教学对话

现场即兴只是教学艺术的存在状态，这也意味着它也可以是教学中其他事物的存在状态。因而，我们需要继续思考教师在教学现场即兴做了什么和达到什么水准才是教学艺术，这就涉及教学艺术的内容和能使教学艺术成立的理论特征。要知道教学艺术并不是与通常的教学行为相并列的一种存在，它就是艺术化的或是达至艺术境界的通常教学行为，所以教学艺术中的即兴作为从内容项目上来讲与通常的教学行为也没有什么区别。课堂教学活动期间，教师的行为是以学生的学习为中心展开的，细节的教学行为复杂多样，但基本上可以概括为教学表达、教学对话和教学组织。由于教学组织在教学艺术的层面并不是一个机械的环节，这一点与把组织教学设定为课堂教学的一个环节显然不同。在艺术化的教学中，组织是与表达和对话融为一体的，所以课堂中的核心教学操作就是教学表达与教学对话。关于教学表达，我以为现代教师已不局限于对教学内容的传达和纯粹认知性的解释、阐发，还会考虑学生的接受效果，具体包括对学生掌握内容的结果和掌握过程的感受之综合考虑，这将促使教师的教学表达走向教学表现。而所谓教学表现，"应被理解为教师为了学生和社会的利益，在一定的课堂背景中，运用一定的工具，对教学内容和方法进行的专业化和艺术化处理"[①]。关于教学对话，在教学艺术的层面则不局限于语言学意义上的问答，而是指教师接受对话理性的引领，可以借助问答，也可以不借助问答，以实现师生在教学过程中的情感共鸣与思维共振，这实际上是近于艺术的。

### 1. 教学表现

教学表达一旦发展为教学表现，一种朴素的工作行为就转身成为教学艺术的一种显现形式。其机制为两个平行存在而又不可分离的过程：

其一是"教师把教学内容置入一定的背景中，以使教学内容能够呈现其自身的本性和活力"[②]。教学内容的要义是知识，而知识在现代教育科学语境中，不仅指代可记忆和可理解的认知性内容，还指代可模仿和可练习的操作性内容。要让这些内容在学生那里实现主体化，并在此基础上使学生的情感、思维和价值观获得发展，亦即获得更高的教学附加值，教师原则上需要通过教学内容的表达艺

---

①刘庆昌：《论教学表现》，《课程·教材·教法》2013年第5期。

②同上。

术化以增强其本性和活力的显现程度，这将使学生在课堂中自然走向深度学习。每一次面对类似"教师不是传声筒""教师不能照本宣科"的提醒时，我都会想到人们已经意识到理想的教学不能仅限于教学内容的简单表达，而这种提醒客观上也把我的思路引向超越简单表达的表现性表达，这也就是我们所说的教学表现。表现，在艺术领域是一个极为重要的概念，牵涉人们对艺术本质的理解。简而言之，人们对艺术本质的理解经历了从模仿论到表现论的转变，换言之，虽然模仿论并没有、也不会彻底退场，但现代艺术的主导性观念的确是表现论的观念。不过需要知道，艺术领域的表现主要是情感的表现，我们对教学艺术的思考只能从中获取启发，而不能简单照搬，但我相信表现的基本内涵应是可以跨领域迁移的。符号论美学的代表人物苏珊·朗格说："艺术品本质上就是一种表现情感的形式。它所表现的正是人类情感的本质。"[1]我们可从中借鉴的是表现作为一种形式触及作为表现对象的情感的本质，进而关注教学的艺术化与情感的内在联系，但同时要清楚教学表现的对象不只是情感，甚至不主要是情感，而是广义的知识。艺术本质的表现论启发我们，通过对知识做表现性的表达，很可能使知识的本性和活力最大可能地显现出来。

其二是"教师把学生带进一定的教学逻辑中，以使学生自然接受教学逻辑的规定"[2]。这一过程表面看来与教学表现有些距离，其实不然，只不过是我们几乎不会去想把教师的教学逻辑表现给学生，这就很像是导演不会想着去把自己的思路直接表现给观众。这样的观念实际上已经使"教师的教学逻辑"这种重要的资源被搁置和浪费。教学逻辑当然是教师的教学逻辑，但就其实质来说，也正是教师期望学生学习能够遵循的思维路线。我们通常所说的教师引领、引导学生，就是要把学生的学习引到教师的教学逻辑之中。陶行知说："教的法子要根据学的法子；先生不但要拿他教的法子和学生学的发展联络，并须和他自己的学问联络起来。"[3]反过来思考，依据学的法子构思的教的法子是不是也可成为学生学习的依据呢？教师在课堂中是按照自己的教学逻辑实施教学的，但学生却无法把教师的教学逻辑视为认知对象，那他们又如何在学习阶段就能高效率地实现像教师

---

① 苏珊·朗格：《艺术问题》，滕守尧等译，中国社会科学出版社，1983，第7页。

② 刘庆昌：《论教学表现》，《课程·教材·教法》2013年第5期。

③ 董宝良：《陶行知教育论著选》，人民教育出版社，1991，第33页。

那样理解和掌握知识呢？令人欣慰的是陶行知先生已经认识到教师"要拿他教的法子和学生学的发展联络"，这一思想再向前一步，就可以是我们所揭示的这一过程。教师对自己教学逻辑的表现，关键在于表现的意识自觉，操作上要把原本隐含于教学表达或对话过程中的形式性内容巧妙地呈现出来，我以为这也是实现"过程与方法"这一维度教学目标的重要途径之一。

2. 教学对话

狭义的教学对话在感觉上很容易与教学中发生在师生之间的问答和讨论联系在一起。原因很简单，对话的基本意思就是两个或两个以上的人之间的谈话，更具体地说，是发生在人与人之间的一种围绕一定主题进行的对谈。其实，即便在对话这一最基本的意义上，发生在师生之间的问答和讨论也不必然属于教学对话。就问答而言，教师对学生记忆效果的检查，或是训育过程中教师的追问与学生的应答，因不牵动学生的较深度思维，或是不具有平等对谈的性质，便与教学对话没有关系。就讨论而言，如果只是发生在同学之间的观点交锋而未发生彼此间视域的融合，也算不得我们所说的教学对话。正如戴维·伯姆所言，"在对话过程中，没有人试图去赢。……在对话中我们不是互相对抗，而是共同合作。在对话中，人人都是胜者"①。在如上的说明中，一种具有平等品格和解释学意蕴的对话观念实际上已经有所显现。直言之，所谓教学对话在我看来并不必然表现为语言学行为，只要能通向教学的目标和教育的目的，课堂中、师生间，情感、思维及价值观领域的心领神会也属于教学对话。甚至可以说，教学对话只有在这种理解的基础上，才具有与艺术精神融汇的较大空间和必要。这也意味着我们对把教学对话简单地理解为教学问答是持有异议的。

在戴维·伯姆那里，对话远远超越了谈话与交流，属于涉及人的情感、思维、价值、信仰等复杂体验的多层面过程。我正是从他"在对话过程中，没有人试图去赢"的认识中，意会到了教学对话艺术的深层本质。我只能说，戴维·伯姆对对话的理解是令人感动的，而不只是在认识论意义上让人感到惊奇。他显然崇尚集体思维，也就是崇尚人们一起进行思考。而这种集体思维不正是现代课堂教学的真实写照吗？但这又是极其艰难的一件事情。在没有引导的情况下，人性的局限足以使人类个体执着于自己的主观并在与他人的交流中对自己的主观做习

---

① 戴维·伯姆：《论对话》，教育科学出版社，2004，第6—7页。

惯性的辩护。戴维·伯姆对这一现象极有洞察，且指出："当你把自己与自己的看法、意见或观念视为一体时，别人所质疑的本来只是你的意见，但你却觉得别人似乎是在质疑你本人，所以你要奋起为自己辩护。"①其实，这中间的道理是通俗易懂的，但人性的局限使人即使理解这一番道理，一旦进入与他人的交流过程，仍然难免为自己辩护、与他人争执。从这里出发来理解，教学对话艺术就基本上不是一种语言的艺术，而是人性的艺术。如果觉得这样的说法有些抽象，那我们最多也只能把教学对话艺术理解为能够带来师生间情感共鸣、思维共振和价值理解的一切内在和外在的教师品格艺术。这里的教师品格，并不是一个教育伦理学术语，而是包含道德成分在内，且涉及情感、思维、价值等成分的综合品格概念。

也许应该这样说，教学对话艺术的关键在于教师须是一个具有对话品格的人，他的道德不能走不出等级观念，他的情感不能滑回到情绪，他的思维不能偏执，他的价值哲学不能庸俗。因为，一个具有强烈等级伦理观念的人，一个缺乏理智进而过于情绪化的人，一个思维不能辩证进而冥顽不化的人，以及一个价值哲学庸俗的人，是不可能与他人进行"都是胜者"的对话的。如果这样的人恰好从事了教育并做了教师，那他所主导的课堂教学无论最终的结果如何，都不可能是借助了教学对话。实际上，让任何一个人拥有对话的品格都不是一件容易的事情。当我们听到有人说，或是我们自己说"我不是神，我也是人"的时候，一方面意味着我们对人性的局限有自觉的认知，另一方面也意味着我们在一定程度上放任了自己人性的局限。只要是人，就会有人性的局限，因而任何人（在这里毫无例外）都不可能完全摆脱人性局限的束缚。然而，包括教育在内的、社会系统中的许多领域，却格外希望从业者能够彻底摆脱人性的局限。社会的期望与人性的局限在这里就形成了对峙甚至冲突，对于这种对峙和冲突，科学可以解释、哲学可以批判，但之于它的消除却难有实效，恐怕只有艺术才可能在这一问题的解决上派上用场。那么，艺术在这里又意味着什么呢？看来不能是作为理论分析结果的一种属性或一个侧面，也不能是工具化的教学方法和技巧，只能是内在于教师的一种精神品格。对于教师来说，艺术精神品格是一种情怀，是一种境界，本质上是教育理性对人性局限的克制和修饰。在此基础上，教师可以对自己的

①戴维·伯姆：《论对话》，教育科学出版社，2004，第9页。

道德、情感、思维和价值进行艺术化的表现，并在其中策略地融入教育引领的意志。

### 四、教学艺术存在于教师和学生的教学感受之中

通过对教学表现和教学对话这两种教学艺术形式的分析，我们应该能够走出一种思维，即把教学艺术理解为教学实体的一种属性、教学整体的一个侧面和教师主导运行的、工具化的方法和技巧。须知教学的目的在于学生对知识的掌握以及以此为中介获得认知、人格和价值的发展。在其中，艺术化既不是目的，也不是偶尔出现的指向目的的工具化灵动，而是有艺术精神品格的教师通过创造性、个性化的教学劳动生产出来的一种额外的教学效果。这种效果能够引发学生的欣赏意识，教学艺术因此而实际地存在于教师和学生的教学感受之中。具体而言，教师会因这种额外的效果而更加自我肯定，学生则能在学习进行的同时有欣赏的体验和情感、思维领域的陶醉。不用说，这种额外的效果与教师的艺术精神品格发挥直接相关。有艺术精神品格的教师必定会把自己的热情、想象、创造和个性融入以认知为主旋律的教学过程。在这样的融入中，教师把自己从日常的处境中解放了出来，把学生从被动的处境中解放了出来，同时就为师生联合体营造了诗意而深刻的课堂精神空间。这是一个人文的空间，也是一个艺术的空间，师生栖居于其中固然有劳动的辛苦，更有欣赏的快意。欣赏在这里很显然不是欣赏者对独立于他之外的艺术品的品鉴，而是师生对自己共同参与创造的高品质课堂生活的自然享用。有研究者认为，"欣赏是通过艺术家的主动创造和欣赏者的接受到达对情感的交流和共鸣"[1]。这里说的虽然不是教学艺术，但其中自觉到欣赏的最终状态是艺术创造者和欣赏者的情感交流和共鸣，对我们有一定的启发价值。尤其是其中的"共鸣"，明示了欣赏之于艺术存在的意义，从而使我们认为具有现场即兴特征的教学艺术就存在于教师和学生的教学感受之中。

我们首先可以说，离开师生的现场感受，教学艺术在理论上是不成立的。如果追究教学艺术品的含义，就会发现它不是绘画艺术中的一幅画，感觉形式上更像是音乐、舞蹈、戏剧这样的过程艺术。但教学艺术与音乐、舞蹈、戏剧还是不大一样，两者的不同主要在于后者的接受者亦即欣赏者一定是创作者之外的人，

---

[1] 付强：《艺术本质的模仿与表现之辩》，《文艺争鸣》2011年第12期。

而教学艺术的创造者和接受者却是一体化的。教师主导、学生参与的教学艺术创造，一则不是为了他们之外的人们的欣赏，或说他们自己就是自己教学艺术创造的受益者，二则不会把他们之外的人的感受作为判定教学是不是艺术的依据。更进一步说，教师自己通常也不会把自己视为艺术工作者。如果教学客观上具有了艺术的品性和效果，也只是让教师对自己的教学有高度的自我肯定和畅快的体验，但更重要的是学生一方自觉到了他们身在其中的教学的美感。没有了师生各自如上的体验，即便是教师主观上具有使教学艺术化的愿望，教学艺术在客观上等于没有发生。说到底，教学艺术是一种现场艺术，又是一种教育行为艺术。这便意味着它只能存在于教学现场中师生的个人主观感受中，自然也意味着它只能存在于教与学、教育与受教育的结构运动中。我们可以使用物理技术对一堂被现场师生感受到的课堂教学艺术过程进行录制，但由此产生的课堂教学视频，不只在局外人那里不会产生完整的艺术效果，即使是曾在现场的师生自己看到这样的教学视频，也无法复现甚至无法回忆起当初的真实感受。这样看来，离开了现场的感受，教学艺术不仅在理论上不能成立；离开了现场的审美体验，教学艺术在实践上也不可能成为事实。当然，这一切的认识都是以教学艺术生成于教学现场和师生产生情感共鸣、思维共振和价值理解为前提的。那种教学方法、技巧意义上的教学艺术就没有这么复杂了，它在一定程度上主要是教师单方面的事情，因而可以在课堂教学开始前围绕教学内容做精心的设计，继而在课堂教学中按既定计划进行展开。至于学生的畅快感受，无疑是他们追求的，却不是他们足够在意的。那种认为教学艺术是一种表演艺术的认识，其实就是这种所谓教学艺术实践的理论反映。表演者自然期望得到观众或听众的喝彩，但没有或少有喝彩，他们也不会在现场临时修改自己的表演预设。课堂里的教师显然不能如此，在有教学艺术化自觉追求的情况下，他们会根据学生的反应临时调整自己的预设，以使某种可欣赏的教学状态得以延续。那种以不变应万变的单方面教学展演，纵然内含有教师的教学艺术化追求，也不可能在学生那里获得期望的回应，真正的教学艺术当然也不可能变为现实。

　　所以，教学艺术只能是被课堂里的师生真实感受到的教学艺术，除此之外的其他所谓教学艺术，要么是理论分析的结果，要么就是教师单方面的一种自认为是教学艺术的展演。现在有两个问题需要回答：其一，只能存在于师生共同感受中的教学艺术究竟能给学生带来什么样的感受？其二，能够给师生带来那些感受的艺术化的教学究竟是一种什么样的教学？回答了这两个问题，我们才能获得教学艺术的具象，也才能有益于教师教学艺术实践的追求。

简而言之，真正的教学艺术能让学生感受到知识和思维的美，能让学生在具有美学意味的教学过程中感受到知识的力量和思维的乐趣，并能让学生在与教师的良性互动中感受到教育人际关系的美好。知识就其内涵来说是事物及其运动的真相，但其表达形式却是蕴含着思维的符号结构。知识既是对事物真相如实的表达，又是经过思维处理的最简洁表达。如实的表达经由人的想象和意义赋予可以传达出人的认识力量；简洁的表达经由人的欣赏过程可以传达出美的信息。教师欲让学生对知识学习有兴趣，仅做劝学式的训导显然不够，最为本质的劳动应是借助教学智慧挖掘和表现出知识及其中的思维力量和崇高之美。能让学生感受到知识的力量和思维的乐趣，才是使学生爱上学习的最可靠操作。而在现实的教学过程中，教师还需要营造良性的互动，以使学生深切地感受到教育人际的美好，只有这样，学生才能够如沐春风、如浴阳光。能有此效果的教学无疑只能是艺术化的教学，这种艺术化的教学也就是教学艺术本身。教学活动的艺术化是教师教学劳动创造性的体现，同时也是教师教学劳动美学追求的体现，其人文的意蕴是教学活动的诗化和风格化。没有创造就没有艺术，因为没有创造，人的劳作只能依据本能、习惯和传统，其中可以有自然、规矩的性质，却不会有超越自然和规矩的新奇及由此生发的冲击力。个体心理世界的艺术感受必有触动情感以至震撼心灵的内容，在此意义上，因循守旧、按部就班的教学不只可能使学生产生接受的疲劳和厌倦，还会在此基础上使学生对教学持有消极的情感和态度。不过，创造只是教学艺术化的必要条件，因为创造不只为艺术所需，科学、哲学甚至宗教的形成和发展同样需要人的创造。因而，教师在使自己的教学劳动具有创造性的同时，尚需具有美学的追求，才能够让教学在自然、规矩、新奇的基础上具有对学生心智和情感的感染力。为此，教师个人须有一般意义上的审美情趣和造美意愿。顺便指出，这绝不是让教师读几本美学著作的问题，"这里所谓的美学追求，指的是一个人总想把事情做得完美的一种心理状态，这种心理状态达到最高境界，一个人就会坚持'我审美，我存在'的行动原则"①。坚持了这一行动原则

---

① 刘庆昌：《论教学活动艺术化的实质》，《教育学报》2010年第4期。

的教师，一般会在知识的表现形式、思维的呈现策略、学生的学习体验等方面做美学的文章。进而言之，教师会运用各种技巧和技术呈现知识的结构，阐释知识的宇宙、人生意义，会对知识形成的思维过程和自己表现知识的思维过程做巧妙的呈现，会探究教学操作与学生学习体验之间的相关，并基于此种探究创造一定的课堂精神空间。应该说，体现了教师劳动之创造性和美学追求的教学活动就是诗化和风格化的，其诗化基于美学的追求，其风格化基于教学美的创造。但是，这也只是一种理论上的判断，在实践的范畴中，教师劳动的创造性和美学追求并非无条件的存在，它的真实发生和持续存在是以教师个人一定的教育认知、教育热情和心理品质为前提的。具体来说，教育认知制约着教师教学艺术化追求的向度与高度，教育热情制约着教师教学艺术化追求的真诚度和自觉度，心理品质制约着教师教学艺术化追求的限度。至于什么样的教育认知、什么样的教育热情和什么样的心理品质是教学艺术化所需要的，这一系列问题都值得研究者去做专门的考察。但无论在未来对这些问题作出什么样的答案，研究者都需要清楚这些答案只有助于而非能必然带来教学活动的艺术化，原因是教学活动艺术化的最终判定是借助于师生在课堂中的真实感受的。

我们对教学艺术做出的基本理论判断，得益于历来关于教学艺术的认识和实践，其中可取的认知成分也不在教学艺术整体认知之外，这说明关于教学艺术的理论研究已有相当的积累，但深化的空间仍然很大。从方法论角度讲，以往在学科交叉意义上的教学艺术思考无疑有其历史的意义，但跨学科的研究思路应该更为可取。学科交叉和跨学科只是具有相似性，两者的研究思路和本质是明显不同的。学科交叉研究的本质是知识与思维的合理嫁接；跨学科研究的本质则是研究对象不变的情况下对研究者视域的改造。教学艺术在学科交叉的研究范式作用下，走的是不断生成教学艺术概念的路子，而对业已明确的教学艺术做跨学科视域下的研究，则是要对真实存在的教学艺术做必要的反映性认识和可能的建构性认识。这样的研究在目前技术理性主导的背景下是非常必要的，一方面可以从理论上修正教学生活实践的单向度偏差，另一方面还可以重新唤起教师的教育人文自觉。当然，教学艺术研究领域也可能因此而逐渐恢复其曾经有过的活力。

# 第二章

# 教学艺术的基础观念

## ——重构教学艺术"新观念"

# 第一节　教师的教学观

　　刘庆昌教授在他的《教师的功夫和境界》一文中指出，"教学的成败取决于教师，而教师的专业内涵可以集中地表现为他们的功夫和境界"，这里的"功夫"指"知识的功夫和教学专业的功夫"；这里的"境界"则包括学科知识境界、对教育的体悟境界和人生境界。我们不妨用框图呈现其观点：

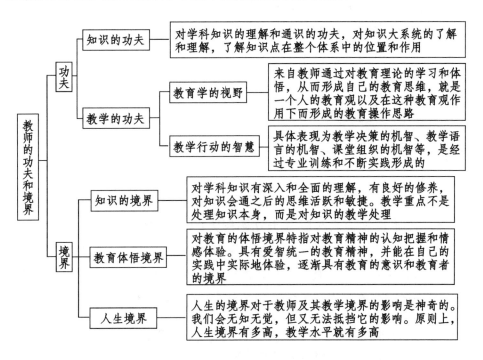

可以说，教师知识的"功夫和境界"是教学艺术的基础。当一个教师通过知识的学习、吸纳、实践的积累和积淀后，教学内容就不会成为负担，他的工作重点将不会是知识本身，而是对知识的教学处理。只有这样，才可能在课堂上游刃有余，充满智慧，呈现出具有艺术性的教学行为。陶行知先生说："学高为师，身正为范。"这里的"学"应不是记问之学。孔子说过，记问之学是不足以为师的。

教师教学的"功夫和境界"则是体现教学艺术的关键。或者说，"教学的功夫和境界"就是其教学艺术本身的一种概括。教师通过对教育理论的学习和体悟，会形成自己的教育思维，就具有了自己的教育观以及在这种教育观作用下而形成的教育操作思路。这样的教育观在教师的头脑中不一定是明晰的，但是，都或多或少影响着教师的行为。

可见，"教师的功夫和境界"是其教学艺术的根本。其中"知识的功夫和境界"不仅是学科知识的丰厚，更是"学科本质的准确把握和学科价值的正确提取"，而"教学功夫和境界"中的教学机智也源于教师正确的教学观念。

余文森教授也指出：教学应该以课堂为主渠道促进学生核心素养的发展。[①]为此，教学首先必须确立以核心素养为导向的教学观念，这些观念包括基于立德树人的教学、基于课程意识和学科本质的教学、基于学生学习的教学三大基本观念。

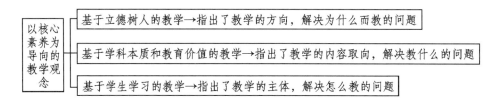

一、教师的教学艺术应基于立德树人的教学观念

"人才是教学的共同对象，教育的最终目的是人性的实现，是让人成为人而不是把人变成工具。"[②]立德树人是教育的根本任务，课堂教学是立德树人的主要阵地。立德是教育之本、教学之基，不基于德的教育教学就会失去根本和方

---

①余文森：《有效教学十讲》，华东师范大学出版社，2009。

②王建华：《论人类的教育》，《清华大学教育研究》2014年第2期。

向。树人是目的，培育健康完整的人是课堂教学的首要任务和根本使命。教育必须首先要去培养一个人，然后才是培养一个律师或医生，而不能相反。就是说，我们的教学不是教语文、教数学，而是用语文、数学教人。这是培育学科核心素养必须首要确立的教学观念。学科教学是学校教育的主渠道和主阵地，立德树人的关键是学科教学的落实。从学科的角度讲，"每个学科都不仅具有自己的研究范畴、符号表达、概念体系和思维方式，同时也都有自己内含的价值性和道德意义，它同样是学科知识的一种内在属性，是与学科知识相伴随的内在特征，是人的世界观、人生观和价值观的构成性因素"①。所以，学科知识本身就是学科教学的道德资源。

首先，立德树人在学科上的落实要在学科教学的全过程中进行。每门学科都蕴藏着丰富而独特的道德教育资源，这是学科独特育人价值的基础和源泉。教师要充分挖掘学科的道德资源，体现学科对完整的人，特别是人的德行的理解、要求、尊重和贡献。

如历史学科的教学在讲解历史知识的同时，一定要挖掘和展示其所蕴含的唯物史观、历史解释、家国情怀等价值观和道德资源。语文学科的教学要结合语言文字和文本内容的特点展示学科的人文性、思想性、文化性。数学教学要注重通过数学学科知识的严谨性、广泛性（抽象性）、逻辑性对学生进行理性精神的养育。自然科学知识的教学要同时立足于培养人的物质观、自然观、生命观以及求真精神和社会责任等。外语学科通过语言文字、文化风俗的内容，采用情景、交流、对话等方式，传递出尊重、倾听、宽容及国际理解等价值观。

其次，要让学科教学的影响渗透到学生的生活和行为中。教师要善于把学科知识内容和价值要求与学生的日常生活有机衔接，延伸到他的日常生活当中，并逐步变成他的成长自觉。例如，语文课堂上学过唐诗或宋词，会唤起学生在日常生活中对赏析唐诗宋词的兴趣；数学课上学过统计分析，学生在生活中面对某些现象就能够通过数据分析得出结论；音乐课上学过民乐《春江花月夜》，学生可能会喜欢经常听民乐演奏；等等。这样的教学就进入了学生的生活，使他们获得成长。"真正的自由教育意味着对学生的整个生活发生重大的影响，他所学的东西将会影响他的行为、兴趣与选择；意味着过去的一切都受到审视和重新

①孙彩平、蒋海晖：《知识的道德意义——兼论学科教学中道德意义的挖掘》，《中小学德育》2012年第10期。

估价。"①

再次，要让学科教学进入学生的心灵世界，成为学生的一种精神生活。苏霍姆林斯基说过："教育技巧的特点就在于使教育的整个过程成为教师过问人的精神生活的整个过程。"②教师的教学艺术最能促使学科知识及其教学成为学生精神生活的有机组成部分，成为助推学生精神成长的内在要素。唯有这样，学科知识教学过程才能同时成为人的精神和德行发展的过程。例如，钱理群教授指出："语文教育主要是培养学生对真善美的追求，对彼岸理想世界的向往与想象，对人类、自然、宇宙的大关怀，对未知事物的好奇心，并由此焕发出内在与外在的热情，生命的活力。""语文课的教学，绝不是仅仅为了获得一些或几种语文能力，而是一种精神发展本身。一节语文课的教学目标也许是具体的，但是，如果这些具体的目标不是指向儿童的心灵启蒙、自由和解放，不是指向精神的变革，那些具体的目标就是没有意义的。"③其他学科的教学也是如此，都要努力成为引领学生追求真善美的过程，成为学生精神境界和生命品位不断提升的过程，同时也是心灵不断丰富和充盈的过程。总之，教师的高超教学艺术应致力于充分地挖掘和展示学科自身内在的道德性，并切实地把学科教学与学生的生活、精神有机地融合起来，才能有助于学科核心素养的形成和发展。

## 二、教师的教学艺术源于课程意识和学科本质的教学观念

（一）教师的教学应体现正确的课程意识

课程意识是教师对课程的定义、理解、看法、观点，一个教师怎样理解和定位课程会从根本上决定他怎么理解和定位教学。一个教师不能就教学论教学、就教学谈教学，他一定要有课程的高度、课程的视野，即具有"知识的功夫和境界"。从学科的角度讲，教学必须能反映学科本质和教育价值，只有这样，学科教学才能有效地促成学科核心素养的形成。例如，如果教师看待教学内容时，只着眼于教材，以教材的知识内容为主要或者唯一的教学对象，而不是依据教学目标，借助教材并且广泛地组织教学资源，就不具备课程意识，就是我们通常说的"教教材"。具有课程意识的教师，会以学生为主体，强调对教材的延伸、拓展、

---

①沈文钦：《自由教育与美好生活——施特劳斯学派自由教育观述评》，《北京大学教育评论》2006年第1期。

②苏霍姆林斯基：《苏霍姆林斯基选集（第2卷）》，教育科学出版社，2001。

③钱理群、孙绍振：《对话语文》，福建人民出版社，2005。

深化、补充和超越。从教学过程的角度看，教师如果没有课程意识，在课堂上就会特别注重预设性的活动，把师生的教学活动局限于教学计划的执行和教学方案的展开，凸显教学的计划性、执行性，教学被理解为教材内容的传递过程。拥有课程意识的教学则强调生成性的活动，教师会从学生现场反应和教学实际需求出发，不断把教学引向学习的深处，其本质是强调教学的创造性。它把教学和课程有机地统一起来，教学过程同时是课程内容不断生成、课程知识不断丰富的过程。教师的课程意识是教师教育思想观念的核心，是教师教学行为和教学活动背后的"假设"和依据。其实，课堂存在的各种问题多数缘于教师只有教学意识而没有课程意识。所以，体现教学艺术的必要前提是确立正确的课程意识，基于课程意识的教学是指向核心素养的必然要求。

各学科的课程标准中对此都有明确阐述。语文课程应致力于学生语文素养的形成与发展。语文素养是学生学好其他课程的基础，也是学生全面发展和终身发展的基础。

数学课程在学生发展上的功能和数学课程的核心理念是应致力于实现义务教育阶段的培养目标，要面向全体学生，适应学生个性发展的需要，使得人人都能获得良好的数学教育，不同的人在数学上得到不同的发展。

英语课程注重素质教育，体现语言学习对学生发展的价值。那就是要在英语课程中推进素质教育，其核心是人的教育，是推动学生发展为本的教育，因此课程目标要着眼于学生的发展，指向以能力和个性为核心的发展，因为学生是一个完整的人。

历史课程注重初中学生的心理特征和认知水平，了解学生的生活经验和知识基础，结合具体、生动的史实，从多方面调动学生的学习积极性，培养学生的问题意识，引导学生主动地进行历史学习，积极参与历史活动。

物理课程指出，从生活走向物理，从物理走向社会。贴近学生生活，符合学生认知特点，激发并保持学生的学习兴趣，让学生通过学习和探索掌握物理学的基础知识与基本技能，并能将其应用于实践，为以后的学习、生活和工作打下基础。

化学课程使每一个学生以愉快的心情去学习生动有趣的化学，激励学生积极探究化学变化的奥秘，增强学生学习化学的兴趣和学好化学的信心，培养学生终身学习的意识和能力，树立为中华民族复兴和社会进步而勤奋学习的志向。

地理课程学习对生活有用、对终身发展有用的地理。地理课程引导学生从地理的视角思考问题，关注自然与社会，使学生逐步形成人地协调与可持续发展的观念，为培养具有生态文明理念的时代新人打下基础。

生物学课程期待学生主动地参与学习过程，在亲历提出问题、获取信息、寻找证据、检验假设、发现规律等过程中习得生物学知识，养成理性思维的习惯，形成积极的科学态度，发展终身学习的能力。

依据课程标准，实现课程目标，必须拥有正确的课程意识，才能促进学生的全面发展，才能更好地表现出教师高超的教学艺术。

（二）教师应具有基于学科本质的教学观念

学科本质是学科核心素养的源头和内核，基于学科本质的教学是走向核心素养的必然要求，把握学科本质是一切教学法的根。学科核心素养来自于学科知识，实际上，严格说来是来自于学科知识所蕴含的学科思想方法。从这个角度说，基于学科本质的教学就是基于学科思想方法的教学。以数学为例，基于数学本质的教学就绝不只是要求学生掌握所谓系统的数学知识，更重要的是让学生掌握数学方法和形成数学思想，达到"会用数学的眼光观察现实世界，会用数学的思维思考现实世界，会用数学的语言表达现实世界"。从教学实践角度讲，基于学科本质的教学就要充分展示学科的独特价值、体现学科的特有个性。它要求我们教师要用学科特有的精神和文化去打造学生的学科素养，用学科特有的魅力和美感去激发学生的学习动力。具体而言，学科教学要致力于培养学生解释、分析相关学科现象、过程及问题的意识、角度和眼光，基于学科概念、思维方式、认识模式和观念、思想，基于学科文化和本质的人文精神、科学精神，形成学科的精气神。

### 三、教师的教学艺术体现基于学生学习的教学观念

（一）教学艺术的目的是服务于学生的发展

学生是教学的出发点、落脚点，教学的重心在学而不在教，教师的"教"应该围绕学生的"学"来组织、设计、展开。基于学生学习的教学不仅是教学本质的体现，也是学生形成学科核心素养的必然要求。我们知道，教与学的关系是贯穿教学全过程并对教学活动和质量具有决定性影响的一对基本关系。教的一切

努力都是为了服务于学的需要，学生的学习以及由此带来的发展是教的宗旨和方向。具体而言，检验一种"教"是不是好的"教"，就是看它是不是有助于学生的"学"。因此，教学艺术最终表现为学生的发展。

（二）教学艺术的行为对象是"学习者"

"学习者"是指在各种教育活动中从事学习活动的人，是教育活动的对象和主体。学习者作为一个独立个体，有自己的主观需要和意识，在接受教育影响的同时，他们还具有将学习内容进行重组、创新的能力。在学校教学活动中的学习者主要是指学生。

学习者是教学艺术的行为对象，且处于中心地位。在学校的教学活动中，"以学习者为中心"的真正含义是指：教学活动要以学生的"学"为中心，教师的"教"要以学生的"学"为目的和宗旨，教师不能只管"教"而不管"学"；同时，教学活动要以学生的"学好"为中心，学生的学习有不同的状况，学生不仅要"知"学、"好"学，还要"乐"学，正如孔子所讲的"知之者不如好之者，好之者不如乐之者"（《论语·雍也》）。"学"不仅是知识的学习、素养的提升，更是品德的塑造和人格的培养，是促进学生的全面、可持续发展。以学习者为中心，突出了学习者在教学活动中所处的重要地位。

早在我国春秋时代，孔子就尤为关注学生的个别差异，强调"因材施教"，在教学方法上，主张"不愤不启，不悱不发"，把调动学生的积极性作为衡量教学成功的重要指标。《礼记·学记》中也明确提出"君子之教喻也，道而弗牵，强而弗抑，开而弗达"，强调了学生的主体地位。

19世纪末20世纪初，欧洲出现了新的教育思潮，美国出现了"进步教育运动"。美国心理学家罗杰斯提出人本主义理论，强调以"人"为中心的教育，树立"以学生为中心"的教育观，强调尊重和信任学生，发挥学生的主体作用。美国教育家杜威提出"实用主义"教育观，即"以学生为中心"的"儿童中心论"，提倡改造传统教育形式，解放孩子天性。瑞士心理学家皮亚杰提出建构主义理论，倡导根据学生的认知结构构建知识体系，注重学生学习的主动性和探索精神。上述理论的共同点是强调一切"以学生为中心"，关注学生的兴趣和需要，发挥学生学习的自主性和创新性，反对传统的以知识传递为中心的教育理论。

"以学生为中心"并非意味着将教师边缘化，而是说教师的教学要围绕着学生的学习、学好、好学为中心，这不是让教师无事可干，恰恰相反，它是让教师承担起更大的责任，让教师用心更深入、教学设计更周全，让教学目标更清晰、更准确。只是教师要尽量从台前走向幕后，将舞台的中心还给学生。但是在学生走向舞台中心、成为主角的过程中（之前、之中和之后），教师需要更为具体、有效地指导、引导学生。因为这意味着教师的教育教学不仅在课中，而且在课前和课后；教师不仅要关注自己的教学，还要关注学生的学习和成长；教师不仅是前台的讲授者，而且是后台的组织者、引导者和合作者。

学生成为学习的中心，意味着学生的学习是积极主动的学习，即学生要积极参与观察、操作、实验、讨论、交流、探索等活动；通过对现象的分析、比较，不断地发现问题、提出问题；积极开展思维活动，对自己和他人的意见进行质疑、反思，不断地分析问题、解决问题。必须指出，学生参与的教学"活动"不仅包括外显行为即可观察的活动（如操作、实验、讨论、交流等），而且也包括学生积极的思维活动。

（三）教学艺术的表现是"教会学生主动学习"

学生是学习的主人，教师是学生学习的组织者、引导者和合作者。教师要以学生为本，以学生的终身发展为本，把学习的主动权交给学生。在教学过程中，采取不同的手段激发学生学习的兴趣，鼓励学生积极参与教学活动，引导学生对问题独立思考、主动探索，培养学生的创新意识和应用意识。学生要经历自主动手、动脑、动口的过程，学习知识、巩固知识、拓展知识和应用知识。学生只有积极地参与知识的形成过程和应用过程，才能独立自主地进行学习，提升核心素养，达到全面发展。

教学的艺术不仅仅在于传授知识，更在于激励、唤醒、鼓励学生的主观能动性。在课堂教学中，教师要从各方面引导学生学会主动学习，开发潜能，激发创新意识。

（四）教学艺术的实施途径是创设促进学生深入思考的教学情境

现代心理学认为，人的一切行为都是由动机引起的。教学是认识与情感相互促进的过程。动机就是学习的原动力，它是推动学生主动学习的主观因素，是学生学会学习的前提。如果学生对学习对象产生了浓厚的兴趣，就会变"要我学"为"我要学"，其学习效率也会得到很大提升。因此，教师要根据学生已有的生活经验、活跃敏感的思想以及强烈的求知欲等特点，创设促使学生深入思考的教学情境，运用恰当的教学方法，充分调动学生学习的兴趣和责任，唤起学生已有的经验，激励学生主动学习，实现对知识的深刻领悟和对方法的全面掌握。

教学艺术的实现，倡导"以学生为主体"，具体可以通过以下几方面予以落实：

1. 创设生活情境，引导学生主动学习

在教学中，教师要善于利用学生已有的生活经验，创设他们熟悉的生活情境，让学生经历从身边的具体情境中发现问题、提出问题的过程，主动探索，逐步学会分析和解决问题的能力。例如化学《烯烃》一节，利用乙烯可作果实催熟剂。教师提出问题引导学生：按自然生长规律，有些果实到秋天才能收获，但现在一年四季我们都能品尝到的原因是什么？接着引导学生认识"果实提早成熟的原因是科学技术的作用"。"科学家为促使果实提早收获，研究出果实催熟剂，其中乙烯就是一种果实催熟剂，那乙烯是一种什么物质呢？"再提出一些与乙烯结构、性质、用途有关的事例，激发学生继续探究的欲望，顺理成章地学习乙烯的相关知识。教学中，通过合理创设情境，不仅能起到组织教学的作用，还能让学生感悟知识源于生活，又服务于生活，激发学习的兴趣。

以课堂为主阵地，创设情境引导学生主动地参与教学活动，探索知识，感受知识在生活中的作用与价值；引导学生拓展学习目标的内涵和外延，加深对知识的理解，使学生产生浓厚的学习兴趣，真正成为学习的主体。

2. 开展自主探究、合作交流，促使学生主动学习

现代教育观认为，自主学习是学生主动获取新知识的过程，是学生积极思考、发展学习能力的过程。自主探索、合作交流的学习方法能使学生实现知识的再创造。荷兰学者弗赖登塔尔（H. Freudenthal）说："学习的唯一正确方法是实行'再创造'，也就是在教师的科学指导下，由学生本人有目的地自觉探索，实现自主性发展的教育实践活动，即'自主学习'。教师的任务就是引导和协助学生发现问题、分析问题和解决问题，而不是把已有的知识灌输给学生。"如何引导学生主动探索、合作交流，这就需要教师结合教材的重难点设计恰当的问题情境，给出探究的方向和方法，再根据知识产生的原则有序地呈现问题，引导学生自主探索，组织学生合作交流，使讨论交流的过程成为师生、生生相互作用的教学活动。

3. 倡导个性发展，在分层教学中拓展思维，推进学生主动学习

从心理学的角度来看，处于同一年龄阶段的不同学生在认知水平和发展趋势上也存在着很大的差异。学生的认知结构是多元的，有的擅长形象思维，有的擅长抽象思维；有的擅长语言表达，有的擅长动手操作；有的擅长正向思维，有的擅长逆向思维……这仅仅是学生表现出的不同特征，没有优劣之分。另外，学生由于生活经历、家庭环境等外在因素的不同，也会导致学习中思维方式和学习策略的不同。因此，教师要鼓励学生自主学习，发展自己的个性。同时，又要推进学生主动学习，最佳途径就是分层教学，即将教学内容分为基础和提升两部分。基础内容比较简单，主要针对学习能力偏弱的学生；提升内容具有挑战性，主要针对学有余力的学生。学习过程中，教师可以根据学生的实际学习情况进行调整，确保分层教学的有序开展。

4. 实现多元化、多样化的自我评价，深化学生主动学习

学习活动是一个完整的过程，它包括学习动力、学习策略、学习能力和学习结果等方面。学生要了解自己的学习情况，及时调整自我学习行为，就必须学会自我评价。自我评价是一种自我认识的过程。在教学过程中，教师应指导学生对自己的学习方式、学习过程、学习结果等进行自我评价，肯定优势、反思问题、改进方法，以达到最佳的学习效果。比如，教师可以引导学生在单元学习后撰写心得，在测试结束后记录自己做题时的想法，在综合与实践活动后总结问题解决的方法和策略等，及时对自己的学习过程进行监控、反馈、调整。通过学生自我评价，教师要了解学生的学习情况，进行针对性指导，对下一阶段的学习方法进行调整。这样有利于扩大学生思维的广度，又有利于拓展学生思维的深度，进而使学生真正地、主动地进行学习。

教师要注重学生主观能动性的培养，善于挖掘学生主动学习的潜能，鼓励学生在学习中积极主动地质疑，加强学生提问的意识，引导学生主动观察、主动思考、主动探究、主动创新，最终全面提高学生的学科素养，促进学生主观能动性的发挥。

总之，基于立德树人的教学、基于课程意识和学科本质的教学、基于学生学习的教学，是从知识本位的教学转向核心素养导向的教学所必须确立的三大教学观，是教师教学艺术的源泉和根本。教师唯有不断提升自己"学科知识和学科教学的功夫和境界"，才能锤炼自己的教学能力，拥有高超的教学艺术。

# 第二节　教师的学习观

目前就学习观而言，存在三种流派的观点，分别为行为主义学习观、认知主义学习观和建构主义学习观。

第一种，行为主义学习观。人类的行为一般都源于对某种刺激的特定反应，学习便是指某种特定行为的习得过程。当一个人稳定地习得了某种特定行为时，这个人就发生了学习。行为主义只研究外显行为，反对研究意识和内部心理过程。他们把个体行为归结为个体适应外部环境的反应系统，即所谓"刺激—反应系统"，学习的起因被认为是对外部刺激的反应。但是他们不关心刺激所引起的内部心理过程，认为学习与内部心理过程无关，因此只要控制刺激就能控制行为和预测行为，从而也就能控制和预测学习效果，这就是行为主义学习观的基本观点。

根据这种观点，人类学习过程被解释为被动地接受外界刺激的过程。教师的任务只是提供外部刺激，即向学生灌输知识；学生的任务则是接受外界刺激，即理解和吸收教师传授的知识。由于种种原因，行为主义学习理论在我国较为盛行。许多学校强调学生的任务就是要消化、理解老师讲授的内容，把学生当作灌输的对象、外部刺激的接收器、前人知识与经验的存储器，忘记了学生是有主观能动性的、有创造性思维的活生生的人。

由于受这种行为主义理论长期潜移默化的影响，我国绝大多数学生逐渐养成一种不爱问、不想问"为什么"，也不知道要问"为什么"的麻木习惯，形成一种盲目崇拜书本和老师的迷信思想——"书本上的都是经典，老师讲的必定正确，对书本和老师都不能怀疑"。这种思想观念代代相传、不断强化，就使学生的发散性思维、逆向思维被束缚、被禁锢，作为认知主体的学生，其主动性无从发挥。这就等于从基底上移走了具有创新思想和创新能力的人才赖以孕育、滋生和成长的全部土壤，创造型人才的培养就成了空中楼阁。

第二种，认知主义学习观。认知主义心理学家重点研究人脑内部操作的机制，认知学习是一种信息加工的过程，刺激是这个过程的输入部分，而反应是输出部分。认知主义认为，促使行为习得的强化物只有通过认知被行为主体确定为"奖励"时，强化物才会起到强化作用，而不是像行为主义所说的强化物本身就会起到强化的作用。

早期的认知主义学习理论强调的是知觉水平的组织与重新组织，最具代表性的实验当属德国心理学家苛勒（W. Kohler）通过黑猩猩所做的"接竹竿实验"。在该实验中，苛勒将黑猩猩关在一个笼子里面，笼子里有两根能够接起来的竹竿，在笼子外面放有香蕉。黑猩猩要想得到香蕉，就必须把这两根竹竿接起来。黑猩猩被关在笼子里面之后，它先用手去够香蕉，再用一根竹竿够香蕉。经过这样的尝试之后，黑猩猩不能得到香蕉，这时黑猩猩就会停下来，看看外面的香蕉（目标物），把两根竹竿在手里摆弄，偶然地使两根竹竿接了起来，它就会很快地用接起来的竹竿去得到食物。黑猩猩很高兴自己的"发明"，不断重复着这一获得香蕉的方式。苛勒认为，学习是一个顿悟的过程，黑猩猩之所以可以够到香蕉，是因为黑猩猩突然理解了笼、两根短竹竿、笼外香蕉等所有事物的相互关系之后，才顿悟出接竹竿、够香蕉的行为。

苛勒将动物实验的结论推理到人类的学习上，认为个体之所以能产生顿悟，主要取决于：一是学习情景中的所有刺激都是一个整体，学习者所注意的不是某个单一的刺激，而是从总体上把握各刺激物之间的关系；二是个体内在知觉的组织与重新组织。人或动物之所以能了解学习情景的全局、领悟到问题的关键，全靠他在知觉中能形成一种正确的、完整的模式。

根据这种观点，学习过程被解释为每个人根据自己的态度、需要和兴趣并利用过去的知识与经验对当前工作的外界刺激（例如教学内容）作出主动的、有选择的信息加工过程。教师的任务不是简单地向学生灌输知识，而是首先激发学生的学习兴趣和学习动机，然后将当前的教学内容与学生原有的认知结构有机地联系起来。学生不再是外界刺激的被动接收器，而是主动地对外界刺激提供的信息进行选择性加工的主体。

第三种，建构主义学习观。学习是一种意义建构的过程，是一种个体根据自身已知的经验和知识对于外部事物和现象建构、解释的过程。其代表人物皮亚杰认为，儿童的认知结构并不是对外界客观现实的被动反映，而是在"同化"与"顺应"的过程中逐步建构形成的。该观点强调复杂学习环境和真实的任务，强调社会协商和相互作用，主张用多种方式表征教学内容，主张理解知识建构过程，主张以学生为中心的教学。

首先，建构主义强调学生经验世界的丰富性，强调儿童的巨大潜能。其次，建构主义者强调学生经验世界的差异性，每个人在自己的活动和交往中形成了自己个性化的、独特性的经验。教学不能无视学生的这些经验，从外部装进新知识，而是要把学生现有的知识经验作为新知识的生长点，引导学生从原有的知识经验中"生长"出新的知识经验。教学不是知识的传递，而是知识的处理和转换。需要教师与学生共同针对某些问题进行探索，并在此过程中相互交流和质疑，了解彼此的想法，彼此作出某些调整。同时，学习者的差异也是一种宝贵的学习资源。由于经验背景的差异，学习者对问题的理解常常各异，学习者可以在一个学习社群中相互合作，充分沟通，形成对问题的丰富的、多角度的理解，从而形成交流、合作、表达、分享的教学过程。

建构主义学习观普遍认为存在以下几个影响学习的关键因素：

（1）先前经验的作用。因为学习是在先前经验的基础上进行的。

（2）真实情境的作用。因为学习总是离不开一定的情境，知识也总是在一定的情境中才有意义。

（3）协作与对话的作用。学习是学习者之间的协商与对话。建构主义将协作、对话建立在合作学习的平台上，通过合作学习来实现的。

（4）情感的作用。情感是学习的发动机和调节器，情感参与主体的认知与建构，也体现主体的力量。

（5）错误与失败的意义。在学习过程中，出现错误是正常的，出现错误和对错误的反省是学生有效学习的不可缺少的一部分。当错误发生时，学生可以集体讨论错误，分析原因，使错误得到纠正，这将有助于学生反省认知，有助于学习者对知识的建构。

（6）评价的作用。评价应该成为学习环境的整合的、持续的、浑然一体的部分，学习者本人是学习的最好评价者。

可见，建构主义学习理论强调学习者自身的主动建构、情境情感的作用、相互合作的作用，不同于传统学习观的强调接受、记忆的作用。

通过对以上三种学习观概念的对比了解，我们可以发现，行为主义学习观强调学习是对外部刺激的反应，与内部心理过程无关，只要控制刺激就能控制行为和预测行为，从而也就能控制和预测学习效果。认知主义学习观则重视对大脑内部的研究，在研究学习机制过程中不可避免地关注情感、态度、情绪、动机和自我控制等因素对学习的影响，而不像行为主义学习观那样，只看到行为以及对行为作表层解释。建构主义学习观倡导以学习者为中心，学习过程不是学习者被动地接受知识，而是与一定的社会文化背景（情境）相联系，积极地建构知识的过程。因其对学习者兴趣和动机的关注，以及对学习者批判性思维的鼓励，得到了较大范围内的认可和更为广泛的传播。

本节内容便是在以上三种流派学习观理论的视域下，从基于教师的学习动态、源于学科本质的学习方法、基于"学"与"教"的关系、基于教师教学的学习观四个方面对科学的学习观进行分析。

## 一、基于教师的学习动态

广义的学习是指人与动物在生活过程中，凭借经验产生的行为或行为潜能的相对持久的变化。狭义的学习专指学生的学习，是在教师的指导下，有目的、有计划、有组织、有系统地进行的，是在较短时间内接受前人所积累的科学文化知识、技能，并以此来充实自己的过程。基于教师的学习动态，首先要求教师对学生所学习的内容及其学习特点有一个明确的认识。

学生所学习的内容大致可分为三个方面：知识技能和学习策略的掌握；问题解决能力和创造力的发展；道德品质和健康心理的培养。对于这三方面的学习，学生普遍呈现出动态化的特点，具体如下：

1. 学习是建构性的。已有知识将影响新知识结构的建立，应该尽量将学习者已有的生活经验同新信息关联起来。

2. 学习是主动性的。学生个人的发展是教学核心。课堂不仅是知识传播的场所，更"应成为充满活力的生命过程"，让学生全身心参与"做中学"的进程，在"做"中理解、建构新知识结构。

3. 学习是合作性的。建构发生在一定的社会情景中，个人通过同其他社会成员（教师、同学、家庭成员、朋友等）相互作用获得关于世界的全面解释。因而学习不仅是学生个人的建构活动，也是学习共同体合作建构的过程。

4. 学习是交流性的。互动是知识建构的重要方式。交流是最基本的环节，它是个体意义建构由狭隘走向广阔的过程，是新旧知识体系融会整合的加速器，也是语言能力和思维能力得以提高的最佳途径。

5. 学习是探究性的。新意义建构的过程本身就是一个探究过程，由不同任务组成。通过任务的完成和问题的解决在旧的知识体系中建立新体系。

6. 学习有非智力因素（情感体验、自主意识以及自信心）参与。重视教学过程中学生情感投入对学习效果的影响以及学生情感的发展，而不仅仅是目标的达成。培养学习者的自主学习意识，因为只有当他们感到可以控制自己的学习过程时，才会取得最好的学习效果。

## 二、源于学科本质的学习方法

学习方法是通过学习实践总结出的快速掌握知识的方法。因其与学习掌握知识的效率有关，越来越受到人们的重视。学习方法并没有统一的规定，因个人条件不同、时代不同、环境不同，选取的方法也不同。

科学测试证明，95%的人智商介于70至130之间的标准范围，只有2.5%的人智商低于70。因此，智力绝不是成绩的决定因素，关键还是在于学习方法，不同的学习阶段、学习环节需要不同的学习方法；不同的学科、不同的知识类型也需要不同的学习方法。只要方法好，绝大多数学生都能够取得优异成绩。

但遗憾的是在大多数学校，并不是每一位老师都能源于学科本质教给学生如何才能有效学习。因此，大多数学生只有靠自己辛苦摸索、低效前行，结果费了很大的力气，只吸收了需要掌握的知识的一点皮毛。上课时认真听课，可是一堂课结束时，刚刚才学过的内容就像沙子一样从学生的大脑中滑漏；上课明明听懂了，下课却什么也不会；考试时经常忘记一些非常重要的内容，遇到的明明是以前做过的题型，可是在考场上怎么都做不出来；考试时有好几道会做的题目，可是根本没有时间去做。要造就一流人才，必须有超越常规的学法。对于所有的学生而言，课堂学习的时间是相同的，书本上的知识内容是相同的。要实现超越，仅仅把握住这段时间和水准是远远不够的，必须掌握科学、实用、高效的学习方法，只有这样才能超越自己，达到提高学习效率、提升学习境界的目的。

（一）学习效率

学习必须讲究方法，而改进学习方法的根本目的，就是为了提高学习效率。无论干什么，不懂就真的要去问，不然就一直不懂；不会就真的要去学，不然就一直不会。

学习效率的高低，是一个学生综合学习能力的体现。在学生时代，学习效率的高低主要对学习成绩产生影响。当一个人进入社会之后，还要在工作中不断学习新的知识和技能，这时候，一个人学习效率的高低则会影响他的工作成绩，继而影响他的事业和前途。可见，在中学阶段就养成好的学习习惯，拥有较高的学习效率，对人一生的发展都大有益处。可以这样认为，学习效率高的人，必定是学习成绩好的学生，而学习成绩好未必学习效率高。因此，对大部分学生而言，提高学习效率就是提高学习成绩的有效途径。

提高学习效率并非一朝一夕之事，需要长期地探索和积累。别人的经验是可以借鉴的，但必须充分结合自己的特点。影响学习效率的因素，有学习之内的，但更多的因素在学习之外。首先要养成良好的学习习惯，要合理利用时间，另外还要注意"专心、用心、恒心"等基本素质的培养，对于自身的优势、缺陷等更要有深刻的认识。总之，世上无难事，只怕有心人。

（二）学习境界

1. 第一层为苦学

提起教学，大家都会联想到"头悬梁""锥刺股"，"刻苦、刻苦、再刻苦"。这样学习的同学，往往会觉得学习枯燥无味，对他们来说学习是一种被迫行为，体会不到学习中的乐趣。长期下去，他们对学习必然会产生恐惧，从而滋生厌学的情绪，学习在他们那里变成了一件苦差事。

2. 第二层为好学

所谓"知之者不如好之者"，这样学习的同学，对学习如饥似渴，常常达到废寝忘食的地步。这种态度对学习会起到重大的推动作用。什么才是真正的好学呢？孔子说得好："不迁怒，不贰过。"不迁怒，就是指遇到错误勇于承担，而不要想着推卸责任。不贰过，就是要学会分析自己的错误，让自己避免下次再犯同样的错误。因此，好学者容易形成一种接受教育和自主学习的状态。

3. 第三层为会学

学习本身也是一门学问，有科学的、需要遵循的规律。按照正确的学习方法，就会学得轻松，能够很好地驾驭学习，真正成为学习的主人，学习也变得灵活流畅。

学生在学习中，第一层居多，第二层为少数，第三层更少。我们应当明确，学习的一个重要目标就是要学会学习，这也是现代社会发展的要求，21世纪需要的是那些会学习的人。所以，只有在学习中追求更高的学习境界，才能使学习成为一件愉快的事，在掌握本领的过程中享受成长的快乐。

## 三、基于"学"与"教"的关系

新课程改革的核心理念是"为了每一位学生的发展"。教师要想通过"教"使学生"学"得有效，"学"得成功，就必须要主动抛弃传统的学生观，建立一种积极的新型师生关系。具体说来，包括以下几个方面：

1. 把学生当作儿童

联合国《儿童权利公约》明确指出："儿童是指18岁以下的任何人，除非对其适用之法律规定成年年龄低于18岁。"从联合国的定义来看，作为儿童的学生应该有自己的童心，有作为儿童的特有的性格和爱好。因此，教师就应该遵循这一学生观，将学生看作儿童，对于儿童的要求应该符合儿童的身心特点。

2. 把学生当作学生

在新课程理念下，教师不仅要将学生看作是一个活生生的人，更要认识到学生是独特的、积极的、活生生的生命个体。学生在学习科学文化知识以及养成良好的思想道德情操过程中，是学习的主体。只有"把学生当作学生"，教师才能更好地履行"教书育人"的神圣职责，义不容辞地对学生施以"引导""指导""辅导""教导"乃至"训导"才有可能"导"出成功。

3. 把学生当作朋友

教师要敢于打破"师道尊严"的传统观念，不再强调"学生必须服从教师"，而要坚持把自己放在与学生平等的地位，建立一种民主平等的师生关系。把学生当作朋友，意味着要和学生在一起生活、在一起交流自己的思想情感、人生观、世界观，要对学生平等和信任。在教育教学过程中，教师要善于和学生交朋友，以平等的朋友身份培养学生的主体意识，使之在平等的地位、民主的氛围中自觉自愿地、乐此不疲地参与教育过程以及教育活动，形成良性发展。

4. 把学生当作老师

随着知识获取渠道越来越多，知识的更新越来越快。教师，已不再是"唯一的知识拥有者"；学生，也不再是"知识的接收器"，有些学生在某些方面的知识（包括计算机、现代科技等方面）已超过了部分教师，甚至在教师所执教的本学科上，学生也已经掌握了不少信息。这没什么关系，"弟子不必不如师，师不必贤于弟子"，问题在于我们教师应该虚怀若谷，心悦诚服地把学生当作老师，去听听他们的解释，参与他们的讨论，由此进一步激发学生的学习兴趣，做学习的主人。

5. 把学生当作同学

学生固然需要教师的教学与引导，但教师也同样需要接受一定程度的培训与指导。因此，我们教师可以把学生当作同学，主动地与学生密切合作、共同探究，给学生创造一种宽松和谐的对话环境，与学生在一起各抒己见、畅所欲言，在彼此交流、互相沟通及坦诚的碰撞中，成为深受学生欢迎的"学习上的好伙伴"。

### 四、基于教师教学的学习观

学习观与教学究竟是什么关系呢？乍一看，二者似乎并无联系，因为学习心理学家对学习的研究可能并不指向教学中学生的学习。但事实上，没有比教学更需要学习理论的实践。从这种意义上讲，学习理论和教学的联系就是必然的，教学实践必然要把学习理论作为其理论基础之一，接受学习理论的启迪作用。每一种有生命力的教学原理，与学习理论都有着密切的联系。

为了更具体地说明学习观与教学的关系，下面介绍两个有意义的材料。

1. "教"根据"学"的原则

在钻研课标之后，教师要指导学生拟定学习的目标，还要针对学生学习的目标，根据学生的情况，安排情境，循序渐进。这一原则是哈佛大学教授伯顿（W. Burton）提倡的，可把其概括起来列成下表。

| 学习动态 | 教学情境安排 |
|---|---|
| 学习者乃是力求达到目标的有机体 | 教师根据学生的能力与经验，帮助其设立适当的学习目标，通过努力，可能成功 |
| 学习者有探求新情境、发现新知识的活动倾向 | 教师给学生提供自由探求的机会，以引导其向着创造思维的道路前进 |
| 学生的思考能力不会自然地发展，要有适当的刺激，以引起相应的反应 | 教师的教学不应仅着重于知识的机械记忆，更应指导学生善于运用思维解决问题 |
| 学习的动机有的由内部自发，有的须由外界引起 | 学生如无自发的动机从事学习，教师则须设法激励。最有效的激励，乃是丰富教材的意义，使学生对之发生兴趣 |
| 学习者学习的能力高低不等、速度不同，理解的深度尤有差异 | 教师要根据个体差异因材施教，安排适合个性学习的情境，使每个学生都有充分发展的机会 |
| 学习者在求得知识的同时，人格特征、行为系统与价值观念都在学习情境中逐渐形成 | 教师的教学应着重智能的启发与品格的培养，鼓励社会合作、舍己为公、乐于助人等美德 |
| 学习者在学习上求得身心健康的发展 | 教师应当创设情境，使学生获得动作、智能、思考与社会行为等方面的适当经验，满足发展需要，身心健康成长 |

2. 教与学的水平

美国心理学家莫里斯·L·比格在《学习的基本理论与教学实践》一书中，把教与学的情境从缺少思考到赋予思考的连续过程分成四个水平：自主发展的水平、记忆的水平、说明性理解的水平、探究性理解的水平，这四种水平的教与学都是以某一种学习理论为基础的，每一种教与学的方式所体现的学习理论的先进性制约了其自身的水平。

| 教与学的水平 | 教学过程的特征 |
|---|---|
| 自主发展 | 以学生为中心，自由的，轻思考 |
| 记忆 | 以教师为中心，机械记忆或联接形成，比较不用思考 |
| 说明性理解 | 以教师为中心，讲授为主，比较富于思考 |
| 探究性理解 | 师生适宜合作，以解决问题的形式出现 |

由此可以说明学习观与教学的关系。教师懂得了这一点，就应该在学习教学原理的同时，关注心理学家对学习的研究，以树立科学的学习观。如果能做到这些，则会逐渐获得教学能力的提高。

# 第三节  教学的审美观

## 一、教学审美活动简析

艺术与美有血缘般的关系，艺术作品必然含有美的因素在内，否则就不称其为艺术作品。同理，教学过程中，教师追求的或表现出的艺术化效果，即美化的教学就是我们所说的教学艺术。那么，对教师来说，正确地认识教学过程中的美和树立适宜的教学审美观，和确立现代教学观念以及科学的学习观一样重要。符合科学的和审美的两种规律也是教学艺术的主要特征之一。

21世纪是审美文化高度发展的时代。综观当今世界，发达国家无不高度重视美育，把提高国民审美素养作为提升国家软实力的重要举措，我国也已在20世纪末将美育重新写入教育方针。教学审美是新时代教学艺术的重要组成部分，它不仅包括教师的审美修养、美育能力、审美的生活态度与美化生活的能力等，还包括伴随时代变迁，知识本身与时俱进所呈现的美。提升教学审美就要由外化到内化、从感性到理性、从刚性要求到自觉追求、从课堂教学过程走向全部育人过程。

（一）教学审美活动的主体和客体

教学审美活动的主体是学生和教师两个方面。学生作为教学审美主体是容易理解的，因为他们是认识的主体，而审美是伴随着学习活动发生和进行的，学生在接受知识的同时，也接受着美。为什么说教师也是教学审美活动的主体呢？我们知道，教学是师生双边相互依存的活动，在这个活动中，存在着双向反馈。教师在课堂上的言语举止等信息传送给学生之后，马上能引起学生的相应反应，学生的反应作为刺激信息，又反作用于教师，这就是反馈过程。教师作为教学艺术的创造主体，创造出教学美，成为学生的审美对象，学生通过审美过程势必产生愉快、激动、向上等积极的体验。当这种体验溢于学生眼神、表情，表现为乐学情绪时，教师能因此获得成就感和满足感，从而自我陶醉、自我欣赏，从创造的主体变为审美的主体。这个原理可以图示如下：

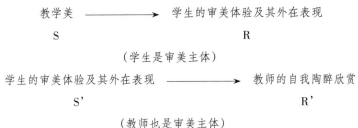

教学审美活动的审美客体是教学中的美，它是具体可感的，而非抽象的东西，它包括教师的美、教学环境的美、教学内容的美、教学过程的美四个主要方面。

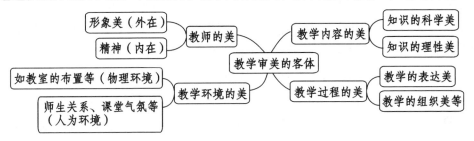

**教学审美客体的组成**

在教学审美的客体中，即使教师的美、教学环境的美、教学内容的美都相同，教学过程的美也会如莎士比亚所说的那样，"一千个人心中，就有一千个哈姆雷特"。某种程度上说，教学过程的美是教学审美更重要的客体。

当审美主体开始注意审美客体时，审美过程就开始了。需要指出，教学审美过程与一般审美过程相比有其特殊性。首先，教学审美是从属于教学认识活动的，因而有意性不强。不可否认，学生是为了学习知识、提高自己，才进入课堂的，他们不会把审美当作是自己的目的。其次，由于教学审美的有意性不强，加上教学中的美的刺激呈现不统一性，因而教学审美主要是审美主体（以学生为主）运用直觉，无意中进行审美。我们认为，那种把教学审美过程描述为"审美者（学生）对审美对象（教师的教学）由感知、感受、感动到最后形成一定的审美观念、趣味、理想、情感和能力的过程"的观点是脱离教学实际的。再次，教学审美的成果，重要的不是形成学生的审美观念、审美趣味、审美理想、审美情感和审美能力，而是直接导致了学生的乐学行为和教师的乐教行为。可以说，教学审美过程是一个为教师和学生不断补充教学活动能源的过程。可以想象，没有审美活动伴随的认识活动是枯燥无味的、少有情趣的，也是不能持久的。从这一点出发，教师就应该努力向学生尽可能多地奉献自身的美和教学艺术的美，只有这样，才能真正地提高教学效率，有助于学生的全面发展。

（二）教学审美的生成

教学审美体现在教学活动中，教学活动的本质是一种特殊的认知过程，这是一个毋庸置疑的结论。但是，这并不意味着教学活动只包含着学生的认知活动。由于教学过程中，作用于学生感官和大脑的不仅仅是知识信息，还有教学环境、教师的魅力、教学的艺术等因素，因而学生在进行认知的同时，还可能进行着审美活动。事实也是如此，人们常常会说"听某位教师的讲课简直是一种享受""某位教师的课讲绝啦"等等，这就充分说明，学生不仅通过感官和大脑领会知识，而且还用心体味教师及其教学的美，进行着一种审美活动。

教学审美活动和教学认知活动是怎样的关系呢？要回答这一问题，我们需要重新关注一下教学过程。现在，大多数人都承认，教学过程不仅是一个知识传授的过程，也是一个艺术创作的过程。也正是在这个意义上，教学才被视为既是科学又是艺术的活动，而无论科学抑或艺术活动，都蕴含了不同的美在其内。不过，知识传授和艺术创作二者在教学过程中是有轻重之别的。从狭义的范畴看，较为明显的，知识传授是目的性的、本质的，而艺术创作是手段性的、从属的。这也就决定了在教学过程中，认知活动是主导方面，由此具有教学的本质属性。而审美活动是服务于认知活动的，它使教学情趣盎然，效率提高。没有认知成分，就没有教学；没有审美成分，就无法体现教学的艺术。

好的教育就是不断引导师生与美相遇的过程。因此，我们首先就要养成教育教学的审美意识，具备在教学活动中创造美、欣赏美的能力。我们所追寻的"美的教育"理念得以实践的关键在于有"美的教师"、构建"美的课程"体系、创设"美的课堂"样态。

总之，要树立这样的观点：审美活动在教学过程中是客观存在的；教学中的审美过程是从属于教学认知过程的；教学审美过程是有其特殊性的。这就是我们对教学审美活动的基本认识，是教学审美观的一个部分。

## 二、教师之美

教学活动中的教师具有审美价值吗？在回答这个问题之前，我们应先知道什么是审美价值。所谓审美价值，是指一事物或一过程能够满足人的审美需要，引起人的审美感受的属性。那么，教师是否具备这种属性呢？回答是肯定的。

首先，从教师劳动的性质看，它体现了教师的本质力量。在教学过程中，教师把从人类文化宝库中挑选出来的科学文化知识浓缩和凝练成自己的教学设计，然后艺术地传递给学生，转化为学生的精神财富、能力和思想观点。学生的进步便显示了教师创造性的劳动成果。教师在教学过程中实现了自己的本质力量，也就是创造了美。

其次，从教师劳动的对象看，学生不是学习机器或知识的容器，而是活生生的、具有心理过程的人。这便决定了教师的课堂行为要摆脱机械、呆板的状态，要具有一定的吸引力，以便学生因欣赏教师及其教学艺术进而将行为指向认知过程。实际上，无论教师意识到与否、承认与否，他在讲台上总扮演了演员的角色，这"演"的成分，必然会引发学生由表及里的审美活动。

再次，教师劳动的过程，具备了产生美的坚实基础。一方面，教学活动是具体可感的。教师不仅要用口头语言塑造各种听觉形象，还要借助板书、教具、演示塑造各种视觉形象。同时，教师本身也是一个可感的具有感染力、说服力的特殊形象。另一方面，教学过程是师生情感交流的过程，教师的一句妙语、一个动作，都可能引起学生心灵的波澜，或微笑、或沉思，从而处于美妙的情绪体验之中。

因而，教师无疑具有丰富的审美价值。高尔基曾经说过："照天性来说，人都是艺术家。他无论在什么地方，总是希望把'美'带到他的生活中去。"教师又何尝不是如此呢？教师无不希望自身的形象、人格及其劳动能在促进学生成长的同时，带给学生心灵的愉悦。

教师的审美价值源于教师的美。教师的美包含外在的形象美和内在的人格美。

（一）教师的形象美

教师应该是学生心中美的偶像，不仅要有美的心灵，也应有美的形象。对于教师的工作来说，形象的美或许在价值上不是第一位的，但不能否认形象的美不仅对学生的审美趣味会发生潜移默化的作用，而且对课堂教学的效果也能产生影响。如果一个教师衣冠不整，须发蓬松，走进课堂必然会引起学生的躁动、讪笑、耳语、挤眉弄眼。课堂气氛被破坏，教学环境被污染，即使你有满腹经纶，也无法让学生聆听。

教师的形象美，可以分为视觉形象的美和听觉形象的美。视觉形象亦即教师的仪表，包括外貌、服饰和体态语言。做教师的人不需是俊男美女，但教师的形象至少不能成为教学的干扰因素。服饰是人为的，教师完全可以根据自己的特点，精心选择，求得外貌和服饰的协调，给学生留下得体的仪表美的印象。体态语言是以视觉刺激服务于学生的，它部分地来源于天赋素质，更多地来源于长期的积累和练习。教师的形象美是以体态运动的方式呈现给学生的，外貌和服饰的美借助于体态语言才真正地称为教学美的因素。实际上，如果一个教师仅有美丽的外貌和时尚的服饰，而无自然得体的体态语言，那他无异于公共场所的雕像，失去了动态的魅力。听觉形象的美也不容忽视，教师的工作与口语表达是一种天然联系。人们常说，教学艺术是语言的艺术，就是强调口头语言在教学活动中的重要性。美学家认为，听觉是人的高级审美感觉功能之一。教师的语言首先应准确、清晰，以保证知识信息传递的真实。其次，教师的语言要悦耳，也就是要美，要具有音乐性。在语调上要抑扬顿挫、谦逊温和；在语速上要急缓有致、张弛有度；在语言内容上，要诙谐幽默。这样的教学语言，能给人以知识，又能给人以享受。

（二）教师的人格美

常言道，鸟美在羽毛，人美在心灵。这告诉我们，人的内在的精神的美远比外在的形象的美显得重要。对这一观点，我们不必怀疑。形象的美犹如包装盒的美，没有直接的实用价值，盒内物品的美才是关键的美。不过，教师的美有其个性，无论其形象的美，还是人格的美，同样具有教育价值。我们主张教师的形象与人格俱美，内外一致地美化起来，才是最理想的。

什么是教师的人格美呢？人格即做事方式。教师的人格即教师的教育教学方式，教师的人格反映在实践中，任何时候，我们都不能离开教育教学的具体实践来谈论教师人格。如果在理论家与实践家之间做出选择，教师首先是实践家，其次才是理论家，次序不可颠倒。

教师的人格美由三要素组成。爱是教育的永恒主题，也是教育者的第一素质。爱的品格不仅是教育行为的原动力，而且，爱本身就是一种撼动人心的力量。富有爱心的教师能够得到学生的尊敬和理解，他能给予学生以负责和关怀，用爱的品质换来师生关系的和谐。苏联教育学家凯洛夫说过一句话："感情有着极大的鼓舞力量，因此，它是一切道德行为的重要前提。"就是说，爱还是优良行为产生的原因，能带来和谐的师生关系和优良行为的爱的品格，自然是一种美的品格。

**教师人格美的三要素**

教师美的人格，还表现为高尚的师德。教书育人是教师的天职，教师既要做教科学文化知识的"经师"，又要做教学生做好人的"人师"。做"经师"靠的是渊博的知识，为"人师"靠的则是高尚的师德。师德具体体现在教师对知识、对教育事业、对学生的态度上。对知识要有严谨的、一丝不苟的态度；对事业要有执着追求、顽强进取的精神；对学生要有"爱生如子"、诲人不倦的品质。此外，师德还体现在教师对教学内容的评价上，对真、善、美的由衷景仰，对假、丑、恶的愤怒鞭笞，都可以折射出教师的道德品质的光辉，给学生以强烈的感染。

教师人格美的第三种表现是其积极向上的性格。人的性格并无好坏之分，无论是外向型性格，还是内倾型性格，都有各自的魅力。但是，从社会学角度讲，性格是具有方向性的，具体表现为保守与开放、消极与积极、自卑与自信等。在今天，创新、开拓是与时代相适应的品质，可以说是向上的品质。"向上"是一个历史概念，因时代不同而不同。在过去，真诚坦荡、宽厚平和、谦虚谨慎、勤勉忍耐这些中华民族性格的基本素质，为世界上一切善良公正的人们仰慕和推崇，可以说是向上的。现在，向上的内容就得在原有素质上加上与时俱进的创新和开拓的素质。教师须知个人性格对学生有潜移默化的作用，为了保证教育的完美，教师应该把自己的性格美化起来。教师向上的性格主要表现在豁达、乐观的人生观上，锐意进取的事业精神上，还可表现在优良的工作品质上。

人格的美是最有力量的美，它对人心灵的辐射力最强。教师的人格之美对学生的影响是深远的，它不仅成为学生直接的审美对象，而且可能影响学生今后的人生道路。优秀的教师是学生学问上的先生和生活中的导师。

最后指出，教师的美是形象美和人格美的统一。在形象美和人格美之间，不应有什么先后轻重之分，二者不可偏废。从"养子使作善"的目的上讲，人格的美更为重要，而从教学美的追求上讲，形象的美尤应被关注。

## 三、知识之美

知识是学生学习和认识的对象。知识的第一价值是认识的价值，但不应忽略知识也有特殊的审美价值，这是由知识特有的美决定的。那么，知识的美是怎样的美呢？我们拟从知识的基本特征分析知识之美。

（一）知识之美的文化特征

有学者认为，一切文化科学知识的共同基本特征有三个，从中我们可以领悟出知识美的蕴含。

1. 知识的第一个基本特征：知识是从人类的实践中得来的，是实际事物及其运动和发展变化的规律的反映。它表明知识是人的实践活动的成果，同时，又是对事物现象和规律的反映。这其中就包含了两种美：

其一，是人和客观世界的关系美。人是通过自己的实践活动作用于客观世界的。在长期的实践活动中，人不仅改变着客观世界，也同时通过改造主观世界提高了改造客观世界的能力。进一步说，人在实践活动中，一方面显示了自己的本质力量，另一方面又充实了自己的本质力量。这种客观世界与人相互作用的知识产生过程，就是一种宏大的美。

其二，知识自身就是美的。知识反映的是事物及其规律，这是人类合理创造的劳动成果，是合于规律性的反映，是阶段性的真理。而真理能给人以智慧、希望和力量，能激励人们去求解求知，排除谬误，战胜邪恶，并能照耀人们从黑暗走向光明，这自然又是一种美。此外，知识的表达形式也具有审美价值。我们知道，知识具有丰富的实际内容，但表现它的语言文字则是抽象而又简约的。简约在科学领域是一条很重要的美学标准。如开普勒的行星运动定律表述为：绕以太阳为焦点的椭圆轨道运行的所有行星，其各自椭圆轨道半长轴的立方与周期的平方之比是一个常量。它被公认为美的表达，就是因为它能使人感到繁星浩渺的宇宙一下子变得清晰了起来，从而产生了一种简洁的美感。

2. 知识的第二个基本特征：知识是思维的产物、智慧的结晶，也就是说知识是思维过程及其结果的静化物。知识是从实践中来的，这是从其来源角度而言的。从知识的生产角度讲，知识是通过人的大脑思维运转创造出来的。

创造与美有着密切的联系。一方面，创造是美的产物。科学家、艺术家等为什么要进行探索和创造呢？其中原因众多，但不可否认美是促使科学家进行探索、艺术家进行创作的重要心理因素。众所周知，美是艺术家追求的主要目的。至于科学家的探索，其目的当然不是创造艺术品，但美无疑会对科学家的工作产生影响。法国数学家彭加勒说过："科学家研究自然，是为了从中得到乐趣，而他得到乐趣是因为它美。如果自然不美了，它就不值得去了解，生命也就没有存在的价值。"爱因斯坦认为，使人们致力科学和艺术的动机有两种，一种是追求"世外桃源"的消极动机，还有一种积极动机是"人们总想以最恰当的方式来画出一幅简化和易领悟的世界图像"。这两位科学家的认识可能都是偏颇的，但这至少是他们个人体验的写照。尽管如此，仍可肯定，对美的追求，不仅能激发起人思维和创造的动力，而且在思维和创造的过程中，起着重要的导向作用。

另一方面，美是创造的结果。人对自然、社会的探索是认识的过程，但因人是有情感的高级动物，他的认识自然带有情感色彩。在认知活动中，人一面在寻求事物的本质和规律，完成认识的使命，一面还在寻求服务于本质和规律的美的表达方式。因而，作为认识结果的知识，会具有认识的和审美的两种价值。这就是说，科学家通过认识活动，不仅获得了真，而且获得了美。

3. 知识的第三个基本特征：知识是人类生存、发展和改造客观世界的武器，它本身具有巨大的能量。知识的这种力量伴随时代的变迁，日益呈现出巨大的能动性。

首先，人类最初是用体力征服自然、求得生存的，后来，人类从实践中取得了一些经验，如木棒和石头具有潜在的杀伤力。这样，人类改造客观世界的工具，就由身体发展为身体和简单工具的联合。在这个变化中，经验起着关键的作用。

其次，随着人类经验突飞猛进地增长，经验的力量逐渐超越了人自身的力量，并与人自身分离开来。到了17世纪，英国哲学家弗兰西斯·培根提出了"知识就是力量"的口号，这说明人类开始认识到知识是人类生存、发展和改造客观世界的武器。人类开始承认知识的崇高。知识作为人类生存发展和改造客观世界的武器，首先是一种巨大的力量，此外，知识的力量正是人类自身力量的积贮。人们从知识中能体会到人类的伟大，产生振奋的精神。可见，知识的美也是一种崇高的美。

从知识的基本特征分析，知识之美的确是存在的。然而，一般美学研究未能涉及这一内容，大概是因为知识首先属于真的范畴，知识的目的是最大限度地再现真，而不像艺术作品那样尽可能地表现美。但我们又不能否认知识之美的存在。事实上，知识之美不同于一般直接作用于感官的可感之美，它被赋予含蓄的特征。

（二）知识之美的艺术特征

1. 知识之美是一种理智的美

它能引起的不是审美主体（或者说认知主体）强烈的喜、怒、哀、乐等具体情绪体验，而是与认知活动相伴而生的惊奇、坚信、献身意向等高级情感。在心理学上，一般把同满足求知欲、追求真理的思维活动及其内容相联系的情感，称作理智感。实际上，学习者在认识过程中所产生的审美体验和理智感是交织在一起的。知识是抽象思维的产物，其中的美也是一种理智的美。

2. 知识之美是一种潜在的美

对知识的审美，依靠感觉是无法完成的，因为知识不大可能直接引起人们视、听等感觉上的舒适或者快感。培根说过："真理在世人眼中其价值也许等于一颗珍珠，在日光下看起来最好，但是它绝够不上那在不同光线下显得最美的钻石和红玉的价值。"这段话可以说是对真理性知识之美的恰如其分的写照，就是说，知识的美是潜在的，而非外显的。

3. 知识之美是一种艰难的美

英国美学家鲍桑葵认为，美有平易的美和艰难的美两种。平易的美是那种不费力气就能欣赏，一眼就能看出的美；艰难的美则正好相反，只有具备一定素质的人，才能欣赏到它。理智的、潜在的美必然是一种艰难的美。

需要指出，由于知识的美具有含蓄的特征，在教学过程中，学生一般是看不到知识的美的，这就需要教师挖掘知识的美，并巧妙地展现给学生。实际上，由于我们一直未能提出审美性教学原则，大多数教师仍不具备对知识的审美能力和习惯，这对实现教学的艺术化来说，无疑是一大障碍。所以，教师要自觉地培养对知识的审美能力和习惯，挖掘知识的内在美，创造学生的乐学情绪和行为。当学生乐学时，教师也就乐教了。

（三）知识之美的素养特征

真正有用的知识是带有生命温度的知识，是以经验与体验为基础的。知识是有生命的，因而知识也是有周期的。知识从诞生到消亡，经历了收集—整理—审核—发布—利用—更新—淘汰的过程。具体来说，知识的生命周期包含收集有可能形成知识的数据、信息等素材；对素材进行整理加工，从而形成知识；对初步的知识进行审核，形成正式的、可发布的知识；通过各种渠道把知识发布出去；知识被其他人访问并加以利用；知识在使用过程中不断得以改进和更新；过时的知识被逐渐淘汰。在这一过程中，知识如生命的延续般呈现了螺旋上升的过程。知识起始于个体，通过人与人之间、部门与部门之间的交互作用而不断增多，使个人知识在组织范围内拓展，并使之具体化，进而转化为组织内的知识网络体系的一部分。通过各种方式将本属于个人的知识变为人类知识的过程，即隐性知识向显性知识转变，显性知识通过知识管理工具进行加工、整理、总结，变为另一种更加容易获取的显性知识。人们通过学习显性知识，将其变成自己的隐性知识，从而提高人类的知识与技能，知识随着个体知识的组织化而不断螺旋增加。对于中学生来讲，这个过程伴随知识的习得，即掌握正确的方法，培养适宜于自身特点的学习方法，以自主学习和合作学习的形式，通过教师传授、网络搜集、同伴互助等方式，在学习知识的过程中，培养能力和情感态度价值观，具备未来生活的技能，养成终身学习的正确观念。

1. 知识的美，美在智性锋芒

知识的形成和传播过程，时时刻刻存在着理性批判以及由这种批判所焕发出来的智性之美。理性思维是知识所蕴藏的科学精神的基础，批判质疑是这种科学精神的核心。知识的探究过程中，如果教师重视"理性思维和批判质疑"，就能引导教学对既有认知、规则进行实证检验、深入思考、逻辑推理，并在此过程中让学生形成独立思考、独立判断的能力。知识学习的过程就是学生在现有信息的基础上，作出基于证据的判断、合乎逻辑的推理，由此所形成不妄加臆测、不轻易评判的习惯。对于中学生而言，知识探究的起点是疑问与发现。探究的过程不仅仅是得出规律，更要让学生学会质疑与批判、思考与创造。学生经历阅读、分析、猜想、验证的过程，并在此过程中提升科学思维和逻辑能力，强调挑战权威的意识与勇气，知识由此彰显了"理性思维和批判质疑"，从而折射出智性锋芒，呈现了智性之美。

2. 知识的美，美在人文之思

伴随着基础教育课程改革，课程综合化已成为一种趋势和要求。打破学科壁垒，加强不同学科之间的联系，实现多种学科相互渗透，已成为一个重要理念。教学实践证明，融合多学科知识可以激发学生的学习兴趣，提高学生想象力、审美力和创造力，从而实现素质教育目标。通过知识的学习，我们感受到的是一切由人的文化活动而给人的美感，人文的关怀如重视、尊重、关心、爱护人等，这就是知识的人文美的体现。

各学科知识各有侧重。比如围绕"水"这个话题，物理和化学学科知识研究水的物理、化学性质与生产生活；生物学科知识研究水与生命（动物、植物、微生物）的关系；地理学科知识研究水与地球的各个系统（大气、生态、地质、气候、土壤、热力）；综合实践学科知识研究水资源及水资源管理，包括淡水、污水处理、灌溉、净化、污染、再利用以及水坝、节水、发电、引水、现代农业、雨水收集；历史学科知识研究水与社会、经济的相互作用，如价值观、城市、运动、信仰、治水、航行、运输、运河、起源、"一带一路"、国家边界、迁徙、战争等。适应当前课程改革的需要，学科知识的融合中呈现出知识的人文之思，打破了学科界限，将高阶思维应用于学习过程，让学生从更高的视角去综合信息、建立联系、得出结论，鼓励学生分析历史和时事，为学生创造机会分享想法、使用各种方式和工具陈述数据、口头介绍，并利用互联网进行传播，培养学生研究、写作与展示意愿。各学科知识从不同角度诠释了"科学的应用会对政治、经济和社会产生影响"这个大概念，提升了学生的核心素养，让学生文理兼修，全面发展。

狭义地讲，自然学科知识求真，人文学科知识求善，艺术学科知识求美，在这真善美的知识中蕴含了知识的生命之感、人文之思和智性锋芒，构成了知识之美的三种面相。它们常常融合在一起，正是这种交融共生的形态，构成知识摇曳多姿的审美风格。

教学实践中，如何让学生感受到知识之美呢？教师必须认识到，我们所面临的知识其实不仅仅是学科知识，更主要的还有学科教学知识。

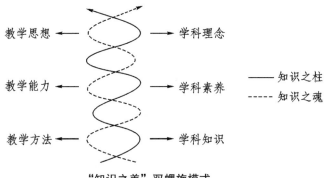

**"知识之美"双螺旋模式**

学科知识是人类认识和改造自然以及人类社会所积累的一切经验之和，即知识的本原。学科教学知识是由教学特定话题的策略、表征的知识，对该话题教学目的理解和课程资源利用的知识。研究表明，教学应植根于深刻的学科知识和广博的学科教学知识。学科知识是教师的一种最基本的学科素养，扎实深厚的学科知识使教师具备知识的联结能力、多种方法解题的能力、温故而知新的能力、知识纵横连贯以及探究能力。有效的教学设计大都吻合了知识的发生、发展过程，教师对知识的本质有深刻的理解才能让学生在学习过程中感受到知识的本原，但这仅是有效教学的必要条件之一。有效的教学还包括教师必须学会对所教学科内容进行学情分析，使这些知识更好地为学生所理解。为了促进学生的理解，教师必须对学科内容有个人理解，应将自己所拥有的学科具体知识如事实、概念、规律、原理等转化为易于学生理解的表征形式的知识，这就是教师教学知识的体现。

# 第四节　教学的艺术美

教学艺术美是教学活动过程的美，相对于静态的教师美来说，它是一种动态的美；相对于理智、潜在、艰难的知识美来说，它是一种可感的、平易的美。动态的美，是即时的，与学生认识过程相吻合；可感的和平易的美，是外显的，能对学生的认识活动直接产生积极的促进作用。结合他人的研究，我们认为，教学艺术美具体表现为教学表达的形式美、教学过程的机智美和教学特色的风格美等三个方面。

## 一、教学表达的形式美

自然美可以净化人，社会美可以感化人，艺术美可以陶冶人，而经过教师再创造的教学中的艺术美，对学生来说，无疑是一种更贴近实际的美育教育。当教师的导入内容、动作言辞、板书形式等新奇别致、优美动人，进而在教学情感、教学氛围、教学风格上表现出一种独特的创造时，教学就自然地呈现了艺术美。教学追求美，是建立在教学求真向善基础上的一种美的探求，也是达到教学全面育人、健康育人的必然选择。形式美是美的一种特殊形态，人类认识美、欣赏美和创造美都要从形式美开始。因此，形式美在审美活动和审美教育中都占有重要地位。

教学追求形式美，就是形式美各构成要素在教学中的有效运用和有效组合，从而实现教学活动的外在和谐，以此提高学生的审美感受，提高教学质量。由于教学的主要表达手段是形和声，因而教学表达的形式美，事实上主要是教学声音信号的音乐美和教学图像信号的图像美，以及二者美的结合。

（一）教学声音信号的音乐美

戏剧表演理论家斯坦尼斯拉夫斯基曾经说过："语言即是音乐。在舞台上讲话，这种困难并不亚于歌唱的艺术，要求有很好的修养和高超的技术。"教学的主要手段就是语言，语言表现形式的好坏、优美与否，直接影响着教学内容的传达及学生审美经验与知识的重现，影响教学内容与学生之间和谐状态的形成。而如果教师在传达语言信号时，能够注意语言表达形式的音乐美，使学生感到悦耳中听，就可以拨动学生的心弦，同时也就提高了语言信号的接受效果。

所谓教学声音信号的音乐美，主要表现在两方面。其一，表现在发声吐字上。人的自然素质是有差异的，我们不可能要求每一位教师的声音都像歌唱家那样嘹亮、圆润、柔和、明快，但起码要达到准确、清晰、自然、和谐。其二，表现在语调的旋律和节奏上。对于教学来说，旋律上应有抑扬轻重，节奏上应有疾徐断续，忌"松"，忌"散"，忌"平"，忌"淡"。苏霍姆林斯说过："教师讲的话带有审美色彩，这是一把最精致的钥匙。它不仅开发情绪记忆，而且深入到大脑最隐蔽的角落。"不过，必须承认，只有音乐性的声音，才可能具有苏霍姆林斯基所说的那样神奇。语言表达形式在教学过程中是为教学内容的传递服务的，优美的语言与教学内容相结合是创造教学美的重要途径。

一堂好的课如一篇优美的散文诗，它具有起、承、转、合的韵味。确实，在课堂教学中，新奇的开头，会一下子吸引住学生，从而引起他们的兴趣，打开思路；别致的结尾，恰如关闸截流，但能发人深思，余音绕梁。教学中的节奏，除了"开"与"收"之外，在整个过程中，还必须讲究疏与密、张与弛、浓与淡、详与略、断与续等方面的相互协调。当然，我们还应特别注意到教学的"留白"艺术，它要求教师放弃"满堂灌""填鸭式"的传统教学方法，彻底克服教师"包办代替"、学者"生吞活剥"的现象。教师将由演员变成导演，学生则由台下的观众变成领衔主演，从而增强了教学过程的趣味性和学生学习的信心。

课堂语言是从事教师职业应具备的基本条件，是教师综合素质的外在体现，是为学生打开知识宝库和连接师生心灵的桥梁。教学语言的质量，很大程度上决定着学生课堂学习的效率。教学语言有魅力，就等于给工作成效注入催化剂。苏联教育家马卡连柯说过："同样的教学方法，因为语言不同，其效果就可能相差

20倍。"在教学过程中，生动形象、自然得体、诙谐有趣的教学语言能启迪学生的智慧，发展学生的能力，引起学生的美感。教学语言主要有两种：有声语言和无声语言。前者主要是教师授课时的口头语言，也包括学生的发言用语。教师上课时主要讲究的是语言的优美感、激励感和诱发感。后者也称体态语言，即教学目光语、教学微笑语、教学手势语、教学姿态语、教学服饰语等。课堂上，适时恰当地运用无声语言，能起到潜移默化的无声教育作用。

近年来，体态语言逐渐得到了人们的重视。现代心理学研究总结出一个感情表达的公式：感情表达=7%的语言+38%的声音+55%的面部表情。这个公式说明，口头语言之外的面部表情的作用是很大的。教师的体态语言包括面部表情、手势和姿态，它是教学信息传递的必要辅助手段。教师在课堂讲授中，辅以优雅的体态语言，可以取得"绿叶扶红花"的效果。优美的体态语言不仅可以增强口头语言表达的效果，同时还可以向学生传达教师的审美体验，进而有效地唤起学生的审美联想和审美体验。这样，体态语言就成了学生审美的客体。

教学需要教师借助语言达到教书育人的目的，因此，教师必须具有较高的语言素养。教师应该是最会运用语言的语言艺术大师，借助语言启迪学生的智慧，点燃学生心灵之火，激励学生上进。语言是从事教师职业应具备的基本条件，是教师综合素质的外在体现，是为学生打开知识宝库和连接师生心灵的桥梁，所以每位教师都应孜孜不倦地锤炼自己的语言艺术。

（二）教学图像信号的图像美

众所周知，教学艺术在很大程度上是一种语言艺术，语言表达形式是否优美，势必会影响教学艺术性的高低。需要说明，教学语言是一个内容丰富的概念，它不仅包括占主要地位的口头语言，还包括教学中的图像信号。

人们对于图像信号的接受能力很强。在人的记忆组成中，视觉信号占85%，听觉信号占11%，而触觉信号与嗅觉信号之和仅占4%，可见图像信号在教学信息的传递中具有重要的价值。教学图像信号主要包括板书、直观教具和教师的体态语言。

板书的美有两个标准，一是书法的优美。汉字不同于字母文字，汉字书法早已走向艺术，它不仅负载着文化内容，更以美的形式展现在人们面前。教师在课堂上用优美的书法，配合图示、图画、彩笔的恰当运用，在教学美的形成中起着重要的作用。二是板书对教学内容简洁明了、提纲挈领地艺术性地再现。板书以概括为其首要特征，它不能是随意胡涂乱抹，只能是扼要地再现教学内容，所以板书应以简洁充实为美。

直观教具如挂图、实物模型、实验仪器及幻灯、录像等，它们一方面直接传达教学内容中的美，另一方面，美的直观教具本身也具有丰富的审美价值。正确使用直观教具，能提高学生的学习兴趣，丰富感性知识。

## 二、教学过程的机智美

乌申斯基在《人是教育的对象》一书中写道："不论教育者怎样地研究了教育学理论，如果他没有教育机智，他就不可能成为一个优良的教育实践者。"教师面对的是一群活生生的学生，他们个性不同、气质各异，心理也处在不断变化之中，这就决定了教师在教学过程中随时都可能遇到事前难以预料的问题。对出现的问题迅速作出反应，采取恰当的措施，就是教育机智的表现。

教育机智为什么会产生美感呢？首先，教育机智体现了教师高度的理智感、责任感、道德感以及智慧。例如，在课堂上，有时学生会提出与教学内容完全无关的问题，或者对教师的要求拒不执行。这时，教师须先冷静，之后沉着、机敏地加以引导和处理。在这个过程中，如果教师没有理智感、责任感、道德感，就不会冷静下来，而会严厉地制裁学生；如果教师没有智慧，就不会沉着、机敏地处理问题。其次，教育机智是建立在教师对学生爱的基础上的教育行为。没有对学生的爱，就不会产生教育的智慧。学生从教师的教育机智中，不仅能欣赏到教师智慧的火花，而且能感受到来自教师的温暖和爱，会很容易在心中荡起一种美的情感。教育机智的美是一种智慧的美，也是一种情感的美。

著名教育家苏霍姆林斯基认为："真正的学校乃是一个积极思考的王国。"教学过程中的机智美就体现在教师为主的教学启发思维上，其具体运行模式如下：

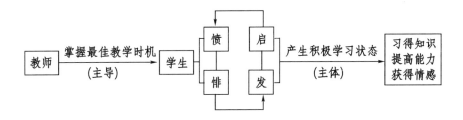

"愤者，心求通而未得之意；悱者，口欲言而未能之貌。"因此，教学过程的机智美就在于让"愤者"获"启"，即开其意；让"悱者"得"发"，即达其辞。教学机智手段的使用不是孤立的，而是贯穿于教学的全过程；其艺术的力量也不在于教学方法本身，而在于运用方法时所焕发出的魅力。

（一）融洽畅通的整体美

教育心理学研究表明，激发学生学习兴趣和动机的最初动力产生于和谐、明快而向上的教学氛围。这种氛围的形成主要源自于师生间情感良好的沟通。情感因素在现代教学思想体系中既是教学的目标，又是信息传递的手段。如果教学的科学性表现在教师运用理性做到"以理服人"的话，那么教学过程的机智美则表现在教师运用情感做到"以情动人""以情感人"。

课堂教学过程中，师生情感融洽的行为特征，表现在师生间的情感能在人格平等的基础上进行相互交流和相互激荡，使师生不断产生情感上的共鸣，使师生在认知活动中相互合作，形成一个积极向上的课堂教学氛围。充满情感的课堂教学氛围能够充分激发学生思维的敏捷性、灵活性，激活学生继续学习和创造的欲望；其本身往往具有强烈的艺术感染力和震撼力，学生被教师所讲授的内容、表达的形式、形象的语言等吸引，从而产生对教师的爱戴，进而产生对此门课程的兴趣和爱好。因此，情感沟通融洽的教学氛围是实现教学目标的首要条件，也是影响教学效果的主要因素。

（二）激发兴趣的引导美

教学过程的机智美表现在教师的导入环节能激发学生学习兴趣、引发学生学习动机。教育心理学实践表明，良好而稳定的学习动机是学生实现课堂教学目标的关键。因此，在教学的引入过程中，教师如何充分发挥教学机智激发学生的学习兴趣和稳定学生的学习动机，就显得尤其重要了。

教学导入的方法很多，有谈话法、提问法、举例法等，然而导入新课的关键并不在于教师所采用的方法，而在于方法本身能否使学生对知识产生好奇的心理，从而激发学生的学习兴趣，引发学生自主的思维活动。充满教学机智艺术魅力的教学引入过程，往往可以激发学生浓厚的学习兴趣，使学生产生强烈的求知欲望，并在这种欲望的支配下，也可以使学生形成自觉的学习行为，以致实现学习知识的心理愿望及满足知识创新的心理需求。

### （三）水到渠成的衔接美

课堂教学通常是以"一节课"为基本单位的，教师首先将完整的教材分解成一个个知识点，然后传授给学生。然而对于这些知识点，学生找不到其中的内在联系，思维活动便出现了断层，这不利于学生对知识的巩固、理解和长久记忆，以致学生"一听就懂""一做就错"的现象格外严重。教育心理学理论表明，课堂教学的过程是学生良好思维品质形成和发展的过程，学生的思维品质越高，就越能够激发学生强烈的求知欲望和知识创新的心理需求，就越能提高课堂教学的质量。因此，教学过程的机智美就表现在教师运用教育智慧，首先从教材的整体出发，先根据知识的逻辑主线分解教学内容，组成知识链，然后再由教材的整体出发，以学科知识的内在逻辑结构为基础设计课堂教学过程，以强化学生思维活动为核心实施具体的课堂教学。教学过程中的教学机智，往往可以促使学生的思维积极活动，找出学科知识的内在联系和规律，使学生良好思维品质的形成和发展成为可能。

### （四）回味无穷的结尾美

教学过程的机智美还表现在教学结束时的余音绕梁。课堂教学的结束不应是教学的终结，而是要将课堂教学成果延续。因此，教师应该充分发挥教学机智，激活学生的思维品质和创新意识。学生在课后仍能够主动对课堂学习情况、知识应用情况，以及前后知识的内在关联进行反思，并在此基础上，体会收获的喜悦或分析不懂的原因。此时，教学机智美体现在课堂总结不只是教学内容的简单重复，而要有提高，同时又要为下一堂课的学习铺陈，形成一种承前启后的回味无穷的美感，既有利于学生对知识的巩固和理解，也可以激发学生继续学习的求知欲望，进而促使学生良好思维品质的形成和发展。

如果将课堂教学过程比作一部交响乐，那么教师便是乐队的指挥，学生则是乐队的演员。教学机智在于教师通过各种教学方法和艺术手段的综合运用，积极开发学生智力因素。同时，教学机智还在于充分激发、激活学生的非智力因素，调动学生学习的积极性，使师生共同参与并演奏好这部充满艺术感染力和震撼力的学习乐章，为学生确立稳定的学习动机、意志、情感以及培养良好的思维品质奠定基础。

### 三、教学特色的风格美

教学特色是教师成熟的标志，它不仅体现在教师的教学语言、教学方法与手段等形式方面，更体现在教师的教学思想内涵上。教学特色一旦形成，就会在教学的几乎所有方面表现出来，并且每个教师的教学特色都不会与其他人雷同。对于教学艺术成熟、形成独特风格的教师，我们仅凭其纸质版的课堂教学实录甚至教学课件，就能准确无误地道出执教者的姓名来。苏霍姆林斯基说："我们称之为'教育'的一切，正是在人身上再现自己的一种伟大的创造。"教学特色是教师人格和个性特征在教学上的艺术反映，而教学活动直接影响学生的发展。教学不仅传授文化知识，且教师和学生之间在个性和人格上也相互影响，何况青少年时期的学生模仿力很强，可塑性很大。一个教师的教学特色所具有的艺术风格会直接影响学生个性的发展和学习风格的形成。

在教学上能形成自己的风格是教师成熟的标志。就教师个人而言，当他的教学是经常而稳定地表现出规律性和个性时，就会在此基础上形成相应的教学风格。风格的美首先具有自由的品质。凡形成独特教学风格的教师，在课堂教学中，其行为往往会挥洒自如，游刃有余。其次，风格的美具有创造的特征。风格的第一特征应是其独特性。教师教学方式、方法的独特，一方面取决于他独特的教学经验、教学观念、教学素养、个性特征等，另一方面取决于其创造性的劳动。很显然，风格是教师个性力量或本质力量的体现。

不同的教师会创造出不同的教学风格，不同的风格具有不同的美，给予学生不同的美感。凝重严谨之美不同于轻松活泼之美，循循善诱之美不同于烛幽探微之美，严密的逻辑之美不同于充沛的情感之美……但是，无论哪一种风格，只要是指向教学目标的，只要是教学艺术活动的结晶或凝聚，就应具有对学生的感染力和吸引力。风格的美，实质上是自由和创造的美。

（一）教学特色的风格美，美在独特性

对于整个教学内容而言，教学特色不同的人，其处理方式也不会相同。从讲授新课、练习、复习到检查与评价，都有其独创性的处理。对同一教学内容的不同处理，既是针对教学对象的差异所采取的相应措施，更是教师教学艺术风格独特性的表现。具有教学特色的教师，他们所运用的教学方法也是多样、灵活和具有创造性的。此外，在教学语言表达方面，每个教师的生理基础不同，使得语言的音量、音色等不完全相同；教师的个性不同决定了其语言的基调、气势、节奏的差异，甚至常用词汇、语法、修辞等方面的区别。有的语言优美动听、生动形象，具有感染力和鼓动性；有的语言层次分明、逻辑严密、论证有力，富于辩论性和说服力；有的语言词汇华丽，有的语言朴素纯实；有的语言庄重典雅，有的语言诙谐幽默。在教学非语言表达方面，例如板书，有的教师善用提纲式，有的善用图解式，有的善用线索式。不论内容处理、教学方法还是表达方式，不同的教学特色在教学中表现出不同的风格美。这些风格美都是教师智慧的花朵、创造性劳动的结晶。

（二）教学特色的风格美，美在多样性

就教师整体而言，教学特色是多样化的。每个教师由于自己的思想、气质、知识结构、审美情趣和教学能力不同，在针对不同的教材和学生实际从事教学活动时，都会有自己选择和侧重的角度，采取自己得心应手的教学方式方法，展现自己的教学艺术风格，从而形成教学特色的风格多样化。就教师个体来说，教学特色是多侧面的，即"不离其宗，但要万变"。例如具有深厚情感教学特色的教师，在处理不同的教学内容时，感情又是不一样的，或热情明快，或深沉悲愤，或荡气回肠；即便处理题材、内容、主题相近的教学内容，该教师在教学中所渗透的以及激起的学生情感的波涛也是不一样的。

教学特色是多样性的，呈现出争奇斗艳、各领风骚的艺术美，很难说有优劣之分，倒是常有异曲同工之妙。只要能取得好的教学效果，无论怎样的教学特色都是应当肯定的。

（三）教学特色的风格美，美在发展性

任何事物都是在发展过程中逐步趋向完善的，教师的教学特色也不是一成不变的，往往表现为在稳定中求发展。实践告诉我们，有的时候突破自己比突破别人更难，因为一位教师的教学一旦形成某种教学特色、具备某种风格定式后，往往具有了一定的稳定性。而真正具有教学艺术的教师，会努力突破这种故步自封，摆脱保守导致的惰性。他们会不断地学习别人，突破自己，完善自己的教学特色，保证其教学艺术风格的活力。也正因为教学特色所具有的这种旺盛的生命力、不断的发展性，才适应了不同时代的学生，从而展现了教学特色的风格美。只有形成独具特色的教学风格成为广大教师在教学艺术实践道路上的自觉追求，才能让我们的教学艺术百花齐放。

总之，教学作为科学，具有自身的规律、原则和操作技巧，蕴含着丰富的个性化、创造性和情感性，这就构成了教学活动艺术化的整体特点。艺术化的教学是在审美意识观念的指导下，运用具有审美价值的技能和方法进行的富有个性的、独创性的活动。在这样的活动中，教师融汇了自身的知识修养、人格品质和情感体验，学生也付出了自己的情感、意志和创造精神，通过师生共同努力，达到一种教学的最佳境界，获得理想的教学活动效果。因此，教学艺术美具有较强的审美性，使我们在教学活动中能有一种美的享受。此外，艺术化的教学还蕴含着丰富的情感交流，教师以饱满的热情投入教学，用浓浓的爱心激发学生的学习兴趣和创造积极性，进而形成相互信任、积极进行情感互动交流的良好师生关系，使教学变得更加生动活泼、引人入胜。教师运用教学艺术的理念和手段开展教学活动，是促进学生健康发展、提高审美素质的重要活动，是落实素质教育的基本体现。

新时代，教学的审美观在传承中有创新，坚定文化自信、把握时代脉搏、聆听时代声音，是时代对教学审美所赋予的新内涵。

# 第三章

## 教学艺术的行为领域

——赋予教学行为"新视域"

教学艺术离不开教师创造性的劳动，是教师对教学的每一个环节缜密思考的结果。长期以来，人们总习惯于把对教学艺术的探索和发挥集中在课堂中，这虽不为错，却不尽美。课堂无疑是教学艺术的主要舞台，但如果课前和课后毫无投入，那教学艺术就不完整。于是，贯穿于教学开始之前、之中、之后的教学决策艺术就进入了我们的研究视野。

# 第一节　教学决策艺术
## ——前提·途径·方法

## 一、理论要点

### （一）教学决策的概念界定

决策指人们在改造客观世界和主观世界的过程中，以对事物发展规律及主客观条件的认识为依据，寻求并决定某种最优化目标和行动方案的活动。

最先把"决策"引进教育领域，提出"教学决策"这一概念的重要代表人物之一是美国学者亨特（Hunter）。他认为，"专业性的教学决策远不同于单一的奉献和热爱学生"。本书中所说的教学决策，是指教师为了实现教学目标与完成教学任务，根据自己的信念、知识和不断形成的实践智慧，通过对教学实践的预测、分析和反思，从而确定最有效的教学方案等一系列发挥教师主观能力的动态过程。

教师教学决策是教师的思维与实践的桥梁和纽带，是教师在教学过程中主观意志的表现，对教师行为起着组织和指导作用。教师教学决策的目的是提高教学的有效性，这一目的的实现，体现在教师整个教学进程中。"从这种意义上讲，决策便是一个过程，课堂教学决策过程就是对课堂教学系统的各组成部分、各个环节进行分析、调节、优化组合的过程。"①

（二）教学决策与备课

教学决策与教师通常所说的"备课"不完全一样，二者有密切联系。事实上，教学决策是一个更大的概念，备课则接近于教学计划的决策。

理想的备课是对整个课堂进行立体设计，其本身就是教学决策活动。但在实际教学中，大多数教师仅仅是准备学科的内容，这样的备课就远离了决策活动。我们发现，若用教学决策代替备课的概念，无论对理论还是对教学实践，都将产生我们所期待产生的影响。在理论上，决策与备课比较而言更加明了，更具有方法论的意义。而且，决策概念的引入，自然加速了决策学与教育学的结合，有益于教学理论的拓宽和加深。在实践上，决策概念的引入至少有两方面的意义。首先，有助于教师决策意识的形成。存在决定意识，简单的备课活动，决定了备课观念的简单化。但意识又有其相对独立性，它可以先于存在而产生，即意识具有超前性。超前的意识如果是科学的，那它对人的思想和行为将发挥导向作用，潜移默化地影响教师的思想和行为。其次，可以使教师更加正确地认识教学活动。对于一般教师而言，虽然他们也在课堂之外投入劳动，但在他们看来，教学活动就是课堂教学的代名词，至于其他活动，包括教师在课前的活动，虽然是教师的必要工作，但似乎算不上是教学活动，我们把这种认识称作"小教学观"。从决策学的角度看，教学的情形就完全不同。教学决策要经历考虑、选择的过程，直至制订教学方案，课堂教学则是教学方案的实施过程，这是一种"大教学观"。

其实，我们说教学工作是创造性的复杂劳动，就在于教学活动依赖于教师高层次的脑力劳动，决策就是其中之一。在高质量的教学决策中，教师的智慧和个性均可得到最大程度的发挥，这也就达到了教学决策艺术的高度。

（三）教学艺术与教学决策

教学艺术是教师以教育教学理论、学科专业理论及其他相关理论为基础，结合自身教学实践经验的积累，经过不断的探索、潜心钻研和创造性劳动而形成

---

①宋德云：《教师教学决策研究》，博士学位论文，西南大学，2008。

的。它是高层次的教学行为方式，倾注了教师对教育事业、对学生深深的热爱之情。[①]

体现教学艺术的教学决策一定能够反映教师对教育教学理论、学科专业理论及其他相关理论的认知水平，体现教师丰富的教学实践经验，并能够立足于"一切为学生发展"的宗旨，真正做到立德树人。

体现教学艺术的教学决策，需要教师在进行教学设计时，深刻领会教育教学理论，深入钻研课程标准与教材，结合学科专业理论并充分考虑学情不断修改，使其具有科学性、导向性与可操作性。

体现教学艺术的教学决策，需要教师在课堂教学活动中执行教学计划的同时，密切关注学生的学习状态，对于不宜继续执行的教学计划进行微调，及时做出新的决策并执行下去，使其具有连贯性、有效性与创造性。可以说，"课堂教学艺术是教师本身所具有的独特创造力和审美价值定向在课堂教学领域中的结晶，是一个教师在长期课堂教学实践中积累起来的教学经验、教学技能、教学技艺发展的高级阶段和理想境界"[②]。

（四）教学决策能力的提高

教师教学决策能力需要以教师的基本素养作为基础，如学科知识、理论知识和实践经验等。丰富的知识储备可以帮助教师在面对具体的教育教学问题时，更好地做出符合特定教学情境的决策。

教师的当务之急就是坚持学习、积极实践，不断提升自己的教学决策能力。教师坚持学习既是个人专业化道路成长的要求，也是时代发展的要求。在坚持学习的同时要注重积极实践，将先进的理念与教学实际结合起来，做出符合学生需求、符合时代要求的教学决策。此外，还应该注重教学反思，在反思的过程中发现教学决策的不足和偏差，在此基础上矫正自己的教学理念，构建新的教学决策，并在课堂中加以应用。

（五）反思型教学决策模式

反思型教学决策模式代表了一种教学的理论取向，并提出下面几点基本假设。第一，假设教学是目标导向的，即寻求学生思维或行为发生改变。第二，假

---

[①]朱嘉泰、李俊：《化学教学艺术论》，广西教育出版社，2002。

[②]孙菊如、陈春荣：《课堂教学艺术》，北京大学出版社，2006。

设教师是积极的行动塑造者。他们制订计划，执行计划，并且根据行动的效果反复地调整计划。第三，假设教学基本上是一个理性和反思过程，能分析和考察其要素从而改进教学。第四，假设教师通过行动能够以期望的方式改变学生的思想或行为。反思型教学决策制订模式意味着教师必须做出与教学角色相关的三个基本决策，即计划、执行和评价。

1. 计划

计划通常是由教师一人独立承担，一般分为长期与短期计划，关注学生实现目标的学习步骤以及其他类似问题，如获得教学材料、教学活动的时间要求等。支持计划的教学技能包括观察学生行为、判断学生需要、设定目标、对目标进行排序以及确定与目标相关的学习活动。

科学地制订计划，要求教师在教学目标、教学内容、教学模式和教学策略等方面做出决策。

2. 执行

执行是教师贯彻计划阶段做出的决策，尤其是与教学模式、教学策略和学习活动相关的决策。尽管计划大部分由教师独立完成，但是执行却是教师通过与学生互动来实现的。研究表明，教师平均每 2—6 分钟就会做出一个对学生和自己都有影响的决策，这些决策通常是为了回应课堂情境而迅速做出的。一般情况下，教师必须基于学生的问题和教师自身对课程进展的认识调整计划。支持执行的教学技能包括呈现、解释、提问、倾听、介绍、展示、引出学生的回应以及收尾。

3. 评价

评价要求教师判断所选择的目标和实现这些目标的教学策略是否适切，评判学生是否最终达到了教师预期的目标。为了做出必要的决策，教师必须判断所需的信息类型并收集相应的信息。教学评价的过程包括明确用于评价的学习目标，描述做出评价所需要的信息、获取、分析和记录信息，围绕是否成功地实现了教学目标或是否需要制订新的计划、尝试不同的执行策略形成判断。

## 二、实践智慧

苏联教育家巴班斯基指出，实施最优化的教学，关键的一步就是选择最优化的教学方案，"或许一开始要多花些精力，但以后将会因为更迅速、更高质量地解决所提出的问题、任务而得到补偿"。

苏霍姆林斯基在《和青年校长的谈话》一书中说："凡具有创造工作经验的教师的授课计划，应该是十分准确地预见到在课堂上大致可能发生的情况。"

20世纪80年代以后，教学艺术论成为我国教学理论研究的热点。90年代初，研究者致力于建构教学艺术论学科体系，以涵盖教学艺术理论和实践的所有领域，但没有将教学艺术与教学决策放在一起研究。

20世纪90年代中期以后，研究者兴起了一股采用个案研究法来整理和总结教育名家的教学艺术经验以建构个人教学艺术思想体系的热潮。此时，教学决策的艺术性研究还主要以对教学方法的研究为主。李方与姜丽静发表在2001年第2期《华南师范大学学报》上的《论教学艺术的本质特征》一文中，提到了教学的艺术性体现在教师能够创造性地解决教学中出现的一系列问题，并依据自身特点，结合学生的实际和教材情况创造性地运用各种教学方法。这便是对在课堂教学活动中做出并执行临时决策的艺术性探究。

而此时在教育决策研究者的研究领域中，教育艺术也逐渐被重视起来。2008年，西南大学宋德云在其博士论文《教师教学决策研究》中，运用多案例研究法对教师在三个决策阶段的案例进行了调查分析，指出教师决策存在教师教学决策权力意识比较淡薄、教师教学决策能力有待提高和教师教学决策过程需要指导三个问题，并提出了提升教师的教学决策权力意识、扩充教师教学决策的知识和能力，以及建立基础有效的教师教学决策的运行机制三个解决方案。而这三个解决方案正是提高教学决策艺术性的有效途径。

2011年，东北师范大学魏薇在其博士论文《教师课堂教学决策研究》中指出，教师教学决策的提升首先需要教师激发"自为"的专业意识，培养系统的哲学观念，并能够在制订和执行教学决策的过程中进行深度反思。这里所提到的专业意识与哲学观念正是对教学艺术的深入思考。

近些年来，越来越多的研究者将目光集中在了教育策略与教学艺术的研究上来。马云多、郭文莉与刘力发表在2019年第9期《课程·教材·教法》中的《我国教学艺术论研究的回顾与展望》一文中便提到了教学即兴创造，即课堂教学中的临时决策所体现出的灵活性、即时性、独创性、情境性，体现了教师教学艺术的最高水平。

潘洪建发表在2019年第11卷第5期《当代教育与文化》中的《教学艺术研究的背离与回归》一文中，提到了教学艺术是教师的一种经历、实践与体验，理想的状态是研究者与实践者合而为一，教师需要运用教学艺术的分析方法对自身教学活动中的教学策略进行反思。

## 三、案例赏析

### 案例赏析1

【案例背景】

1. 本案例选自统编版语文教材八年级下册第一单元《社戏》。
2. 案例提供者：山西省晋中市榆次区教育局教研室裴晓霞。

【案例呈现】

一、内容分析

本篇课文出自八年级下册第一单元民俗风情。本单元所写的民间习俗和传统节日，对人们来说是很平常的，却平中有奇，闪耀着传统文化的熠熠光辉。学习这些课文，目的是欣赏作品展现的优美画面，体会作者的美好情思，进而引导学生对民俗文化有更深的感受。

二、学情分析

本年龄段的学生活泼好动，身心发展处于以形象思维为主的阶段，理性思维稍显薄弱。理解鲁迅先生的文章对于他们来说略有困难，若引导不到位就会教成一笑而过的童年趣事。

三、教学目标

1. 理清行文思路，深入体会文章主旨；
2. 欣赏作品展现的美好画面，体会语言的生动性；
3. 了解民俗"社戏"，体会劳动人民的淳朴可爱。

四、教学立意

在研究课标、教材、学情的基础上，我始终关注学生的深度学习，注重发展学生的思维。本篇课文我运用长文短教的策略，找准切入点，抓住重点带动全篇。从文章的最后一段入手，抓住"好戏""好豆"设置悬念，引起学生的阅读兴趣，带领学生通过对重点段落的阅读品析，逐步深入，引导探究，最后达到深刻体会文章主旨的目的。

五、拟定教学环节与教学策略

1. 环节一：激趣导课。以"玩"为话题导入，拉近师生之间的距离，进而触摸到少年时代的鲁迅。

2. 环节二：民主导学。立足于语文学科核心素养，落实语文要素，达成教学目标。

（1）活动一：梳理故事情节。教师出示打乱顺序排列的故事情节，让学生理清顺序。这是长文短教的策略，通过排列顺序，旨在引导学生对文章内容进行回顾，把握文章内容，为下一步深入理解文章奠定基础。

（2）活动二：展开辩论活动。让同学们围绕"作者笔下的戏是否好看"展开辩论。正方观点为"作者笔下的戏好看"，反方观点为"作者笔下的戏不好看"。要求同学们在陈述观点时，结合文章14—21段的相关语句，深入文本进行思考。为引导学生深度学习文章，准确把握主旨，我设置了这个环节，以辩论的方式激发孩子们的阅读兴趣，发展、提升学生的思维，达到深度阅读的目的。

（3）活动三：读出景中情思。"戏本身并不好看，为什么作者说那夜的戏是最好看的呢？"通过这个问题，带领孩子们精读11—12段，仔细品味作者笔下的美好情思，并通过朗读将轻松、愉快、兴奋的情感传达出来。

（4）活动四：感受淳朴民风。抛出问题"你能看到一群_____的孩子"，带领学生阅读26、27段。这个环节的设计旨在通过分析人物形象，品味人物语言，感受淳朴民风。

3. 环节三：朗读结课。这个环节中，孩子们齐声朗读最后一段。引导孩子们明白：戏演得令人昏昏欲睡，豆子也很一般，但他们却成为作者最美好的回忆，问题的关键并不在于吃豆和看戏本身，而在于作者和平桥村的小伙伴们一起参与了吃豆和看戏的全过程。作者怀念的不仅仅是戏和豆，更多的是平桥村人的那种真挚朴实的感情、和谐亲密的人际关系。作者之所以认为豆好、戏好，是因为那块乐土上的淳朴民风。朗读教学的运用，让阅读读出意味深长的情愫。

【案例评析】

## 以"导"为核心的教学决策艺术

《社戏》是一篇文质兼美的叙事作品，所叙之事是学生感兴趣的，甚至是亲身经历的。案例中教师抓住学生对课文内容的兴趣，运用"导"的教学决策艺术，引导学生积极主动深入地阅读课文、品读课文，让学生真正走进文本，沉浸、体验、感悟、思辨，潜移默化中提升学生语文素养。

一、编导。案例中，教师在教学设计的决策上编排得十分巧妙。作为参赛课，教师面对的是陌生的学生，导入的设计就显得尤为重要，教师从"玩"这个学生们最感兴趣的话题入手，一石三鸟，瞬间拉近了与陌生学生的距离，拉近了学生与鲁迅的距离，也拉近了学生与文本的距离。其次，在文本需重点理解处设计了"辩论会"环节，能更好地带领学生深入到文本中，让学生在激烈的辩论中碰撞出思想的火花，深入理解作者认为"戏好"的真正原因。这是能将学生导向深度学习的教学决策艺术。

二、引导。教师以"任务驱动—自主合作—展示交流"为思路建构课堂，让学生在任务和活动中，自主学习、充分思考、合作探究、交流反馈，将课堂还给学生，让学生浸润于文本中，充分思考、深度学习，充分体现了教学决策艺术。第一板块中，教师为引导学生把握文章主要内容、理清行文思路，设计了为故事情节排列顺序的任务。这样的教学决策很巧妙，体现了"长文短教、旧文新教"的教学艺术。第二板块中，为引导学生深入理解文章主旨，教师巧设悬念：为什么作者说那夜看到的戏是最好的戏，那夜吃到的豆是最好的豆呢？请同学们阅读文章14—21段，思考作者笔下的戏好看吗？为什么？并根据文章相关语句说明理由。这是举重若轻的教学决策艺术，这样的任务设计，切口虽小，却能拎起整篇文本，便于学生深入阅读思考。

三、指导。本案例中，教师还设计了对学生课文朗读的深度指导，通过前半节课的情感带入与情绪铺垫，在理解文中关键句子和段落的时候，学生能够迅速地找到应该重读的字词，并将合适的情绪带入到朗读过程中，有助于提升学生对语文的喜爱。

由此可见，关注学生"学"的同时，教师的"导"不可或缺。运用好"导"的教学决策艺术，就能将学生导向深度学习，打造真正的生本课堂。

**案例赏析2**

【案例背景】

1. 本案例选自北师大版数学教材八年级上册第四章第一节《函数》。

2. 案例提供者：山西省太原市四十八中王蓉晖。

【案例呈现】

一、内容分析

纵览北师大版初中数学教材，学生在七年级上册学习了"用字母表示数"，在七年级下册学习了"变量之间的关系"，在一定程度上体会到了现实世界中存在着变量，且变量与变量之间存在着联系，积累了研究变量的数学活动经验。本节课探究的主要内容是了解函数概念，判断两个变量间的关系是否可以看成函数关系。基于已学知识，正式介绍了函数的定义，为后期学习一次函数、反比例函数、二次函数做好准备，在教学内容上起着承上启下的作用。

二、学情分析

函数是在初中遇到的第一个用"数学关系概念定义法"给出的概念，解释它的本质（对应关系）的叙述方式，与先前所学的诸多数学概念的叙述方式不同。学生一方面要区分出两个变量，另一方面也要能准确判断变量间的对应联系，对于初中生来说，概念形成变得比较困难。

在小学的数学学习中，学生对生活中变量与变量之间的关系有一定了解，且他们已经学习了"用字母表示数""变量之间的关系"，但要从函数大量原型实例中抽象出函数概念，既需要学生关注"谁随着谁的变化而变化"，也需要理解"给定其中某个变量的值，相应地就唯一确定了另一个变量的值"的含义。换言之，给 $x$ 的一个值，$y$ 有唯一确定的值与之对应。这一思维过程，对于学生的分析归纳、数学抽象等综合能力有较高的要求，教师需要在起初的原型研究过程中适当加以引导。基于此，我确定抽象函数概念是本节课的难点。

三、教学目标

1. 经历从简单实例中抽象出函数概念的过程，可判断两个变量间的关系是否是函数关系，进一步感悟抽象的数学思想，积累抽象概括的活动经验，促进抽象能力的发展。

2. 在运用函数概念分析现实情境变量关系的过程中，感知函数是刻画变量间关系的常用模型，初步形成利用函数的观点认识现实世界的意识，促进模型观念的发展。

四、教学立意

函数概念具有丰富的人文历史，贯穿数学学习的始终，是一种重要的数学思想即函数思想。学生在初中或高中所学的数学知识，在他们进入社会后，几乎不会用到，因而这种作为知识的数学，通常在出校门以后不到一两年就忘掉了。然而，不管他们从事什么职业，即使忘记了概念、定理、法则和公式等知识，铭刻在他们心中的数学思维方式、思想和方法却能使其终身受益。

为此，就要以知识学习为载体，让学生会用数学的眼光观察、会用数学的思维思考、会用数学的语言表达，发展其核心素养。运用科学的教学策略，体现数学课的育人功能，将数学精神、思想和方法浸润在教学的每个细节中。在研究课标、教材、学情的基础上，我遵循数学概念学习的一般规律，按照问题情境—抽象概括—解释应用—归纳小结的线索展开，让学生充分经历函数概念的发生发展过程。在学法上，通过恰当的情境设计和问题引导、必要的追问以及生动的例子说明，结合师生交流、生生互动的学习方式，有效突出重点、化解难点，学生逐渐将抽象的函数概念具体化、清晰化，由此顺利达成学习目标，引导学生积极建构有意义的数学思考方式，帮助学生理解数学本质。通过"以史为鉴　促进理解"的环节，用信函的方式帮助学生更深入地理解函数的本质，有机渗透数学文化，增强师生的民族自信心、自豪感，对塑造学生的价值观产生积极影响。

五、拟定教学环节与教学策略

（一）课前热身　营造氛围

1. 播放《这是一个迅猛变化的世界》视频片段。教师指出：我们生活在一个变化的世界中，一天24小时的气温会随着时间的变化而变化，你的身高、体重也在悄悄发生着变化，从数学的角度了解变化的量以及它们之间的关系，将有助于我们更好地了解自己、认识世界、预测未来。引出课题《函数》。

2. 播放《乌鸦喝水》视频片段。

教师提问：在乌鸦喝水的这一过程中，什么量在发生变化？（学生回答）

教师指出：生活中充满着许许多多变化的量，你了解这些变量之间的关系吗？比如弹簧的长度与所挂物体的质量有关，同一种物体的体积与其质量有关，在生活中还存在大量相关联的量，你能举出类似的一些例子吗？（学生举例）

教师指出：事实上，在生活中确实存在大量相关联的量，某些变量间存在特殊的对应关系。今天这节课我们就来研究描述两个变量之间一种对应关系的概念——函数。

（二）创设情境　积累经验

情境1：操场上，小明同学以5 m/s的速度进行跑步训练，随着时间$t$（s）的增加，路程$S$（m）是怎样变化的？

问题：

（1）在这个情境中有几个变量？

（2）当$t$取5 s，6 s，7 s，10 s，20 s时，$S$的值分别是多少？

（3）如果时间$t$确定了，路程$S$（m）是否确定？是唯一确定的吗？请举例说明。

情境2：立定跳远是学生体育测试项目之一，测试时记录下学生立定跳远的成绩，然后按照评分标准转化为相应的分数，满分10分。其中男生立定跳远的评分标准如下：

| 成绩s(米) | 1.86~1.94 | 1.94~2.02 | 2.02~2.18 | 2.18~2.34 | 2.34及以上 |
|---|---|---|---|---|---|
| 得分d(分) | 6 | 7 | 8 | 9 | 10 |

注：成绩栏里的每个范围，含最低值，不含最高值。

请据上表回答问题：

（1）表中表示的变化中有几个变量？

（2）如果s确定了，得分d是否确定？是唯一确定的吗？请举例说明。

情境3：下图是某地一天的气温随时间变化的图象，根据图象回答问题：

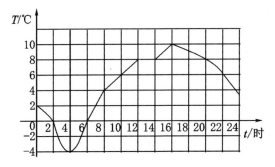

（1）图中表示的变化中有几个变量？

（2）如果$t$确定了某个特定的时间，温度$T$的值是否也确定了？此时温度$T$的值是唯一的吗？请举例说明。

（3）请结合图象思考，当温度$T$的值唯一确定时，$t$唯一确定吗？

（三）归纳本质　提炼概念

问题：上述三个情境虽然呈现的形式不同，但它们有何共同特征呢？

（学生自由回答）

教师归纳：两个相关联的变量之间的关系就是我们今天要学习的函数，这种关系的共同特征是：当一个变量确定时，另一个变量有唯一的值与之对应。

一般来讲，设在某一变化过程中有两个变量$x$，$y$，对于$x$在某一变化范围内的每一个确定不变的值，$y$都有唯一确定不变的值和它相对应，此时我们就说$y$是$x$的函数，$x$叫自变量。

问题：

（1）请阅读函数的定义，在这个定义中，你有哪些不理解之处呢？

（2）若$y$是$x$的函数，在这个过程中，能不能说$x$也一定是$y$的函数？

辨析：事实上，确定函数有一个重要的判断依据，就是当一个量确定时，对应的量应唯一确定。但反过来，当$y$先确定时，如果对应的$x$不是唯一确定的，此时$x$就不是$y$的函数，如情境2和3。

（3）请大家举一些函数的实例，并指出你认为它是函数的理由。

（四）以史为鉴　促进理解

问题：为什么要把两个变量的这样一种关系叫做函数呢？函数概念最早是谁提出的？

德国的数学家莱布尼茨最早提出了函数的概念。中国清代数学家李善兰最先将它翻译过来。为什么叫"函"呢？"函"在中国古代有信函的意思，寄信时需要写收信人的地址，当收信人的地址只有一个时，邮递员就能顺利地把信送给收信人；反过来，如果收信人的地址不止一个，那邮递员的投递就会产生困难。这就很传神地把函数之间的关联表达出来了，即一对一、多对一是函数，而一对多就不是函数了。

（五）再识情境　丰富内涵

问题：情境1，2，3中，自变量能取哪些值？

（学生回答）

归纳：对于自变量在可取值范围内的一个确定的值 $a$，函数有唯一确定的对应值，这个对应值称为当自变量等于 $a$ 时的函数值。

问题：情境1，2，3中的变量关系都是函数关系，那么它们的表示方法又有什么不一样的地方呢？（学生回答）

归纳：函数的三种表示方法的优点、缺点对比。

| 表示方法 | 优点 | 缺点 |
|---|---|---|
| 解析法 | 表示函数简明准确，具有一般性 | 有些变量与函数关系很难或不能用解析式表示 |
| 列表法 | 能鲜明地呈现出自变量和函数值之间的数量关系 | 只能列出部分自变量与函数的对应值，难以反映函数变化的全貌 |
| 图象法 | 表示函数形象、直观，能清晰呈现函数的增减变化 | 所画出的图象是近似的、局部的，由图象确定的函数值往往不够准确 |

（六）巩固练习　理解概念

1. 已知信件质量 $m$（克）和邮费 $y$（元）之间的关系如下表：

| 信件质量 $m$(克) | $0 < m \leq 20$ | $20 < m \leq 40$ | $40 < m \leq 60$ |
|---|---|---|---|
| 邮费 $y$(元) | 0. 80 | 1. 20 | 1. 60 |

$y$ 是 $m$ 的函数吗？为什么？

分别求当 $m=10$ 和 $m=50$ 时的函数值，并说明它们的实际意义。

2. 下列四个图象，表示变量 $y$ 是变量 $x$ 的函数的是（　　）

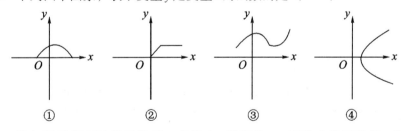

①　　　　②　　　　③　　　　④

3. 按如图的程序计算函数值，若输入 $x$ 的值为3，则输出的函数值 $y$ 为____。

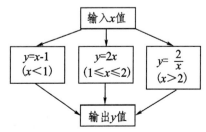

（七）拓展提升　生成方法

问题：观察下表并回答问题。

| $t$(时) | 1 | 1.5 | 2 | 3 | 4 | 6 |
|---|---|---|---|---|---|---|
| $v$(千米/时) | 120 | 80 | 60 | 40 | 30 | 20 |

（1）写出 $v$ 与 $t$ 的函数关系式；

（2）请用图象法表示 $v$ 与 $t$ 的关系。

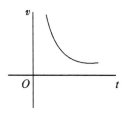

归纳：函数的三种表示方法在某些时候是可以相互转化的，从不同的角度去研究，就可以对函数的性质有更全面的认识。

（八）回顾小结　形成结构

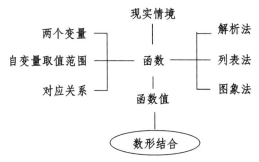

（九）达标检测　反馈矫正

函数的学习，最重要的是运用函数思想来研究生活中的现象。德国心理学家艾宾浩斯研究发现，遗忘在学习之后立即开始，而且遗忘的进程并不是均匀的，最初遗忘的速度很快，之后逐渐放缓。他通过测试，得到了一些数据，如下表，然后又根据这些数据绘出了一条曲线，即著名的艾宾浩斯记忆遗忘曲线，如下图。该曲线对人类记忆认知研究产生了重大影响。

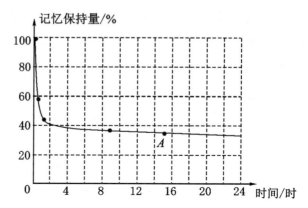

| 时间间隔 | 记忆保持量 |
| --- | --- |
| 刚记完 | 100% |
| 20分钟后 | 58.2% |
| 1小时后 | 44.2% |
| 8～9小时后 | 35.8% |
| 1天后 | 33.7% |
| 2天后 | 27.8% |
| 6天后 | 25.4% |

观察图象及表格，回答下列问题：

（1）他研究了哪两个变量？

（2）说明图中点A的坐标表示的实际意义。

（3）你从记忆遗忘曲线中还能获得什么信息？写出一条即可。

【案例评析】

## 教学设计"三境"——情境、意境、语境

我们看电影，常常被情节所吸引，是因为这样的情境正好激活了我们的生活经验和内心愿望，我们能理解、欣赏并与之对话。

教学设计和剧情设计是一个道理，为了有效地进行教学，就得把蛰伏在学生内心深处的愿望激发出来，激活沉淀在学生头脑中的数学活动经验。

一个好的情境理应体现的特征是学生熟悉的，简明并且真实合理的。此外，还要能尽快将学生引向学习内容的本质。

在"课前热身  营造氛围"环节中，让学生自主列举生活中的变量关系，既帮助学生复习了前一节课中变量的知识，又能让学生切实感受到变量之间是有关联的。这样的课前热身活动亲切自然，也为本节课的教学创设了愉快的学习氛围。

在"创设情境  积累经验"环节中，要使学生归纳概括出一类事物的共同本质属性，就要让学生体验丰富的具体实例。以运动会为背景，围绕函数的三种表达形式精心设计三个连贯且形式丰富的情境，通过追问加深了学生对自变量与因变量之间对应关系的理解，为其概括函数的本质奠定了良好的基础。

很多数学大师都善于构造意境。"长河落日圆"是对直线与圆关系的动态描述，"横看成岭侧成峰"是对"三视图"的真实写照。而本节课中关于"函"的文字释义与图示，其作用在于诱发和开拓学生的想象空间，引导他们去品味数学。

本节课运用数学史，借助"函"的文字释义与图示，使学生对函数的对应思想有了比较清晰的认知。本节课并没有止步于函数概念的学习，而是通过一道拓展题分析了同一个函数三种表达式之间相互转化的方法。这样的研究既有助于学生观察、分析、推理验证等科学素养的养成，也渗透了函数学习中重要的思想方法——数形结合思想，还使学生初步体验了具体函数研究的基本方法。这样的教学设计"既见树木，也见森林"。

由此可见，教师根据课标、教学内容、学情等进行有效的决策才能促进学生知识、能力核心素养的全面进步。

## 案例赏析3

【案例背景】

1. 本案例选自人教版九年级新目标英语 Unit 2 I think that mooncakes are delicious！Section B 2a–2e 阅读课。

2. 案例提供者：山西省太原市尖草坪区教研室胡亚蓉。

【案例呈现】

一、内容分析

本课时语篇主题为 The spirit of Christmas，教学内容为 2a–2e，教材编排了读前、读中、读后活动。其中 2a 为读前活动，通过谈论圣诞节的日期、标志性事物、传统活动、故事等，激活学生已有的关于圣诞节的知识，引出话题，为下一步阅读语篇做好准备；2b–2d 为读中活动，2b 包含 3 个问题，有助于学生快速了解文章的主旨大意；2c 通过填表格的活动，引导学生进一步对《圣诞欢歌》的故事情节进行细致的理解。这两个活动的答案均可以从文中直接获取，通过略读、查读活动即可完成，对学生来说较容易。2d 提出了 6 个问题，需要学生根据文章内容进行合理的推断，理解其言外之意，这是本课时的教学重点，同时对大部分学生来说也是难点，需要通过教师示范，引导学生学会利用已知信息进行推理。

2e为读后活动，要求学生结合自己对《圣诞欢歌》内涵的理解，想象斯克鲁奇和3个精灵之间的对话，并进行角色扮演活动，有利于培养学生的想象力和创新能力。学生在阅读的过程中，逐渐加深对圣诞节文化内涵的理解，塑造乐于助人的优良品质，并对他人的帮助怀有感恩之心。

本课时的语篇提供了单元重点语言知识——宾语从句在真实语境中的运用范例，语篇内容涉及圣诞节及其节日内涵，是单元主题的升华，旨在引导学生更多地去关注中外节日所承载的文化内涵，对之后的写作任务有一定的示范作用。

二、学情分析

首先，大部分学生对圣诞节都有所了解，因此读前的头脑风暴活动能够比较顺利地进行，有利于学生理解语篇内容。但是很多学生对于圣诞节的了解都停留在表面，如装扮圣诞树、互赠礼物等。本课意在引导学生理解圣诞节的文化内涵，既与学生已有的认知相关，又容易引发学生的探究欲望，学生通过深层阅读可以达成此目标。

其次，通过前几个课时的学习，学生已经比较熟练地掌握了that引导的宾语从句，能够在听力和口头交际活动中灵活运用。因此，在语篇中进一步理解这一语言形式对于大部分学生来说难度不大。

另外，本课时的阅读任务对学生提出了较高要求。需要学生能够在通过略读、查读获取具体信息的基础上，对信息进行分析和推理，理解文本的深层含义和语篇内涵，同时发展其思维品质。对信息进行分析和推理指向学生的高阶思维，对学生来说有一定难度，因此教师要通过示范引领，将思维外显，引导学生逐步形成这一思维。

最后，本单元介绍了不同国家的传统节日及其风俗习惯，学生对此有较浓厚的兴趣，对中外节日文化形成初步的感知。如果将不同的节日文化进行联系和对比，将有利于引导学生体会中外文化的异同，加深对中国文化的理解，形成跨文化意识。

三、教学目标

语言能力：学生能够理解并在口头和书面表达中运用课标词汇Christmas, lie, novel, dead, business, punish, warn, end up, present, warmth, spread；能理解文中that引导的宾语从句；能够根据文章的标题预测文章内容；能理解文章主题与各部分内容之间的关系；能通过略读、查读从文章中获取所需信息；能结合上下文，通过推理来理解句子所传递的深层含义；能够用英语表达自己对"圣诞精神"的理解；能在理解《圣诞欢歌》故事情节及内涵的基础上，展开合理想象，以小组为单位创编对话并进行角色扮演活动。

文化意识：通过课前准备和课上阅读加深对圣诞节节日内涵的理解，体验西方国家的节日文化；将中西方节日文化进行联系和对比，加深对中国文化的理解，形成跨文化意识。

思维品质：通过不同的阅读任务提高语篇分析能力和推理判断能力，发展独立思考、多元思维、创新思维、理性表达的能力。

学习能力：能根据不同的阅读目的，选择恰当的阅读策略；能根据阅读的效果反思自己的阅读方法并及时作出调整；能与他人合作或向老师求助来解决学习中的困惑。

四、拟定教学环节与教学策略

读前活动（2a）：这一环节的主要目的是激活学生的背景知识，帮助学生建立起新旧知识之间的联系，引发学生阅读的兴趣。

呈现圣诞节的标志性事物，如圣诞袜、圣诞老人等，让学生猜测本课时的学习内容，通过头脑风暴活动，激活学生已有的知识和生活经历。学生在全班分享的过程中，不仅能拓宽文化视野，还能提高听说能力。最后提出问题"是否曾经思考过圣诞节的含义"，不仅引出了文章主题，同时引发学生思考，促进学生发散性思维和创新性思维的发展。学生能够从不同角度思考问题并得出答案，呈现出多元化的思维特征。

读中活动（2b-2d）：这一环节通过不同的阅读活动，学生能够从整体和细节上理解语篇内容，并进行深层阅读，理解语篇的内涵及其所传递的价值观念。活动旨在引导学生形成跨文化意识和积极的价值取向。

活动一：Scanning

本活动旨在引导学生理解语篇主旨和语篇结构。提出指向不同的问题，对学生语言能力和思维品质的培养也不相同：

1. What is *A Christmas Carol*? What do you think the writer will tell us? 学生通过快速阅读了解《圣诞欢歌》的基本信息，如文体类型、作者、主要内容等，理

解标题与文章内容之间的关系；

2. What's the spirit of Christmas? How does the writer explain the spirit? 回答"作者将如何向我们解释圣诞节的含义"，引发学生思考作者通过这篇文章想要表达什么。学生通过快速阅读可以得知，作者想要通过介绍一本书的主要内容告诉我们一个道理。在这样的阅读过程中，学生从整体来理解文章，既能把握文章主题，也能理解文章结构。此外，学生在表达自己想法的过程中可适当运用宾语从句。

活动二：Reading for the details

本环节旨在引导学生从浅层阅读走向深层阅读，让学生在理解文章细节内容的基础上，深入理解文本背后所隐含的信息，走进文本，与文本对话、与作者对话。

要求学生细读文章，完成下面表格中的句子。这里所呈现的表格是对小说《圣诞欢歌》的简介，同时也是对文章第二部分的解析。学生边阅读、边感知该部分的组织结构，对小说有了更清晰的认识。学生个人完成表格后，再以小组合作的方式互相讨论，表达能力和思维能力都能得到提高，也会进一步意识到团队合作的重要性，更乐于与人交流、分享。

| A Christmas Carol | | |
|---|---|---|
| The true spirit of Christmas: The importance of sharing and giving love and joy | | |
| Writer | | |
| Main character: _____ | His personalities (性格) | *He never 1._____ or smiles. <br> *He is 2._____. <br> *He doesn't 3._____ others nicely. <br> *He just cares about 4._____ he can make money. <br> *He 5._____ Christmas. |
| | His dream | Jacob Marley: <br> *He was Scrooge's business 6._____. <br> *He was 7._____ after he died. <br> *He 8._____ Scrooge to change his ways if he doesn't want to end up like him. |

| Main character: _____ | His dream | Three ghosts | The Ghost of Christmas Past:<br>*His childhood 9._____ him of his happier days as a child.<br>The Ghost of Christmas Present:<br>*Everyone else is 10._____ to spend Christmas.<br>The Ghost of Christmas Yet to Come:<br>*He is dead, but nobody 11._____. |
| | His changes | | *He promised to be a 12._____ person.<br>*He now treats everyone with kindness and 13._____.<br>*He 14._____ love and joy everywhere he goes. |

活动三：Reading and inferring

这一环节充分利用2d中的6个问题，引导学生尝试理解文本的深层含义，提高推理能力，这是一项重要的阅读技能，也是学生必备的思维品质之一。考虑到学生现有的认知水平和思维能力，教师通过向学生展示推理过程，使思维过程外显，有利于学生直观感知，并最终内化为自身的思维能力。要鼓励学生根据上下文甚至全文内容，从不同角度入手进行推理。

以第1小题为例（预设学生回答）：

T：Why does Scrooge hate Christmas? Does the writer talk about the reason directly in the article?

Ss：No, he doesn't.

T：So we have to read between the lines. Let's find the sentence "He just cares about whether he can make more money and he hates Christmas". Can you infer what he loves?

Ss：He loves money.

T：Yes. He only cares about money. What do people do on Christmas?

Ss：Buy gifts for others.

T：Would he like to spend money on the gifts?

Ss：No, he wouldn't.

T：So I guess he hates Christmas because he doesn't want to spend any money on gifts for others. Or maybe he thinks he would make less money because nobody works for

him on Christmas Day. What else can you think of? Use "I guess/ believe/ think/sup-
pose ...", it will sound better because you are just inferring.

Students may have different answers.

接下来，学生可以结对或小组讨论，对2d中的其他问题进行推理，发表自己的想法。

活动四：Reading for language points

在前面多次阅读的基础上，学生通过精读文章，着重对文中的宾语从句和长难句进行理解。这些句子是学习中的难点，是影响他们深入理解文章的障碍，因此，此时教师适当的讲解会帮助学生更好地理解语篇。

读后活动（2e）：这一环节的目的是引导学生结合自己的生活经历，对阅读材料进行再加工，加深对语篇内涵的理解，挖掘语篇的育人价值。同时这一环节也是学生理解和运用本课时目标语言的过程，可以反映出学生的语言运用能力。

这一活动有一定的难度。首先，学生要真正理解圣诞节的含义，才能明白3个精灵带着斯克鲁奇去过去、现在和未来3个场景的意图，并由此合理想象他们之间的对话。其次，这项活动开放性较强，需要学生有较强的语言运用能力才能完成。这时，学生应当理解在真实语境中进行表达的时候，传递信息的不仅是语言本身，语音、表情、姿态等都是表达的手段，所以在口头交际时，还要关注语言之外的表达方式。

为了让学生更深刻地理解语篇内容，可以让学生观看电影《圣诞欢歌》的片段或宣传片，以加深对小说人物形象和人物心理活动的理解，为学生创造性地进行角色扮演活动拓宽思路。

作业设计：作业设计以帮助学生巩固目标语言和提高综合语言运用能力为目的，注重针对性、趣味性和可操作性。

书面表达。圣诞精神就是将爱和欢乐传播给身边的人，当你帮助别人或接受别人帮助的时候，就是圣诞精神的体现。请你讲述一次你传播或感受到"爱和欢乐"的经历。

本课的课后作业有助于学生加深对文章主题的理解，结合自己的生活经历理解圣诞精神，并且在生活中去传播爱和欢乐。

【案例评析】

## 挖掘节日文化内涵，推动思维品质发展

语篇的功能不是作为知识的载体，而首先是用来阅读的。阅读的主要目的是培养阅读能力，其次是提供语言输入和文化输入。

该案例中，教师在教学决策过程中，对教学内容进行了深入、细致的分析，理解了各任务板块之间的逻辑关系和编排意图，再从学生已有的知识和能力、生活经验、认知水平等方面进行学情分析，立足核心素养，从语言能力、文化意识、学习能力、思维品质四方面，设定了以学生为导向的、清晰的、可观察的教学目标，展示了恰当的学习成果，反映了教师对学生知识、技能、情感等方面发展的期待和预期目标，同时明确了教学的重点和难点，并拟定了突破的策略。为了使学生达到预期的学习效果，教师精心设计了一系列活动，选择了"自上而下"的阅读模式，在简洁地引入话题、激活背景知识的基础上，逐渐增加阅读任务的难度，引导学生学会由浅层阅读向深层阅读推进。首先，提出指导性问题，引导学生了解全文内容和梗概。其次，展开不同形式的阅读活动，旨在引导学生体验和理解语言知识，提高语言技能，学会独立思考，培养学生根据不同的阅读目的选择阅读方法，培养学生的多元思维，促进学生推理、判断、归纳等思维品质的发展。最后，通过对话表演，加深学生对语篇内容和含义的理解，还能充分发挥学生的想象力，在语境中运用语言。这些活动将学生的生活与阅读结合起来，通过教师的引导和帮助，学生对圣诞精神有了深刻的理解。在这一过程中，学生不仅参与了学习，还获得了有意义的学习体验，构建起自己的知识体系，促进了思维品质的发展。

## 案例赏析4

【案例背景】

1. 本案例选自统编版道德与法治教材九年级上册第三单元第五课《延续文化血脉》。

2. 案例提供者：太原市第十二中学校张玉香。

**【案例呈现】**

一、内容分析

延续文化血脉是第三单元第五课《守望精神家园》第一框的内容，介绍了中华优秀传统文化价值，和对中华优秀传统文化的继承与发展，从而坚定文化自信。主要阐述了中华优秀传统文化是中华民族的根，中华传统美德是中华文化的精髓。从中华文化的丰富与发展角度，讲述中华民族在5000多年文明发展中孕育、创造的源远流长、博大精深的中华文化；中国特色社会主义文化积淀着中华民族最深层的精神追求，代表着中华民族独特的精神标识，为中华民族的伟大复兴提供精神动力，我们要坚定文化自信。中华传统美德是中华文化的精髓，蕴含着丰富的道德资源，是建设富强民主文明和谐美丽的社会主义现代化强国的精神力量，必须坚定文化自信。

二、学情分析

九年级教材的理论性强，学生的学识、经验有限，在一定程度上对中华优秀传统文化价值的认识不够，从而容易忽视对中华优秀传统文化的继承与发展。初中生处于特殊的青春转折期，世界观、人生观、价值观正在逐步形成，具有思维独立性、叛逆性和情绪的易感性等心理特征，往往表现出特有的时代文化特征。由于九年级的学生受其心理发展水平、认知能力及辨别是非能力的限制，所以我们要分析鲜活的资料信息，摆事实、讲道理、坚定文化自信，使学生认同拥护中国共产党的领导，走社会主义道路，并逐步认识到振兴中华的重要性，从而培养学生政治认同的核心素养。

三、教学目标

感受中华文化的魅力，热爱中华文化，坚持文化自信，能传播弘扬中华优秀传统文化、革命文化和社会主义先进文化；体会中华传统美德的力量，认同社会主义核心价值观，弘扬中国精神。通过小组合作学习和分析讲解，提高对中华优秀传统文化的认知和运用能力，传承、践行中华传统美德的能力；通过运用教材的原理、观点分析典例，提高归纳阅读理解的能力和感悟的能力，提高辨别是非的能力，勇于并善于同有悖于社会主义核心价值观的不良现象作斗争。了解中华文化的内涵，懂得文化自信的重要意义，知道中华传统美德是中华文化的精髓，懂得美德的力量在于践行。树立远大爱国志向，承担复兴大任，成为有国际视野、负责任有担当、充满民族自信的中国人。

四、教学立意

以课标为依据，以党的指导为根本，以教材为依托，以家乡的历史文化、革命文化、社会主义先进文化为素材，紧紧围绕"延续文化血脉"做文章，充分运用家乡的各种文化资源，突出爱国爱家乡的课程核心素养，以自己是中国人为傲，体现以生为本的教育理念，树立建设中国特色社会主义的理想信念，引导学生热爱自己的家乡，为建设自己的家乡贡献力量并突出社会主义核心价值观国家层面中"文明"的内容，践行本学科的育人功能，将价值观的引领浸润到每一个学生心中、每一个环节之中。

为了提升教学的生动性和有效性，通过创设优化的教学情境，提高学科的教育价值，吸引学生的注意力。分析晋祠、天龙山、云冈石窟等素材，拉近学生与文明文化的距离，实现教学内容生活化。跨学科整合知识体系，引导学生反思历史，关注现实生活和变化多端的国际社会，激发学生的爱国情感，提高对中华文化的认同感，坚定文化自信，做自信的中国人。

五、拟定教学环节与教学策略

1. 第一环节：激趣导学，明确目标。利用视频、图片激发学生的学习兴趣，借助其他学科知识，初步体现师生在情感态度价值观上的一致。

2. 第二环节：合作学习，融会贯通。立足本学科的核心素养，体现家国情怀，坚定文化自信，既落实了价值观目标，又实现了育人功能。

（1）借它山之石，合作学习——获新知

借助语文、地理、历史学科的知识，对材料进行分析，知道中华文化的形成、内容和特点。基于学生已有的知识，通过小组合作学习、跨学科互助学习，有利于培养有文化自信的人，提高对中华优秀传统文化的认知和运用能力等。

（2）放眼世界，立足现实——育精神

学生在明确要求的基础上，以四人小组为单位展开分析、交流、探讨，知道中华文化能够传承的原因及重要性、中华文化的血脉、文化自信，拓展微课"文化与文明的关系"。选择时政热点材料，突出学科思想性、人文性性质，坚持正确价值观的引导，培养学生独立思考的科学精神。

（3）感情内涵，文化自信——塑品格

结合材料用历史知识分析解放太原的史实和神舟十六号载人飞船成功发射

的原因，学生能够了解中国特色社会主义文化的丰富内涵，拓展中华优秀传统文化、革命文化和社会主义先进文化的关系。跨学科互助学习能传播弘扬中华优秀传统文化、革命文化和社会主义先进文化。

（4）分析典例，合作探究——解新知

学生按要求阅读教材并思考教师的问题，小组合作探究，清楚中华文化与中华传统美德之间的关系，中华传统美德的特点、作用和践行。体会中华传统美德的力量，认同社会主义核心价值观，弘扬中国精神，提高辨别是非的能力，勇于并善于同有悖于社会主义核心价值观的不良现象作斗争。

3. 第三环节：自主训练，升华认知。对本堂课进行归纳整理，给学生以整体印象，促进其掌握知识，总结规律，为学生进一步学习架构桥梁、埋下伏笔，也是在总结中落实素养目标。

4. 第四环节：达标检测，反馈提升。学以致用是本课程的一个原则，将学到的知识用于实际生活中解决相应的问题。

（1）下列成语典故能体现中华民族传统美德的是（　　）

A. 买椟还珠　　　B. 叶公好龙　　　C. 徙木为信　　　D. 守株待兔

（2）举例说明在生活中应怎样践行中华传统美德。

5. 第五环节：作业设计，有效达标。

设计意图是达成核心素养目标。首先，培养学生热爱中华文化的情感，能够自觉践行和弘扬社会主义核心价值观的政治认同，增进中华民族价值认同和文化自信；其次，培养学生的道德修养，传承中华民族传统美德，弘扬民族精神和时代精神，明大德、守公德、严私德，形成健全的道德认知和道德情感，发展良好的道德行为。

参观一个山西或太原爱国主义教育基地，例如中共太原支部旧址、山西国民师范旧址、太原解放纪念碑、双塔寺烈士陵园、徐向前故居、高君宇故居、平型关战役遗址、晋绥边区革命纪念馆、百团大战纪念馆、左权将军烈士陵园、八路军太行纪念馆等。

要求：以继承和弘扬中华传统美德为核心写一篇心得体会或感想。（字数不少于500字）

【案例评析】

## 以情动人，细节之处见真功

一般情况下，教师教学决策虽然没有一个统一的规定或法则，但决策过程还是存在着共同点的，如鲜明而正确的政治导向和爱国情感的培养，是教学决策必须考虑的最重要因素。青少年阶段是人生的"拔节孕穗期"，最需要精心引导和培育。"思政课教师，要给学生心灵埋下真善美的种子，引导学生扣好人生第一粒扣子。"这节课以直接而浅显的方式很好地完成了这一任务。情感教育的过程，就是通过培养人对价值的感受与体验不断提升人的价值的过程。情感教育作为社会发展和人类自身全面发展所必需的一种精神活动，以培养人良好的情感和健全的人格为目标，需要通过参加各种各样的实践活动，使人的情感体验可以获取、提炼并升华为人的情感。卡尔·罗杰斯认为，教师在教学中应该以解决学生的情感问题为目标，鼓励其自由表达感情，界定问题，引导他们通过讨论来计划初步的决定，教师给予支持与帮助，使学生获得深刻的认识并作出积极的行为。

细节之处见真功。一是进行教学决策时，依据山西近年来形成的"一核六维四手段"理论体系，通过变"解题"为"解决问题"的需要而设计；二是建立在多年教学研究基础上，形成的比较稳定的教师信念、教师知识和不断形成的实践性认识，这是教师教学决策合理性的最可靠基础。其中，教师信念是指教师自己确认并信奉的有关世界和有关教育教学等方面的思想、观点和假设。教师信念的直觉部分包括经验、传统以及个人需求等；理性部分包括教学基本原理、先进的教学理论、科研成果以及验证过的实践经验等。正是有了这些因素，该教师才能作出引导学生通过分析材料感悟出道理和情感升华的重要教学决策及其随后的教学行为，进而使学生在一定教师行为的影响下进行学习和生活，为达成素养目标提供了可靠的基础。

细节的处理充分体现出一个成熟型教师对于教学内容的高屋建瓴、融会贯通。教师要对教材对应内容进行解读，帮助学生通过真实生动的事例直观而深刻地理解理论。理论学习与思想教育、情感提升自然融合，水到渠成。

教师将自己对教材内容全面、细致、深刻的理解与教材、学情的深入理解和把握有机结合在一起，通过教学活动带领学生将生活学习和教材内容的学习有机结合在一起，情感升华、素养提升有机结合在一起，有内涵、有温度、有趣味，有效地实现了教学目标。

## 案例赏析5

【案例背景】

1. 本案例选自统编版历史教材八年级下册第三单元《中国特色社会主义道路》。

2. 案例提供者：太原市第三十九中学校武燕珍。

【案例呈现】

一、内容分析

本节课以1978年至今中国特色社会主义道路的探索为主要内容，阐述了中国实现历史上的伟大转折，进入改革开放时期，即社会主义现代化建设新时期。政治上，1978年中共十一届三中全会后实现了伟大转折；建立和健全民主和法制建设，促进民主政治稳步发展。经济上，改革开放的实施开启了发展社会主义的"中国特色模式"；以1992年邓小平南方谈话和中共十四大为标志，我国逐步建立起社会主义市场经济体制，社会主义现代化建设取得巨大成就，人民生活水平显著提高。思想上，邓小平理论、"三个代表"重要思想、科学发展观、习近平新时代中国特色社会主义思想，构成中国特色社会主义理论体系，是为实现中华民族伟大复兴而奋斗的行动指南。党中央提出的一系列新理念、新思想、新战略、新举措，使党永葆活力，使国家的建设事业发生历史性变革，取得了举世瞩目的成就。

二、学情分析

本节课是中考前的复习课，授课对象是九年级学生。该年龄段的学生学习思考的自觉性增强，有意注意和抽象思维进一步发展，掌握了一定的学习历史知识的经验方法和有论从史出、史论结合的历史思维意识，熟悉许多历史事件。但他们身心发展尚处于形象思维为主的阶段，枯燥的说教无法得到他们的认可。尤其我校是太原市迎泽区的一所普通初级中学，大部分学生学习习惯和能力养成不足，对通俗易懂的材料更感兴趣，两极分化现象较为严重，阅读理解、分析能力仍十分薄弱。

三、教学目标

1. 学习目标：运用案例分析、分组讨论等方法，简述中国特色社会主义道路的形成历程，以及邓小平同志对中国改革开放和社会主义现代化建设的巨大贡献，提高综合分析、归纳及运用历史知识的能力，进而认识到改革开放是我国的强国之路，四项基本原则是我们的立国之本，认识"邓小平同志是中国改革开放和现代化建设的总设计师"的深刻内涵。

2. 育人目标：运用思政课育人手段，通过对农村和城市改革的学习，理解生产关系一定要适应生产力发展需要的基本原则，认识中国特色社会主义理论体系的重要性；认识中国坚持科学发展、实现社会和谐的重要性；了解改革开放后国家及家乡建设取得的伟大成就，培养家国情怀，增强民族自信心和自豪感；大处着眼、小处着手，联系自己学习、生活的校园、城市，切身感受改革开放给人民、国家带来的巨大变化。

四、教学立意

为了让复习课不是"炒冷饭"，不落窠臼，就要用教学艺术实现再创造。为此，围绕学科核心素养、运用思政课教学策略，践行思政课的育人功能，将价值观引领浸润在教学的每一个细节中。在研究课标、教材、学情的基础上，以教材为依托又高于教材，紧紧围绕"民族振兴、国家富强、人民幸福"做文章，充分运用时空观念、史料实证、唯物史观、历史解释、家国情怀学科核心素养，体现以生为本的教育理念，注重引导学生对历史基础知识的运用，引导学生热爱家乡，从小树立建设美丽家园的信念。为了教学的生动性，通过创设优化的教学情境提升教学的有效性。例如以学生最熟悉的城市和校园的变化创设真实的历史情境，拉近学生与历史之间的距离，实现了教学内容生活化；通过挖掘历史教材与现实社会的切入点，引导学生反思历史、关注现实，激发了学生的历史学习兴趣，增强师生的民族自信心、自豪感，对塑造青年学生的价值观产生积极影响。

五、拟定教学环节与教学策略

1. 环节一：激趣导学。初步形成师生情感态度价值观上的共鸣。

2. 环节二：合作探究。立足于历史学科核心素养，落实价值观引导，完成教学育人功能。本环节设计了四个探究任务：

（1）任务一：知识梳理。初步认知改革开放40多年的建设成就。道路自信、理论自信、制度自信、文化自信，首先来源于对社会主义建设成就的认同感，学生们对于40多年的改革开放成果并不是一点都不了解，而是缺乏系统性整合，都是零散的或片面的认知。在这个环节中，以社会史观构建知识表格，归纳梳理学习内容，强化学生对社会主义建设成就的全面认知。

（2）任务二：情境探究。基于寓乐于教的理念，围绕三个虚构的普通人物在改革开放40多年的客观历史背景下面临的种种社会现象，在引导学生独立思考、主动探究的基础上，培养他们从中学会理解自己生活的世界、驾驭自己的人生。

任务三时空构建和任务四史料研读，实现思政课的寓道于教、寓德于教，深入落实道路自信、制度自信、理论自信。

3. 环节三：总结提升。设计了以下四个小板块：

（1）数据中国。通过阅读三组数据，提取历史信息，培养学生读取图表信息、理解图表所涉及的基本史实的能力。数据资源有较强的说服力，柱状表格生动直观，使学生切实感受和认同中国40多年改革开放的伟大成就，树立对中国共产党的崇高敬仰和实现共产主义的坚定信念。

（2）道路中国。结合时间轴的内容，简述新世纪中国特色社会主义建设成就。以专题复习为切入点，通过时间轴呈现的方式，落实时空素养，理解和认同中国共产党在马克思主义指导下经历了几代领导集体的智慧，坚定不移地推动社会主义建设事业的发展和完善。

（3）人物中国。选择两组人物——杰出人物和普通劳动者，讲述他们对社会主义建设事业的突出贡献，他们都是值得我们学习的榜样。通过重温他们的事迹，激发学生内心对建设伟大祖国的责任感和使命感，将历史与现实联结起来，自觉关注国家、民族的命运。价值观的引导不是枯燥的说教，发挥历史学科优势，引导学生发现历史中的人，落实社会主义核心价值观教育。作为新时代的社会主义公民，必须恪守"爱国、敬业、诚信、友善"的基本道德准则。

（4）身边人说身边事。

故事1：家乡太原迎泽大桥今昔对比。运用图文、视频资源，通过身边人说身边事，以立德树人为宗旨，突出家国情怀，培养青年学生关注国家、社会，树立强烈的民族自信心和自豪感，进而延伸为一种自觉的切实行动，为实现中国梦而奋发向上。

故事2：我们的学校今昔对比。呈现形象、生动的图文、视频资源，学生在鲜活、激昂的情境和氛围中进一步感知历史，升华情感。

课堂活动：学生分享交流。结合本节课的学习，以"我想致敬……"的格式，谈谈自己的感受。

4. 环节四：达标测评。将"提供结论式教学"转为"问题导学"，知识、能力、情感态度价值观与教学内容融为一体，使教学成果直观可测。出示如下测评题：

出示鸦片战争形势示意图和沿海地区对外开放示意图，说说图中近现代的两次开放分别对中国社会经济产生了什么影响。

【案例评析】

## "浅入深出"，让课堂更有深度

"浅入"是导入的角度，是认知的基础；"深出"是拓展的高度，是提升的关键。角度改变思路，高度决定视野，"浅入深出"会让课堂更加有深度。案例中，教师依据史实，通过虚拟三个普通劳动者的人生经历创设真实的生活情境，以层层递进的问题链驱动学生对教学任务的落实。学生在与自己息息相关的生活情境中，主动获取和运用知识，在学习上有了成功感，树立了学习的自信心。教师以"问题—解决"模式展开教学，在课前决策时，始终把自己定位为课堂教学的组织者、指导者，学生是本节课的活动主体，将教学的视角不仅聚焦在杰出人物、民族振兴、国家富强这样的大视野上，而且从师生所处的学校、城市出发，通过普通劳动者的生活环境变化，引导学生认识人民群众对历史的推动作用，从而激发其为社会主义现代化建设建功立业的信心和志向，并且进一步认识到社会的进步不仅体现在民族振兴、国家富强，还体现在人民幸福。教学中于大处着眼、小处着手，通过学生切身感受，引导他们认识中国特色社会主义道路的正确性，从而树立理论自信、道路自信、制度自信和文化自信。

最好的学习动机是学生对所学材料有内在兴趣。案例中，教师从不同的角度入手，创设真实的生活情境，通过悬念的设置，激发认知的冲突，将"情境"与兴趣完美结合，紧扣学生的心弦，造成求知若渴的境界，从而激发学生的求知欲望。体现了教师有明确的决策意识，教学行动具有前瞻性和预测性，着眼于长远目标。遵循"过去—现在—未来"的立体网络思维，从当前的教育教学预见和培养学生终身发展的必备素养和关键能力。在教学决策过程中，重知识传递，如将知识融入合理的历史情境中；培育学科素养，在情境创设和问题解决过程中，培育学生的学科素养；情感态度价值观滋养人性。

我们可以预测到，这样的课堂，教师与学生的地位是平等的，关系是融洽的。整个学习过程中，教师会按照决策后的教学设计，引导学生合理地发挥历史想象，在问题驱动下，学生的学习积极性会高涨，求知欲会强烈，能主动运用所学知识探索改革开放在理论、实践中的成果。由此可见，教师根据课标、教学内容、学情等进行有效的决策能促进学生在已有知识的基础上能力和素养的全面进步。

## 案例赏析6

【案例背景】

1. 本案例选自人教版物理教材八年级下册第九章第3节《大气压强》。

2. 案例提供者：山西省晋中市平遥县实验初级中学校霍长禄。

【案例呈现】

一、内容分析

本节课是在学习了压强和液体压强知识后对压强知识的延伸，主要从三个方面来学习大气压知识，首先是大气压的存在，其次是大气压的测量，最后学习大气压的应用。对大气压的认识将全面提升学生对压强概念及相关知识的认知，同时为了解流体压强与流速的关系、浮力知识的学习奠定了基础。了解空气也如液体那样受到重力的作用，而且能流动，因而空气内部向各个方向都有压强。

二、学情分析

学生在前面已经学习过固体压强和液体压强，对压强知识有所了解，但由于气体看不见、摸不着，气体的压强容易被人们忽视，所以气体压强更为抽象。通过一系列的实验让学生感受到大气压强的存在，以感性认识为依托，以实验教学为基础，在学生对科学探究过程有一定了解的基础上，逐步引导，让学生经历感受和测量两个阶段，突破难点，最后回归生活生产，完成本节课的学习。

三、教学目标

1. 以实验为基础，逐个突破难点，从大气压强存在到大气压强的大小，从感性认识迈向理性分析。在突破大气压强大小的教学过程中，分层递进，循循善诱，让学生经历感受大气压的存在和大气压的测量过程，培养学生观察、思考、设计、动手、反思、总结、分析的能力。

2. 通过模拟马德堡半球实验，感受物理的趣味和魅力，培养学生学习物理的兴趣；通过探究大气压强大小的系列实验和活动，体会科研工作的艰辛，培养学生勇于解决问题、迎难而上的韧性和能力，建立正确的人生观和价值观。

四、教学立意

从学生熟悉的生活场景引入，通过理性分析，把学生带入物理的海洋，这样的做法符合学生的认知规律，能很大程度提高学生主动参与、理性思考的积极性。另外通过一系列有层次的问题链，引导学生学会主动学习、分析，鼓励他们通过实验验证自己的猜想，进而提高理性思维和动手能力。

五、拟定教学环节与教学策略

教学环节分为四大板块，分别是实验引入、感知大气压的存在、探究大气压强的大小和大气压强的应用。整体设计体现了物理来自生活、走向生产的理念。

板块一：实验引入。

用手捏550毫升空矿泉水瓶，看到瓶子变扁，说明矿泉水瓶受到了力的作用。将热水倒入瓶中再全部倒出，迅速拧紧瓶盖，看到瓶子又变扁了，说明大气能够产生压力，即大气存在压强，引入大气压强的教学。在两个实验的基础上，采取对比实验的方法，让学生切身感受到大气压的存在。整个引入板块紧密围绕物理学科特色设计，极大地激发学生的学习热情和学习兴趣，凸显了大气压强的力学本质。

板块二：感受大气压强存在。

将压扁的瓶子放在抽气盘上，罩上真空罩，抽出其中的空气，瓶子鼓起来，再放入空气，瓶子又变扁。学生从放入空气的声音以及瓶子逐渐变扁的过程中完成第一次充分感受，并自主完成瓶吞鸡蛋实验，在操作过程中完成第二次充分感受。从两次感受中强化学生对大气压强存在的认知。

板块三：大气压的测量。

（1）任务一：阅读感受大气压强。

给出一段有关大气层的数据介绍：地球周围被厚厚的大气层包裹着，我们就生活在大气的底部，大气层的厚度大约在1 000千米以上，在离地表2 000~16 000千米高空仍有稀薄的气体。在严格的条件下，空气密度为1. 29 kg/m³，但是大气的温度变化很大，且大气不均匀，密度大小有很大区别。引导学生思考能否将大气类比液体，通过压强的计算公式能否粗略计算出大气压强的大小。让学生经历阅读、思考、计算、感受、反思的过程，感受大气压强很大的同时经历问题探究过程，体会科学探究的艰难，激发学生解决问题的热情，培养学生坚韧不拔的品格，完成教学的育人功能。

（2）任务二：亲身感受大气压强很大。

将两个直径12厘米的铁制空心半球合在一起，抽出其中的空气，以拔河活动的形式模拟马德堡半球实验，以现代课堂活动追溯古代著名的实验，有助于培养学生的科学精神；另一方面让学生亲身参与其中感受大气压强的大小，进一步相信大气压强很大，同时又能进一步激发学生对探索大气压强值的兴趣。

（3）任务三：精确测量大气压强的大小。

利用托里拆利实验的视频实验精确测量大气压强的值，并思考以下问题，帮助学生分析理解托里拆利实验：①玻璃管内水银面的上方有少量空气。②在高山上做此实验，水银面的高度差会更大吗？为什么？③如果用水来做这个实验，水柱有多高？以此为基础探究影响大气压强大小的因素及沸点与气压的关系。

板块四：立足物理学科课标要求，践行从生活走向物理、从物理走向生产，提供吸气、吸管、吸盘、宠物饮水机、古代汲酒器、茶壶通气孔等六个生活生产情境，在情境中解释，在解释中升华。

板块五：课外实验。用吸盘、注射器、弹簧测力计、刻度尺设计一个实验，测出大气压的数值。

【案例评析】

## 专注目标构建生本课堂　抓住细微优化实验教学

教学是一种师生之间的复杂的、综合的理性活动，这一活动是一系列不同层次教学决策的谋划与落实。

基于培养学生的必备品格和关键能力的要求，教学总决策应当是综合分析和比较的结果。本课例在教学设计过程中基于培养学生认识和应用大气压强并形成能力的要求，放弃了传统的从压强通过液柱模型过渡到液体压强，再通过液体压强（托里拆利实验）突破大气压强值的递进式思路，制订了从压强分别走向液体压强和大气压强的总分方式的教学总决策。课例中从导入部分的瓶子变扁，到感受瓶吞鸡蛋实验、拔河活动，再到粗略测量大气压强大小的学生自主实验，充分展现了大气压强的力学本质，依据总分的教学决策，围绕 $p = \dfrac{F}{S}$ 展开大气压强的教学。

总之，教学决策的实现必须依靠多个细微的具体教学决策，比如课型决策、知识决策、逻辑决策、呈现方式决策、学生认知决策、创新实验决策、情境应用决策等。本课例的课型决策是实验教学，课例中突出物理学科特色，选择了效果更好的实验引入，在整个课堂中瓶子变扁、瓶吞鸡蛋、吸盘实验、注射器实验、视频实验不仅勾勒出了整个教学过程，而且都以实验为基础，突出教学重点，突破教学难点。课例中知识和逻辑决策主线为大气压存在到大气压大小再到大气压的应用，体现先认识后测量，从感性走向理性，最后应用迈向实践。本节课实验较多，主要包括一个演示实验（瓶子变扁），三个学生自主实验（瓶吞鸡蛋、吸盘实验、注射器实验），两个视频实验（托里拆利视频实验、气压与沸点视频实验）和一个学生活动（拔河活动），充分围绕课型决策展开教学，优化实验教学构建生本课堂。在建立大气压强存在和大小的基础上分析理解托里拆利实验，降低难度，增强学习效果。为了突破大气压强大小这个难点，课后观察茶壶通气孔等常见现象，设计了课外小实验，测量大气压的数值，通过这些活动引导学生进一步认识大气压强。

**案例赏析7**

【案例背景】

1. 本案例选自人教版化学教材九年级上册第七单元课题1《燃烧和灭火》。

2. 案例提供者：太原市外国语中学校张亚芳。

【案例呈现】

一、内容分析

燃烧是生活中常见的现象，本课题从几幅有关燃烧的图画引入，体现从远古时代燃烧在生活和生产中的应用，到燃烧在现代生活和科技发展中的作用，形象地说明了燃烧与人类社会的密切关系。

课题内容的呈现从燃烧的现象和实验入手，以通过实验观察现象、分析得出结论的方法来探讨燃烧的条件以及灭火的原理。从燃烧的条件归纳灭火的原理，引导学生认识：对生活中一些现象的解释及日常所使用的方法都有科学依据，都来源于科学知识和原理。

二、学情分析

学生在日常生活中已接触到了燃烧现象，也了解过火灾的一些相关情况；在学习氧气时又观察了木炭、硫、红磷、铁丝、蜡烛等物质的燃烧，而且还知道氢气不纯遇明火会发生爆炸。所以学生的脑海里已经对燃烧的定义有了模糊的印象，很多生活经验也能够帮助学生了解燃烧是有条件的，但是学生还没有形成比较系统、规范的概念和方法。已有课程中涉及了大量的实验探究，在前几单元的学习中学生也多次感受了实验探究、对比、讨论、归纳等方法，这为本课的实验探究打下了基础。学习中，学生可能会对着火点的概念理解不够，有的学生认为，灭火的方法之一是降低可燃物的着火点，这种说法是不对的。着火点是可燃物着火燃烧时所需的最低温度，这是物质的一种性质，无法改变。我们日常生活中用水灭火，是使可燃物的温度降低到着火点以下，使火熄灭。

三、学习目标

1. 通过实验探究认识燃烧的条件和灭火的原理，通过表达交流共享来提高运用化学知识解决实际问题的能力。

2. 通过材料阅读了解易燃物和易爆物的安全知识，增强安全意识。

3. 通过实验、探究等活动，获得对事实进行分析得出结论的科学方法。

四、教学立意

对于中学生来说，兴趣是最好的老师。从学生的兴趣入手，通过创设问题情境等手段，营造良好的学习氛围，将大大提高学生主动参与创新的积极性。另外，要想让学生主动学习，就必须把课堂上学习的自由权"还"给学生，相信他们，鼓励他们，让他们自己猜测、验证，做一个真正的实验者。有时学生在实验中会产生一些思维障碍，特别是面对"困境"丧失信心时，教师要积极创设问题情境去激发学生的思维，让他们在发现问题、分析解决问题的过程中获得学习的快乐，培养他们的反思能力和创新精神。

五、拟定教学环节与教学策略

环节一：创设问题情境。利用魔术"不怕烧的手套"激发学生的学习兴趣，并创设问题情境。

环节二：合作探究。根据生活经验提出对燃烧条件的猜想，并逐一设计实验进行探究。

（1）探究一：燃烧需要可燃物。将石头、木条、粉笔、纸条分别拿到火上去烧。

（2）探究二：燃烧需要氧气。需要两支蜡烛和一个烧杯，我们把两支蜡烛点燃，将其中一支用小烧杯罩住，发现烧杯中的蜡烛逐渐熄灭，而空气中的蜡烛则继续燃烧。

（3）探究三：温度要达到可燃物的着火点。1组：把适量的白磷、红磷分别放在铜片上，再将铜片放在盛有热水的烧杯上，观察白磷、红磷的燃烧情况。2组：把适量的白磷、红磷分别放到热水里，观察白磷、红磷的燃烧情况。3组：在500 mL的烧杯中注入400 mL的热水，并放入用硬纸圈圈住的一小块白磷。在烧杯上盖一片薄铜片，铜片上一端放一小堆干燥的红磷，另一端放一小块已用滤纸吸去水的白磷，观察现象。

引导学生分析探究方案的优缺点，找到最佳方案后进行师生演示实验。

（4）深度探究：如何让热水中的白磷也燃烧。

环节三：合作探究灭火的原理。

讨论交流：

（1）炒菜时油锅中的油不慎着火了，如何处理？为什么？

（2）堆放杂物的纸箱着火了，如何处理？为什么？

（3）扑灭森林火灾时的有效方法之一是将大火蔓延线路前的一片树木砍掉，为什么？

（4）如何解释"火上浇油""釜底抽薪"这两个成语？

总结灭火的方法：

（1）观看幻灯片资料并思考面对火灾时如何进行灭火和逃生。

（2）点燃一支蜡烛，如何让蜡烛熄灭呢？回答的方法越多越好，并且说明原理。学生小组讨论交流。

环节四：达标测评。

（1）魔术揭秘。提供信息：老师的手套没有被烧坏，其实是因为点燃前老师把手套悄悄地浸到了酒精里，通过查资料知道了酒精的着火点低于棉花的着火点。

学生分析：因为酒精的着火点低，所以酒精先燃烧而手套没有燃烧。

（2）趣味作业。同学们，假设在未来的某一天，我们班上的某位探险家约我们班上的某位科学家去考察。你们刚好来到了一片森林里，很不幸的是在距离你们几千米外的森林已经是一片汪洋火海，也就是说你们已经被火海包围，火海来势汹汹。在这种紧要关头，你们应该如何求生、如何自救呢？

【案例评析】

## 解决现实问题　体验化学价值

在学习探究中，学生会发现生活中的化学，在实验的分析中又会感悟到化学中的生活，当他们架起化学与生活之间的桥梁时，化学教育的价值就充分体现出来了。大多数的学生已经具备了一定的自主学习能力、小组合作意识和探究精神，在教师的帮助引导下能够设计和完成他们喜欢的实验。本课的学习主线是创设问题情境—提出问题—设计解决方案—实施探究方案—归纳总结，形成结论评价。

问题是实验与探究教学的出发点，也是开启任何一门科学的钥匙，没有问题，就不会有解决问题的想法、动力，所以问题是生长新思想、新方法、新知识的种子。在教学中，教师把课堂真正交给学生，通过创设情境，让学生主动地发现问题、提出问题、解决问题，由此获得基础知识和基本技能，变被动学习为主动学习。以问题作为主线，从发现问题开始，以解决问题结束，这样就使学生既掌握了基础知识又锻炼了能力，体会到探究、思考的成功感，增强了学习自信心。从最贴近学生日常生活的化学知识入手，最能培养学生从平常生活中追根溯源、发现问题的意识。在教师的引导中，在实验的探究中，在学生的归纳、讨论中，往往会有许多新的发现、新的问题，这些新的发现、新的问题就是延伸的课堂资源，也是极其有价值的新创意。

## 四、综合评论

教学艺术是教师本人以教育教学理论、学科专业理论及其他相关理论为基础，结合自身教学实践经验的积累，并倾注了对教育事业、对学生深深热爱的情感，经过不断地探索、潜心钻研和创造性劳动而形成的，是高层次的教学行为方式。以上案例就是很好的实证材料，若没有教师对教育事业的深深热爱，没有教师平日的潜心钻研，没有对教材的精准把握，没有对学生的充分尊重，就不可能有这样一节节彰显教学决策艺术的好课。

现阶段不少教师的教学决策能力存在一定的缺陷，主要表现为在教学设计时缺乏系统考究教学要素的决策意识，过分依赖经验；在教学实施时缺乏对教学过程准确判断的决策力度，易陷入常识性误区；在教学反思时缺失对教学进程有效评价的工具和方法，易犯感觉性错误。这些现象往往是教师缺乏教学决策的科学性造成的。因此，需要提升教师的决策主体意识，丰富教师的教学决策知识，提高教师的教学决策能力，建构决策风险的应对机制，采取种种措施来提高教学决策的有效性。

教学艺术是教师娴熟地运用综合的教学技能技巧，按照美的规律而进行的独创性教学实践活动。夸美纽斯称，"教学就是把一切事物教给一切人类的全部艺术"①。他还说："假如没有一个学生违背本人的意志，被迫去学习任何学科，我们就不会有发生厌恶和智力受到抑制的情形了，每一个人都会顺着他的自然的倾向去发展。"这与基础教育课程改革的核心理念"以学生的发展为本"不谋而合。

---

① 夸美纽斯：《大教学论》，傅任敢译，教育科学出版社，1999。

这就要求教师的教学决策要帮助每一个学生进行有效的学习，使每一个学生得到充分发展。教学决策艺术应该从课堂教学的主要矛盾——教与学的关系入手，具体可分解为以下几步。

策略一：对教学目标作详细的解释。

课程标准虽然规定了教学目标和要求，但很笼统。教学决策要把笼统的目的要求化为可操作的目标要求。可操作的教学目标应包含三个因素：一是说明学生掌握知识的行为方式，如"写""解释"；二是说明掌握知识的条件，如"时间限制"；三是说明学生成功的标准。

策略二：指出教学内容的组织方法。

这一方面是指对课程标准所规定的教学内容作教学法处理，另一方面是指对教学补充材料和教材内容关系的安排。教学决策的物质成果——教案不能只是简单地把选定的教学内容重述一次，而应作教学法处理，并协调课程标准所规定的内容和补充材料之间的关系。

策略三：对教学方法的操作化描述。

许多教学方法多局限于某一教育阶段或某一学科的教学，不能生搬硬套，但其精神可以借鉴，因而需要把一些优秀的、却不完全符合当前教学内容的方法，按照当前的情况作操作化描述，以便实施。教学决策的方案确定之后，教学的成败与否就要看随后的实施过程是否顺利了。客观地讲，失败和成功是两可的，但可以肯定的是经过科学决策产生的方案，其成功率是较高的。不过方案不是僵死的东西，教师在课堂上可以根据反馈信息作应急变通，即我们常说的教学生成。新时代课程改革背景之下的课堂教学理应具有生成性。

总之，教学决策艺术既要求教师具备精湛高超的教书育人的技巧、技能，又极富创造性，还要注意运用各种手段表达特定的教学内容和思想感情。教师能在众多组织教学的方案中，迅速、科学地选择或者创新出适合教学内容、学生学情的有效教学方案，并在这一方案实施中密切关注学生的学习状态，适时予以调整，做出新的决策。这一动态的过程，就是教师在教学决策能力上的成长过程，也是使教学更具灵活性、体现艺术性的过程。

# 第二节　教学设计艺术
## ——凤头·驼峰·豹尾

### 一、理论要点

著名教育学家加涅和布里格斯等人认为，"教学可以被看成是一系列精心安排的外部事件，这些经过设计的外部事件是为了支持内部的学习过程"。可见，教学是为了使学生学习更有效而采取的有目的、有计划地安排学习经历的过程。

《现代汉语词典》中对设计的解释是"在正式做某项工作之前，根据一定的目的要求，预先制定方法、图样等"。也就是说，为达到预期目标、获得理想效果，在进行任何一项有目的的活动前，必须对其进行设计。

通过对教学和设计的界定，我们可以看出，教学是一个有目标的活动，教学设计就是为了使学生实现有效的学习而预先对教学所进行的决策活动。

美国教育心理学家加涅在《教学设计原理》中指出："教学设计是一个系统化（systematic）规划教学系统的过程。教学系统本身是对资源和程序作出有利于学习的安排。任何组织机构，如果其目的旨在开发人的才能均可以被包括在教学系统中。"

帕顿（Patten，J. V.）在《什么是教学设计》一文中指出："教学设计是设计科学大家庭的一员，设计科学各成员的共同特征是用科学原理及应用来满足人的需要。因此，教学设计是对学业业绩问题（performance problems）的解决措施进行策划的过程。"

　　赖格卢特（Charles M. Reigeluth）对教学设计的定义基本上同对教学科学的定义是一致的，因为在他看来，教学设计也可以被称为教学科学。他在《教学设计是什么及为什么如是说》一文中指出："教学设计是一门涉及理解与改进教学过程的学科。任何设计活动的宗旨都是提出达到预期目的最优途径（means），因此，教学设计主要是关于提出最优教学方法的处方的一门学科，这些最优的教学方法能使学生的知识和技能发生预期的变化。"

　　梅里尔（Merrill）等人在《教学设计新宣言》一文中对教学设计所作的新界定值得引起人们的重视。文中提出："教学是一门科学，而教学设计是建立在这一科学基础上的技术，因而教学设计也可以被认为是科学型的技术（science-based technology）。"

　　美国学者肯普给教学设计下的定义是："教学设计是运用系统方法分析研究教学过程中相互联系的各部分的问题和需求。在连续模式中确立解决它们的方法步骤，然后评价教学成果的系统计划过程。"

　　我国学者何克抗教授则在上述多种教学设计定义的基础上给出了相对综合的教学设计定义："教学设计主要是运用系统方法，将学习理论与教学理论的原理转换成对教学目标、教学内容、教学方法和教学策略、教学评价等环节进行具体计划、创设教与学的系统'过程'和'程序'，而创设教与学系统的根本目的是促进学习者的学习。"

　　上述教学设计的定义都反映了教学设计某些方面的本质特征，包括教学的系统观和系统方法的运用、以心理学和教学论作为理论基础、强调问题的解决等。可见其定义不宜过于微观，不应偏向于某种特定的理论，应具有一定的概括性和包容性。

　　教学设计以学习和学习者为中心，已成为教育界的共识。以"学"为中心的教学设计占主导地位。学生千人千面，但任课教师的风格却是相对单调的，这就形成了一对矛盾。在每一个学生的准备状态、智力类型、学习类型、认知风格都不一样的情况下，教师作为教学的设计者，如果硬生生地将知识塞给每个学生，教学效果可想而知，故教师的教学设计达到艺术化便成为必然的需求。

教学设计的具体任务及其目的

| 教学设计的具体任务 | 该任务的目的 |
|---|---|
| 课程标准分析 | 解决"为何学"的问题 |
| 教科书分析 | 解决"学什么"的问题 |
| 学习者特征分析 | 解决"学习出发点"的问题 |
| 教学目标制订 | 解决"学习归宿"的问题 |
| 教学过程设计 | 解决"如何教与学"的问题 |
| 学业评价设计 | 解决"学习效果"的问题 |

从上表中，我们明确了教学设计的具体任务及其目的，这些具体任务体现在课堂教学中，教师要进一步提升教学效果，恐怕就需要把教学设计提升到艺术化的层面。本节仅是从"教学过程的设计"这一任务出发，就教学中如何解决"教与学"的问题，为读者呈现课堂教学结构中最重要的几个部分。

课堂教学设计艺术水平的高低，应作为衡量教师教学艺术水平的重要标准。结构完美、布局合理的课堂教学，可以增强课堂教学的艺术魅力。怎样设计课堂教学的结构，才能做到既保证教学效果，又符合美学法则呢？英国美学家荷加斯指出，以波浪组成的事物就能产生一种变化美，因此课堂教学结构设计应以序列性为前提，实现序列性与波动性二者的最佳组合，使课堂教学既绵绵有序，又起伏有致，以保证课堂教学的良性运行。现代心理学家、统计学家的研究表明，一堂课中，学生的思维状态呈现三个阶段的变化，即思维水平逐渐集中阶段、最佳思维水平阶段和思维水平逐渐下降阶段，教师在教学结构设计中应务必考虑到学生思维的这一特点。由此而论，我们可以将课堂教学结构设计为"凤头—驼峰—豹尾"的形式，即由鲜明的教学目标、精彩夺人的导课，引人入胜的高潮和耐人寻味的结课构成的结构。

## 二、实践智慧

课堂是教师的人生舞台，把课上好，是每一位为人师者心灵深处与生俱存的深切企盼和毕生不懈的追求。

深圳市平冈中学刘静波校长从事教育工作近三十年，他在基于学习结果的教学设计专题讲座中谈到，影响教学质量的核心因素是教师，教师最重要的教学能力就是教学设计，而教学设计应该以学生的学习为中心。

名师教学设计艺术对教师们的日常教学设计工作有深刻的启发。例如，牡丹江师范学院硕士生导师董一菲在语文教学中一直致力于给学生一个文学的世界，做到两个坚持：一是坚持用教材教，把课文这个例子充分用好，因文入境，因文造境；二是坚持为学生开设"名著导读"，引导学生全方位、立体化地解读文学作品。

### 三、案例赏析

（一）教学目标设计艺术——"目标鲜明"

1. 教学目标设计的重要意义

教学目标是教学活动预期达到的结果，是学生通过学习以后预期产生的行为变化，它表现为对学生的学习成果及终结性行为的具体描述。所以，在教学设计的过程中，首先要设计好教学目标，使教学有明确的指向。在教学活动开始之前，老师还应该向学生明示本节课的学习结果类型，并用清晰、准确、学生易懂的语言陈述教学目标，使师生双方都明确本节课的期望结果，并通过双方的共同努力达到这个结果。

教学目标的呈现既要讲究科学，也要讲究艺术。不同的教师在教学过程中对教学目标呈现的方式有较大的差异，这种呈现方式的差异与教师的教学个性有着较为密切的关系。教师们在长期的课堂实践中，将教学目标呈现形式发展成为一种艺术，彰显出各自的教学风格。

2. 教学目标设计艺术化的主要形式

（1）问题式呈现

教学目标的问题式呈现，即教师在教学过程中将教学目标以问题的形式呈现给学生，学生通过对问题的思考了解本节课或本单元需要达到的学习目标。问题是学习的开端，在课堂活动过程中，问题也经常被用来作为教学目标呈现的一种重要的形式。目标的问题式呈现艺术是一种基于教学内容和学生认知特点相结合的艺术，经过精心提炼的问题，是最能契合和激发学生认知经验的问题。以问题的方式呈现教学目标能够启迪学生思维，激发学生学习兴趣，让学生在对问题的思考过程中进入积极学习的状态。

使用问题式呈现教学目标时，问题要有典型性和针对性，要生动具体，符合学生心理发展的水平。

（2）情境式呈现

教学目标的情境式呈现，是指教师在教学过程中结合学生熟悉的具体生活情境，通过情境中的问题讨论，明确这节课的教学目标。情境与学生的感性经验联系紧密，学生对相关知识的直观感受容易被唤起，学生对生活的直观经验成为一种课程资源。情境式目标呈现的艺术需要教师有较高的情感投入，通过教师的情感投入形成富有感染力的课堂。

（3）趣味式呈现

趣味式呈现是指教师在教学之前，以有趣的语言、故事等把所要学习的内容向学生展示出来，使学生明确本节课所要达到的学习目标并产生学习兴趣。这种方法一般在学生接触新的学习内容的时候使用较多。兴趣是最好的老师，教师通过对学生学习兴趣的培养，使他们产生进一步学习的愿望。

（4）任务式呈现

教学目标的任务式呈现是指教师根据教学内容，针对学生的情感和认知特点，事先设计一个以完成某一具体任务为特征的引导性活动。通过这个引导性活动，教学目标被纳入进来，教师和学生自然而然地进入新的内容学习，任务的最后完成即教学目标的达成。教学开始时呈现任务有两个目的，一是为新课的教学提供一个学习支架，二是让学生在教师的引导下通过学习任务的完成使教学活动顺利地展开。

这种教学艺术主要适用于探究类、活动类的教学内容。教师在设计任务的时候，要做到将活动安排与学生的认知发展紧密结合，活动的目的是为了促进认知的发展，不能仅仅为活动而活动。

（5）活动式呈现

教学目标的活动式呈现是指教师在学生的活动过程中把目标呈现出来。这种呈现形式与任务式呈现的区别是，任务式呈现是以明确的任务完成为目标，使教学活动在任务完成的过程中展开，任务的完成即教学目标的达成；活动式呈现是指教师通过让学生在课堂上活动起来去掌握知识、理解概念、形成技能。任务式呈现具有明确的指向性，而活动式呈现的指向性是隐性的，教学目标是在活动中生成的，教学过程中教师通过巧妙地设计活动，引导学生发现问题，使教学过程得以展开。

这种教学目标呈现的艺术在各学科教学中都可以运用，活动设计的目的是为了通过活动引起学生探究的兴趣，使其参与到课堂活动中来。

**案例赏析1**

【学科】历史

【年级】九年级上册

【课题】第五单元第16课《早期殖民掠夺》

【教学目标设计艺术片段】

一、教学目标的设定

1. 识读地图及图片史料，列举进行早期殖民掠夺的国家及其掠夺殖民地的方式，学会获取有效信息的方法。

2. 情境体验，角色模拟。简述"三角贸易"的过程并绘制"三角贸易"示意图，形成历史时空观。解读材料，多角度分析归纳"三角贸易"的影响，认识资本原始积累的野蛮性和残酷性。

3. 研读材料，客观评价早期殖民掠夺的影响，树立社会责任感，形成关心国家、民族前途命运的意识，提高辩证看待历史事件的能力。

二、教学目标的达成

师：14—18世纪的欧洲是大迷失的时代，人在这个时代丢掉了人性，只剩下了市场。然而世界市场却以人为商品按照野蛮残酷的方式运行，最典型的贸易被称为"三角贸易"。这一贸易也被马克思称为"贩卖人类血肉的非洲奴隶贸易"。今天让我们踏上见证黑奴贸易的非洲戈雷岛来探寻历史的真相。

师：（出示《"不归门"》《法国18世纪运奴船》《"三角贸易"》和《18世纪黑奴加工烟草》四幅图片，引导学生解读图片并进行角色模拟）假如你是非洲戈雷岛旅游景点的导游，请你为游客绘制"三角贸易"的路线图，并进行简要介绍。假如你是非洲奴隶，你会遭遇什么？假如你是美洲的大种植园园主，你会有何收获？

生1：模拟导游绘制"三角贸易"的示意图如下。

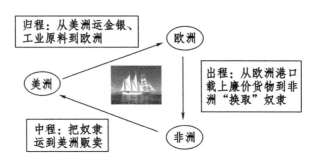

生2：根据教材图片想象奴隶的遭遇。自从被欧洲人劫掠后，我和成千上万的同胞们拥挤在又脏又狭窄的船舱里，几乎没有填饱过肚子，每个同胞都瘦骨嶙峋，忍受疾病的折磨。不久，我们到达了大洋的另一端，终日不停地劳作……

生3：模拟美洲的大种植园园主，谈收获。我的种植园有了充足而廉价的黑人劳动力，我的烟草、棉花、矿产……将会不断地得到开发。

师：（过渡）"三角贸易"被称为"黑奴贸易"，马克思评价在这场贸易中，欧洲殖民者"丢掉了最后一点廉耻心和良心"。那么"三角贸易"给世界带来了什么影响？（出示材料）

材料一："非洲到处在流血……过去住着人的村落现在变成一片废墟，那些修建村落、耕种田地的人到哪里去了呢？他们被捉去当奴隶，或者在捕捉者到来时逃走了。那些侥幸逃走的人们，不得不从生机盎然的农业区，迁居至人迹罕至、野兽出没的深山老林，重过刀耕火种的原始生活。"

——艾昌周《早期殖民主义侵略》

材料二："通过与殖民地的贸易，英国商人获得了大量的财富……从而促进了西部港口城市的崛起和曼彻斯特等制造业城市的发展以及一些新工业的诞生。"

——《英国社会的商业化历史进程》

材料三："种植园奴隶经济的崛起将美洲送进了大西洋经济交往体系中的乡村地位，充当了欧洲原料产地和商品销售市场的角色，民族经济发展因素严重受阻。……大西洋交往体系的建立使美洲辽阔荒芜的土地得到开发，交往提供了美洲了解世界市场与欧洲甚至亚洲社会的机遇与条件……"

——《交往与世界历史变迁——18世纪世界历史横向发展透视》

师：有人认为"三角贸易"是一种罪恶，也有人说"三角贸易"推动了历史文明进程。请你根据材料并结合所学知识对上述观点进行评价。

生："三角贸易"导致非洲丧失大量劳动力，阻碍了非洲社会经济的发展，因而是一种罪恶；"三角贸易"使美洲出现黑人奴隶制，为新大陆开发提供了劳动力；促进了欧洲资本原始积累，推动了资本主义发展；客观上有利于欧美非三大洲之间的经济、文化联系和近代整体世界的形成。

教师总结：西欧国家早期殖民掠夺史，同时也是一部殖民地人民的血泪史。虽然殖民掠夺为西方资本主义的发展提供了资本原始积累，促进了全球物种、文化、商品的流通，促进了世界市场的进一步拓展，但还要看到早期殖民掠夺中殖民者的行为丧失了人性，剥夺了殖民地人民的人权，给殖民地人民带来贫穷的同时留下了巨大的心理创伤。

【设计意图】

教学目标是师生通过教学活动预期达到的结果或标准，是对学习者通过教学以后将能做什么的一种明确的、具体的表述，主要描述学习者通过学习后预期产生的行为变化。在具体的教学活动中，应该有一个相对重要的目标即中心目标，通过该中心目标的达成，来实现其他相关目标的积累和达成。课标对本节课的要求是了解资本原始积累的野蛮性和残酷性，而早期殖民掠夺的野蛮性和残酷性，集中体现在"三角贸易"上。"野蛮性"在于无视生命的珍贵，将人作为商品销售；"残酷性"体现在持续时间长、带来严重的后果。基于对课标的解读及课程内容的分析，结合学生的认知水平，在教学目标的设计上我选择了早期殖民掠夺中的典型案例"三角贸易"作为本节课的中心目标。学生通过小组合作、角色模拟，形成符合当时历史场景的想象，切身体会"三角贸易"的血腥与残酷。在学生初步掌握"三角贸易"内容的基础上，引导学生阅读史料，从不同角度分析"三角贸易"的影响，使其树立鲜明的是非观念，进而达成对历史史事进行客观评价的历史解释的教学目标。

（案例来源：太原市第五十六中学校　杜红梅）

【案例评析】

### 目标是行动的向导

教学目标是教师课堂教学具体操作的指南，具有导向、跟踪和评价的功能。现代教学论认为，教学目标作为教学活动的三大支柱之一占据首要位置，是教学活动的第一要素和基本前提，是选择教学内容和教学方法的依据，也是衡量教学成败的标准。正如崔允漷教授所说："教学目标既是教学的出发点，也是归宿。或者说，它是教学的灵魂，支配着教学的全过程，并规定着教与学的方向。"因此，合理地设计具体、明确、可测的教学目标，已成为课堂教学的第一要素，教学目标的优化设计是实现教学优化的重要前提。

从教学目标的可行性来看，本课制订的三个层级教学目标内容的表述具体而有序，指向清晰而明确，既有概括性又有可操作性。如学生通过情境体验、角色模拟，能简述"三角贸易"的过程并绘制"三角贸易"的示意图，形成历史时空观；结合材料多角度分析归纳"三角贸易"的影响，认识资本原始积累的野蛮性和残酷性，这一教学目标的行为主体是学生，行为动词是面向全体学生的最低线，是具体的、可测的，行为程度既符合多数学生的认知水平，也满足了接受能力强的学生有继续发展的空间。

从教学目标的层级及教学实践来看，本节课教学实施的对象是九年级学生，经过两年的学习，他们虽然从影视文学作品中初步了解了"三角贸易"，但还不能清楚地表达"三角贸易"的具体内容及影响，对于早期殖民掠夺的影响分析起来有一定难度，只有部分学生在教师引导下能够辩证地看待早期殖民掠夺的破坏性与建设性。因此，教学目标的制订遵循基础性和差异性原则，教学目标的三个内容之间层级分明、连续递增。学生在解读图片及教材文本的基础上，能够列举出早期殖民掠夺的途径，这是要求全体学生掌握的基础知识，属于第一层级目标。在掌握了这一目标的基础上，学生通过情境体验、角色模拟来进一步分析早期殖民掠夺中的典型案例"三角贸易"的内容及影响，这激发和引导学生形成积极的心理感应和情感反馈，进而内化为学生的情感体验，相较于知识目标而言更深一步，属于第二层级目标。最后，第三层级目标的制订引导学生运用唯物史观辩证地看待历史事件，是在正确的世界观、人生观、价值观指引下的行为目标。通过前两个目标的积淀，学生在价值判断基础上所做的行为选择属于高阶目标，也是核心素养的渗透与教学目标自然而然的衔接。由此，三个层级的目标在教学中形成了有机统一。

教学是一门艺术，教学的艺术性体现在能够把有限的教学资源在有限的时间内最大限度地发挥出教育功能。要使历史课堂更好地发挥育人的功能，就要艺术地设计教学目标。目标是行动的向导，一个有效的课堂教学目标，不仅能体现学科的特点，而且可以指导我们更加深刻地理解教材内容，进而分解教学目标，循序渐进地推进课堂教学，促进学生思维能力的发展。

## 案例赏析2

【学科】英语

【年级】七年级下册

【课题】Unit 8 Is there a post office near here? Section A 第一课时

【教学目标设计艺术片段】

一、教学目标的设定

1. 能在交往中恰当理解和运用表示"问路、指路"的语言表达形式；能掌握表示地点的名词和方位介词；能用相关语言形式描述方位。

2. 能正确运用"there be"句型询问和谈论位置关系。

3. 能在交际中做到礼貌、得体；对于他人的求助，能积极提供帮助。

二、教学目标的达成

**Step 1 Warming-up**

T：Welcome to zombies' room and start our adventure trip.

（Show the students the following pictures.）

T：Big Mushroom is lost and let's help him find the way home. But you must finish four tasks.

（Show a map about the way that Big Mushroom goes back home.）

【设计意图】

本课利用学生喜欢的《植物大战僵尸》游戏为背景，激发学生的学习兴趣和求知欲，鲜明生动。设计帮助 Big Mushroom 回家这一终极任务，使学生在完成任务的过程中加深对知识的理解和记忆。兴趣作为一种行为动力，能推动学生积极、主动、自觉地学习，有利于教学目标的达成。

**Task 1**

T: Look at the map. We can see so many different places in it. Is there a hospital in the map?

Ss: Yes, there is.

T: Is there a school in the map?

Ss: No, there isn't.

T: First, let's name the places so that we can clearly know where Big Mushroom is.

(Students find the places on the map and complete the words.)

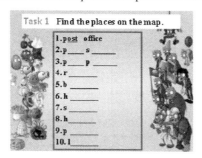

【设计意图】

这是游戏的第一关，要确定 Big Mushroom 的位置，先要明确地图中的地点名称，直观地引出目标语言"Is there a ...?"。通过给地图中的地点命名，让学生在游戏情境中识记本课时有关地点名称的词汇，增加了趣味性，便于学生记忆。

**Task 2**

T: Where is Big Mushroom?

(Students look at the pictures carefully and describe the positions of each character in the game. Learn the target language.)

S1: He is in front of the restaurant.

T: Where is the corn?

S2: It's between the bean and the watermelon.

S3: ...

T: Now Big Mushroom wants to call his friends. Is there a pay phone? Let's listen! (Activity 2a & 2b)

【设计意图】

游戏第二关的任务是确定 Big Mushroom 以及其他人物所处的位置，学习方位介词以及描述位置关系的句式结构 "The ... is in front of the ..."。再通过 Big Mushroom 要打电话求助的情境，自然地引出听力活动，学生可以在语境中进一步感知和理解描述位置关系的语言方式。

**Task 3**

T: When we ask for direction, we need to speak politely. How do you ask the way politely? Let's listen and learn.

T: Listen and write down the sentence pattern about asking the way.

A: Is there a ... near here?

B: Yes, there is.

T: Do you know more polite ways?

(Students think about more ways to ask for directions.)

•How can I get to ...?

•Could you please tell me where ... is?

•Would you like to tell me the way to ...?

•Excuse me, do you know how to get to ...?

【设计意图】

游戏第三关的任务是得体地问路和指路，在语境中学习如何礼貌地问路。除了本课时呈现的目标语言之外，鼓励学生想出更多的询问方式，以满足不同层次学生的学习需求，也为本单元后续的语言运用活动打好基础。

**Task 4**

T: Now it's time to help Big Mushroom go home. Work in groups. Draw the way in the map and describe it.

Students work in groups. Draw the way home first and then make a report in groups.

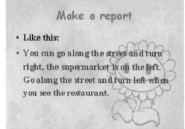

【设计意图】

游戏第四关的任务是送 Big Mushroom 回家。根据 Big Mushroom 所处的位置和家所在的位置，在地图中画出回家的路线，再用本课时的目标语言表述出来。这一关需要学生通过小组活动的形式完成，一是因为任务比较复杂，小组合作可以降低任务难度；另一方面，小组合作可以给学生一种安全感，让他们比较自由地进行表达。

（案例来源：太原市第五中学　康锦霞）

【案例评析】

## 目标引导下的教学活动

本案例中，教师设定的教学目标是学生导向的、以学生行为为主体的。目标清晰、可观察、可测，从认知、情感和技能方面，反映了学生在本节课后预期要获得的成果和情感反应以及所达到的程度，如"正确运用"。基于这样的教学目标，教师在备课时进行了精心设计。首先，通过引入游戏，极大地激发了学生的学习兴趣。课堂开始直奔主题，以植物大战僵尸为背景，以帮助 Big Mushroom 找到回家的路为目标，通过四个任务（tasks）的实施，让学生感知、理解、运用关于"问路、指路"的表达方式。教师则始终引导学生的学习活动，适时地讲解、反馈、观察学生的表现，以此来提高学生的学习效率。同时对教学是否达成既定目标进行监控和评判，并做出适当的调整。教师始终运用教学目标引导教学过程是教学的基本指南。

## 案例赏析3

【学科】语文
【年级】七年级
【课题】驿路梨花
【教学目标设计艺术片段】

一、教学目标的设定

紧扣"驿路梨花"这一标题，制订了本课第二课时的教学目标：通过拟写标题、比较标题，赏析标题，提高学生的审美鉴赏能力。

二、教学目标的达成

板块一："小小写作家"——拟一拟

师：标题是文章的眼睛，拟标题在作家看来可不是件容易的事。比如山西著名作者梁衡曾有一首打油诗，言拟写标题之难。梁衡在谈《张闻天，一个尘封垢埋却愈见光辉的灵魂》的标题创作时，写了一首小诗《拟题难》："都说标题是文眼，我为文眼望穿眼。一题未定思数月，半字不稳夜难眠。"

真如梁衡所说，这么难吗？请同学们通读课文，从文章主题、人物形象、文章线索、情节构思中提炼一个关键词，给本文换一个标题。

（学生活动：拟标题，写在黑板上）

师：同学们自拟的标题丰富多彩，那可不可以说我们拟的比作者拟的"驿路梨花"还要好呢？

**【设计意图】**

这一板块重在激发学生对标题的关注，初步了解赏标题的角度。

板块二："小小辩论家"——比一比

师：请你从黑板上的标题"梨花""这样的哈尼族姑娘""雷锋精神代代传""茅屋的主人是谁"中选出一个你们认为很好的标题，和"驿路梨花"比较，并说出比较的结论和理由。

（小组活动）

生1：我认为"茅屋的主人是谁"更好，因为它用问句设置悬念，引人入胜，更能激发读者的兴趣，原题就没有设置悬念。

生2：怎么能说没有设置悬念呢？为什么是在"驿路"的梨花，为何写梨花，同样也是悬念，"驿路梨花"吸引眼球。

生3："茅屋的主人是谁"这个悬念使得文章情节得以串联，环环相扣，一波三折。

生4：要说贯穿文章的还要属"梨花"，本文的"梨花"有多层含义，内涵丰富，且"驿路梨花"出自陆游的诗句，富有诗意，更为巧妙。

……

师：现在我们一起总结赏析标题的方法。第一，赏题目本身的妙处，如它的美点、要点、趣点；第二，赏题目与文章关联的妙处，如与小说的情节、人物、环境、主题、构思、手法的联系。

**【设计意图】**

第二板块紧承第一板块而来，在筛选、比较中感悟标题的妙处，总结赏标题的方法。

板块三："小小评论家"——写一写

教师范例：鉴赏《舍南舍北皆春水》标题的妙处

初读《舍南舍北皆春水》，不禁让人心驰神往。（总起：概说感受，标题之妙）联想起杜甫的诗句"舍南舍北皆春水，但见群鸥日日来"，诗情画意，美不胜收。再读愕然，在作者笔下，这舍南舍北竟是少年时所住老瓦屋的房前房后，这里一湾春水围绕，晴朗秀丽，这春水如丝，不仅流淌在小屋四周，更萦绕在作者脑海，将往事串联，将你我相连。（分说妙处：1.引用诗句的雅趣；2.概括文章内容；3.行文线索，贯穿全文。）题目一线串珠，又诗意盎然，可谓妙哉！（总结：点题。）

学生模仿教师范例，给"驿路梨花"写一段鉴赏性文字。

师：标题不大，学问不小。欣赏美文时，题目是打开文章的金钥匙，写作时，闪闪的、美美的、亮亮的标题也会让读者眼前一亮。今后一定要留心欣赏标题的无穷魅力。

【设计意图】

众所周知，"题者，额也；目者，眼也"。标题是文章的眼睛，所以标题也是打开文章的金钥匙。标题集情节、主旨、构思、人物等精妙于一身，学会赏析标题，也就打开了鉴赏文章的金钥匙。如能一"题"立骨，巧妙设计课堂目标，便能起到四两拨千斤之效。

《驿路梨花》是一篇经典的文学作品，构思巧妙，语言精妙，值得鉴赏的美点颇多。七年级学生梳理情节、感知精神的能力较强，但审美鉴赏能力有限，由此参照课标要求要提升学生鉴赏的能力，可通过学生对形象、情感、语言的领悟及体验来实现，因此，在教学过程中需要找到一个抓手，实现教学目标。

让学生站在评论家的角度思考问题，而不是单纯地应付考试，我想这是一个有益的探索。评论鉴赏性文字是中考的考点，但对于七年级学生来说，鉴赏一"文"或许不易，但鉴赏一"题"就较易入手。范例展示教方法，学生习作夯实目标，标题的妙处赏析在学生笔下得到了落实。

（案例来源：太原志达中学　胡之鑫）

【案例评析】

### 一课一标　鲜明独特

标题虽小，学问不少。本课例以赏标题作为第二课时的教学目标，通过"拟一拟""比一比""写一写"的教学过程,提升学生的鉴赏能力,可操作性强。

在语文教学中,教学目标可谓牵一发而动全身,目标鲜明尤为重要。正如美国心理学家马杰在《准备教学目标》中所说,"你要把学生带到哪里去?你想通过什么样的方法、策略把学生带到那里去的?你把学生带到那里去了吗?"目标鲜明是评价课堂教学的一个重要尺度。

在制订教学目标时,教师要综合考虑课标、教材、教参、学情和考情,使得教学目标可检测、可衡量、可操作,做到目标鲜明,有角度、有高度、有梯度。

"一题立标,有的放矢。"教学目标鲜明,是打开一节好课的金钥匙;标题独特恰当,是开启一篇好文的金钥匙。文学类作品的标题具有一定的暗示性,这就为教学内容提供了全新的思考视角,给予学生不一样的阅读体验。本课在"拟—比—写"中夯实了标题作用鉴赏的教学目标,一课一标,一课一得。

## 案例赏析4

【学科】数学

【年级】九年级

【课题】菱形的性质

【教学目标设计艺术片段】

一、教学目标的设定

1. 类比平行四边形的研究思路、研究内容、研究方法,得出菱形的研究思路、内容和方法。

2. 经历菱形的概念、性质、判定的探究过程,知道研究菱形通常按照"概念、性质、判定"的基本思路进行:菱形的概念是通过属加种差的方式确立的,体会一般与特殊的关系;菱形性质要研究它的基本要素间的关系、整体和对称性,一般通过观察—猜想—证明的方法研究。以此明晰菱形的结构,为后续研究做好准备。

3. 经历菱形概念、性质、判定的探究和运用过程,掌握概念、性质、判定,并能运用它们进行推理和计算,发展抽象能力、推理能力、几何直观等核心素养的主要表现。

## 二、教学目标的达成

师：同学们，上节课我们学习了平行四边形，大家记得我们是从哪些方面研究平行四边形的吗？

生：我们学习了平行四边形的概念、性质和判定。

师：平行四边形的性质有哪些？

生1：平行四边形的两组对边分别平行，平行四边形的两组对角分别相等，平行四边形的两组对边分别相等……

师：请同学们重新梳理平行四边形性质的探究思路，说明平行四边形性质的探究分别是从哪些方面展开的。

生2：我们分别从平行四边形的边、角、对角线和对称性探究了它的性质。

师：这位同学回答得很好，能有条理地按平行四边形的"不同要素"总结平行四边形性质的探究思路。如果我们把平行四边形的某些"要素"特殊化，还能得到哪些特殊的平行四边形？请大家思考。

生：在小学我们学过，特殊的平四边形还有菱形、矩形和正方形。

追问1：那你能说平行四边形通过"什么特殊化"，就能成为菱形？

生：边相等。

追问2：用最少的条件说明，可以吗？

生：一组邻边相等。

追问3：那你试着给菱形下一个定义，什么样的平行四边形就是菱形。

生：有一组邻边相等的平行四边形是菱形。

师：这位同学回答得很好。我们从今天开始学习这种特殊的平行四边形——菱形。

（教师板书课题，板书菱形的概念）

师：同学们，根据平四边形性质的研究思路，我们要从哪些方面研究菱形的性质呢？大家有想法吗？

生：类比平行四边形性质的研究思路，我们也可以从边、角、对角线、对称性探究菱形的性质。

师：同学们太棒了！为大家鼓掌！

（教室里响起了热烈的掌声）

【设计意图】

问题1：我们从哪几方面研究平行四边形？

问题2：平行四边形的性质是什么？是从哪几个角度研究的？

这两个问题旨在让学生体会平行四边形的研究思路和平行四边形的性质的研究角度，明晰研究特殊四边形的一般框架，找到新知识的生长点。

问题3：如果把平行四边形的某些要素特殊化，能得到哪些特殊平行四边形？

通过问题3并追问如何用最少的条件将平行四边形特殊化，让学生经历图形分析和比较的过程，引导学生关注平行四边形和菱形、矩形、正方形的内在逻辑关系，找到它们的联系和区别，体会一般与特殊的关系；会用准确的语言描述菱形的概念，提升抽象能力，学会用数学眼光观察、用数学思维分析、用数学语言表达。

问题4：类比平行四边形性质的研究思路，我们要从哪几个方面研究菱形的性质？

让学生学会将平行四边形这种几何直观研究的基本思路，迁移到菱形和其他特殊平行四边形的研究中，经历菱形的性质的发现和证明的过程，形成解决问题的思路，发展推理能力，学会用数学思维思考现实世界，帮助学生自主建构知识体系，形成结构化的知识和结构化的研究方法。

（案例来源：太原外国语学校　孙敏）

【案例评析】

## "任务"引导，"凸显"目标

教学决策的第一任务是学习目标的确定，确定学习目标时要考虑诸多因素，一是要对本节课的教学内容进行全面梳理和分析，明确本节课的核心内容是什么，分析核心内容在整个知识系统中的地位和作用，包括整个思想方法体系以及对今后学习的重要意义，据此确定本节课教学的重点。二是要做好学习目标决策分析，明确学习目标达成的标志，以此判断学生在课堂学习中是否达成学习目标。三是要做好教学诊断条件分析，对学生的已有活动经验、认知水平及规律做出科学判断，以此确定教学的难点。

从本节课的教学片段看，授课教师确定的学习目标科学准确，展现了较好的学习目标决策艺术。教师在呈现本节课的学习目标时，抓住了菱形与平行四边形在学习内容和探究思路上的共同点，引导学生运用类比方法，明确了菱形学习的主要内容是概念、性质及判定，而性质和判定研究的主要思路是按照其组成要素"边、角、对角线、对称性"四个方面来探索，这也是几何研究的主要思想和模型之一。这种以任务引导的方式逐步呈现教学目标的方法，体现了"设疑启思"的教学艺术水平。

## 案例赏析5

【科目】物理

【年级】八年级

【课题】重力

【教学目标设计艺术片段】

一、教学目标的设定

1. 通过问题情境的创设，引发学生思考、提出猜想、设计实验、进行实验，并对数据加以分析，发现重力与物体的质量成正比。

2. 通过学生对表格的设计和对图象的描绘及分析，提高学生的设计能力和分析数据的能力。

二、教学目标的达成

师：重力的大小跟质量有什么关系呢？

实验1：逐次增挂钩码，分别测出它们所受的重力，并记录在下面的表格中。

| 实验次数 | 1 | 2 | 3 | 4 | 5 |
|---|---|---|---|---|---|
| 质量/kg | | | | | |
| 重力/N | | | | | |

实验2：选取身边的小物品，用天平分别测出它们的质量 $m$，用弹簧测力计分别测出它们的重力 $G$，记录在下表内。

| 物体 | 物品1 | 物品2 | 物品3 | 物品4 | 物品5 |
|---|---|---|---|---|---|
| 质量 $m$/kg | | | | | |
| 重力 $G$/N | | | | | |
| 比值 $\frac{G}{m}$/($N\cdot kg^{-1}$) | | | | | |

师：请同学们通过直角坐标系作图的方式来处理所记录的数据，并得出结论。

（学生小组作图，相互讨论，归纳结论）

师：请各小组来展示你们的成果，一个同学在白板的直角坐标系上画出小组的图象，另一个小组成员解说本小组得到的结论。（各小组把图象分别画在三个完全相同的坐标系中，同时分享自己小组的结论）

（学生讨论分享，略）

师：看来关键在于 $G$-$m$ 图象是否是同一个正比例函数。如果是，那就证明重力与物质的种类无关。

（此时，教师引导学生将三个相同坐标系中画出的不同物质的 $G$-$m$ 图象，通过电子白板重叠到一起，观察图象是否重合。如果重合，表示正比例函数为同一函数图象，证明重力与物质种类无关。结果将坐标系相叠加后，发现图象完全重合，结论一目了然）

【设计意图】

教师围绕教学目标创设教学情境，科学设计实验，探究重力的大小跟质量的关系，运用图象、表格等教学手段把抽象的理论变为易于接受的知识。为了更好地落实课堂教学目标，让学生经历实践探究活动，学会正确探究规律的方法和步骤以及基本操作思想。引导学生建立理论来源于实践、规律就在身边的认识，培养学生的观察能力，激发学生学习兴趣。

（案例来源：交口县第二中学　吕鸿燕）

【案例评析】

### 目标明确，有效铺垫

教学目标是教学活动预期达到的结果，是学生通过学习以后预期产生的行为变化。教师要明确活动任务，在设计任务时就要做到将活动安排与学生的认知发展紧密结合。活动的目的是为了促进认知的发展，要目标明确，指令清晰，按照探究活动的顺序，引导学生层层深入。通过作图法分析数据，以学生刚刚在数学学科学过的正比例函数为基础，很好打破了学科壁垒，降低了实验结论的归纳难度，同时也为接下来用图象研究重力与物质质量的关系埋下伏笔，有利于突破难点。

（二）教学导课设计艺术——"开头亮丽"

1. 教学导课设计艺术的重要作用

高尔基说："开头第一句是最困难的，好像是音乐里定调一样，往往要费很长的时间才找到它。"课堂教学的导课环节也是如此。合适的课堂导入能够激发学生的学习兴趣，让学生较快地进入学习状态。导课艺术讲求的是"第一锤就敲在学生心上"，像磁石一样把学生吸引住。学生在教师创设的撩人心魄的教学情境中，或悬念于怀，或激情四溢，或徘徊于新旧认识的矛盾圈中，自然而然地进入最佳学习状态。

2. 导课艺术设计的主要形式

（1）温故知新式

温故知新式是课堂教学中最常用的新课导入方式。它有如下两个好处：一是巩固已经学过的旧知识，使学生在快要遗忘或已经遗忘的时候对旧知识重新整理，唤醒学生的认知；二是将旧知识作为新知识学习的固定点，为新知识的学习建立一个支架性结构，使新知识附着在旧知识之上或通过旧知识来同化新知识。

温故知新式的导入方法是我国传统教学中的一种有代表性的课堂导入方法，这种导入方法各科教学都适用，其最大的特点是在新旧知识间建立有机联系，帮助学生在已经掌握的学习内容基础之上进行新内容的学习。运用温故知新导入课堂教学的方法时需特别注意的是，"温故"不是目的，引导学生学习新课才是目的，用时不能太多。同时还要注意，"温故"不只是简单的内容温故，更重要的是在学生既有的认知基础与新的学习内容的认知要求之间建立联系。

（2）激情共鸣式

研究表明，情感是美感体验中的必备因素，如果情感缺失，再高明的教学艺术也将苍白无力。在教学开始时，教师立足于课程的内容，运用语言手段对将要学习的内容进行生动的描述，创造适宜的环境气氛，引发学生的情感共鸣，使学生产生学习的迫切感和学习的兴趣，进而易于关注和接受课程的内容，这就是激情共鸣式的新课导入方式。激情共鸣式的课堂导入需要教师有良好的语言素养、丰富的知识储备和积极的情绪状态。

（3）设疑启思式

实践证明，疑问与矛盾作为思维的"启发剂"，可使学生的求知欲由潜伏状态转入活跃状态。有经验的教师都很注意遵循"学起于思，思源于疑"的认知程序，充分发挥设疑导课的启发功能，以扬起学生思维与想象的风帆。设疑启思的导入方式有较大的通用性，文理各学科的教学中都可以采用这种方法。巧妙的问题设计能在学生的认知状态与教学内容之间找到一个好的结合点，较快地将学生带入新课内容的学习。

（4）情境激趣式

情境激趣式是新课伊始，教师创设合适的情境展开教学，让学生把自己既有的生活经验与教师设计的情境相结合，使学生既有的生活经验与教师设计的情境相互作用，兴趣盎然、精神振奋地投入到课堂学习中。教师导入的情境创设要避免为情境而情境的状况，避免过于夸张。有人提出教师要像导演那样来设置课堂情境，这只是对教师的教学素质要求而言的，并不是真的要把课堂变成舞台。课堂情境的特殊性在于情绪、情感、知识、能力是整体一致的。在情境设置过程中，过犹不及都是教学过程中需要克服的现象。

（5）任务明确式

这种导入方法是指教师结合本节课的内容，以明确的任务导入教学，学生在完成任务的过程中进入新内容的学习。这种方式把任务的完成作为教学的导入阶段，任务常常被设计为新的课堂教学的引子，学生在任务的完成过程中能够较快地进入新课的学习状态。

任务式导入教学的艺术有两个特点：第一个特点是学生在课堂开始的时候会产生明确的责任导向，即教师在这节课上要完成一个什么样的任务。由于任务对每一个学生具有同样的完成机会，所以每一个学生都会有同样的参与度，课堂的积极性会较高。第二个特点是教师在设计任务的时候一般会考虑到本节课的教学目标和教学内容，教学起始阶段的任务完成被作为进入正式学习的中介，这样任务的难度一般不会太大，学生不会产生畏难情绪。

# 案例赏析1

【学科】化学

【年级】九年级

【课题】第七单元课题1《燃烧和灭火》第1课时

【导课设计艺术片段】

师：燃烧是生活中一种常见的现象，燃烧着的火给人类带来光明和温暖，但是也会给人类带来一些负面的结果。下面我们来看一个视频资料。

（多媒体播放某地火灾的新闻视频资料）

（创设情境，激发学生的兴趣）

视频解说词：据报道，某地发生严重火灾。火灾起于阁楼，蔓延速度极快，从报告起火到火焰蹿上房顶仅仅用了大约两分钟时间，整个木质结构都在燃烧。消防员赶到现场时迅速使用高压水枪等手段紧急救火……据多家媒体报道，顶楼的电线短路可能是引发火灾的根本原因。

（学生倾听、观看和感受燃烧"双刃剑"。由鸦雀无声到一片惊呼，在惊讶、惋惜声中观看完视频）

师：该地的火灾是如何引发的呢？它为什么能燃烧起来？又是采用什么方法灭火的呢？

（学生左右相顾，一时无人回答）

师：大家认真回顾一下视频内容的细节，小组交流讨论。

（学生小组讨论，交流后大胆发言）

生1：火灾是由电线短路引起的。

生2：（急不可耐地补充）电线短路产生的电火花引起的。

生3：该建筑是木质内部结构，（停顿一下后又补充）如果是水泥结构的就不会燃烧。

生4：消防员使用高压水枪和灭火器等灭的火。

师：为什么木质结构就会燃烧，水泥结构的就不会燃烧？

生：木料是可燃物，它能燃烧；水泥不是可燃物，它不能燃烧。

师：如果我们想要科学地利用燃烧更好地为人类服务，就必须掌握燃烧的规律，防止类似火灾的发生。今天，我们就来研究有关燃烧的条件和灭火的原理。

【设计意图】

本课对应的初中化学课程标准要求是认识燃烧的条件及防火灭火措施，交流并解释日常生活中常见的燃烧现象。教学设计以"某地发生严重火灾"的真实生活情境导入新课，发挥了课堂教学的情境效应，激活了课堂，营造出生动活泼的氛围，达到了较好的课堂导入效果。

（案例来源：汾阳东关中学　张柏威）

【案例评析】

## 创设问题情境　主动构建知识

本课的执教教师采用情境激趣式的导课方式，创设真实而富有启发性的导课情境以激发学生的学习兴趣。本课选择某地建筑发生火灾的新闻报道为素材情境，引导学生主动关注与生活紧密相关的问题情境，在情境中观察、分析和判断。教师创设的情境贴近生活，让学生有感性的体验，让学生把自己既有的生活经验与教师设计的情境相结合。从发展学生的核心素养角度来看，教师深层次挖掘了情境中"珍爱生命""社会责任"等生长点，教师的有效导入，将学生自然而然地带入到课堂中，通过情境中的化学现象挖掘出有价值、可分析、能探究的化学问题，让学生结合生活经验去寻找解释现象的原因和解决问题的办法，并在这个过程中让所学的知识能逐渐在脑海里"生根发芽"生长出来，达到"润物细无声"之效。

## 案例赏析2

【学科】物理

【年级】九年级

【课题】压强复习课

【导课设计艺术片段】

一、学生环节

1. 学生扮演的博物馆工作人员展示宝物：东方魔壶——倒流壶。

2. 学生表演魔壶魔术，展示魔壶神奇的地方——魔壶没有盖，注水时从底部注入。疑问：为什么注水时壶嘴处不会漏水？注水后将壶放正为什么水也不会从底部漏出？堵住壶底的孔为什么壶里的水会倒不出来？

3. 魔壶被盗，学生再次出场，在现场发现了"小偷"的脚印。通过脚印的深浅和长度估测出了"小偷"的身高和体重，然后描述出"小偷"的特征，成功抓住了"小偷"，破了案。

二、教师环节

提问1：倒流壶的结构是物理中的什么模型？

提问2：倒流壶倒不出水的原理。

提问3：通过脚印估测小偷身高和体重的原理。

【设计意图】

本节课属于压强的复习课，学生们在八年级时已经学习过压强的相关知识。本节课的主要目标是帮助学生们回顾基础知识，将碎片化的知识进行整合，培养学生的知识应用能力和解决实际生活问题的能力。

导课时，以生活中警察破案的一个片段设计引课，目的是从生活中的真实情境出发，让学生真真切切感受物理知识在生活中的应用价值。以表演的方式激发学生的学习乐趣，不仅培养了学生的表演能力，而且更生动灵活地展现出了知识内容，也加深了学生对知识的理解。

（案例来源：太原师范学院附属中学　任金璞）

【案例评析】

### 设疑导入，串联整体

本节课导入运用了设疑启思式。教师遵循"学起于思，思源于疑"的认知程序，充分发挥设疑导课的启发功能。巧妙的问题设计，在学生的认知状态与教学内容之间找到了好的结合点，教师指导学生用表演的方式把所要学习的知识展演出来，有助于激发学生的学习兴趣。复习课就应该是对学生已经学过的物理知识重新整合，而三个提问巧妙地把知识串联起来，将学生引入课堂学习，为后面的教学做了铺垫。

## 案例赏析3

【学科】道德与法治

【年级】七年级

【课题】第十课第二框《活出生命的精彩》

【导课设计艺术片段】

师：（出示如下与图片相关的短视频）世界上万事万物都有其精彩绽放的瞬间，我们每个人在不同时间段也都有生命精彩的瞬间。人的生命是宝贵的，更是有意义有价值的，我们的生命只有一次，所以我们要珍爱生命、守护生命、绽放生命，活出生命的精彩。对此，你们有什么想说的吗？

生1：什么是生命的精彩？

生2：你的生命精彩吗？

生3：我们的生命精彩吗？

生4：为什么要活出生命的精彩？

生5：怎样活出生命的精彩？

生6：如何点亮生命，活出生命的精彩？

生7：如米小的苔花、晋祠的松柏，它们的生命是精彩的生命吗？

师：基于同学们以上的问题，我们这节课就一起来探讨。

【设计意图】

基于问题，培养学生发现问题独立思考探究问题的能力；基于学生问题提出，掌握学情，便于以学定教；基于学生困惑，帮助学生答疑解惑，明白事理。

（案例来源：太原市万柏林区实验中学　王彦立）

【案例评析】

## 悄然带入 润物无声

道德与法治学科的课程基本理念是坚持正确价值观的引导与学生独立思考、积极实践相统一。为此，艺术地设计问题式的导入模式，有利于引导学生积极进行思考，提升独立思考的能力。

这样的艺术导入可以引发学生的深度学习，我们在课堂教学中也常常引导学生运用"是什么""为什么""怎么样"的问题来进行思考、分析和认识事物。而该案例更进一步引导学生在观察比较中思考追问：你的生命精彩吗？我们的生命精彩吗？如米小的苔花、晋祠的松柏，它们的生命是精彩的生命吗？引发学生关注自己、关注他人、关注植物的生命，拓展了学生的思考主体，从关注自己走向关注他人，关注自然世界中的生命，拓展了学生的思考范围，也在情感上引导学生关注现在的幼小年轻的生命、将来的长大的生命以及年老的生命，引导学生探讨关注一生成长，关注我们生命的价值。

## 案例赏析4

【学科】数学

【年级】九年级

【课题】与折叠有关的探究性问题

【导课设计艺术片段】

师：同学们，在生活中我们可以将矩形纸片折叠成各种各样的形状，大家知道图形的折叠实际上是我们学过的哪种图形的变换吗？

生：轴对称变换。

追问：对称轴是什么？

生：折痕所在的直线。

追问：对称轴（折痕）两侧的图形具有什么关系？

生：对称轴两侧的图形全等。

追问：具体反映出哪些数量关系？

生：折叠前后的对应线段、对应角都相等。

追问：对应点的连线与对称轴有什么关系？大家能补充说明吗？

生：对应点的连线被对称轴垂直平分。

师：请大家画出一个轴对称图形，并画出它的对称轴。互相说一说各自所画的轴对称图形中对应元素之间的数量关系。

（学生画图，进行交流；教师巡视，聆听、参与学生的学习活动）

师：这节课我们学习"与折叠有关的探究活动"。（板书"与折叠有关的探究性问题"）

【设计意图】

本节课导入意图引导学生从对应线段、对应角、对应点三个方面来回忆轴对称图形的性质，找到学生知识水平的最近发展区，把图形的折叠纳入图形变换的知识系统，通过与图形的平移、旋转的对比分析，发现三种图形变换研究方法的共性。

（案例来源：太原外国语学校　孙敏）

【案例评析】

### "任务驱动"导"新知"

课堂导入是一节课的起始环节，是一节课中最重要的组成部分之一，精彩的课堂导入对激发学生学习的兴趣、求知欲，明确本节课学习的思路和方法有重要作用。本节课是一节九年级专题复习课，授课者在导入新课时通过层层设疑与追问，有目的地启发学生思考，在问题的引领下唤醒学生已有的知识结构，实现知识结构的重组。

### 案例赏析5

【学科】历史

【年级】七年级上册

【课题】第二单元第7课 《战国时期的社会变化》

【导课设计艺术片段】

师：同学们，你们是通过什么方式和途径了解历史的呢？

（学生说出各种方式，如读书、上网、电视节目、上历史课及参观历史博物馆等）

师：通过参观博物馆与文物面对面，直观地去感受历史是学习历史的一种重要途径。哪位同学知道我们山西博物院的镇馆之宝是什么？

生：是鸟尊，出自晋侯墓地。

师：每一件国宝背后都反映了一个时代的历史。（出示侯马盟书的图片）在我们山西省博物院还有一件国宝文物"侯马盟书"，你们知道它的前世今生吗？今天我们就踏上国宝之旅，讲讲这件文物背后的故事。

（侯马盟书记载了春秋末期，晋国中的卿大夫赵简子作为主盟，与众多本族和异姓举行盟誓的确凿实物证据。盟誓真实地记载了晋国晚期公卿大夫之间相互斗争的史实，是社会大动荡、大变革的反映。晋国赵氏四卿纷争最后的结果是由三支最强的韩、赵、魏取代了诸侯国国公，瓜分了晋国。公元前403年，周天子正式策命韩、赵、魏为诸侯，这就是历史上著名的三家分晋，中国进入了战国时期。）

【设计意图】

本课主要学习三块内容：战国七雄、商鞅变法和都江堰，三块内容之间因果相连。根据课标要求确定教学重难点为商鞅变法，理解战国时期在政治、经济等方面逐渐完成了社会转型，确立了新的社会制度，掌握战国时期的经济和政治变化的时代特征，所以本课在讲授过程中是有一定难度的。七年级的学生思维活跃、乐于表现、求知欲望强烈，但他们只经历过短期的中学历史课程学习，还没有形成比较规范、有效的历史学习能力和方法，而且知识积累有限，所以在教学过程中时刻都要注意对他们的积极引导。基于此，从学生的年龄特征及知识结构出发，通过"有趣的国宝会说话"这一主线环节，给学生直观地展示了三组不同的国宝文物图片，通过文物背后的小故事、小常识等资料入手，抽丝剥茧，逐层深入，降低了授课难度，并能够吸引学生解答问题，最终完成重难点的突破，使学生在学习和探究过程中有所收获。在教学过程中，通过文物图片的使用，训练和培养了学生史料实证的学科素养，并且通过博物馆的文物，特别是自己家乡的博物馆中可以直观看到的文物激发学习兴趣，培养学生爱家乡、爱祖国的家国情怀，最终在完成教学任务的同时提升学生的学科素养。

（案例来源：太原师范学院附属中学　徐瑾）

【案例评析】

## "激趣"导入　感受历史魅力

在课堂教学中要培养激发学生的学习兴趣，首先应抓住导入环节，一开课就要把学生牢牢地吸引住。本课的导入设计紧紧地抓住了学生好奇的心理，引导学生去主动探究和学习。导入设计还需要体现情感性，七年级的学生渴望拥有丰富的情感体验，渴望找到强烈的情感共鸣，而本课的导入从身边的文物出发，让学生找到了强烈的共鸣，吸引学生进一步学习。导入是为了让学生更好地学习本课服务的，案例中教师把追求新奇性与教学新知识联系起来，更容易把学生的注意力吸引到特定的教学任务中，有利于下一步教学任务的顺利进行。导入设计需要有艺术性，模拟实境导入，感人心者莫先乎情，一定的情境产生一定的情感，教者动情，学者方能动容。教师用富有感染力的语言描绘一幅图景、一个意境，从而让学生深深感受到历史的魅力。

托尔斯泰曾说过："成功的教学需要的不是强制，而是激发学生的学习兴趣。"我们平时往往因为没有能调动学生的积极性、激发学生的好奇心和求知欲而苦恼不已，其实，只要我们根据历史学科和初中生的心理特点，在导入新课时就用有趣的开头引起学生的好奇，吸引学生的兴趣并不是件难事。一个精心设计的问题就像一根魔术棒，吸引着学生，激发着学生，使学生在学习中精神处于积极向上的状态，从无意注意转为有意注意，达到在轻松愉快的氛围中学习的目的。教学的艺术不在于传授本领，而在于激励、唤醒和鼓励。通过巧妙的设计让学生产生疑惑，引导他们很快进入设问情境中，有利于下一步的教学。

## 案例赏析6

【学科】英语

【年级】九年级

【课题】Unit 9 I like music that I can dance to. 第一课时

【导课设计艺术片段】

课前播放一段 Taylor Swift 的歌曲。

T：How do you feel when you listen to the song?

Ss：Relaxed.

T：Yes. It's so relaxing. And it has great lyrics. I like the song.（板书）And I like the song that has great lyrics.（板书）The song is from Taylor Swift. She is a great singer because she sings well. I like the singers who sing well.（板书）There are different kinds of music and songs. Let's listen to some of them.

播放不同类型的音乐和乐曲，包括摇滚乐、流行歌曲、钢琴曲、民乐。学生聆听之后，描述不同乐曲的特点以及给人带来的不同感受，然后仿照板书的句式结构谈论自己喜欢的乐曲。

S1：I like the music that I can dance to.

S2：I like the music that can make me relaxed.

…

【设计意图】

本节课首先通过课前的乐曲，自然地引出本课时的目标语言"I like the music / song that / which ... / I like the musician / singer who ..."接着播放不同风格的音乐和歌曲，进一步激发学生的学习兴趣，为后续学习目标语言和进行语言实践打好基础。

（案例来源：太原市十二中　孟娟）

【案例评析】

### 歌声响亮，架起已知与未知之间的桥梁

教学设计犹如一节课的"剧本"，教师则是"导演"，尽管这个剧本不会始终如一地按照既定情节发展。教师不只是要写出剧本，还要给观众创作出愉快、有益的作品。因此，教师选择教学策略时，不仅要使学生参与学习，而且要使他们能够获得愉快的、有意义的学习体验。一堂课的开头是将学生的已有经验与课堂教学目标建立联系的阶段，如何建立两者之间的关联是关键。本案例中，教师课前播放学生已经熟悉的歌手 Taylor Swift 的歌曲，这样课堂开始时就可以自然地谈论这一歌曲，学生能够容易地使用简单句描述其特点，教师再加上自己的评价，将简单句变为含有定语从句的复合句，既符合学生的认知特点，也符合语言的学习规律。接着再播

放不同类型的歌曲，将学生引入真实的交际语境中，激发学生的表达愿望，因为每种乐曲都有鲜明的特点，学生很容易把握他们的特点并进行描述，同时可以快速地选择自己喜爱的类型。最后，学生通过模仿板书的语言形式，用定语从句说明自己喜爱的音乐类型，自然而然地进入本课的学习内容。

## 案例赏析7

【学科】语文

【年级】七年级

【课题】诫子书

【导课设计艺术片段】

师：今天为大家讲课的不仅有我。

（学生显出难以置信的表情，到处寻找）

（教师不回答，选择三到五位典型的家长诫子的视频进行播放）

（学生惊喜之后做认真聆听状）

师：大家从以上爸爸妈妈的话语中读出了什么？

（学生自由回答，答案多为听出了父母的期望、自己存在的问题等）

师：无论久远的古代还是发达的现代，为人父母者对于自己的子女都有殷殷期许，我们的爸爸妈妈选择了这样的方式以及这样的言语，远在三国的诸葛亮又会对自己的儿子有怎样的教导呢？让我们走近诸葛亮。自古有很多赞美评价诸葛亮的诗歌，大家知道哪些呢？

（学生自由回答）

生1：出师一表真名世，千载谁堪伯仲间？

生2：三顾频烦天下计，两朝开济老臣心。出师未捷身先死，长使英雄泪满襟。

......

师：这些诗歌高度概括了他政治家、军事家的一生，然而今天我们要探讨的是诸葛亮作为父亲的一面。请同学们看屏幕上的这幅字，你们认识吗？

（屏显：淡泊明志，宁静致远）

（学生集体朗读）

师：你们知道这两句话出自哪里吗？

生：《诫子书》。

师：其实，它最早并不是出自《诫子书》，而是出自西汉刘安的《淮南子·主术训》，诸葛亮借用它写到自己的文章里来教育后人，可见诸葛亮对这两句话的赞赏。为什么智慧如诸葛亮也要在自己的文章中借用这两句话呢？

生：诸葛亮想让他的儿子诸葛瞻做到淡泊明志，宁静致远。

师：戎马一生、智慧一生的诸葛亮，为什么对儿子诸葛瞻提出了这样的期许？

（屏显：诸葛亮病逝五丈原军中的前夕，写信给诸葛瑾："瞻今已八岁，聪慧可爱，嫌其早成，恐不为重器耳。"同时写下了流传百世的《诫子书》）

（学生作恍然大悟状）

师：可怜天下父母心，从情感上来说，诸葛亮的《诫子书》与你的父母的诫子书并无二样，发现、指出孩子的问题并帮助孩子解决问题，都是为了让孩子更好。现在你一定想认真拜读这位智慧父亲的谆谆教导和殷殷期盼了，让我们走进这封家书，聆听一位父亲的告诫和期许。

【设计意图】

我在设计课堂导入环节的时候一直遵循"为导而导，为入而导"的原则。"为导而导"简言之就是为了疏导、指导、引导而导，教师应该用最短的时间把学生的思绪引导到本节课所讲的内容上来。"为入而导"简言之就是当学生的思绪成功转到你所讲的本节课内容上时，教师应该领着学生走入文本、走近作者、走入情境等。

如果每节课的导入都能够量身定做，都能够巧妙引导学生进入作者的世界、文字的世界、情感的世界，那么语文课在学生的浓厚兴趣之中顺利展开就不是一句空话，也不是一件难事。要努力让每一节语文课的导入都能有教师独具匠心的引导，都能有学生心领神会、兴趣盎然的投入。

（案例来源：太原市志达中学校　王丹婷）

【案例评析】

## 创设情境，激趣导入

一节课无论多么精彩纷呈，如果没有导入，总像是缺了角的美照，多少有点缺憾。我们很难从没有导入的课堂中找寻到断臂维纳斯的别样美。或长或短，或温婉或激昂，或引经据典或质朴家常，导入不可或缺。

"兴趣是最好的老师，特别是在基础教育阶段，激发少年儿童的学习兴趣，是调动他们热爱学习的重要手段，如同有'向心力'一样，少年儿童有强烈的'向师性'，优秀的教师，会在这一阶段调动学生的好奇心和探索事物的欲望，让学生喜欢他的课堂。如果学生连你的课也不喜欢，他会把那40分钟当成受罪。"本节课的导入教师颇费心思，设计了家长录视频给予孩子告诫，拉近了学生和文本的距离，同时还原了诫子书真实的情境。这是一位慈父对儿子的谆谆教诲和殷殷期许，和天下所有的父母一样，诸葛亮也对儿子寄予厚望，借此信传情达意。这样的导入设计，不仅激发了学生学习的兴趣，而且能让学生学会与文本对话，与父母对话。

学生会因为喜欢老师而喜欢他所教的这门学科，也会因为喜欢老师本节课的导入而认真地听讲。因而，用最短的时间抓住学生的注意力应该是课堂导入一个不可忽视的重要作用。

（三）教学高潮设计艺术——"过程浩荡"

1. 教学高潮设计艺术的重要作用

课堂教学高潮如同"驼峰"，在教学中起着不可忽视的作用。如果缺少课堂教学高潮，教学的重点与难点将难以突破，课堂气氛也难以调动。如同高明的艺术家总善于精心设计其艺术品的高潮情节一样，优秀的教师也总是设法把课堂教学引向那"万马战犹酣"的教学艺术高潮场面。教学艺术高潮是指给学生留下最深刻印象并得到学生最富于情感反应的时刻，这时师生双方的积极性达到最佳配合状态。

"不愤不启，不悱不发"是教学高潮形成的重要条件，具体表现为在教学活动中学生的思维、情绪都处于一种蓄势待发的状态。教师恰当的教学行为是教学高潮形成的重要条件，因此，研究教学高潮产生的艺术一定要关注教师的教学行为，通过恰当的行为引导使学生的思维和情绪达到最佳状态。教学高潮的产生有时天然去雕饰，是教师不经意间的信手拈来；有时却需要踏破铁鞋，才有蓦然回首的惊喜。

教学活动是最具个性特征的一种活动，教师的教学风格不同，创设课堂教学高潮的方法也不同，或豪迈奔放，或庄严悲壮，或热情洋溢，或富于哲理……教学高潮中，学生表现出强烈的创造激情和旺盛的求知欲望。教师在设计教学艺术高潮时应找准时机，或设在重点难点处，或设在疑问丛生处。

2. 教学高潮艺术化的形式

（1）悬念疑问中生成

悬念是欣赏戏剧、电影或者其他文艺作品时的一种心理活动，即引起读者对故事发展和人物命运关切的紧张心情，它具体表现为"紧张与期待"的心理活动。设问时教师有意避而不讲、引而不发，使学生进入"心求通而未得，口欲言而不能"的愤悱状态。精彩而成功的悬念能给教学带来无穷的韵味，收到"投石冲破井中天"的教学效果。教师精心设置的悬念又如同"迟迟没有出现的戏剧结局"，产生出"逼人期待"的教学魅力。

悬念的设置常常对教学高潮的生成起着关键作用。悬念的设置可以在课的开始阶段，也可以在课中或课快要结束的时候。"欲知后事如何，且听下回分解"的中国古典小说的情节设置方法，偶尔也会用在当下的课堂教学中。

（2）学习活动中生成

课堂是学生的课堂，课堂中的活动是教师引导学生的活动。教师要把课堂还给学生，首先要让学生在课堂上"动"起来。教师有意地制造活跃的课堂气氛，既可以使学生的个性得到充分舒展，又能加深学生对知识的理解。学生在课堂上的精彩活动也常常是教学高潮出现的地方，课堂活动的高潮是学生智慧的表现，如个性化的理解、独特的判断、精彩的语言表达、快速的思维反应等。

日常教学的精妙处往往由教师发起，教师在组织学生活动的时候，把课堂还给学生，让学生在课堂上"动"起来。学生在课堂上的"动"是一种灵动，充满着诗一般的青春灵气，自由、解放、理智与直觉共同表现是灵动课堂的一个特点。

（3）教学对话中生成

苏霍姆林斯基说过："知识丰富的教师讲课，好像直接诉诸学生的智慧和心灵，他好像在跟学生随便交谈，发表自己的议论……在教师和学生之间好像有一种默契，双方的思想能水乳交融。"对话是教学过程展开的一种重要形式，精彩的对话常常能把课堂活动推向高潮。在对话中生成教学的高潮需要教师结合特定的教学情境进行巧妙安排，合适的问题设计是对话高潮形成的重要条件。能够生成教学高潮的对话需要能调动学生的情绪、激活学生的思维，同时，教学对话中问题的设计还要做到既有广度，给学生留下思考的空间，又有深度，让学生形成探究的兴趣。如果问题太简单，没有挑战性，学生不容易产生深入思考的兴趣；如果问题太难，不在学生思维的临界点，对话便难以继续下去。良好的教学对话需要教师、学生、教学内容之间保持一种合适的张力。

对话的艺术需要教师巧妙地发问，教师的发问有很多形式，如设问、反问、疑问、追问，这些不同的发问形式如果运用得巧妙会给学生带来较大的问题空间，从而快速地激活学生的思维。教学对话艺术不只是表现在教师的发问艺术，还表现在教师的倾听艺术，教师诚心地去倾听学生、听懂学生，进而表现在教师、学生、教学内容以及教学环境之间生成一种和谐美妙的瞬间。

（4）思维点拨中生成

课堂活动中，当学生的思维发生阻滞，需要教师通过点拨来使其思维变得通畅。点拨不是简单地告诉学生问题的答案，而是从思维方式的角度给学生以微妙的启发。巧妙的点拨能在学生的思维发生阻滞的时候让学生产生豁然开朗的感觉，能使课堂活动柳暗花明，从而产生出人意料的教学效果。

点拨要选准合适的时机。时机的选择是运用点拨法的关键之处。影响点拨时机形成的因素有三个：一是科学的教学思路，二是要充分分析并处理好课堂活动中特定的学习内容，三是教师要善于运用点拨的方法。

（5）发现探究中生成

发现教学有别于接受教学，发现教学是教师提出问题情境或者问题本身让学生自己发现、分析情境中的资料去解决问题或总结观点，接受学习是教师直接把正确的答案呈现给学生。学生在探究中所获得的知识与教师在课堂上直接告诉学生的知识相比，对学生未来的发展具有更深更广的意义。教学过程中，教师用发现教学引导学生对教学内容进行积极的探究活动，常常让学生收到许多意外的惊喜，从而给课堂教学带来高潮。

发现探究的教学艺术需要教师巧妙地设置教学情境、提供开放的问题空间以及布置明确的探究任务。在中学各科教学中，发现探究法都具有适用性，但对那些以原因分析、问题解决为目的的教学内容更具有适用性。

（6）作业展示中生成

课堂活动中最精彩的表现常常不是教师的行为而是学生的行为，教师的行为是为学生的行为作铺垫的。从这个意义上说，教学的艺术是帮助学生张扬行为的艺术，是引发学生智慧的艺术。作业作为学生行为活动的结果集中体现了学生行为的意义，作业也是教学效果的体现，教学过程中通过展示学生的作业能使课堂焕发精彩，生成教学的高潮。教师要懂得让学生展示自己作业的艺术，抓住学生在作业展示过程中生成的课堂教学的高潮。

作业展示与批阅是一般教师在课堂上经常会运用到的一种教学方法，教师在批阅作业时要善于发现学生作业的亮点，充分相信学生，让学生自己主动地展示作业，对一些开放性的问题要鼓励学生自由表达，说出自己最真实的理解，然后教师对学生的理解进行及时准确的点评。

## 案例赏析1

【学科】物理

【年级】八年级

【课题】第十二章第一节《杠杆》力臂概念建立

【教学高潮设计艺术片段】

师：到底什么因素会影响杠杆的平衡状态呢？影响力的作用效果的因素有哪些？

生：力的大小、方向、作用点影响力的作用效果。

（学生根据对杠杆的认知，猜想力的大小、方向、作用点影响杠杆平衡）

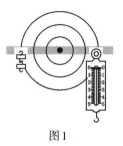

图1

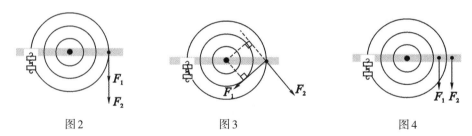

图2                          图3                          图4

交流讨论实验方法、实验方案，进行实验。

实验一：如图2，控制力的作用点和力的方向不变，当拉力为$F_1$时，杠杆平衡；当施加一个较大的力$F_2$时，杠杆会平衡吗？

现象：杠杆的平衡状态改变。

说明：力的大小影响杠杆的平衡状态。

实验二：控制力的作用点不变，改变力的方向，按如图3进行操作，观察杠杆的平衡状态。

现象：杠杆的平衡状态改变。

说明：力的方向影响杠杆的平衡状态。

实验三：控制力的大小和方向不变，改变力的作用点，按如图4进行操作，观察杠杆的平衡状态。

现象：杠杆的平衡状态改变。

说明：力的作用点影响杠杆的平衡状态。

师：实验表明力的大小影响杠杆的运动状态，但是为什么用同样的力，在不同的作用点，作用效果不同呢？到底是什么因素影响杠杆的平衡状态呢？（八年级学生还没有学习圆，对于切线始终与半径垂直还不太了解，因此借助指针来表示）此时移动纸板上的指针，进一步观察。

生：观察发现，影响杠杆平衡状态的是支点到力的作用线的距离。

【设计意图】

利用熟悉的知识、熟悉的方法逐步深入，学生能积极参与到课堂中，经历科学探究的全过程。自制教具让实验现象更直观，易于突破难点。知识的建构不再是教师直接给出，学生机械地使用，而是充分调动学生积极性，使其在学习中不断学会质疑、思考、实验，学会学习的方法。

（案例来源：太原市第39中学    蒋美蓉）

【案例评析】

## 发现教学　意外惊喜

学生在探究中所获得的知识相较于教师在课堂上直接告诉学生的知识对学生未来的发展具有更深、更广的意义。本节课力臂概念的建立是初中物理教学中的难点，课本中是直接给出力臂的概念，而学生在探究"杠杆平衡条件实验"时，调节杠杆水平平衡，两侧悬挂钩码进行实验，由于力的方向始终竖直向下，此时力臂恰好是"支点到力的作用点的距离"，会给学生错误的感官认知。针对这一难点，教师自制教具，利用控制变量法，从力的三要素影响力的作用效果入手分析，正确建立起力臂的概念。教师用发现教学引导学生对教学内容进行积极的探究活动，常常让学生收到许多意外的惊喜，从而给课堂教学带来高潮。

## 案例赏析2

【学科】数学
【年级】八年级
【课题】三角形内角和定理
【教学高潮设计艺术片段】

师：前面我们用测量和撕纸拼图的方法获得了"三角形的内角和等于180°"这个结论。我们知道，操作、实验得到的结论不一定可靠，我们能否用推理的方法说明猜想得到的结论是正确的呢？撕纸拼图的过程能给我们什么启示？

（教师让学生进一步观察拼图过程，为转化角积累直观的感性认识，为抽象转化的思想方法做铺垫）

生：可以设法将三个角集中到一起，说明这三个角的和是180°。

师：这就需要我们在原来的图形上，画出转移后的∠A，∠B或∠C。这种为了辅助说理而添加的线叫辅助线。那么我们要怎样添加辅助线才能完成推理呢？

（学生思考）

师：同学们由180°联想到了学过的哪些知识？

生：平角或平行线被第三条直线所截的同旁内角互补。

追问：图中有平角吗？有互补的同旁内角吗？如果有，那我们就可以把∠A+∠B+∠C转化为这个平角或这组互补的同旁内角。

（学生思考，交流，讨论）

师：可图中没有这些，怎么办？可以通过作辅助线的方法构造出来吗？

生1：过点C作AB的平行线CE（如图一），构造一组互补的同旁内角。

生2：延长BC到点D，过点C作AB的平行线CE（如图二），构造平角。

生3：过点A作BC的平行线DE（如图三）。

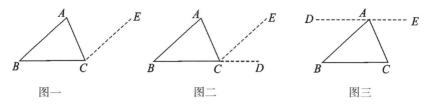

图一　　　　　　　　图二　　　　　　　　图三

师：（兴奋）同学们通过认真思考、合作交流找到了很多方法，开拓了思维，我真为你们感到高兴。（师生一起鼓掌）

师：除了刚才的证明方法，你们是否还能研究出其他的方法来证明三角形内角和是180°？一定要经过三角形的顶点做平行线吗？

（让小组进行充分的讨论，然后各小组选取代表展示他们的探索方法）

生4：经过三角形边上任意一点做平行线（如图四）。

师：你真聪明！祝贺你成功了！

生5：经过三角形内或外任意一点做平行线（如图五或图六）。

师：太棒了！

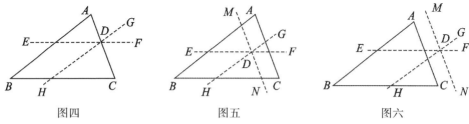

图四　　　　　　　　图五　　　　　　　　图六

【设计意图】

1. 内容的探究体现了由实验几何到论证几何的研究过程。让学生通过回顾"剪拼法"实验得到"三角形内角和为180°"，在实验的过程中发现操作的弊端和局限性，进而感受到证明的必要性。

2. 以"剪拼法"活动为铺垫，自然获取证明中添加辅助线的思路和方法。结合学生所熟悉的平行线的性质定理，学生很容易突破原有的形象思维限制，形成几何证明的思路，从而突破教学的难点。引入几何证明的重要方法——添加辅助线法。

3. 学生首次遇到添加辅助线的证明，会感觉到困难，此时教师搭建阶梯，组织学生，逐步引导。可以从图形之间的关系想数量之间的联系，并为三角形内角和定理的证明找到思维的途径，从而使学生对三角形内角和的认识从感性上升到理性，使学生体会"转化"的数学思想。

4. 课堂上运用了启发式教学法，以问题串的形式引导、启发学生主动思考并尝试运用多种方法证明三角形的内角和定理，力求展现学生真实的思维过程。在学生看似知道结论的前提下，总是给学生提出新的问题："图中没有这些该怎么办？""如何构造？""一定要过三角形顶点做平行线吗？"在学生用已有知识解答的过程中，不断地给学生渗透"转化"的思想方法，发展学生的几何直观和推理能力，从而提高学生的核心素养。

5. 整个课堂生动有趣，最大限度地培养学生发现问题、提出问题、分析解决问题的能力。在师生共同探究讨论、交流互动的过程中生成知识、经验和感受，切实体现新课程倡导的"基于情境、问题导向、深度思维、高度参与"的课堂，让学生在动手操作的过程中寻求成功，在成功中享受快乐，在快乐中不断超越，在超越中体验成长！

（案例来源：太原市晋源区实验中学　杜玉梅）

【案例评析】

## "问题引导"悟"方法"

传统的数学教学强调的是知识的单向传输，学生处于被动接受知识的状态，现代教育理论重视学生在学习中的主体地位，教师只是学生学习活动中的组织者、引导者与合作者。数学课程标准指出，数学学习既要关注学生学习的结果，又要关注学生学习的过程，还要关注学生在学习过程中表现出的情感态度价值观。

本节课教师重视让学生经历"动手操作—观察猜想—推理验证"的知识产生

与形成的过程，体会知识形成过程中蕴含的数学思想方法，体现了问题在学生学习中的引导作用。教师在授课时创设了开放的探究情境，让学生探究三角形内角和的度数。学生通过测量与拼图，猜想得出三角形的内角和等于180°，获得初步感性认识，发展了合情推理能力，为后面掌握抽象数学思想方法积累了宝贵的经验。但由于学生还没有形成严谨的逻辑推理能力，没有推理证明的经验，为了突破学生的思维障碍，教师接着引导学生观察拼图过程，发现三个角恰好拼成了平角或同旁内角，而"平角等于180°"和"两直线平行，同旁内角互补"是已学知识，激活了学生已有的知识体系，引导学生明确了转化的目标，找到了抽象数学思想方法的路径。之后引导学生通过添加不同的辅助线，达到推理说明的目的。为了进一步发展学生的思维能力，最后教师又引导学生进行了拓展探索，引导学生发现"只要过平面内任意一点作三角形三条边的平行线，都可以将三角形的内角和转化为平角"，渗透了由特殊到一般的数学思想，进一步积累了学生的活动经验，发展了学生的逻辑推理能力。

## 案例赏析3

【学科】英语

【年级】七年级下册

【课题】人教版新目标英语Unit 11 How was your school trip? 第四课时

【教学高潮设计艺术片段】

While-reading

1. Skimming

T: Did Helen and Jim go on the same trip? How do you know that? Read quickly and answer the questions.

S1: Yes, they did. Because they went to the same museum on the same date.

T: How do they feel about the trip? And why?

S2: Helen thought it was great, because she said "it was an exciting day" in her diary. Jim thought it was terrible because he said "I didn't like the trip at all".

【设计意图】

使用计时器限制学生阅读的时间，让学生用一分钟的时间通过 scanning 的阅读策略掌握文章大意。另外，帮助学生发现通常文章的中心句在第一段的第一句或者最后一句。

2. Careful reading

T：As for the same trip，why do they have different feelings？Let's learn more about their trip.

First，let's read Helen's diary. Now，look at the underlined words，and ask a question.

（Students read Helen's diary carefully. And try to ask some questions. The following are from students.）

<table>
<tr><td>when</td><td></td><td>where</td></tr>
</table>

when ⎯⎯⎯⎯⎯⎯⎯⎯ where

Today I went on a school trip. We visited the science museum and it was really interesting. We got there so fast by train. We saw  how some farms and villages along the way. At the museum, I learned a lot  what about robots. I didn't know they could play chess with us. It was so cool! Then the guide taught us how to make a model robot. I took a lot of great photos, too. After that, I went to the gift shop and bought some lovely gifts for my parents. They weren't expensive.

　　All in all, it was an exciting day. 　　How did she feel?

（1）When did Helen go on a trip？

（2）Where did she visit？

（3）How did she get there？

（4）What did she do there？

（5）How did she feel about the trip？

T：I have some other questions：Was Helen interested in robots? How do you know that?

S3：Yes，she was. Because she thought the science museum was interesting and she learned a lot about robots.

S4: Yes. Because she thought it was cool that the robots can play chess.

T: Why didn't Jim like the trip? Let's read his diary, and ask as many questions as possible.

(Students read Jim's diary carefully and try to ask the questions.)

when                    how

I think today's school trip was terrible. We took the train to the museum, it was so hot on the slow train. The museum was big and boring. Everything was about robots and I am not interested in that. The rooms were really dark and it was difficult to take photos, so I didn't take any. There were also too many people and I couldn't really see or hear the guide. The things in the gift shop were so expensive. I didn't like the trip at all.    why

（1）When did he go on a trip?

（2）How did he feel about the trip?

（3）Why didn't he like the trip?

（4）Why didn't Jim take any photos?

（5）Did Jim learn anything about robots? Why?

【设计意图】

学生习惯于回答老师的问题，所以我让学生根据文本的内容提问，来锻炼学生提问的能力。其中，以一般疑问句提出的问题需要学生根据日记内容进行推理后才可以答出，能够培养学生的推理判断能力。另外，让学生根据日记内容提出问题，有利于学生深入理解日记中的细节内容，除表层信息外，学生会尝试去寻找更深层次的意义，在此过程中提高理解言外之意的能力。

3. Pair work

T: I believe each of you had a trip which was unforgettable, whether it was interesting or terrible. The English club wants to interview you. Now let's work in pairs.

Students work in pairs. One thinks of as many questions about a trip as he can and lists them. The other one takes notes about his or her trip, such as the time, the activities and his or her feelings and so on. Then talk about the trip in pairs, one acts as a reporter.

(Several pairs act out their interviewing.)

【设计意图】

通过真实的采访任务，学生接受采访，为下一步学生当记者做铺垫。设计真实的情境，让学生可以结合自己的亲身经历进行表达，将课本中所学到的描述旅行经历的语言形式和一般过去时运用在真实的交际中，体现语言的真实性和实践性。

(案例来源：太原市第五十六中学校 马建红)

【案例评析】

### 自主建构与真实表达的有效结合

建构主义理论强调学生不是被动地接受知识，有效的学习发生在学生的交往之中。在本案例中，教师选择了恰当的教学策略，通过让学生阅读日记，并设计了根据文本内容提出问题的活动，激发了学生积极参与学习的兴趣。通过对文中两篇日记的理解，学生对日记的格式、记录一次旅行涉及的内容有了自己的想法和理解，是一个主动学习的过程。在这个过程中，学生也建构了自己的知识。之后，通过设计学校英语俱乐部的采访活动，将真实的语言运用情境还原到课堂中，为学生创造了一个促进他们进行有意义的互动的学习环境。这一活动以学生的自身旅行经历为基础，是将学生的经验与课堂教学目标相结合的语言实践阶段，对学生来说是一个真实表达意义的过程，是一个将课本知识和思维迁移到生活中进行创新表达的活动，从而将本课时的教学推向高潮。

## 案例赏析4

【学科】化学

【年级】九年级上册

**【教学高潮设计艺术片段1】**用直观形象的手段创设教学高潮

**【课题】**第七单元课题1《燃烧和灭火》第一课时

师：同学们，你们看过《熊出没》这部动画片吗？想不想看？（利用多媒体动画手段激发学生的学习兴趣）

生：想，想！看过！（很兴奋，有的学生说起动画片里的人物。学生兴奋点被激发）

（教师播放《熊出没》中有关燃烧和灭火的动画节选）

（学生观看，相互之间还聊起动画中的很多其他剧情。童心未泯，观看过程中还哈哈大笑）

师：动画片中熊大、熊二和光头强采用了什么方法灭的火？（再次点燃学生学习的热情）

生：用水灭火、沙土灭火，光头强还在着火的树木周围挖了一条土坑……（学生你说一句，他说一句，很热闹）

师：那么同学们能不能把他们灭火的方法归归类，想一想他们采用了什么灭火原理？

（学生总结，发言）

**【教学高潮设计艺术片段2】**用课堂实验的手段创设教学高潮

**【课题】**第二单元课题1《氧气》第一课时

师：大家有没有看过放烟花？

生：看过。

师：你能描述一下你看到的烟花吗？（开始激发学生兴奋点）

生：烟花很漂亮，有紫色的、红色的，也有黄色的，还有各种不同的造型。（开始兴奋）

师：制造烟花时，火药中添加不同的金属就可以绽放出不同的颜色，大家有没有见过铁的燃烧？

生：没有见过。

师：想不想看？

生：想！（学生热情高涨起来）

师：老师在演示过程中需要一位同学来协助完成，谁愿意，请举手。

生：（纷纷举手）老师，我来！（学生学习高潮上来了）

师：我们请举手最高的那位男生上讲台和老师一起完成，其他人仔细观察操作和现象，之后在实验室需要大家独立完成实验。（学生期待进入实验室）

（学生认真观察教师的操作过程。当教师把铁丝伸入氧气瓶中时，学生尖叫起来，兴奋不已。学生的激情达到高潮，完全释放出来）

**【教学高潮设计艺术片段3】用点拨启发的手段创设教学高潮**

**【课题】第六单元课题2《二氧化碳制取的研究》**

师：同学们知道了制取二氧化碳的原理，接下来我们考虑制取装置。请同学们完成活动内容。（时间10分钟）

以小组为单位，利用化学仪器卡片组装实验室制取二氧化碳的发生装置和收集装置并完成下表内容。（资料：二氧化碳能溶于水，密度比空气大，与水能发生反应）

| 制取装置 | 制取步骤 | 检验方法 | 验满方法 |
|---|---|---|---|
| | | | |

要求：

1. 小组组装一套装置，根据自己的装置写出制取方法、检验和验满方法。

2. 小组上台展示。

3. 小组间评价装置的优缺点。

（每个小组领取一套装置。教师提前用不同颜色卡纸打印各种装置，还有PVC版、大头针。小组交流，讨论）（学生学习热情高涨起来，自己动手设计实验装置，基础薄弱的学生也参与进来）

师：请组装好的各小组代表上台展示。

（大家纷纷上台展示。教师帮助学生代表把各小组的设计粘贴到黑板上，其余同学欣赏自己小组的设计，同时与其他小组对比）（满足学生的表现欲望，激发学习动力）

师：大家的想象力很丰富，设计了各种各样的装置，能不能评价一下你们设计的思路？

（学生代表开始向大家汇报自己的思路，再次展示自己的表达能力，其他学生鼓掌以示鼓励，课堂气氛推向高潮）

【教学高潮设计艺术片段4】用多样评价的手段创设教学高潮

【课题】第六单元课题2《二氧化碳制取的研究》

【达标检测】

★1. 实验室制取二氧化碳常用的方法是 　　　　　　　　　　　　　　（　　）

A. 木炭在氧气中燃烧　　　　　　　B. 碳酸钙与稀盐酸反应

C. 大理石与稀盐酸反应　　　　　　D. 碳酸钠与稀盐酸反应

★★2. 常见的气体发生装置和收集装置如下图，实验室用大理石与稀盐酸反应制取二氧化碳气体，能选用的装置是 　　　　　　　　　　　　　　　　　（　　）

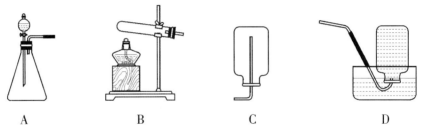

A　　　　　　　　B　　　　　　　　C　　　　　　　　D

★★★3. 下图所示的仪器常用于实验室制取气体，请回答下列问题：

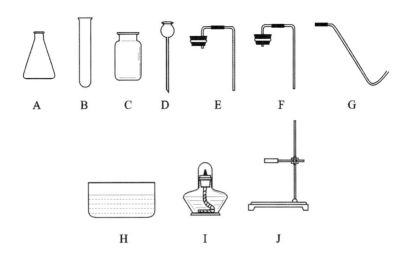

A　　B　　C　　D　　E　　F　　G

H　　　　　　I　　　　　　J

（1）选择合适的药品制取 $CO_2$，反应的化学方程式是＿＿＿＿＿＿＿＿。

（2）实验室制取并收集大量的二氧化碳气体，应选择的仪器是＿＿＿（填字母）。

（3）欲用（2）中的仪器来制取氧气，反应的化学方程式为＿＿＿＿＿＿＿。

（4）通过查阅资料得知：氨气（$NH_3$）是一种密度比空气小且极易溶于水的气体，其水溶液称为氨水。小丽同学加热氯化铵（$NH_4Cl$）和氢氧化钙的固体混合物制取氨气，她组装了两套发生装置，如下图所示，她应选择的发生装置是＿＿＿（填"甲"或"乙"），选择依据是＿＿＿＿＿＿＿＿＿＿＿＿＿＿＿。

甲　　　　　　　　　乙

【设计意图】

新课程倡导情境教学，根据九年级学生的心理特点和认知水平，教学情境多样化可以激发学生的学习兴趣，避免审美疲劳。案例1通过动画片呈现课堂教学内容，学生兴趣被点燃，在愉快的氛围中了解了燃烧与灭火的化学知识。化学使世界变得越来越精彩，五颜六色的焰火中涉及了金属的燃烧，案例2引导学生对颜色的来源产生好奇心，组织学生参与化学实验探究，符合倡导学生"做中学"的教学理念。案例3聚焦学科育人方式的改变，通过学生对比、思考、交流、组装仪器等活动探究二氧化碳的制取，体现了启发式、互动式、探究式教学模式，引导学生自主合作学习开展以实验为主的多样化探究活动，关注学生在化学学习活动中的表现，加强过程性评价。许多教师一直认为作业是课堂教学的补充，主要是为了巩固练习和应试训练。作业观念的落后、作业功能的异化导致作业问题频出。案例4的当堂作业设计科学、合理、高效，能使每一位学生在化学课堂上都学有所获、学有所得，切实发挥好当堂作业多元化评价和育人的功能。

（案例来源：太原市第二实验中学校　张健）

【案例评析】

### 不同手段殊途同归，推动教学达到高潮

教学过程中的高潮如同数学抛物线的最大值，是一节课中最重要的部分，在教学的高潮部分要着力达到突出教学重点、突破教学难点的作用。本案例中，教师针对不同的教学内容采用了不同的方式来推动教学高潮，以达到实现教学目标的目的。

在片段一中用形象化的教学手段创设教学高潮，可以给学生最直观的感受，创造活泼生动的课堂氛围。利用实物展示、多媒体动画展示、图画展示等方式将枯燥、抽象的化学知识形象地展示出来，使学生如见其行、如闻其声。在片段二中针对化学是一门以实验为基础的学科的特点，为让学生对所学化学知识有生动、直观的感受，采用了有趣的课堂实验。教师在课堂上安排了不同的演示实验或组织小组实验，对学生的学习进行了恰到好处的教学辅助。通过实验，化学知识变得富有魅力，课堂变得生动活泼。教师还将实验现象、实验结果联系社会、生活，把课堂气氛推向高潮，使学生达到情绪高涨、激奋的状态。片段三中的教学高潮是由教师的引导引发的，善于点拨、启发有方的教师总能引导学生体验到成功的乐趣，从而达到教学的高潮。片段四中利用了多样化的课堂评价将教学推向高潮，这是课堂的润滑剂，能高效快速地把学生引向教学目标的达成，实现良好的教学效果。课堂当堂检测设置问题的时候，教师照顾到所有不同层次的学生，把问题分成容易题、中等难度题和拔高题，让不同层次的学生都有了成就感，而学生的广泛参与也是形成教学高潮不可缺少的因素。多种手段的创设让化学课堂趣味丛生，也真正达到了教师所期望的教学高潮。

### 案例赏析5

【学科】历史

【年级】八年级上册

【课题】第四单元第12课《新文化运动》

【教学高潮设计艺术片段】

围绕"观新青年成长　探新文化影响"主题，四个小组的同学在预习时分别收集了故事、影像、名言、调查报告，并提出了相关问题，现在请同学们分四个小组进行讨论，合作解决问题。

### 任务一【阅读少年故事　感叹少年悲哀】

材料一：一个叫阿毛的14岁女孩，未婚夫去世后，被父母强迫绝食。饿到第四天，女孩哭着喊饿，父亲说："阿毛，你怎么这样的糊涂？我自从得了你未婚夫的死讯，就拿定主意叫你殉节。这样殉节，做个百世流芳的贞烈女子，要算天底下第一种有体面的事，祖宗的面子，都添许多的光彩。"阿毛在第七天饿死了，县官送来一块匾，上题四个大字"贞烈可风"。

——改编自《新青年》第七卷第二号《一个贞烈的女子》

材料二：李欣淑幼年时，父为其定了亲，未婚夫不幸去世，父母准备叫她守"望门寡"。李欣淑在女校念过书，不满这种包办婚姻，因而反抗出走，到北京工读。她说："我于今决计尊重我个人的人格，积极地和环境奋斗，向光明的人生大路前进。

——改编自1919年末《大公报》报道的一则故事

问题一：上面两则材料中女孩的命运有何相似之处？面对相似的命运，她们的选择有何不同？你认为这种不同选择的原因是什么？

第一组同学通过材料中讲述的故事，对比人物，合作探究归纳得出：新文化运动动摇了封建道德礼教的统治地位，使中国人民接受了一次民主的洗礼。

### 任务二【观赏青年影像　感悟青年成长】

图一　电影《药》中的"人血馒头"　　图二　金陵女子大学化学实验室

问题二：电影中华小栓的治病方式是什么？说明了什么？图二中女子做化学实验说明了什么？比较图一、图二中青年人的思想有何变化？你认为发生变化的原因是什么？

第二组同学认真观看影像、观察图片，对比思考、交流切磋，最终归纳得出新文化运动使中国人民接受了一次民主与科学的洗礼。

### 任务三【阅读名人名言　探新文化影响】

名言一："聚集在《新青年》周围的知识分子的重要性是很难估价的。他们的著作铸成了一代年轻学生的信仰和态度，1919年五四运动后，这些学生是政治上的生力军，并成为现代中国革命的领导者。"

——美国学者莫里斯

名言二："看书，看《新青年》；谈话，谈《新青年》；思考，也思考《新青年》上所提出的问题。""我特别爱好胡适、陈独秀的文章。他们代替了梁启超和康有为，一时成了我的模范。"

——毛泽东

名言三："这几天连着把三卷的《新青年》仔细看了一遍，才知道我以前在国内所想的全是大差，毫无一事可以做标准……决不固持旧有的与新的抗争，也不可惜旧有的去恋念他，我愿意自今以后，为我的思想、学问、事业去开一个新纪元才好呢！"

——周恩来

问题三：名言一中莫里斯认为《新青年》的作用是什么？试着用名言二和名言三中人物的事例说明。

第三组同学仔细研读材料，热烈讨论，并用史实来说明观点，学会了论从史出。

名言四："应毁全国已有之孔庙而罢其祀。"——陈独秀

"中医不过是有意无意的骗子。"——鲁迅

"汉字不灭，中国必亡！"——钱玄同、刘半农

问题四：归纳名言四中四位名人对中国传统文化的态度，你是否同意他们的观点？请举例说明你的理由。你认为应该如何看待中国传统文化？

第三组同学通过分析名言，交流思想，从自身的生活实践经验出发，驳斥观点的片面性，并提出自己的看法。

## 任务四【对比问卷调查　析新文化地位】

### 民国时期学生心中偶像问卷统计表

表1：1913年江苏第一师范学校"最崇拜的人物"问卷统计表

| 序号 | 被崇拜者 | 票数 |
|------|---------|------|
| 1 | 孔子 | 157 |
| 2 | 孟子 | 61 |
| 3 | 孙中山 | 17 |
| ... | ...... | ... |

表2：1924年北京大学"最崇拜的人物"问卷统计表

| 序号 | 被崇拜者 | 票数 |
|------|---------|------|
| 1 | 孙中山 | 473 |
| 2 | 陈独秀 | 173 |
| 3 | 蔡元培 | 153 |
| ... | ...... | ... |
| 14 | 孔子 | 1 |

问题五：比较表1和表2，观察民国时期学生心中的偶像有何变化？你认为变化的原因是什么？说明了什么？

第四组同学对比图表，在相互交流辩驳中共同归纳总结新文化运动的地位，即新文化运动是一场深刻的思想解放运动。

【设计意图】

本教学设计片段以"新青年"为主线，围绕"新文化运动的地位和作用"，通过创设丰富多样的情境，如运用课本剧、故事、影像、图片、名言、调查、图表等多种历史呈现方式，设置了环环相扣的问题链，激发学生的探究欲望。

好的问题链可以让学生在清晰的逻辑演进中提升认知，习得方法，优化思维。故把学生分四个小组围绕主题进行合作探究、讨论交流、相互辩驳，在畅所欲言中，引导学生发现问题、提出问题，初步学会对历史史实进行分析和评价。旨在通过探究性学习激发学生的历史思维，提高学生的阅读、观察与探究能力，有效检测核心素养的达成度。

学生是课堂的主人。让学生体验成功的喜悦，提高学习兴趣，强化学习动机，提高表达与交流的能力，引起学生情感上的共鸣，激起他们思维的火花，使学生进入亢奋状态，学习热情高涨，达到预设与生成共精彩，这是本节课设计的意图所在。

（案例来源：太原市 55 中　王红利）

【案例评析】

## 化静为动　精彩纷呈

该案例中，教师遵循了教学和学生身心发展的规律，通过丰富的史料创设学习情境，激发学生的学习兴趣，吸引学生的注意力，活跃学生思维，使之自觉、积极、主动地参加获得知识能力和情感体验的活动，从而产生最佳教学效果。

课堂上学生激烈的讨论，是思维的浪花在跳跃、碰撞，是想象力的激发和创造力的启动，能够启迪学生的智慧，使其获得情感体验，从而实现教学目标，这是本课教学各环节中最动人、最精彩、最有效地实现教学任务的课堂高潮。例如任务三通过阅读名人名言，从不同角度探究新文化运动的影响，师生双方积极活动达到的最佳状态，是课堂教学的精彩，也是课堂教学中最能体现教学目标和实现教学目的最重要的环节。

教师层层设疑、步步追问、巧妙点拨、恰当引导，课堂上出现了学生学习热情高涨、学习兴趣浓厚、参与意识倍增的精彩纷呈、生动活泼的教学场面。师生都具有情感性、凝聚力、愉悦感，有意境、有激情、有力量、有波澜，课堂教学达到了高潮。

### 案例赏析6

【学科】生物学

【年级】七年级

【课题】细胞的生活

【教学高潮设计艺术片段】

#### 巧借一张纸，揭示生命本质

——"细胞的生活"教学难点突破的艺术

师：刚才大家知道了构成细胞需要有机物。那么有机物在细胞内有什么作用呢？

（学生对此问题表现出若有所思的样子）

师：（话锋一转）现在是第四节课了，是不是有同学饿了？

生：饿了，我第三节课就饿了。

师：饿极了还有劲儿玩，有劲儿写作业吗？

生：没劲儿了，只想吃，吃饱了才有劲儿。

师：好，这个"劲儿"其实就是能量，你饿得没劲儿玩，其实是缺能量了。那为什么吃饱就有劲儿了呢？

（学生满脸疑惑、满眼好奇）

师：（向学生要一张纸，举着）你们知道造纸用什么原料吗？

生：木材、草、麦秸秆。

师：是的，这些材料中富含植物纤维，其中的主要有机物叫做纤维素，和我们吃的米饭、面条中的淀粉一样属于大分子糖类。

师：你们说，这张纸里有能量吗？

生：（有点莫名其妙，几乎异口同声）没有。

师：好，我现在就让你们"看见"能量。

（教师拿出准备好的打火机。学生看到教师的动作都表现出期待、兴奋的样子，眼睛发亮，看老师要干什么。甚至有同学着急地问：老师，你要点火吗？）

（教师一手把纸提到高处，一手举起打火机点燃纸的下方一角。纸很快燃起不小的火焰，学生沸腾了——"着了，着了！""老师快扔了，别烧着你的手！"）

（教师将正在燃烧的纸微微晃动，使其燃尽。燃烧的纸、晃动的火焰吸引了教室里全部的眼球。纸燃尽，灰落下，学生激动的情绪难以平静，眼睛里都是期待）

师：你们"看见"能量了吗？

生：（抢答）看见了。有光能，还有热能，热能是可以感觉到的。

师：（写板书）好，我先泄露一个"天机"——能量是守恒的。能量不会无端消失也不会无中生有，它会从一种形式变成另一种形式。你们抬头看看灯，这是什么能变成什么能？

生：应该是电能变成光能吧？

生：哦，我知道了，电暖气是电能变成热能，还有电饭煲。

师：（再向学生要一张纸）那么，这张纸中有能量吗？

生：有吧，因为烧了它，就能发出光能和热能。可是它是哪种能量呢？

师：那么，大家就到课本中去找答案吧，这张纸中含有哪种能量？

（学生阅读课本，快速答出是化学能）

师：是的，纸中的纤维素里储存着化学能。点燃的时候，化学能变成光能和热能被释放出来，纸也变成了灰。（写板书）

生：哦，我懂了，我们吃的饭里也有有机物，也储存着化学能，然后变成我们玩和写作业时用的能量。能量用完，我们就饿了。

师：（竖起大拇指）一语中的，非常准确！那么，细胞里的这个变化具体是在哪儿进行的呢？你们刚才看书注意到了吗？

（学生再次阅读，齐声答出线粒体）

师：好，你们已经找到解决问题的关键点了。现在回到课本，读出你理解的关键字句。

生：（齐读）线粒体则可使细胞中的一些有机物，通过复杂的变化，将其中储存的化学能释放出来，供细胞利用。

师：很好，就是这样。线粒体是细胞内的一种能量转换器，专门负责把有机物分解掉，将里面储存的化学能释放出来，供细胞进行生命活动用。所以细胞才能"活"起来，生物也因此具有生命，你也就能玩儿、能写作业了。所以，有机物除了是构成细胞的"建筑材料"之外，还是能源储备物质，它们在线粒体中被分解，并放出能量。

教师补充完整板书：

|  | 物质变化 | 能量转换 |
|---|---|---|
| 纸<br>燃烧↘<br>灰烬 | 有机物<br>↓<br>无机物 | 化学能<br>↓<br>热能和光能 |
| 细胞中的有机物<br>在线粒体内↘<br>二氧化碳等 | 有机物<br>↓<br>无机物 | 化学能<br>↓<br>生命活动所需的能量 |

师：刚才点燃一张纸，大家看到了物质变化和能量转化的过程。发生在线粒体里的变化可不像点燃一张纸那么简单，它的程序要复杂得多，我们以后慢慢认识它。还有，我们吃的饭并不是直接就进到细胞里了，还要经过许多环节，不然我们岂不是吃米饭长"米饭"，吃鱼肉长"鱼肉"啦？

生：（欢笑并讨论）哈哈，就是，那是怎么变化的？得消化了才行吧……

师：（微笑）别急，生物的奥秘很多，我们慢慢探索。

【设计意图】

"线粒体是细胞中的一种能量转换器"是初中生物学基础概念，是编织生物学基础知识网络的干线之一。这一内容在义务教育生物学课标重要概念（1.2）和二级主题内容（5.2.5）中均有呈现；这个概念是整个初中生物学知识系统的一个基石，除服务于本课时，还同时为七年级上册第三单元的"呼吸作用"、七年级下册第四单元"人体细胞生命活动的能量供给"、八年级上册第五单元"动物的呼吸"等内容进行铺垫，故可见其重要性。七年级学生的思维特点仍以感性思维为主，对微观的细胞结构（线粒体）的想象能力，以及对发生在其中的抽象的物质变化、能量转换过程的理解能力都较弱，而本概念恰恰需要学生对此建立一定的认知。如何突破这一难点？有效路径之一是化抽象为直观，化繁为简。将学生在生活中几乎都经历过的"玩火"过程引入本课，巧借一张纸的燃烧过程，将不可见的微观抽象的物质变化、能量转换过程直观化、生活化、趣味化，这符合七年级学生的认知思维特点，能给学生留下深刻印象，为后续相关重要知识内容的学习留下一个"引子"，使不同阶段的课程内容之间前后呼应。

（案例来源：太原市第六十三中学　甄宝莉）

【案例评析】

## 用"巧借"帮助学生搭建从现象到本质的桥梁

该案例中教师首先抛出一个抽象的问题"有机物在细胞内的其他作用"，紧接着话锋一转又抛出一个生活常识"吃饱了就有劲儿了"，两个看似无关的话题，通过创造"现场点燃一张纸"这一真实情境，激起学生兴奋与期待的紧张心情，将全体学生的注意力、情感、思维全部吸引到教师手中燃烧的纸和晃动的火焰上来。紧接着师生共同分析出纸燃烧过程中的能量转换和物质变化，从而将最熟悉的生活常识、自然现象与抽象的生命内在本质之间建立起直接联系。到这一步还没有结束，教师又引导学生回到教材文本，从中找到准确的语言描述，将从"巧借"的情境中领悟到的抽象的内在本质与教材文本对接，从而实现由现象到本质并表述本质的跨越，所积淀的知识和所应用的思维方法则成为学生个人学科素养的一部分。这种化抽象为直观的"巧借"，从近处看，实现了在本课时帮助学生突破难点和建立知识联系的作用；从长远看，潜在地告诉学生，看到现象时要思考本质、由表及里，这是认识事物本质的重要方法。

学生在长期的学习中，一个个难以突破的知识难点形成了其学科知识素养积淀中难以逾越的障碍，最终会造成其学习的停滞甚至倒退，教师在教学中应尽可能避免这种现象。该案例提供了一种有效的解决办法：教师在找准学生学习新知的关键难点后，巧借课堂中学生的身边事物，创造能够吸引学生注意力的真实情境，吸引学生积极参与其中，将课堂中难点的突破过程转化成学生观察、思考、讨论等学习活动高潮。

学生在课堂中学习，形成的知识、技能以及情感、态度、价值观却在课堂之外，在学生现在以及未来的生活之中，真实情境便是搭建在其中的桥梁。而真实情境的创设如果有了学生的参与，就会让学生成为情境的一部分。该案例中燃烧的纸张所形成的真实情境，既形成了课堂教学活动的高潮，又为学生学习的关键难点搭建了桥梁。当学生重回到教材中的文本时，难点便不再有难度，学生可以从容跨越，同时形成认识事物本质的思维方法。

## 案例赏析7

【学科】地理

【年级】七年级

【课题】感受地球运动

【教学高潮艺术设计片段】

### 本节课用实物演示地球运动及其产生的地理现象

课前准备：多个地球仪、多个手电筒。

师：每天，日月星辰、东升西落是什么原因造成的？同一时间，地球上不同地点的昼夜状况一样吗？同一天同一地点，清晨、中午、傍晚太阳光下物体影子的长短、方向会发生怎样的变化？

（学生疑惑、思考、猜想）

（教师将学生分成每四人一组，每组四名学生，分别按"甲、乙、丙、丁"

一一对应）

活动主题：演示地球运动，探究其产生的地理现象。

（学生以小组为单位，各自领取演示用具，明确职责，分工合作）

甲将地球仪平放在课桌上，匀速转动地球仪。

乙用手电筒将光从侧面垂直照射到地球仪上。

丙在地球仪上任选一点甲地，并做好标记。

丁记录甲地光照状况发生的变化。

（教师观察各组活动情况，对有需求的小组进行指导）

师：地球运动分为自转和公转，同学们演示的是地球的什么运动？地球仪上甲地的光照状况发生了怎样的变化？

（各小组代表回答，其他成员可以补充）

生1：地球自转，甲地忽明忽暗。

生2：地球自转，甲地所在的一半明亮时，另一半处于黑暗。

生3：地球自转，甲地亮与暗交替进行。

……

师：各组代表都能比较准确地说出观察到的现象，下面请一名同学做总结。

生：我们演示的是地球自转运动。当匀速转动地球仪时，地球仪上甲地的光照状况会发生有规律的变化，亮—暗—亮—暗……这个变化表示的自然现象是昼夜更替。

师：回答得全面、准确。（继续追问）假如地球不自转，甲地的光照状况会出现什么现象？当北京正午时，美国华盛顿是白天还是夜晚？

【设计意图】

感受地球运动是七年级上册的内容，安排在地理学习的开局之篇，可见其地位之重要，这部分内容是未来学习地理知识的基础。虽然小学自然课中涉及过"太阳高度""昼夜和四季成因"，但只是粗浅认识，对地理原理的理解不够。课堂上设计动手演示活动，目的在于让学生通过动手操作，观察地球自转运动及昼夜更替现象产生的原因和过程，为今后学习其他地理知识打下坚实的基础。地球自转的基本特点及其产生的地理现象是本节课的重点也是难点，教学过程中，充分利用实物演示，让学生参与学习的过程，能使复杂的地理原理更加直观、形象、具体化，能从感性认识上升到抽象的理性认识，体现出学生是演示活动的行为主体，让学生真正动起来、学起来，使课堂更加具有灵动性。

（案例来源：太原市教研科研中心　肖明光）

【案例评价】

## 探究过程中的教学之美

课堂上，教师首先抛出三个问题，这样的设置目的是用问题驱动，激发学生探究的欲望。然后，创设实践探究情境，用手电筒的光线模拟太阳光照，将光从侧面垂直照射到地球仪上，演示地球运动及产生的地理现象。为进一步调动学生的积极性、主动性和参与性，教师将学生按照四人一组分开，细化每个成员的职责。科学合理的分工，有利于探究活动的顺利进行。教师创设问题情境，设置实践探究内容，鼓励学生开拓思路、大胆猜测，调动了其参与性，提高了参与率，同时也体现了学生是演示活动的行为主体。

教学之美是教学活动过程的美，探究活动中的教学之美是动态之美，能对学生的认知活动直接产生积极促进的作用。演示、观察、推测、猜想等都是实践探究地理现象形成的有效学习方法。最后环节，教师给学生留下进一步拓展探究的空间，"假如地球不自转，甲地的光照状况会出现什么现象？当北京正午时，美国华盛顿是白天还是夜晚？"课堂上，不但需要教师提出适合探究的问题，更需要教师设计适合探究的情境，能给学生留有充足的思维空间。

课堂教学中，当学生的思维出现停滞时，需要教师连续追问占领探究中的"高潮点"，通过问题驱动来使学生的思维变得通畅。巧妙的设问能使课堂活动柳暗花明，能将学生的思维推向深层，从而产生意想不到的效果。

第一，在新知识学习完成之后，学生尚没有对知识产生深度思考的时候，教师创设一定的情境，适度追问，很容易将探究推向高潮点。这种方法一般用在学生完成基本概念、基本原理的初步学习之后，教师设置情境巧设问题，对学生的思维加以引导和推进。例如，教师在学生们演示完地球运动及产生的地理现象之后，提出假设"如果地球不自转，甲地的光照状况会有什么现象"，学生很容易推测出甲地将一直处于昼、或一直处于夜，则昼夜不再更替。教学过程中，教师的创设使学生醍醐灌顶。

第二，在学生思维出现停滞之后，对学生的思维进行引导、推进时，教师创设一定的情境，适度追问可以将探究推向高潮点。例如，教师在学生们演示完地球运动及产生的现象之后，提出"当北京正午时，美国华盛顿是白天还是夜晚"这样的深度追问，学生通过进一步观察、思考，很快能得出同一时间，地球上不同地点的昼夜状况不一样的结论。学生在探究中所获得的知识与教师在课堂上直接告诉学生的知识相比，对学生未来的发展具有更深、更广的意义。

只要教师用心营造一种氛围，去创设一种敢于质疑的学习情境，就能使学生乐学，感受成功、进步和发展的快乐，就能唤醒学生的潜能，激发学生主体参与的热情，通过连续追问一定能占领探究中的"高潮点"。

（四）教学结课设计艺术——"结尾响亮"

1. 教学结课设计艺术的重要作用

好的收尾，有如品尝香茗令人回味再三。俗话说，编筐编篓，重在收口；描龙绘凤，重在点睛。中国传统艺术很讲求结尾处的余音韵味、相映生辉，则更得艺术之三昧，臻结构之佳境。高明的教师就如同优秀的作家，总善于给自己的艺术作品设计一个令人回味无穷的"豹尾"，都很讲究结课的艺术技巧，显示出各自精湛高超的教学艺术水平。或含蓄深远、或画龙点睛、或留设悬念、或释疑解惑，但不论何种技巧，都应给学生"教学已随时光去，思绪仍在课中游"之感，好的结课可以给学生以无穷的美感与艺术上的享受。为此，教学结课应力求做到首尾呼应、蕴藉隽永。唯其如此，教学才能收到余音绕梁的艺术效果。

2. 教学结课设计艺术的表现形式

（1）总结升华式

由于学生不善于归纳知识，课尾要引导学生回到整体上来，以理性的高度、准确的语言总结升华，即结课时教师利用较短的一段时间，把教学内容、知识结构、思想方法采用叙述、表格、图示等方法加以浓缩概括，给学生以系统完整的印象，促使学生加深对所学知识的理解和记忆，培养其综合概括能力。其艺术性表现在系统完整而又简明扼要上。系统完整是指教师应准确把握知识的逻辑体系、内容要点，使学生获得完整的认识；简明扼要指将教学内容以最简洁最有条理的方式表述出来。苏联教育家达尼洛夫认为："一节课的结束工作做得认真、合理而灵活，就会使学生感到这一节课的完整性。"这一常用的结课方式应防止使用现成、枯燥、抽象的概念语言。

（2）问题拓展式

有些课讲完后，不应作为学生学习的结束，而应把课尾作为联系课内外的纽带，带领学生向课外延伸、拓展，让学生带着问题走出课堂，促使学生学会思考。以问题拓展式进行结课的课堂教学艺术需要教师对问题进行巧妙的设计：首先，问题的内容需要与本节课的教学内容有较密切的关系；其次，问题的解决需要学生付出一定的努力，即问题要落在学生思维的最近发展区，要让学生产生探究的欲望。

在课堂结尾的时候为这节课画一个完美的句号是一种教学的艺术，同样，在课堂结尾的时候将一个问号留给学生也是一种教学的艺术。以问题收尾的课堂留给学生的是广阔自由的活动空间，这个空间可以是充满乐趣的活动，可以是绞尽脑汁的深层思维，也可以是对未知领域的探索。总之，这个问号把学生从教师预设的既定的世界带入未知的开放的世界。

（3）激情感染式

课堂结束时，教师以饱含激情的语言对教学内容进行总结，起到对学生情绪感染、思维点拨的作用。教学激情感染性语言的表现有两种形式，一种形式是教师自身对教学内容、课堂情境从心灵深处产生的饱满情绪，另一种形式是对学生的激情性鼓励的语言。

激情性语言的课堂收尾多适用于文科课程的教学。在课堂教学结束的时候，情感与理性相互交融，以优美、豪壮或智慧的语言结束本节课的教学活动。以激情感染性的语言结课要求教师有较高的教学语言修养，而教学语言需要通过长时间的自我修炼才能形成。

（4）幽默解疑式

幽默从美学意义上讲，其主要表现形式是一种轻松欢快而意味深长的笑。教学幽默实际上是一种教学机智，是教师娴熟地驾驭教学的一种表现。它以高雅有趣、出人意料、富含高度技巧与艺术的特点在教学中散发着永恒的魅力。美国的乔治·可汗说："当你说再见时，要使他们脸上带着笑容。"幽默式结课能收到这样的艺术效果，它有时来自教师精心的设计，有时来自教师机智灵活的应变。

（5）巧设悬念式

演戏讲究演透而不演绝，若一演绝，就断送了艺术，因为盎然的余味是艺术永葆魅力的秘诀所在。教师在结课时有意识地设置悬念，使得"且听下回分解"成为学生的学习期待，既有思考价值，又避免学生费解。一般而言，上下两节课的内容和形式均有密切的联系，用悬念式结课较好。

亚里士多德说："美与不美，区别就在于原来零散的因素结合成为统一体。"偏离了完整性法则的课堂教学，只能使课堂生气索然、活力不足。结构臻于完美的课堂教学，则如同一首主题鲜明的诗，凝练隽永、回味悠长；如同一首和谐明快的歌，旋律流畅、荡气回肠；又如同一幅构思不凡的画，精彩纷呈、美不胜收。唯其如此，方能收到最佳的教学艺术效果。因此，我们应竭力实现课堂教学结构的最优化组合，使导课、高潮、结课三个环节经熔铸而浑然一体，从而保证塑造出高超的教学艺术精品。

## 案例赏析1

【学科】英语

【年级】八年级上册

【课题】人教版新目标英语 Unit 8 How do you make a banana milk shake? 第一课时

【教学结课设计艺术片段】

Step 5　Compare the cultural differences of making Chinese food and Western food.

T：Today we have talked about how to make Western food and Chinese food. The cooking ways are different. Do you know what the differences are?

Students try to say some differences they know between Chinese and Western food cooking culture.

T：It is a little difficult to make Chinese food. Chinese make the food with heart and there are many kinds of ways to cook，such as frying，stir frying，stewing，steaming and roasting. As for Western food，it is a little simpler in both ingredients and process.

T：Actually，behind different cooking ways lie different cooking cultures. Many different kinds of ingredients are mixed up to make a delicious Chinese dish，which means a whole, harmony and rich cooking culture. Chinese people can share it with each other and create a harmony atmosphere. They see the dish as more important thing than individual ingredients. While the simple cooking of Western food means a kind of casual life, they regard the ingredients as the individual or independent elements more.

T: The cooking culture is different in different countries. In my eyes, our Chinese food culture is the most attractive. After all, China is the capital of food. There are many kinds of traditional Chinese food around China and there are many different ways to cook them. We should try to know more to feel the magic of Chinese food culture, and let more people know about it.

【设计意图】

引导学生比较中西方烹饪文化和美食文化的异同，帮助学生理解美食背后所蕴藏的内涵，增强文化自信。同时，增强学生对中国美食文化的认同感和自豪感，引导学生将其发扬光大，用自己的语言和行动传播中国的传统美食文化。

Step 6　Homework

Please write an introduction of your favorite Chinese traditional food including how to make it（ingredients, amount and instructions and the story behind it）. Make a video about it and then put it on Tik Tok（抖音）or WeChat.

【设计意图】

作业布置通过创设真实的任务情境，很好地体现出英语学习的实践性和应用性，作业内容既包括了对本节课所学目标语言的巩固，又很好地凸显了对"说"和"写"等语言输出技能的强化。同时，激发了学生的创造性思维，最重要的是，学生能够在完成作业的过程中增强文化自信。

（案例来源：太原师范学院附属中学　徐倩）

**【案例评析】**

## 开阔文化视野，厚植家国情怀

随着教学环节的推进，学生在潜移默化中接收到了情感价值观的渗透。在课堂结束时，教师以饱含激情的语言对教学内容进行总结，能够更好地感染学生的情绪，点拨学生的思维。本案例中，在学习中西方食物制作过程的基础上，对中西方的饮食文化进行了对比，以起到加深理解饮食文化差异的目的。教师从食物制作转到对饮食文化的讨论，深化了主题，再通过为学生提供一定的语言支持，让学生在表达的过程中深刻理解不同的饮食方式背后所承载的价值观、生活习俗等内容。之后，教师将这一主题延续到课外，要求学生制作食谱，不仅要介绍制作步骤，还要讲述美食背后的故事。课后录制视频的活动也将激发学生极大的参与热情，是学生在真实任务情境中运用语言的机会，不仅巩固了本课时的目标语言，而且加深了对于饮食文化的理解。教师从谈论中西方的饮食差异，最后落脚到中国美食，使学生在理解中西方饮食文化差异的同时，树立了家国情怀。

## 案例赏析2

**【学科】** 历史

**【年级】** 七年级上册

**【课题】** 第四单元第16课《三国鼎立》

**【教学结课设计艺术片段】**

师：东汉末年朝廷腐败，军阀混战，群雄四起，你方唱罢我登场！到三国时期，形成三国鼎立局面，经济发展，民族交融。说三国，论英雄，成为千百年来人们永不枯竭的品评话题。英雄已经远去，功过是非留由后人评说。

同学们，历史的车轮滚滚向前，三国已成为过去，英雄也早已经作古。黯淡的是刀光剑影，远去的是鼓角铮鸣。回望历史，那一段曾经的辉煌，早已载入史册；那一幕幕起合的精彩，也已演绎成艺术；那一个个鲜活的面容，更凝固成我们心中的明星。说三国，论英雄，成为千百年来永不枯竭的话题。"历史，往往需要经过岁月的风雨才能看得更加清楚"，如果你对那时的人和事特别感兴趣，就去挖掘、研究，也许将来三国研究的最新、最佳成果，就出自同学们当中。

【设计意图】

"恒者行远，思者长新。"历史教师只有保持自身的历史思维魅力，才能使我们在教学设计上追求创新、巧妙，在教学效果上追求高效、魅力。

每个人心中都有一个三国，要想把三国这段历史讲好，直击每个学生的内心，并不是一件容易的事。本课设计时，将学生核心素养的培育潜移默化地蕴含在教学过程之中，使学生对三国这段历史的认识过程不断丰满。本课的结课用饱含激情的语言进行了总结，起到了对学生的情绪感染、思维点拨的作用。总体来说，本课达到了课前的既定目标，基本实现了对学生核心素养的培养。教学过程行云流水，教法和学法浑然一体，对历史人物的评价和对历史事件的分析基本体现了论从史出的学科特点。

（案例来源：山西省实验中学　刘京）

【案例评析】

### 让教学在激情的语言中升华

"曲终收拨当心画，四弦一声如裂帛。"如同音乐的休止符留给演奏者的是动作的停止，留给欣赏者的是心灵的震动，一节课好的收尾留给教师的是课堂行为的结束，留给学生的则是一扇窗口、一个刚刚开启的世界。课堂的意义在于活动结束之后，课堂不仅是为了帮助学生解决问题，更重要的是要帮助学生发现问题，不只是问题得到解决，更是新问题的形成。

本节课结尾，教师用激情饱满的语言结束了本课的教学。然而，在历史的长河中，究竟是历史造就了英雄，还是英雄创造了历史，历来是个有争议的问题。随着学生年龄的增长，他们一定会有自己的想法，然而教师今天的授课已经为他们的思考铺就了底色。

## 案例赏析3

【学科】化学

【年级】九年级

【课题】氧气的实验室制取

【教学结课设计艺术片段】实验操作式结课

师：下面我们请一个小组的同学通过实验操作来小结今天的内容。哪个小组愿意来挑战？

（学生们跃跃欲试，教师选出学生代表）

师：在他们开始实验之前，老师要给你们提要求了。请认真观察，找出他操作不到位的地方，思考实验时应注意的问题。

（学生代表一人提示步骤，一人操作。老师拍视频并传到电脑）

师：他俩的任务完成了，该你们大显身手了！

（教师播放视频，并适时暂停，学生找错误）

师：大家观察得很仔细，都是火眼金睛啊！

师：（转头看向刚才操作实验的学生）你对大家提出的问题接受吗？

（学生点头表示接受）

师：实验需要科学严谨的态度和规范的操作，下节课大家就要到实验室亲自制取氧气并验证氧气的性质，希望你们做好准备哦！

【设计意图】

教无定法，贵在得法。不同的结课方式要针对不同的教学内容，但是所要达到的目的都一样，就是要再次点亮一节课，让课堂有一个圆满的结束，同时还能让学生对下一节课更期待。化学是一门以实验为基础的学科，实验教学是化学教学的重要方式，实验技能是学习化学的重要基本技能。以实验操作的形式进行结课，既是对一节实验课的总结，也是对学生所学习、掌握的实验技能的检测，还是对学生观察能力的训练与提升。在教学实践中我们应该多思考、多实践、多创新，不断交流，取长补短，使更多更好的"结尾响亮"，带给我们生动鲜活的课堂，从而激发学生的兴趣与思考，体会到深入学习和不断思考带来的快乐。

（案例来源：太原市第十五中学校　郭慧）

【案例评析】

### 方式多样的结课也能让化学课堂荡气回肠

一节课的结尾，也可以是下节课的开始。精心设计的结课能使一节课真正做到首尾呼应，使学生对所学知识回味无穷，精心设计结课方式是备课过程中每位教师应该关注和认真对待的重要环节。

学生是课堂主体，在教学结束之前给学生留下动手实践的机会，通过具体的实验操作来总结整节课的内容，更有助于他们掌握知识与技能，理解实验的本质和原理，为今后的课程学习打好基础。总结归纳式结课是教师比较常用的结课方式，这种方法可以帮助学生构建比较完整的知识体系。如果能在总结归纳时运用精心设计、有较强艺术效果的板书，既能突显理科缜密的逻辑思维，同时又具有一定的艺术性，有较强的视觉冲击力，可以帮助学生更好地梳理和落实本节课的知识点。在知识关联性很强的课程中，还可以采用设置悬念式结课，这样做不仅使课与课之间的联系更加紧密，还能激发学生探究新知识的欲望。还可以在一节课即将结束之前，安排一个与本节课内容相关的"活动"，让学生能在获取知识的同时感受到更多的乐趣，提高学习兴趣。在课的尾声，创设一个与本节课内容相关的情境，执教教师提出一些有思考意义的问题，把学生的思维活动引向了纵深，引导学生关注现实、关注生活，运用所学的知识去解决实际问题，并体会化学与生活的紧密联系，达到学以致用的结果。

## 案例赏析4

【学科】数学

【年级】八年级

【课题】三角形的内角和定理

【教学结课设计艺术片段】

师：小学阶段，我们就知道了三角形的内角和等于180°，这节课我们用推理的方法证明了结论，得到了三角形的内角和定理。请大家描述三角形内角和定理的证明过程。

生：我们首先通过拼图的方法，直观说明了三角形的内角和等于180°。接着我们通过添加辅助线，把三角形的三个内角转化为平角或一对同旁内角，证明了我们猜想得到的结论是正确的。

师：这里体现的数学思想是什么？

生：转化的数学思想。

师：这位同学回答得很好，我们在证明三角形的内角和定理时，通过作辅助线，把它转化为我们以前学习过的"两直线平行，同旁内角互补"或"平角等于

180°"，这种把"未知"转化为"已知"，把"新知"转化为"旧知"的数学思想方法，就是"转化思想"。这是数学发展和探究的基本思路，今后在我们的学习过程中，常常会体现这种数学思想。

师：今后我们还将在三角形内角和的基础上，探究四边形、五边形和六边形的内角和的度数。感兴趣的同学们不妨自己去查阅资料，积极探究四边形、五边形、六边形的内角和又是如何得到的。

【设计意图】

1. 创设出问题情境，让学生进行思考，引领学生全面回顾梳理。其实就是围绕已知推未知、未知变已知，不断探索、发现、证明，研究三角形内角和。目的是让学生对本课所学的知识形成系统的认识，培养学生整理知识的能力；引导学生总结学习方法，达到学会学习的目的。更重要的是让学生学会研究几何图形的基本思路，激发研究几何图形的兴趣，经历知识逻辑的形成过程，进一步帮助学生积累基本的数学活动经验，全面提升数学素养。

2. 三角形内角和定理是研究图形几何性质的几何课程内容。这节课的学习为学生通过研究三角形的内角进一步体会三角形的性质，并为之后研究多边形及其内角和提供研究方法。因此，当整节课结束时，向学生提出继续探究四边形甚至多边形内角和的任务，学生通过将多边形转化为三角形的思维过程，可以从更复杂的图形中理解、研究三角形的内角和。

3. 这节课希望教会学生的不仅是一个结论，而是遇到新问题时尝试用已知解决未知问题的思想和方法，让学生带着已经学过的知识、方法和思想继续研究未知的精彩世界，成为一个会思考、会解决问题的人。

（案例来源：晋源区实验中学　杜玉梅）

【案例评析】

## 课堂小结：任务驱动下的"画龙点睛"

课堂小结是一节课的终结环节，是梳理一节课所学知识和方法体系最后的活动过程。有效的小结活动能将所学知识纳入学生的认知系统，帮助学生完善构建知识网络。小结活动需要教师精心设计教学问题，进行艺术性的组织和引导，让学生回顾知识的产生与形成过程，关注知识形成过程中蕴含的学科思想方法，为以后的学习积累活动经验。课堂小结也起着新旧知识之间承上启下的作用，为下节课的学习提供思路和方法。

本案例中教师在引导学生小结时，设计了具体而明确的数学问题，学生要解答教师的问题，必须对本节课的探究过程认真梳理，才能进一步体会转化的数学思想在本节课中的作用。为了激发学生的探究欲望，教师还提出了如何探究四边形、五边形、六边形的内角和的度数，这种设计既兼顾了全体学生，又满足了学有余力的学生的学习需求。这种"任务引导"下的课堂小结，对完善学生的认知结构、积累探究活动经验，起到了画龙点睛之作用。

## 案例赏析5

【学科】道德与法治

【年级】七年级

【课题】情绪的管理

【教学结课设计艺术片段】

师：通过课堂讨论与学习，同学们感受到情绪表达对自己与他人的影响，为他人表达情绪提出了自己的建议，从战疫一线医护人员与广大人民的身上，感受到他们在紧张、焦虑、难过、失落等情绪中的乐观精神，学习了他们保持积极情绪、合理调节情绪的方法。你能运用这节课所学知识，帮助同学们解决困惑吗？从情绪的角度思考，为了构建和谐的家庭关系，我们应该怎样管理自己的情绪？

生1：喜怒哀乐，人之常情，但是与任何人相处，包括与父母相处，我们都要学会合理表达自己的情绪，做到喜怒哀乐不忘关心他人。

生2：有负面情绪时，要善于管理调节自己的情绪，保持乐观心态，我们可以做情绪的主人。

生3：当自己产生不良情绪时要学会调节，同时我们也要心怀他人，关心亲人的情绪，帮助他们走出不良情绪。

师：同学们能从不同的角度思考，找到解决问题的方法，体现了极大的智慧。无论是疫情期间，还是日常生活的每一天，都要对自己多一分关爱和理解，认识到自己的情绪并管理好它，学会表达、善于调节，做情绪的主人，做自己的心灵伴侣。同时，我们应该关心周围的人，也对他们多一分关爱和理解。每一个负面情绪之下，都有一个未被满足的依恋需要，我们都需要在管理好自己情绪的同时，多一分对他人情绪的关怀、理解和帮助，安抚他人受伤的心灵。

中国有一句话："内圣外王。"这句话有着深刻的内涵与哲理，对于我们个人而言，只有先提高自己的内在修养，才能达到与自己、与他人、与社会的和谐。情绪管理是一个人内在素质的重要方面，是一个人提高自身修为的重要内容。

面对疫情，我们要战胜的不仅仅是病毒，还有内心的恐慌和焦虑。有那么多人在为生命而奔走，我们也可以携起手来，呵护心灵，一起走出疫情的阴霾!

【设计意图】

本节课结尾联系现实生活中面对新冠肺炎疫情最常见的恐慌、焦虑情绪，把所学内容与生活实际联系起来。同时，通过"心"字的内涵解读，引导学生面对新问题时要关注他人、关注社会，善于梳理情绪，并以积极的态度善待他人，以此激发学生的责任感。

（案例来源：太原三十六中学　刘宇）

【案例评析】

### 课虽去，心犹在

本节课的结课方式具有以下特点。首先，从问题情境导入，再用问题的解决结尾，首尾呼应，结构更为完整。教学内容回归到学生关心的实际问题上，体现了人文关怀，实现了学以致用。其次，借鉴中华优秀传统文化的智慧，将传统文化渗透在道德与法治教学过程中，从优秀传统文化中汲取智慧和力量，在情绪的管理问题上，从个人内在的和谐拓展到与他人、社会和谐，帮助学生提升人格修养和道德修养，增加对民族文化的认同感，更能潜移默化地引领学生对传统文化的热爱与学习。此外，利用书法"心"字的书写，将所学内容整合在"心"字的笔画里，为其演绎出新的内涵，实现了美与力的结合。最后，将视线转向当前的抗疫实际，从对自己情绪的关注，走向对他人情绪的关怀，再走向对国家稳定与发展的关注。引导学生树立大局意识，突出了爱国主义情感的教育，激发学生的责任感，引导学生从小事做起、从自我做起、心怀他人、心系祖国。这样的结课，不仅使学生建构了完整的知识体系，提升了逻辑思维能力，而且对学生进行了知行合一的培养。

## 案例赏析6

【科目】物理

【年级】八年级

【课题】浮力

【教学结课设计艺术片段】

今天，我们共同体验到了生活中存在很多与浮力相关的现象，研究了浮力产生的条件和原因，并进一步探究了影响浮力大小的因素，总结了求解浮力大小的方法，收获很大。但是我觉得大家的收获应该不止这些，在学习过程中我们利用了控制变量的思想设计实验、获得数据、分析数据、得出结论，体会了科学的研究方法；在研究过程中，同组同学的协同合作，不同组之间的无私交流，都能促使同学们的思想认识得到升华，加深彼此的友谊。

浮力的学习还没有结束，很多问题我们还不能解释，例如：为什么铁块放在水中会沉底，而用钢铁制造的轮船却能浮在水面上？怎样控制潜水艇的上浮与下沉？……这些都有待于我们继续探索和发现。下课后，有兴趣的同学可以搜集有关浮力和浮力知识应用的相关资料。

【设计意图】

利用简单的语言对本节课进行总结，其中既包含知识层面，又包括方法和情感层面，并通过新的问题和任务引发学生热情，将学习过程延伸到生活中。

（案例来源：山西省实验中学　周磊）

【案例评析】

### 总结整节课，为下节课做好铺垫

高明的教师就如同优秀的作家，善于给自己的艺术作品设计一个令人回味无穷的"豹尾"，讲究结课的艺术技巧，显示出精湛高超的教学艺术水平。本课结课含蓄深远，既对本课的过程做了总结，也从总结中说出了实用的物理方法。在概念已经建立的基础上，从寻找该概念与其他概念的联系中深化对新概念的认识，突出了规律教学基于实验探究确定影响因素这一教学思路，还为下节课的浮沉条件埋下伏笔。本节课所学内容由课内延伸到课外，学生沉浸在"欲知后事如何，且听下回分解"的期望中，为后续学习指明方向。

## 四、综合评论

教学设计是一个特殊的系统，必须遵循教育的规律。教学系统由学习者、教师和教学环境等基本要素组成。在教学系统中，学习者是否有强烈的学习动机、师生关系是否和谐民主、教学目标是否具体明确、教学策略是否灵活恰当、教学媒体是否经济实用等，这些要素相互影响，错综复杂地交织在一起，无论哪一个要素出了问题，都会影响到最终的教学效果。因此，要使教学达到最优化，则必须对教学进行精心设计，使每个要素都各得其所，共同作用于学生的学习和发展。如果缺乏事先精心的设计与规划，即使教师再有水平、出口成章、声情并茂、滔滔不绝，那也只是教师的个人表演；虽然可能会对一些学生的发展产生影响，但这种影响毕竟有限。只有精心设计，杜绝随心所欲，才能帮助每一个学生在更接近于自己才能和特点的地方，按照自己的方向获得尽可能充分的发展。做好教学设计，形成正确的教学设计理念，系统地掌握它的理论、方法与技巧是关键。"会当凌绝顶，一览众山小"，只有站在现代教育理论的高度，纵观全局，居高临下地去观察事物、分析问题，才能更好地解决教学设计的问题。

古语有云："凡事预则立，不预则废。"课堂教学设计决定着教师的课堂教学行为，是关乎教学质量和教学有效性的关键，是克服教学行为的盲目性、随意性，规避错误教学行为和提高教学效率、效益、效果的重要手段，也是教师个人专业发展中必须掌握的一种基本技术，更是教师走进教室时心中充满自信，走出教室时心中荡漾着自豪的成就感，获得课堂教学成功的根本保证。做好教学设计，正是教师实现自身的人生价值，感受并享有快乐人生的必要条件。可见，教学设计是决定教师职业幸福感的重要内容之一。

# 第三节 教学组织艺术

## ——环节·细节·情节

### 一、理论要点

#### （一）教学组织的基本内涵

对于组织和教学的关系，我们可以这样打个比方：教学是具体的施工过程，组织就是对各部门的调遣；教学是球赛进行的过程，组织就是教练的排兵布阵；教学是一场精彩的演出，教师是高明的指挥，而学生是演奏的能手，组织则是指挥高超的技巧。教学中，教师所扮演的不仅是传道、授业、解惑的角色，同时也是学生学习活动组织者的角色。课堂教学组织，是教师组织课堂中的教和学的活动。"教"的内容需要选择和提取，教学的方式需要根据教学内容和教学对象的不同来实施；学生的"学"也需要组织，因为课堂教学中的学生具有多样性和个性化的特点，学习基础在整体统一的基础上又略有不同，具有层次性的特点。要想使"教"对"学"发挥科学的干预，教师教学组织活动的艺术性在其中就起着重要作用。

近代教育学之父夸美纽斯将"把一切事物教给一切人的艺术"作为《大教学论》这本著作的副标题，充分体现了夸美纽斯对教育的主张。夸美纽斯的教学艺术既包括了有效合理的教学方法，也包括了教学过程中的愉悦和快乐的享受，他的这种思想对我们今天的教学理论和实践都有着深刻的启迪和借鉴意义。那么符合当前核心素养教育理念的教学组织艺术又是什么呢？核心素养视域下的教学组织艺术，就是教师在课堂教学中，为了组织学生完成一定的学习任务并提升学生的核心素养而采用的一系列具有创造性的、充满美感的措施手段、技能技巧以及进行独创性的课堂学习实践活动和教学组织调动活动。艺术性的教学组织活动不仅会让学生获得知识的满足，同时也能让学生随着课堂进程的跌宕起伏、情境与问题的水乳交融，受到情感的熏陶和感染，享受到思维碰撞出火花的兴奋和愉悦，会让整节课化成一场理性和美感的盛宴。学生带着精神上、思维上的满足和美感结束一堂课的学习内容，会在他们的内心中激荡起令人回味无穷、久久不能平静的涟漪，使他们在思想和情感的深度、广度上得到进一步的拓展。

从某种程度上讲，课堂组织问题是一个"调控"问题。课堂组织的目的，就是有效地调控学生的学习心理状态，以使教学顺利进行。组织行为是贯穿于课堂教学始终的，它无法从教学过程中独立出来；组织行为是渗透在教学的各种行为之中的，与教师的其他教学行为有机联系在一起。简单地说，组织教学首先不能被简单地划为课堂教学的一个阶段；其次，没有一种特殊的行为专门具有控制功能，教学语言、教师魅力等都能发挥控制学生学习心理状态的作用。从教育控制论的观点看，课堂组织是一种随机调控，需要教师具有处理偶发事件的组织机智；从心理学角度看，课堂组织主要是对学生注意力和课堂节奏的调控。

课堂教学组织艺术的设计和实施需要教师具有过硬的教学基本功、良好的心理素质、较高的人文素养或科学素养、驾驭整个教学活动的丰富经验以及与学生进行情感交流和互动的能力。为此，教学组织应具有以下几个基本原则。

（二）教学组织的基本原则

1. 全体性和全面性相统一原则

教学组织的全体性原则表现在教育要面向全体学生，教学不能仅仅围绕少数升学有望的学生来进行，而要以提高全体学生的基本素质为根本目的，使每个学生都得到应有的发展，达到国家、社会规定和要求的合格标准，真正做到"有教无类"。

组织教学应坚持核心素养立意。教学活动不仅要重视知识的传授，更要注重培养学生的思维能力、探究能力、创新能力、动手操作能力、审美能力和合作交流的能力，重视学生思想觉悟的提高、家国情怀的熏陶和高尚的道德情操的培养。而这些与核心素养相关的能力培养和提高，通过具有艺术性的教学组织活动可以更有效地实施。因此，教学组织又具有全面性。

2. 民主性和发展性相协调原则

教学组织的民主性表现在课堂教学要建立平等、友好、相互尊重、相互信任、相互合作的师生关系，形成教学相长、民主和谐的氛围，学生的个性才能得到充分的发展。否则教师总是一副居高临下的说教架子，必然会使学生的个性、思维和能力的发展受到束缚或压制。

教学组织的发展性主要针对教学目的而言。课堂教学的稳定性和有效性与学生的非智力因素有关，非智力因素是指智力因素以外的动机、兴趣、情感、意志、性格等因素。教师要在课堂教学中引导非智力因素，把学生的全部心理活动的主动性和积极性调动起来，这样，学生才能产生正确的学习动机，发展丰富的情感和强烈的兴趣，形成坚强的意志品格。只要立足学生的人格成长和学业成长，就能促进学生的身心健康发展。

3. 科学性与艺术性相融合原则

教学活动的科学性表现为对教学内容和学生学习活动组织得有条理、有层次。因为组织属于管理的一项内容，它必然有很强的科学性特点。课堂教学组织既要有科学性，还要有艺术性。课堂教学组织艺术性的一面表现为组织得有趣味、有意蕴。课堂教学是由人来教的，而人是灵动的，不走进学生的认知世界便不能了解学生的学习基础与心理，而了解学生的学习基础与心理是实施教学的首要条件。教育活动是一种特殊的人类实践活动，教育活动的对象是人，教学理应包括感情和人的价值，所以课堂教学需要将科学性和艺术性有机地融合为一个整体。

4. 整体性与灵活性相结合原则

教学过程的基本阶段、教学的基本原则、课堂的结构和环节、教学的基本方法等都属于教学的"整体性"问题。从这个基本要求出发，教师要按照教学过程的基本阶段来组织课堂教学，在组织课堂教学中要遵循教学的基本原则，要事前安排好课的结构及各环节，根据教学内容和学生的实际情况确定教学的基本方法。灵活性是指课的结构和教学方法要多样化，并根据教材和学生实际情况随时加以调整，根据课堂教学的反馈信息及时进行调节，使教学更贴近于学生实际。

5. 兴趣性与新颖性相促进原则

教与学是一项艰苦的脑力劳动，总给人一种枯燥乏味之感，因此教师必须在挖掘教材的基础上，保持课堂教学的兴趣性。所谓兴趣性，是使学生的注意力指向并集中在教学活动上。只有激发并保持学生的学习兴趣，使课堂教学紧紧地吸引他们，学生才会主动积极地接受知识，教师也才能愉快地完成教学任务。

6. 连贯性和应变性相统一原则

课堂教学无疑应按事前设计好的程序组织课堂教学，按照教学计划完成每一节课的教学任务。因此从整个课堂教学看，课堂教学呈现连贯性，一步接一步、一环扣一环，前后连贯一致，脉络清晰，鱼贯而下。在掌握连贯性的基础上，也要增强应变性。因为课堂教学的主体是学生，而且他们在学习能力、学习兴趣等方面确实存在着千差万别，这是教学需要组织的必要性。

（三）教学组织的类型与方法

1. 教学组织的类型

课堂教学组织一定要有不同的组织类型，使要传授给学生的教学内容毫不费力地印刻在学生的脑子里。一堂课从导入、讲解到收尾环环相扣，富有吸引人的动感，能使学生顺着教师的教学思路和教学意图聚焦在教学内容上。一堂课紧张与松弛多次交替出现，使学生大脑皮层的"兴奋点"不断转移和变换，持续保持最佳思维态势，能轻松愉快地理解和掌握教学内容。教学组织的类型有教学行程的组织、教学环节的组织、教学内容的组织、课堂情感的组织。

2. 教学组织的方法

课堂教学组织是一种教学组织和教学管理的艺术。要组织好教学，教师必须关注每一个学生，运用一定的组织艺术和教学技术，努力调动学生的有意注意，激发学生的情感，使学生在愉快、喜悦的心境中全身心地投入学习。教学组织的方法有：

（1）根据学生学习规律来组织

课堂教学是教师和学生的共同活动，而活动的主体是学生。根据学生的具体情况而定，从学生认识问题、学习知识的顺序来看，大概都会经过"感知—理解—应用"这一过程。

（2）根据课堂教学结构来组织

课堂教学结构向来有个自然形成的模式，可以把它归结为"发问—解疑—练习"。根据这样的结构，教学组织可以"缓—急—缓"。

（3）设计"课眼"，激起高潮

每节课除了整体上要处理的波澜起伏外，最好还能设计"课眼"，激起高潮。"课眼"在何处？从教学内容上来定，要在课的教学重点、教学难点处设计"课眼"。有时，为了解决某个问题，举个生动的例子，既能令学生发笑，又能令学生豁然醒悟，这也是激起高潮的好方法。

（4）注意学生反应，随时调整

教学组织艺术表达了执教者的良好愿望，能否按设计实施，还要靠执教者努力。执教者在具体施教时，一方面要按计划掌握节奏，另一方面还要时刻注意学生在课堂上的反应，随时调整课堂节奏，保证完成教学任务。

（5）因人、因课组织

不同的教师组织课堂各有特色，快慢、张弛、轻重、缓急、强弱，表现在一堂课上有一定的规律性，不同课型和不同内容的课节奏变化不一，所以组织课堂也不尽相同。

课堂教学艺术贯穿于教学的整个过程，涉及教学的方方面面，形式与方法也丰富多彩。教师在教学实践中，可根据教学内容、学生情况或课堂临时出现的变化灵活运用、机智应对，更可根据实际探索创新，不断创造出各种新的、有效的课堂教学艺术形式。

3. 教学组织细节的处理方法

好的教学组织的细节设置和处理会让整节课的教学过程可圈可点，甚至是熠熠生辉。那么，如何从细节上艺术地设置教学组织活动呢？我们可以参考南昌滕王阁学校林子谦老师总结的十种常用的教学组织细节的处理方法：形象感染法、目标引导法、趣味激发法、提问点拨法、指名演板法、表扬示范法、鼓励扩展法、暗示纠正法、停顿吸引法、比赛促进法。

在课堂教学中，教师要注意学生的心理特点和心理发展的需要。总之，恰当地处理好学生心理的内部矛盾，根据具体情况，以表扬、鼓励、激发学生兴趣为主（必要时也可适当地进行批评），因势利导地把课堂教学组织好，保证课堂教学计划顺利完成，力求最佳教学效果。

4. 教学组织过渡的方法

过渡如舟桥，它把段与段、节与节、此问题与彼问题巧妙地连在一起，使整个课堂浑然一体，有利于学生思维顺利展开，而不至于感到突兀、费解、乏味。因此，设计过渡是课堂教学中不可忽视的重要一环。例如"盘马弯弓，悬念过渡""巧点灵犀，启发过渡""活跃思维，联想过渡""润物无声，板书过渡""形象活跃，实验过渡"。

5. 教学组织"度"的控制方法

凡事均有度。度，作为一个哲学范畴，它揭示事物保持稳定性的数量界限。这个界限就是我们日常生活中所说的"分寸"，把握好"分寸"，就能取得较佳效果，否则可能会事与愿违、适得其反。为把握好教学组织的"度"，我们应注意讲授有度、提问有度、测试有度，以及控制课堂教学坡度的艺术、控制教学深度的艺术、控制教学密度的艺术。

6. 课堂教学组织"调谐"的方法

教学过程中"教"与"学"之间能产生和谐"共振"效应。这就需要教师具有高超的"调谐"技艺，具体表现在比较精确地测度学生信息的接受量，使教师输出的信息与学生接收信息的频率相等，从而达到"谐振"目的。要注意课堂"调速"、课堂"调温"、课堂"调味"等方法。

（四）教学组织的环节设置

1. 导课的组织

俗话说万事开头难，开好了头就等于成功了一半。教学导课就好比小提琴上弦、唱歌定调，第一个音定准了，就为整个演奏或歌唱奠定了良好的基础。

导课艺术的基本形式与方法有温故导课、解题导课、激情导课、设疑导课、故事导课、创境导课、演练导课、机变导课、幽默导课。

2. 教学过程的组织

教学过程的组织应像入深山寻美景一样，向学生层层深入地展示不同程度的美，掌控好教学的节奏，设置好每一个教学环节是课堂教学组织的关键。为了更有艺术性地组织好教学过程，教学过程的组织应遵循一些基本策略：环环相扣、循序渐进；重点突出，疏密相间；动静搭配，新颖有趣。

3. 结课的组织

教学应注意有头有尾、善始善终，一般应做到画龙点睛、首尾呼应。画龙点睛，要求教师在一堂课结束时，注意运用概括的语言、富有哲理的词汇，理出一堂课的线索，点出所讲内容的精髓所在，使学生感到"言已尽而意无穷"，课后引起咀嚼回味，展开丰富想象。首尾呼应，要求教师在课的结尾与开头遥相呼应，或是对导课设疑的总结性问答，或是导课思想内容的进一步延续和升华。结课的组织方式主要有总结归纳式、提炼升华式、谈话式、悬念式、练习巩固式、竞赛抢答式、欣赏式、学生评价式、表扬鼓励式、联系实际式。

## 二、实践智慧

课堂教学组织是指教师为了取得好的教学效果而组织管理学生，吸引学生注意，管理学生的纪律，引导学生学习，建立和谐的教学环境，指导学生进行学习的一种教学行为，构成要素（如图所示）是学生、教师、教材、教学媒体和教学环境。

教材

媒体　学生　教师

环境

在课堂教学实践中，许多学校教师不断进行相关探索，构建了具有学校特色和教师个性化的高效的教学组织策略，值得广泛借鉴和学习。

例如，某校在教学改革中形成的"动""静"结合的"双态课堂"优化组织策略，实现了课堂教学减负提质。"双态课堂"的核心环节是从学生的问题入手设计教学活动。因为课堂是从学生的问题入手的，调动了学生的主动性和积极性，解决了学生被动学习导致课堂沉闷的困惑。为了进一步调动每一位学生的学习热情，在课堂引入了学习评价机制，将课堂学习行为与"行为规范养成教育冠军赛"结合起来，加强小组建设，突出小组绑定评价，形成了小组建设机制和课堂评价体系，激发了学生的积极性，增强了小组的凝聚力。这样的教学模式不仅符合以学生为主体，促进其能力和素养提升的新课程改革的要求，而且突显了采用"动""静"双态课堂和教学评价机制有机融为一体的课堂组织艺术。

总之，课堂的组织艺术方法是多种多样的，教师在教学中要根据学生的心理特点采用不同方法因势利导组织教学，力求达到最佳的教学效果。

## 三、案例赏析

### 案例赏析1

【学科】数学

【年级】七年级

【课题】一元一次方程的应用——打折销售

【教学组织设计艺术片段】

#### 活动一　初步理解

师：各位同学，大家知道昨天是什么节日吗？

生：（异口同声）母亲节！

师：大家给妈妈送上美好的祝福了吗？妈妈为你们日夜操劳，你们可一定不能忘记自己的妈妈啊！

生：老师，您也是一位母亲，也祝您幸福美满！

师：谢谢！（出示题目）老师在刚刚过去的"母亲节"活动中，为了表达我对妈妈的节日祝福，买了一部手机送给妈妈。资料显示，这部手机进价是2 000元，商家提高40%标价，又以9折优惠出售。大家计算一下，手机的标价为_____元，我买这部手机花了_____元，这部手机给商家带来的利润是_____元，利润率是_____。

（学生自主思考）

师：大家在读题的过程中划出关键词，在学案旁边用铅笔写出必要的过程，边读题边完成。（学生积极参与此活动）

生1：售价为2 000×(1 + 40%) = 2 800元。

师：打9折是什么意思？

生2：9折表示按原价的90%出售，即售价为2 800×90% = 2 520元。

师：如果打 $x$ 折出售怎么表示？

生3：2 800$x$。

师：（走下讲台巡视学生的作答，发现很多学生写的是2 800$x$）哪位同学和这个结果不同，你能说说你的理由吗？

生4：我觉得打 $x$ 折应该表示按原价的 $\dfrac{x}{10}$ 出售。

师：你能提出质疑，说明你在动脑筋思考问题，值得学习，请你给大家说说你是怎么想的。

师：我们经常去书店买书，如果一本书40元，打8折，怎么计算售价呢？

生4：就是 $40 \times 80\%$ 或 $40 \times 0.8$ 或 $40 \times \dfrac{8}{10}$。

师：这位同学说得很准确，我们就是要把不熟悉的问题转化为自己学习生活中常见的问题，就会找到解决问题的思路方法。

生5：利润为 $2\,520 - 2\,000 = 520$（元）。

师：那利润率的含义是什么？

生6：利润率就是一个百分比。

师：此题的利润率该如何算？

生6：利润率为 $\dfrac{520}{2\,000} \times 100\% = 26\%$。

师：大家怎么理解利润率？

生6：利润率就是利润所占进价的百分比。

【设计意图】

结合七年级学生的心理特点，以学生熟悉的母亲节买手机一事引出本课，使学生一开始就投入到本节课的学习中，从解决简单的问题入手，通过生活经验理解标价、售价、利润和利润率等概念及它们之间的关系，是解决打折销售问题的基础。在学生遇到困惑时，教师能及时引导学生通过自己熟悉的去书店买书一事，把标价、售价与打折紧密联系，转化成实际问题加以解决，引导学生理解数学与生活经验之间的联系，启发学生从熟悉的生活事例出发，以生活实践为依托，将生活经验数学化，也为后面"编一编"环节的顺利开展做准备，同时也增强了学生的反思意识，提升了学生的批判性思维。

师：在上述打折销售问题中，涉及哪些量？这些量之间有怎样的关系？大家能归纳整理出来吗？

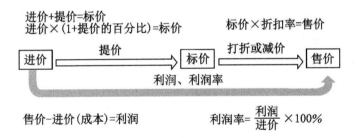

【设计意图】

此问题意在引导学生在解决问题后反思总结解决问题的方法。教师首先让学生独立思考，理清这几个量之间的关系，形成关系结构图，为解决问题提供可运用的工具。关注学生多角度解决问题，关注学生的个性发展，鼓励学生进行质疑，当学生思路不清楚的时候，教师引导学生学会借助图表将有关量间的关系梳理出来，进而准确理解题意，也促使学生养成不断总结的好习惯。

活动二　问题解决

问题1：某经销商购进一款手机后按成本价提高40%后标价，又以9折优惠卖出，结果每部手机仍获利520元，这款手机每部成本是多少元？

（先让学生独立思考，小组交流自己的想法）

（发现有一部分学生还是没有头绪）

师：问题中有哪些与打折销售相关的量？哪些是已知量，哪些是未知量？这些量之间有什么关系？

生：问题中提到的与打折销售相关的量有成本价、标价、售价、利润，其中利润是已知量，成本价是未知量，标价和售价也不知道，但是这两个量和进价都有关系。

师：既然标价和售价、进价都有关系，怎样表示它们的关系呢？

生：可以设成本价是 $x$ 元，则每部手机的标价为 $(1+40\%)x$ 元，每部手机的实际售价为 $(1+40\%)x \times 90\%$ 元。

师：问题的等量关系是什么？520元的利润该怎么表示？

生：每部手机的利润为 $[(1+40\%)x \times 90\% - x]$ 元，因此，列出方程为 $(1+40\%)x \times 90\% - x = 520$。解方程，得 $x=2\,000$。因此，这款手机每部的成本价为 $2\,000$ 元。

师：寻找问题中的等量关系，并用方程表示，是解决实际问题的重要方法，也是方程的价值所在。

**【设计意图】**

本题在教材原例题的基础上加以改编，目的是激发学生的探究欲望和兴趣，培养学生列方程解决实际问题的意识，在分析、解决问题的过程中经历"建模"过程，体验模型思想，提升分析、解决问题的能力，突破重难点。

活动三　变式拓展

问题2：一款手机每部进价为2 000元，按原价的9折出售，此时商品的利润率是26%，那么这部手机的原价是多少元？

师：同学们自己思考，一会请同学交流解法。（巡视学生的解答）

（教师巡视学生学习活动，并将不同的解法展示在多媒体上）

设这部手机的原价是 $x$ 元。

解1：根据题意，得 $\dfrac{90\%x - 2\,000}{2\,000} \times 100\% = 26\%$，解这个方程，得 $x = 2\,800$；

解2：根据题意，得 $90\%x - 2\,000 = 26\% \times 2\,000$，解这个方程，得 $x = 2\,800$；

解3：根据题意，得 $90\%x = 26\% \times 2\,000 + 2\,000$，解这个方程，得 $x = 2\,800$；

解4：根据题意，得 $90\%x = 2\,000(1 + 26\%)$，解这个方程，得 $x = 2\,800$。

师：大家请看大屏幕，以上是同学们列出的方程，为什么对于同一道题会列出不同的方程呢？请大家以小组为单位进行交流。

（师生互动，小组讨论、分析题目中的数量关系）

生1：回顾利润率的概念，即利润率＝利润÷成本＝（售价－成本）÷成本。在解决问题中，如果想到这个等量关系，不难列出第一个方程。

生2：从想一想得到的关系图表可以看出，利润有两种表示方法，一种是利润＝售价－进价，另一种是利润率＝$\dfrac{售价 - 进价}{进价} \times 100\%$，于是得到前面两个方程。

生3：我是从售价考虑的，从板书中的关系图表可以发现，售价可以表示为标价×折扣数，还可以表示为进价×（1＋利润率），于是得到第三个或第四个方程。

生4：其实以上几位学生就是根据的等量关系不同而已，等量关系不同，列出的方程也不同。

师：以上几种不同的方法都是依据了利润率相关的等量关系，在方程两边用不同的方法表示了同一个量，这正是列方程的通性通法。

【设计意图】

此环节提出具有挑战性的问题，留给学生足够的时间和空间进行独立思考，鼓励学生与同伴交流，培养学生的求异思维，在表达的过程中学会分析和思考问题的一般方法。学生小组讨论、交流解题思路，互相批改解题过程，让学生体会列方程的本质就是用两个不同的代数式去表示同一个量，引导学生学会反思自己的思路和方法，同时也能让学生学会理性思考，增强理性思维能力，让不同的学生都有所收获，从而建立学习数学的自信，培养学生发现问题、提出问题、分析和解决问题的能力及创新的意识。

（案例来源：中北大学附属学校 任龙）

【案例评析】

### 让充满温情的组织艺术点燃师生活动的激情与智慧

教学活动是师生之间"思维对话"的过程，而"问题情境"是联系师生之间对话的桥梁与纽带，如何把教学三要素"教师、学生、教学内容"有效地联系起来，需要教师高超的教学组织艺术，而这个艺术在数学活动中就是问题的设计和情境的选择。在本节课的教学活动中，教师能采用富有感情的教学语言，激发深度思维的数学问题，启发学生积极参与课堂探究活动，体现了较好的教学组织艺术。

本节课的内容是一元一次方程模型在实际生活中的应用，生活中常见的销售问题便能体现这一应用。授课者意在让学生从打折销售问题中抽象出一元一次方程，然后通过解方程比较完整地经历解决实际问题的全过程，让学生熟悉用方程解决实际问题的方法，感受方程是刻画现实世界的一个有效数学模型。

授课者创设为母亲购买手机这一情境，用真诚而有意蕴的话语，瞬间拉近了教师与学生之间的距离。接着，教师给了学生熟悉的、低起点的购买手机的数学问题，目的是让学生回顾并建构销售问题中常见的数量关系，这种有条理、有层次的教学组织活动，能够把学生带到知识的探究活动中，体现了"全面育人"的教学理念。之后，教师提出更深层次的销售问题，既是对前面活动的检验，又是对销售问题的方程模型的巩固与深化，体现了数学的价值，促进了学生模型观念和应用意识这两个核心素养表现的发展。

## 案例赏析2

【学科】语文

【年级】七年级

【课题】石壕吏

【教学组织艺术片段】

师：郭沫若称赞杜甫"世上疮痍，诗中圣哲；民间疾苦，笔底波澜"。杜甫是一位特别会讲老百姓自己故事的人。请同学们按照小组的顺序，从作者、老妪、老翁、潼关吏四个角色中任选一个角色，以第一人称的方式，重新讲述这个故事，每组推选一名同学进行分享。

（学生在组长的安排下进行小组活动，一人试讲，其他同学依次补充提出建议，大约6分钟后开始分享）

生1：我们的角色是老妪。夜幕降临了，蝉鸣声不绝于耳。忽然，一阵急促的马蹄声由远及近，伴随着差役高声的喊叫，打破了夜的宁静。差役是这般咄咄逼人，可谁又知道老百姓的痛楚？我和差役说自己的三个儿子都去邺城打仗了，终于等来了一封家书，却是两个儿子战死的消息。差役仍在门口吵嚷着，甚至准备下令搜查。我心中一阵慌乱，忙和他们说家中现在只有一个小孙子和他的母亲，而我们实在太穷了，我的儿媳甚至没有一件完好的衣服。说完这些，我忍不住流下眼泪。但是天意难违，我虽然老了，兴许还能帮上忙，于是主动请求去当差，为将士们准备早饭。就这样，在夜色中我跟着差役走向村口，甚至来不及和家里人告别。

师：请选择同一视角的另一组同学进行点评。

生2：查找资料可以知道，故事的背景是这样。唐肃宗乾元元年（758），为平定安史之乱，郭子仪、李光弼等九位节度使率兵二十万围攻安庆绪（安禄山之子）所占的邺郡，胜利在望。但第二年春天，由于史思明派来援军，加上唐军内部矛盾重重，形势发生逆转。在敌人的两面夹击之下，唐军全线崩溃，退守河阳，并四处抽丁补充兵力。结合创作背景以及"三男邺城戍"，可知这样的抽丁捉人应该不止一次。我们可以想象，村子里沸反盈天，百姓们深恶痛绝，却束手无策。这组同学的故事讲述完整，还加入了环境描写，起初安静的气氛和官吏出现后的叫嚣形成了鲜明对比，但是总感觉缺点什么，把到老妪家抽丁的情形讲得太过温和，似乎缺少点冲突。

师：这位同学感觉非常敏锐，从诗歌的题目看，主要人物应该是差役，但诗人对他只用"吏呼一何怒"来点出他的威势，此后便让他转入"幕后"，让老妇隆重登场，把她所说的那些话写成了一篇"抒情独白"。如果我们穿越历史，来到石壕村老妇家的抽丁现场，就会发现潼关吏可不那么好对付，老妇的话很可能句句都是差役逼出来的。原来的情形很可能是这样：差役一进门就问"汝家有男丁否"，老妇答以"三男邺城戍……"；再问"尚有他人否"，又答以"室中更无人……"；最后差役不依不饶，逼着要人，老妇只好"请从吏夜归"。作者弱化的差役的形象，但是从老妇的"独白"清晰可感其"怒"。作者留给读者巨大的想象空间，同时又把这种想象的出口勾勒得极其清晰和明确。这种写作手法实在巧妙绝伦。点评的同学能够注意到作者未写出的文字，从实际情况出发去感受体会，非常难得。

生3：我的视角是老翁。夜深了，门外传来一阵阵犬吠，大概是那群差役又来了，隐隐地听到乡邻们撕心裂肺的哭喊，杂沓的脚步声越来越近，这让我想起了自己的三个儿子被抓走时的情形。老伴儿赶紧把我推出家门，让我从后院翻墙离开。我踉踉跄跄走到墙根，甩掉拐杖，扒住墙头，好不容易才攀上院墙，身子一晃，重重摔在杂草丛里。这时我听见"砰"的一声，应该是家中的院门被踹开了，来不及管那么多，我赶紧向身后的庄稼地里奔去，身后隐约传来阵阵怒喝。过了一阵子，村子里安静下来，我小心翼翼摸索着回到家中，只听见小孙子断断续续的哭声，我的老伴儿却不见了踪影……

生4：我感觉这位同学讲故事特别细腻。讲老翁"逾墙走"用了一系列的动词"甩""扒""攀""摔"，写老翁年事已高，从家里逃走时的惶恐狼狈。特别像朱自清《背影》中父亲爬月台的那段经典描写，我觉得非常好！

师：合理的想象使得故事更加动人心弦。作者写老翁逃跑的情节非常简约，但是如何"逾"、如何"走"，这组同学借助合理的想象和换位思考，描写得合情合理，给我们强烈的代入感。

生5：我的视角是作者。天色渐暗，我在石壕村一户普通的人家投宿。这户人家有一对老夫妇和一对母子。午夜，院外忽然传来一阵阵叫喊声。这时我看到惊慌失措的老妇人赶紧把老翁推出门去，老翁踉跄着步子艰难地跨过后面的院墙不见了踪影。老妇人小跑着打开了院门，一队人马已经冲进院子中央，原来是征兵的差使。他们对着老妇人大声吼叫要人，老妇人哭着，伤心地向差役讲述着自己家中的不幸，并称自己虽然年老力衰但愿与差役同去，帮助将士们准备早餐。差役带着老妇人走了，我一夜未眠，天亮登程赶路，我只与老翁告别。

生6：我觉得这组同学可以把老妇讲述家庭不幸这一段写得更加具体些，突出这一家的"苦"。另外我有个疑问，就是觉得杜甫有点"冷血"，他天明的时候和老翁告别，竟然不说一句安慰的话就走了，这与"民间疾苦，笔底波澜"的杜甫好像有点不符。

师：对于这个问题，老师有这样一种理解和大家分享。杜甫有"致君尧舜上，再使风俗淳"的济世情怀，于他而言此次征兵是为了平叛使国家分崩离析的一场动乱，这完全是正义之举，所以他歌颂石壕老妇勇于承担苦难的精神，希望百姓的支持使得唐军取得最后的胜利；但他又写出老妪一家在战争中的悲惨遭遇，这又表明他为战争给人民带来巨大的灾难而深感悲痛。在这样的复杂心境之下，任何话语都显得异常苍白。这样的无言是同情、矛盾，更是深沉的控诉，白居易在《琵琶行》中有一句话"别有幽愁暗恨生，此时无声胜有声"，也许同有此意。另外，诗人自己并不是故事的主角，而是一个近距离的"旁观者"，他尽量避免主观情感的流露，不发议论、不动声色、不露感情，而是把情感融汇在具体的人物形象和细节描写中，力求依靠故事本身的力量去打动读者，引起人们的沉重思考，使得诗歌本身的感染力得到充分发挥。好的故事以情动情，展现情的细腻深刻，展现情的深广磅礴。情不一定要直露于外，含蕴于字里行间的情感亦别有一番效果。

【设计意图】

本案例从组织活动的目的来看：

1. 丰富情感体验，深化思考探究。《石壕吏》一诗无论在叙事内容还是情感表达上都有言约意丰的特点。借助同一角色不同小组的横向对比，不同角色不同小组的纵向对比，促进思维碰撞，力求帮助学生对作品内容和情感的理解更加立体饱满、厚重深邃。

2. 创建活泼生动的课堂，激发学生主动参与的学习精神。活动设计尝试以独特新奇的方式打开对古诗的解读，运用读与讲转换的方式，以小组为单位选择角色，每组充分准备后推举一人分享故事，组组有任务，人人需参与，关照全体同学的参与，提升学生的学习热情，践行自主、合作、探究的学习方式。

从组织过程来看：

1. 不愤不启，不悱不发。为讲好不同角色的故事，学生需要认真研读文本，在读懂古诗大意的基础上，关注作者的写作视角及设置用意，补白人物的所言所见所闻所思，运用联想和想象丰富思考内容，感受作者创作诗歌的真实心绪。

2. 以生为本，不忘初心。初读《石壕吏》，参照注释便可知文章大意，似乎没有什么阅读障碍，但"三吏"是杜甫现实主义诗篇的顶点，而《石壕吏》更是"三吏"中最有名的一篇。怎样由表及里、由浅入深读懂文章，理解文章的艺术成就，避免用琐碎的问答生硬落实呢？不做学习内容的旁观者，带着学生走进安史之乱，走进石壕村——变成事件的亲历者。学生、教师和教学内容是课堂教学的三大重要元素，教学活动中教师应在学生和教学内容间发挥重要的桥梁和纽带作用。高超的教学组织活动应该以促进学生全面发展为目标，关注学生的广泛深入参与，关注学生的学习起点和增长空间，循序渐进促进语文素养的落地。

（案例来源：山西省实验中学 董浩）

【案例评析】

## 在教学组织中漫溯

教学组织活动是课堂升格的重要方式之一，是一门值得反复尝试、深入研究的教学艺术，也是教师必备的一种教学能力。恰当巧妙的课堂组织活动可以营造有序而活跃的课堂气氛，助力教学目标的顺利高效达成。组织活动的实施不仅要求有完整的宏观框架，更需要在具体操作中妙手引领，点石成金。教学组织艺术的探索对教师提出了更高的要求，它像一块试金石，考验着教师研究学情、研读文本、课堂应激、钻研学科教学规律这些方面的看家本领。

本案例中的教师巧妙设计讲故事这一学生喜欢的方式入题，在学生不断充实故事的过程中组织学生研读诗歌，切入点新颖独特，发挥了学生的主体能动性，教师在学生讲故事时适当的点拨，引导学生"向青草更青处漫溯"，学会理解文意，把握主旨。

语文课程必须根据学生身心发展和语文学习的特点，爱护学生的好奇心、求知欲，鼓励自主阅读、自由表达，充分激发他们的问题意识和进取精神，积极倡导自主、合作、探究的学习方式。本案例中教师充分尊重学生的主体地位，把课堂还给学生，让学生成为学习的主人，教师成为课堂的组织者、引导者。

## 案例赏析3

【学科】历史

【年级】七年级上册

【课题】第二单元第六课《动荡的春秋时期》

【教学组织艺术片段】

师：请同学们在时间轴上定位春秋时代。

（学生在时间轴上标出"春秋"的时间段）

师：同学们，听到"动荡"一词，你能想到什么？

生：混乱、战争、冲突……

师：考古发现证实，当时是一个战乱频仍的时代，请同学们观看一组图片。

太原春秋赵卿大墓　　　　春秋护头铜胄　　　　夫差矛　　勾践剑

但是，春秋动荡的内容却远不止于战争，本节课让我们一起走进动荡的春秋时期。

【设计意图】

从简单熟悉的词语入手，把学生引入课堂。使用太原本地的部分考古资料拉近历史与现实的距离，激发学生的学习兴趣。利用时间轴定位"春秋"这一时期，有利于培养学生的时空观念。

师：请同学们观察《周初分封诸侯国分布图》，你能找到晋国吗？

（学生指图）

师：晋国刚建立之初地域很小，后来如何壮大的呢？请同学们观察动态地图《周初分封诸侯国分布图》并阅读三段材料，了解晋国地域范围由小变大的过程。

据记载，晋国立国之初，不过是个在'汾河之东，方百里'的小国……晋献公，取得开疆拓土的初步成功，开始强盛起来……晋文公，走向兴盛，确立了中原霸主的地位……极盛时的晋国，据有今山西大部，河北南部，河南、山东、陕西一部分。

——《山西历史  政区地理》

师：春秋时代像晋国这样势力越来越大的诸侯国不只晋国一个，甚至诸侯国内的卿大夫在他们壮大后可能也不守西周的礼制了，有证据吗？（呈现图片《太原古城菅村春秋大墓》）

简介：墓主是晋阳城的缔造者——晋国卿大夫赵简子。该墓出土了两组七个青铜列鼎，最大的一件青铜鼎高1米，口径1. 04米，是国内已知最大的春秋大鼎，反映礼制僭越。

【设计意图】

从地图、山西考古图片、晋国史料中，追寻晋国发展的脚步，学生窥一管而见全豹，真切感知春秋时代诸侯坐大的现象，有利于形成史证意识，提高识图能力，同时感受家乡悠久历史的魅力。

（案例来源：太原39中  安宝）

【案例评析】

### 利用丰富的历史元素，唤醒学生的参与热情

一堂课能否收到预期的教学效果，如何组织课堂教学至关重要。本案例具备以下特点：

第一，营造良好的课堂氛围。教师从一开始就吸引学生的注意力，营造了良好的教学气氛。良好的气氛是教学的基础，也是进行创造性教学的必要条件，它

应当严肃认真、宽松和谐、生动活泼、乐教乐学。创造这种气氛，关键在于教师的组织和引领。

第二，要符合初中学生的心智发展水平。本课教材是先分析春秋动荡的原因，再呈现动荡的现象，即先讲春秋时代经济发展，出现铁农具和牛耕，然后呈现动荡表现在王室衰微、诸侯争霸……但是实践中发现，这样讲授教师思路很顺畅，但学生接受的效果却不令人满意，于是教师将教材调整为"春秋动荡之表现"和"春秋动荡之深层根源"两大板块。七年级学生形象思维比较强，在看到现象的基础上会追问"为什么会这样"，自然就激发了学习兴趣和欲望。事实上这样的处理对学生理解历史很有帮助。

第三，激发学生热爱家乡之情。本课从导入环节开始就利用赵卿大墓、晋国地域范围变化等山西地方史进行讲授，在后面的教学中又加入了"探晋国发展 看诸侯崛起""看文公起家 现诸侯争霸""看晋国历史 析统一趋势""探晋国历史 看民族交融"等几个环节，最后形成了"一明一暗"两条主线，即现象—原因为明线，晋国历史为暗线。地方史的渗透拉近了历史与学生的距离，成为激发学生兴趣的一大亮点，亦是本课组织教学成功的一大特点。

第四，注重学科素养的渗透。本课使用了时间轴、地图、史料等，力图为学生构建起清晰的时空概念。如导入部分在时间轴上明确春秋时期，在地图上演示山西地域由小变大的过程，查找出山西境内的不同民族等，能够使学生逐步树立起论从史出的意识，增强史料分析的能力。

## 案例赏析4

【学科】物理
【年级】九年级
【课题】第十七章第三节《电阻的测量》
【教学组织艺术片段】

环节一：新课导入

师：请同学们根据小灯泡上所标的额定电压、额定电流（2.5 V 0.3 A）来计算小灯泡的电阻。

（学生根据欧姆定律的推导公式完成计算）

师：用欧姆表测出小灯泡的电阻为5Ω，为什么跟我们的计算结果不同呢？到底哪个结果正确呢？我们通过电阻的测量这节课亲自完成测量。

师：每个组都准备了一些器材（5Ω、10Ω、15Ω的定值电阻；康铜合金丝40 cm、0.3 mm；镍铬合金丝40 cm、0.3 mm；镍铬合金丝80 cm、0.3 mm；镍铬合金丝40 cm、0.5 mm；小灯泡2.5 V、0.3 A；小灯泡3.8 V、0.3 A）。请同学们根据提供的器材测量电阻的阻值。

【设计意图】

通过理论计算值和实际测量值的差异对比引起学生的认知冲突，同时也引起他们想解决问题的好奇心。这个看上去简单但独特的导入引起了学生认知冲突，瞬间点燃了学生对这个现象的好奇心，激起了他们要探寻真理的兴趣。

环节二：小组合作，设计实验

1. 根据实验原理，你需要测量哪些物理量？

2. 只测一组数据可以吗？如果想多测几组电流和电压值，应该怎样做？

3. 需要哪些实验器材？

4. 请你画出电路图。

5. 实验的步骤是什么？

6. 如何设计实验数据记录表格？

7. 实验应注意哪些事项？

教师引导学生分析解决前3个问题。

教师请两个小组分别把各自的电路图和表格设计画在黑板上。

【设计意图】

在实验设计环节共涉及七个关联问题链，通过前三个问题，让学生明确测量量和计算量，引导学生讨论分析，得出可以用滑动变阻器来改变定值电阻两端电压和通过的电流，从而多次测量求平均值以减小误差，为后面学生设计电路和实验表格打下基础。

此外，让学生分组讨论电路设计、表格设计及实验步骤设计，教师巡视指导。培养学生根据实验原理设计电路、设计表格（虽然表格有可能不完整但是不需要在此时指出）、设计实验步骤的能力及合作学习的意识。

环节三：教师引导学生说出实验时应注意的事项

如连接电路时开关要断开，滑片要移到阻值最大处；电压表、电流表正负接线柱不能接反；电压表量程、电流表量程的选择等。

【设计意图】

让学生通过交流实验的注意事项，强化实验规范操作，培养学生的合作、交流能力。

环节四：分析数据得出结论

师：请各小组根据所测电流、电压计算每次所测量的电阻。

（学生计算并填写表格。测小灯泡电阻的小组发现每次所测电阻值存在很大差异）

师：请各小组根据实验数据在U–I坐标系中描点作图。

（学生描点作图）

师：（展示测定值电阻的小组同学的实验结果，测定值电阻和合金丝电阻小组所测结果大致上在一个定值左右波动）引起这些值不太相同的原因可能是什么？那电阻究竟是多少呢？

生：测量时存在误差，取平均值减小误差。

师：表格设计中应给测定值电阻和合金丝的表格加一栏"平均电阻"，再将测定值电阻小组的数据描绘到同一坐标系中，同时将测合金丝小组的数据描绘到另一个坐标系。将所测小灯泡电阻小组的实验数据展示出来，请同学们观察、分析。

生：不同电压下对应的小灯泡电阻大不相同。

师：能否求平均值呢？

生：不能。

师：为什么会出现如此大的差别？

生：有可能是温度对小灯泡灯丝电阻产生影响。

播放视频，使学生明确小灯泡电阻随温度变化而变化。

【设计意图】

让学生通过层层分析数据，明确影响电阻大小的因素，同时也知道能对定值电阻测量值求平均值和不能对小灯泡电阻测量值求平均值的原因，培养学生分析解决实际问题的能力。

（案例来源：太原师范学院附属中学　任金璞）

【案例评析】

**有效组织，高效学习**

教师按照教学过程的基本环节来组织课堂教学，在组织课堂教学中遵循教学的基本原则，事前安排好课的结构和四个环节，充分发挥学生的主体地位和积极性。在教师的组织、启发和引导下，学生体验科学探究过程，提升了实验技能，培养了合作探究学习能力。尤其是在分析数据得出结论的环节，教师所设计的问题环环相扣，有效组织学生自己发现问题并思考原因，找出解决方法，运用对比法学习总结，不仅使学生对所学知识内容更加清晰明了，而且有利于培养学生的高阶思维。

**案例赏析5**

【学科】道德与法治

【年级】七年级上册

【课题】第四课第二框《深深浅浅话友谊》

【教学组织艺术片段】

［情境导入］

升入初中一个月了，大家都互相认识了吗？交到新朋友了吗？今天我们就来谈谈朋友间的友谊这个话题。

让我们从认识一个新朋友开始。

小杰从小跟爷爷奶奶生活，父母在城市打工，他在农村长大，数学成绩优秀，但英语成绩很不理想。今年小杰该上初中了，为了便于照顾他的学习，父母把他接到城市一所中学读书。进入一个新的学校，小杰感觉既新奇又孤单，没有自己的朋友，而同桌小雅不仅学习优秀，性格活泼，主动热情，而且身边有好多朋友，小杰很羡慕她……

你刚升入初中时有过类似的感受吗？

[新课教学]

开学近一个月了，小杰班里选举班干部，同桌小雅以最高票数当选班长及语文课代表。

你能谈谈小雅被选为班长的主要原因吗？

活动一：友谊的特质

在友谊中，什么特质是重要的？请选择你认为重要的三项，并将其涂上喜欢的颜色。

小杰努力向小雅学习，经常帮助同学，主动为班里做事，小雅也很热情地帮助他，小杰很快适应了城市学校的生活。一段时间后，小杰发现自己身边朋友也多了起来，并和小雅、小诚成了形影不离、无话不说的好朋友。

通过活动得出：

友谊的特质：友谊是一种亲密的关系；友谊是平等、双向的；友谊是一种心灵的相遇。

活动二：友谊的澄清

1. 听说周五要进行小测试，小杰想请英语成绩好的小诚帮助他复习，小诚却说："我时间很紧张，你自己多看看就行了。"这件事被小雅看到了，小雅告诉小杰不要着急，她可以帮助他背诵，有不会的问题也可以来问她。

对于小诚、小雅的做法，你能说说真正的友谊应该怎么做吗？

经过努力，小杰的英语成绩竟然比小诚还高。小杰很开心，想把这个好消息告诉小诚，但是却发现小诚不理他了，甚至躲着他。

学生思考：竞争会伤害友谊吗？如果朋友赢，是否就意味着自己输？

学生发言并明确：竞争并不必然伤害友谊，关键是对待竞争的态度。

2. 国庆放假七天，小杰回了老家，他去找小学同学玩，却发现原来的好朋友不像以前那么热情了。他突然感觉好失落，把这个事情发在了朋友圈。同桌小雅看到了，劝他不要难过。

如果你是小雅，你会怎么劝他？

学生发言并明确：友谊不是一成不变的，我们要学会接受一段友谊的淡出，坦然接受新的友谊。

3. 国庆假期结束了，小杰在电视上看了国庆大阅兵，还做了很多事，可最后竟然忘记写作文了。开学后小雅统计语文作业情况时，小杰偷偷告诉小雅先别记上自己的名字，完了会悄悄补上。

结果小雅还是如实向老师汇报了情况。小杰很生气，心想这还算是好朋友吗？作为好朋友，如果遇到这类事情，你准备怎么做？

学生发言并明确：真正的友谊不能没有原则。

[情感升华]

今天我们学习了《深深浅浅话友谊》一课，了解了友谊有哪些特质，并且也澄清了一些友谊的误区，希望大家能够敞开心扉，主动建立友谊，真心呵护友谊。

其实，不仅仅是我们个人在成长的道路上需要友谊，我们国家在前进的道路上同样需要友好国家的互相帮助。请大家看看我们国家是怎么做的。

出示中华人民共和国"友谊勋章"、新中国成立70周年颁发"友谊勋章"的图片。

我们中华民族历来就有"礼仪之邦"的美称，新中国成立后，我们国家处于发展起步阶段，有许多国家支持中国，与中国建立了友好外交关系，为中国的发展和外交事业做出了巨大的贡献。

你知道我们国家与哪些国家建立了友好关系吗？你能说说你了解的友好往来的故事或事例吗？

学生回答，教师介绍新中国成立70周年"友谊勋章"获得者伊丽莎白的事例。

他们为我国发展所做的贡献，我们不会忘记。2016年1月1日，我国施行《中华人民共和国国家勋章和国家荣誉称号法》，将中华人民共和国"友谊勋章"授予为我国社会主义现代化建设和促进中外交流合作、维护世界和平做出杰出贡献的外国人，为国家最高荣誉。近几年，我们国家先后为多个友好国家友人颁发了"友谊勋章"。

我们国家通过树立中外友谊典范，向世界传递友谊和平、公平正义等基本理念，增进世界对中国的了解。我们国家也提出了构建人类命运共同体的理念，秉持共商共建共享的原则，愿与世界各个国家建立新型国际关系。

[小结本课]

愿我们的祖国在构建人类命运共同体的道路上越走越广，也祝愿我们大家能在自己的学习和生活中不断梳理对友谊的感受，澄清对友谊的认识，找到更多志同道合的朋友，真诚相待，讲究原则，获得更加丰富、深厚的友谊，让友谊的彩虹点亮我们的青春！

【设计意图】

七年级的课程内容比较简单，符合学生思维特点，但也很容易变成单调乏味的讲述。为此，本设计根据学生思维特点和培养目标，以"在梳理对友谊的感受中澄清对友谊的认识"的议题为线索，在真实任务情境中，引领学生通过解决实际问题理解什么是真正的友谊；并通过分析"国家颁发友谊勋章"的真实任务情境，达成拓宽学生视野，进而艺术性地培养学生高阶思维的目标。

（案例来源：山西省晋中市祁县第六中学　杨丽琴）

【案例评析】

### 主线穿课堂　组织显奇效

一节高效课堂的评价标准，不是整节课有多么热闹，而是主要看学生思维的活跃度、学生有序的参与度、单位时间内教学信息的获取度。要打造高效课堂，需要教师有较强的组织能力，包括整堂课的设计、某个环节的匠心、重点难点的巧妙突破、高效完成一次测试、一个整体评价的实施，都需要教师的精心组织。这节课以学生的同龄人小杰在交友过程中所遇到的一系列问题和困惑为主线，贯穿整个课堂，学生很容易置身于角色之中，积极参与学习和思考过程，达到顺利解决交友过程中复杂问题的目的。最后教师将教学内容由教材中的内容向纵深处拓展，引出国家间友好交往的内容，使即将平静的课堂再起波澜，一方面使本课堂的教学内容得以升华和总结，另一方面为学生的后续学习埋下伏笔、做好铺垫，这充分体现了教师善于组织教学所达到的积极作用。

### 案例赏析6

【学科】化学

【年级】九年级

【课题】第十单元《酸和碱的中和反应》

【教学组织艺术片段】

师：（创设情境）松花蛋是一种老师喜欢吃的传统食品，但是直接吃松花蛋口感不是很好，有一种涩味，有哪位同学给老师出出主意，怎样改善松花蛋的口感呢？（微笑地提问）

生：（许多同学脱口而出，大声地说出了方法）吃的时候加入一些醋。

师：（微笑地表示赞许）看来大家有着丰富的生活经验，但是你们知道这其中的原因吗？

生：（满脸困惑）不知道。

（教师展示松花蛋的配料表）

［学生认真阅读配料表内容，分析可能的反应，发现其中含有 $Ca(OH)_2$］

师：食醋的主要成分是什么？

生：（异口同声地）醋酸。

师：（面带微笑地讲解）实际上凡是碱性物质都有涩味，吃松花蛋加醋口感会变好，其中蕴含的原理是醋酸与松花蛋中的碱发生了反应，改善了它的口感。

（学生静静地聆听，面露恍然大悟的表情）

师：酸和碱一定都可以发生反应吗？

演示实验：

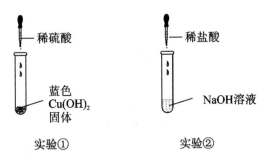

实验①　　　　　　　　实验②

生：（认真观察，并说出现象）实验①的现象为蓝色固体消失，溶液由无色变成蓝色；实验②无明显现象。

师：（追问）你们的结论是什么呢？

生：（纷纷回答）并非所有的酸和碱都会反应，稀盐酸和 NaOH 就不发生反应。

师：其他同学有不同的意见吗？

生：（有几位同学快速举手提出质疑）$Cu(OH)_2$也不一定和稀硫酸发生反应，还可能是溶解到稀硫酸的水中了。

师：（高兴地评价）说得非常好，思维缜密。

补充实验1：

足量的
蒸馏水

蓝色
$Cu(OH)_2$
固体

生：（观察实验，并对比实验①）对比后说明$Cu(OH)_2$和稀硫酸发生了反应，$NaOH$和稀盐酸不能发生反应。

师：（微笑地面向全体学生，扫视）还有同学有不同意见吗？

生：（有学生又快速地举起了手，提出质疑）没有现象不能确定$NaOH$和稀盐酸不能发生反应，因为确定化学反应发生的依据是有新的物质生成或有反应物消失。

师：假如$NaOH$和稀盐酸不发生反应，试管内就还含有$NaOH$，加入酚酞溶液会变红，我们来试试。

补充实验2：

酚酞
溶液

实验②的
剩余溶液

师：观察实验，无色酚酞溶液没有变色，这种现象能够证明$NaOH$和稀盐酸发生了反应吗？为什么？（通过实验再一次把学生引向深度思考，同学们都陷入了思考，脸上写满了疑问）

生：（小组讨论，一个小组的学生举起了手，跃跃欲试）能证明二者发生了反应，因为酚酞溶液不变色，说明试管内的$NaOH$已经消失。（此时，其他同学投去了赞赏的目光，回答问题的同学也露出了自信的笑容）

师：（微笑地点头赞同，并继续追问）思维非常有逻辑性，的确是这样的，那么在试管中的稀盐酸是否也消失了呢？

生：（此时同学们都停顿下来，互相对视，此时有几位同学举起了手）不一定，可能有，也可能没有，因为无色酚酞溶液遇到酸性溶液或中性溶液都不变色。

师：（继续追问）我们该如何改进实验方案，使酸和碱恰好发生反应？

（从很多同学的眼神里能看出这个问题更有难度，学生经交流讨论后，改进了方案如下）

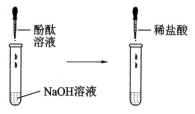

师：（演示实验）请同学们认真观察实验。

生：（当看到溶液恰好由红色变为无色时，纷纷发出惊叹声）说明HCl与NaOH恰好发生了反应。

【设计意图】

本课根据课标教学提示要求，创设了"探究酸和碱能发生反应"的活动，并增加了一些难溶性的碱与酸的反应实验，目的是让学生能认识到有的酸碱反应有明显现象，有的则没有。通过设置实验使学生掌握证明无明显现象反应是否发生的思路与方法，通过实验的改进使学生意识到化学反应不仅要依据实验现象进行判断，更需要从化学原理上加以分析并予以解释，以获得本质的认识。

教学环节的设计从学生熟悉的生活情境出发，唤醒学生已有的认知，设计的不同层次的问题使学生能产生认知冲突，并能够基于所学知识提出有价值、有深度的质疑性问题，从而使学生的知识在不断解决问题的过程中形成。本课设计紧扣化学课程标准的认知性学习目标、技能性学习目标、体验性学习目标，以学生的全面发展、学生的终生教育为目的，贯穿教学始终。

（案例来源：太原市成成中学　程建威）

【案例评析】

## 形成问题链条，有效组织教学，知识自然生成

本节课的执教教师在设计教学活动时不仅重视知识的传授，更注重培养学生的思维能力、探究能力、创新能力等，同时还真正做到课堂以学生为主体，让学生成为课堂的主人，努力调动学生的有意注意，设计问题有梯度、有次序，从学生的思维能力出发，针对课堂教学的关键环节和知识难点，巧妙设置驱动型问题，为达成教学目标奠定基础。根据学生的已有知识或经验，针对学生学习过程中将要产生或可能产生的困惑，将教材知识转换成为层次鲜明、具有系统性的关联的教学问题，对学生的学习具有较强的导向作用。给学生递进性知识阶梯，为学生建构基本支架和思维起点，促进其思维飞跃、步步深入。综合考虑学科知识逻辑和学生认知逻辑，关注提问对学生思维品质的训练和提升，最终培养学生发现、分析和解决实际问题的能力，有利于提高教学质量。同时，本节课体现了化学学科素养中的宏观辨识、微观探析、证据推理、科学探究等，符合现实学习的认知规律。

## 案例赏析7

【学科】地理

【年级】八年级下册

【课题】晋教版第六章第二节《黄土高原——水土流失严重的地区》

【教学组织艺术片段】

### 实验探究：黄土高原水土流失的自然原因

一、图片导入 激发兴趣

（多媒体展示黄土高原水土流失的视频）

二、问题引导 探究原因

师：同学们，通过观看黄土高原的视频片段，你们认为黄土高原地表形态有什么特征呢？又面临怎样的环境问题？

生：严重的水土流失。

师：好。今天老师就带领大家以实验的方式来探究造成黄土高原水土流失的

自然原因。

三、认真操作　仔细观察

师：老师已经准备好了实验器具（植被覆盖：稀疏/稠密）。第一小组同学按照任务单上的流程进行操作，请其他同学仔细观察瓶子里水的颜色有何不同？思考此现象说明了什么。

生：水的浑浊度差异很大。植被条件越差，水的浑浊度就越大。

师：瓶子里水的浑浊度不一样，大家仔细思考，是什么原因导致的呢？

生总结：植被的稀疏和稠密导致瓶子里水的浑浊度不一样，说明植被有保持水土的作用，水土流失与植被覆盖率的高低有直接关系。

师：我们接着进行第二组实验（降水强度：暴雨/小雨）。第二小组同学按照任务单上的流程进行操作，请实验的同学仔细阅读流程后按步骤操作，其他同学继续观察瓶子里水的颜色有何不同？思考此现象说明了什么。

生：水的浑浊度差异很大。冲刷力强，水流速度就快，瓶子里水的浑浊度就最大。

师：通过实验，大家又发现瓶子里水的浑浊度不一样，说明暴雨和小雨对黄土的冲刷力度不一样。请同学们把观察到的现象总结一下吧。

生：说明降水强度越大，造成水土流失的程度越严重。

师生：黄土高原夏季多暴雨，在径流冲刷下，地表黄土很容易被水带走，会导致严重的水土流失。

师：好。今天大家收获都很大，我们接着进行第三组实验（坡度的影响：陡坡/缓坡）。第三小组同学按照任务单上的流程操作，请在操作的过程中注意要将等量的水在不同坡度上进行演示，其他同学继续观察瓶子里水的颜色有何不同？思考此现象又说明了什么。

生：水的浑浊度差异很大。坡度大，则瓶子里水的浑浊度最大。

师：大家发现了瓶子里水的浑浊度和坡度的大小有直接的关系。好，请大家把观察到的现象总结一下，同时思考假如在黄土高原坡度较大的地方，夏季遇到暴雨会带来怎样的影响呢？

生：在黄土高原地形起伏较大的区域，夏季遇到暴雨，由于水的冲刷力，地表的黄土就很容易被水带走，会导致严重的水土流失。

师：同学们通过自己的动手操作体会到了发现问题和探究问题的乐趣，我们接着做最后一个实验（土质的影响：沙土/黏土）。第四小组同学按照任务单上的流程进行操作，请注意，操作的同学同样要加等量的水进行演示，其他同学继续认真观察瓶子里水的颜色有何不同？思考此现象又说明什么。

生：水的浑浊度差异仍然很大。土质越疏松，瓶子里水的浑浊度就越大。

师：同学们又发现什么现象呢？对，水的浑浊度又不一样。说明不同的土质受降水影响的程度不一样。那大家再结合黄土高原的情况进行探究总结。

生：黄土高原土质结构疏松，透水性较强，是导致水土流失的又一个重要原因。

四、交流讨论　归纳整理

同学们都很认真，通过今天的实验，大家直观地了解到和水土流失有关的四大因素，请大家对实验结果进一步交流讨论，归纳和水土流失有关的自然原因。

（四个小组的同学通过实验操作和观察到的现象，进行交流讨论并归纳整理。发现植被覆盖率的高低、降水的强度、坡度的陡缓以及土质的致密和疏松都是导致水土流失的自然原因。）

五、合作探究　得出结论

师：黄土高原以黄土广泛、深厚闻名于世，千沟万壑的地表形态、脆弱的生态环境，是黄土高原地区的基本特征。水土流失是本区面临的主要环境问题，所以通过实验的方式让大家亲身体验并探究导致水土流失的原因是非常必要的，请各小组合作交流，总结归纳得出今天的实验结果。

学生总结实验结论：黄土高原地区面临主要的环境问题是水土流失，造成黄土高原水土流失的自然原因主要有：

（1）植被稀疏，地表缺乏植被保护，一遇暴雨，大量表土被水冲走。

（2）降水集中，夏季多暴雨。

（3）地形起伏较大。

（4）黄土土质结构疏松，透水性较强。

【设计意图】

水土流失最严重的地区知识点是八年级下册第六章第二节《黄土高原——水土流失严重的地区》的重点内容。对于生活在黄土高原的学生而言，在小学自然课上就知道了黄土高原的名称，对黄土高原有很多感性认识，应该说学生对黄土高原有一定的认知基础，但对黄土高原面临深层次的环境问题缺乏理解和阐释的事实依据。在常规的课堂教学中，学生对自然因素（植被、土壤、坡度的陡缓等）等知识的积累比较少，在实践中的体会更少，所以，为了引导学生了解造成黄土高原水土流失的原因，通过创设模拟水土流失的实验，让学生在亲身体验的活动中，通过观察、模拟、实验、记录等实践活动，将独立思考与合作学习相结合，小组学习与交流展示相结合，实践活动与课堂学习相结合，思维活动与操作过程相结合，通过比较、分析、综合等，最终形成学习成果，很好地将知识学习、方法应用、解决问题、能力提升、品格形成、正确价值观确立融合在一个完整的学习过程之中。这有利于增强学生的地理实践能力，促进了学生核心素养的提升。

（案例来源：太原市第三十六中学 张霞萍）

【案例评析】

### 创设实验 自主探究 提升素养

黄土高原是全国水土流失最严重的地区，约有四分之三的土地存在着不同程度的水土流失，本课设计针对造成黄土高原水土流失的原因进行了艺术性的创设。以探究式学习方法为抓手，巧妙设计实验方案，科学创设问题情境，并以多媒体视频的方式展开，激发了学生主动探究的兴趣，在问题的探究中培养学生思维的方法。

首先，精心准备，方案先行。为了让学生借助实验亲自经历学习过程，在问题的探究中培养灵动的思维，教师如果能结合知识特点巧妙设计，课堂就会有意想不到的效果。黄土高原的水土流失以实验的方式切入，课前精心准备实验器具、设计任务卡、提前对学生分组，方案的提前创设是实验成功的重要前提。

其次，教师指导，学生活动。通过多媒体展示黄土高原水土流失的展开，激发了学生的探究兴趣，学生在老师的指导下按照创设的方案积极活动，在发现问题、交流讨论、合作探究的过程中不断发现规律，最后得出结论，老师成为学生学习的引领者、指导者和合作者，真正体现了"学生为主体，教师为主导"的课堂教学原则。

第三，自主探究，提升素养。实验探究活动的主体是学生，学生通过亲身体验、探究思考、归纳总结、自我解决问题，培养了良好的思维品质，能够从地理的视角看待生活中的现象，并用敏锐的注意力和独特的思维探究其成因，有效提高了探究和解决问题的能力，树立了人地协调和可持续发展的观念，同时也增强了区域认知能力。

总之，在教学活动中，结合知识特点进行实验探究，一方面使课堂变得更加有趣而生动，另一方面又能使学生真正成为课堂的主人，从而使学生在主动参与和不断探究中感受获取知识的快乐。不同的学科特点，不同的教学内容，要灵活运用不同的教学方法和策略，提倡探究性学习，培养学生的探究意识，巧妙创设活动，引导和鼓励学生独立思考、自主学习，体验解决地理问题的过程，关注培养学生的学习兴趣、学习能力、创新意识和实践能力，逐步掌握分析和解决地理问题的能力，这正是教师课堂教学智慧的表现。

### 四、综合评述

把一堂课比作一场出色的演出，学生是演奏的能手，教师是高明的指挥。在教学中只有二者和谐统一，教学组织有艺术性，才能以最经济的时间取得最佳的教学效果。通过案例分析，课堂教学组织要注意以下几点：

环环紧扣，循序渐进。课堂教学组织"起承转合"的每一个细节，教师都应缜密思考、精心设计，这样才能真正把一堂课"雕塑"成为美的"艺术品"。教师组织课堂教学，要注意按照学生的认知规律，使教的活动能适应学的活动，以求得师生同步发展。学生掌握知识技术的认知过程一般表现为感知教材、理解教材、巩固教材、运用知识这四个序列性阶段。教师在组织各个阶段教学的过程中，注意要环环相扣、严格要求，并结合教学训练，发展学生相应的感知能力；通过引导学生理解教材，形成科学概念，发展学生的抽象思维能力；通过组织学生学习实践应用和提高知识储备，形成技能、技巧，发展学生综合思维能力。同时，还要做到从感性到理性、从具体到抽象、从个别到一般，循序渐进。只有如此，才能一步一个台阶地提高学生的认识水平。

快慢适宜，疏密相间。教学内容有难易之分，有重点非重点之分，故教师组织教学时，宜突出重点，切忌平均使力，这就要求教师将内容安排得错落有致，重点要突出，难点要分散。为了有效调节学生的疲劳情绪，使其更多地接受教学信息，教学信息的密度也应疏密相间。只有疏密相间地安排教学内容，才能取得理想的效果。

动静搭配，劳逸结合。教师教学组织方式的间隔变换，有助于消除学生的疲劳，保持学生的注意力。教师组织教学时，要巧于安排不同教学方法，使之有动有静，动静结合。教师讲学生听，教师演示学生观摩，教师提问学生回答，教师指导学生练习等教与学的双边活动，应按照科学规律有机地组合搭配起来，使教学组织活动在动静交替中有节奏地进行。

新颖有趣，多样灵活。教师教学组织内容和方法的新颖有趣，是有效引起学生无意注意的心理诱因。教师要想使课堂教学新颖有趣、生动活泼，必须在组织教学时下一番匠心独运的功夫。如在教学训练中，妙趣横生的幽默讲课，精巧设计的训练场面，落落大方的体态，真挚热烈的情感等，无不具有吸引人的魅力，使学生兴趣盎然，使他们的注意、情感、思维受到调控，从而更有效地理解、把握作品的精髓及技巧。

# 第四节　教学表达艺术

## ——对话·交流·共享

教学表达艺术即教学语言艺术。教学语言是教师用于课堂教学的工作用语。它是教师在课堂上根据教学任务，针对特定的学习对象，使用规定的教材，按照一定的方法，在有限的时间内，为达到某种预期的效果而使用的语言。教学语言是教师传道、授业、解惑的重要工具，是教师知识和思想的体现。教学语言有无艺术性，影响课堂教学的效果和学生的学习效率。

## 一、理论要点

### （一）教学表达的概念界定

教学表达艺术是一种专门性的语言艺术，是指教师在课堂教学信息传递的过程中，通过有效的教学语言技能达到最佳教学效果的艺术。高水平的教学语言艺术，既要讲究课堂教学语言艺术手段运用的规范化，也要讲究运用的艺术性，对教学目标的达成具有事半功倍的效果。准确明晰，具有科学性是对教师语言的最基本要求。知识必须借助于科学的语言来表达，因此教师在课堂上讲话必须准确无误，观点鲜明，毫不含糊。

作为教学表达的语言一般可以分为三类：第一类，教师用来组织、调节教学活动，推动教学进程的语言，即组织性语言；第二类，教师用来阐释、提示教材内容、知识原理的语言，即揭示性语言；第三类是评断教材内容和学生行为的评断性语言。

因此，教师在授课时适当运用比喻、拟人、类比、夸张等修辞手法，或引入幽默生动、富有哲理的名言、典故、成语等，可加强教学语言的生动性，提高教学语言的吸引力，使讲授富有趣味性。在广博知识的基础上，教师若能巧妙娴熟地运用有声语言、无声语言和类语言的课堂表达艺术，必然会使课堂气氛张弛有度，课堂内容扣人心弦，使学生处于最佳的精神状态，达到"唯恐聆听之不周，不知铃声之既响"的理想教学境界。

（二）教学表达艺术的基本原则

（1）主导性原则。主导性的教学语言是积极的、能动的，它犹如教师留给学生的路标，能起到提示作用，学生循此可以少走弯路，提高效率。

（2）科学性原则。教学语言的科学性要求教学语言像鲁迅先生说的"用最简练的语言表现最丰富的内容"。

（3）教育性原则。教学语言要文雅、纯洁、有分寸感和教育性。"良言一句三冬暖"，应做到"闲话不闲""笑语有意"，要在语言上为学生做出精神文明的表率。

（4）启发性原则。教学语言的启发性，就是在教学时"用语言把人们的心灵点亮"。教师的教学语言应富有问题性，耐人寻味、发人深思，富有启发性的艺术效果。能给学生留下想象的余地，让学生能由"表"想到"里"，由"个别"想到"一般"，由"因"想到"果"，收到"一石激起千层浪"的效果。也就是说，教学语言应追求张力或弹性美。正如有人总结："教师的语言如钥匙，能打开学生心灵的窗户；如火炬，能照亮学生的未来；如种子，能深埋在学生的心里。"

（5）灵活性原则。教学语言的对象感是很强的，因此要受到学生的年龄特征和个别差异的制约。这就要求教师的教学语言具有机智灵活性，以有效地完成教学任务。

（6）趣味性原则。教学语言的趣味性是指教学语言生动、形象，富于理趣、情趣，能像磁石一样吸引住学生的注意力。

（三）教学表达艺术的类型

1. 根据教学语言的功能性质分类

（1）系统讲授语言

系统讲授语言主要是指教师在课堂教学中以全班学生为对象系统讲解和传授

科学文化知识的教学语言。系统讲授语言可以适用于各级各类学校的各门学科的教学，是教师教学使用最广泛的语言类型。

这类教学语言的特点是：教学语言表达的内容科学性强、专业特点突出；教学语言的形式逻辑性强、系统完整、层次分明，利于学生感知、理解和记忆；教师可以根据学科内容、学生特点预先精心设计、巧妙安排，增强教学语言表达的艺术效果；可以高效率、高质量地完成系统讲解和传授科学文化知识的教学任务，促进学生的知识、技能、品德等方面的发展；能够充分体现教师在教学过程中的主导地位和教学艺术才能，易于形成教师独特鲜明的教学语言艺术风格。

（2）个别辅导语言

个别辅导语言主要是指教师在课内外教学中以个别学生为对象辅导学生学习的教学语言，是提高教学质量、促进所有学生全面发展的不可缺少的语言类型。

这类语言的特点是：个别辅导语言针对性强，利于因材施教，使学生能够了解自己的优缺点；语言形式灵活多变，尽量适应学生的不同要求，一般难于事先设计；个别辅导语言要求精于启发、巧于点拨、善于激励、长于指导；可以帮助学生查缺补漏、解疑释惑，使学生形成正确的学习态度，掌握有效的学习方法，培养良好的学习习惯。

（3）组织协调语言

组织协调语言主要是指教师在教学中组织教学活动、协调教学关系、控制教学进程的语言。组织协调语言又可分为指令语言、商讨语言、衔接语言或称过渡语言、调节语言。通过恰当的褒贬评价，强化或改变学生的学习活动，以调节控制教学进程。

2. 根据教学语言的信息流向分类

（1）单向传输语言

单向传输语言又称独白性语言，是指教师在教学中向学生进行单向输出的语言。

此类教学语言的特点是：语言信息密集、讯道流畅；能较好地体现教师的教学意图；语言传输的效率高、质量好；语言表达过程易于自主调控，因而可以精心设计；要求学生具有相应的语言接收能力；语言效果取决于教师的语言艺术水平高低等。单向传输语言的运用要十分讲求语言表达技巧，增强其语言本身的吸引力，才能激发学生的接收兴趣。

（2）双向对话语言

双向对话语言，是指教师和学生以平等的身份，在民主融洽的气氛下，进行生动活泼的双向对话的语言。双向对话语言常用于课堂问答、个别辅导、交换意见、了解情况等教学活动。其运用要求注意语言的对象特点和对话双方的互相尊重、默契配合。

此类教学语言的特点是：语言的情境性增强，要求教师具备灵活机智的语言应变能力；语言反馈的即时性增强了语言的实际效果；语言主体的平等地位，使师生双方都有了主动参与的积极性；语言信息的不断交换，提供了师生教学相长的可能性；可以增加学生语言实践的机会，锻炼学生思维的灵活性和即时口头表达能力。

（3）多向交流语言

多向交流语言是指教师在教学中有目的地组织学生进行座谈、讨论、争辩的语言。此类教学语言的特点是：教师以主持人的身份，组织和导演教学话剧；教师的语言具有鲜明的主导性和组织功能；语言流程具有不确定性，这增加了教学语言设计的难度；语言信息的多向流通，使教学活动结构呈现立体交叉网络状态；语言气氛的活跃，会激发师生思维的积极性和语言表达的兴趣。

3. 根据教学语言的表达方式分类

（1）说明式语言

说明式语言是指教师在教学中给学生解说事物、剖明事理的语言。它要对事物的形态、性质、构造、成因、种类、功能，或事理的概念、特点、来源、关系、演变等作清晰准确、通俗易懂的解说剖析，以帮助学生加深理解、形成概念。

（2）叙述式语言

叙述式语言是指教师在教学中将科学文化知识内容向学生作较客观的陈述介绍的语言。特别是把人物的活动、经历，事情的发生、发展或事理的变化过程具体表达出来，使学生获得脉络清楚、系统完整的有关知识或事实。

（3）描述式语言

描述式语言是指教师在教学中把有关内容直观形象、生动逼真地描绘出来的语言。其特点是通过摹态传神，使学生如见其人、如闻其声、如临其境，从而丰富感知、加深印象，并受到强烈的艺术感染。

课堂教学语言是落实学科核心素养的核心和关键，在课堂教学过程中，教师要以严谨精练的语言培养学生的解释能力，以幽默风趣的语言培养学生的实证能力，以形象生动的语言培养学生的时空观念，以情感饱满的语言培养学生的家国情怀。发展核心素养的目标客观上要求教师用正确的语音、语义、合乎语法和逻辑的语言，巧妙地调动学生兴趣，引导学生思考，形成科学的认知，培养学生正确的人生观、价值观和世界观。

教学语言还具有"示范"功能，对学生的表达能力会产生影响，特别是教师的教学语言，更有独特的作用。所以为人师者，都应该重视教学语言的艺术，努力使自己的语言准确规范、生动有趣、富有启发性和情感性，从而激发学生勇于表达，善于交流，乐于分享，具备现代社会需要的基本的沟通能力。

## 二、实践智慧

古今中外的著名教育家都很重视教学语言艺术的自觉修养。孔子的教学语言艺术以"雅言"为正音，以"辞达"为目的，以"慎言"为特点，以启发性为追求，多使用语重心长的口头语言和概括性强、富于说服力的哲理思辨语言等形式和风格。我国现代教育史上的一代宗师叶圣陶先生曾著文呼吁："凡是当教师的人绝无例外地要学好语言，才能做好教育工作和教学工作。"俗话说，教师是吃张口饭的，教师要通过自己的语言向学生宣传真理，传授知识，训练能力，培养人格。郭沫若曾有诗云："胸藏万汇凭吞吐，笔有千钧任歙张。"余秋雨也强调："语言表达需要内在素质训练，离开了内在素质，外部技巧的作用十分有限。"课堂教学语言表达艺术的提高更是如此，上乘的课堂语言表达能力是主体学养知能的外化，是主体内外素质的综合反映。

教育家夸美纽斯曾指出："一个能够动听地、明晰地教学的老师，他的声音便该像油一样浸入学生的心里，把知识一道带进去。"苏霍姆林斯基关于教学语言艺术的见解是十分深刻的，他认为"教师的语言是一种什么也代替不了的影响学生心灵的工具"。美国心理学家梅拉宾通过多次实验，总结出这样一个公式：信息总效果=7%的有声语言+38%的语音+55%的面部表情。这个公式列出的百分比是否具有普遍的真理性，我们暂且不论，但它至少可以告诉我们，有声语言、语音和面部表情（类语言和无声语言）对信息的传递同样会产生重要的影响，教师的课堂教学也不例外。教学语言是决定教学成败的关键因素。因此，任何一位教师都应掌握高水平的教学语言艺术，进一步提高自己的语言教学能力，更好地完成教学任务。

1. 亲切热情，礼貌文雅

在教学中，教师的语言要有亲切感，充满感情，礼貌文雅，尊重学生，多说鼓励性的话。

比如，让学生回答问题，尤其是有一定难度的问题时，学生这时一般都比较紧张，教师应用亲切柔和的语调告诉他："不要慌，错了也没关系。"特别是对那些智力较差的学生更要多鼓励，决不能用尖刻的话损伤他们的自尊心。如果他们答对了，教师应用高兴的语气给予表扬。多使用"请""谢谢"这一类的礼貌语言，可使师生关系变得平等、融洽。

2. 词准意切，符合学生特点

口语化的教学语言在语音上的要求，就是提倡使用规范的普通话进行教学，尽量避免过多地使用方言土语。发音要准确，吐字要清晰，流畅自然，娓娓动听，注意抑扬顿挫的声音造型，长句短句错落有致，整句散句变化多姿，巧妙地使用轻声、联绵词和儿化韵，就像一个高超的琴师一样，弹动不同的键钮，奏出一曲动听的乐章，体现出普通话教学的优美悦耳的音乐美。使语言准确清晰的方法有：

（1）清晰地表述概念、原理的不同层次

语词是概念的语言形式，概念是语词的思想内容。对概念内涵的理解，一向是教学中的重点和难点。教师对语词的逐层分析，是使概念清晰可辨的有效方法。如对"规律是物质运动过程中本身固有的本质的必然的联系"，我们就可以划分为如下层次：第一层，规律是一种联系；第二层，规律是一种固有的联系，是一种本质的联系，是一种必然的联系；第三层，归纳规律的客观性、可知性等特性；第四层，通过提问或练习的方式，举例指出规律的外延。这样分层次把握概念，学生容易记忆和理解，运用起来也容易掌握其适用范围。

（2）清晰地表述基础理论的内在逻辑线索

教材中重点、全面阐述的基本理论，由于篇幅比较长，学生对其基本内容和内在联系理解起来要相对容易些。而教材中理论性较强但又不可能详尽阐述的问题，就成为教学难点。如何突破这一难点呢？一般说来，理论性强的内容，其内在的逻辑性也强，应以递进关系逐步展现出来。

（3）清晰地表述知识点之间的区别与联系

教师在讲述一群知识点时，要明确指出不同知识点之间的区别与联系，还必须抓住起主导作用的一点或两点，用一组材料或图表把它们串联起来，使之形成一种立体结构，以便于学生抓住重点。

3. 生动有趣，富有哲理

在教学中采用生动有趣的语言能拨动学生的心弦，激发他们的求知欲，使他们在接受知识的同时得到美的熏陶和思想的启迪。那么怎样才能使语言生动？怎样的语言才具有启发性呢？

（1）善于例证，运用典型材料来说明抽象的理论，把抽象的东西与具体的东西联系起来，可使教学语言生动、具体化。如物理讲惯性定律，用乘车时身体前倾后仰为例来说明，语言就生动有力。

（2）运用比喻，使语言形象生动，引起学生联想。适当引用一些格言、名句、成语、典故、诗词、顺口溜、群众口语、民间谚语、电影、故事、文学艺术语言等，也可使教学变得生动有趣。

（3）中肯。中肯的语言是指话说到问题的点子上、学生的心坎上了。学生最渴望解决的问题，你说中了，提出来了；学生最想知道的事情，你讲到了，回答了——因而能引起他们的兴趣和思考。

（4）含蓄。就是说话时不要把情意全部表达出来，不要道破"天机"。教师语言用得委婉，耐人寻味，让学生有咀嚼和思考的余地，才能发展学生的智力。美国一位心理学家说："我们体验到，在那些使人困惑的情境中，我们被引起的动机最为强烈。假如我们完全解答了我们所面临的问题，全部紧张感就消失了。因为没有什么使人感到兴味，我们不再感兴趣了。"他认为，教师对所有问题都要完全解决了才作罢，这样会破坏学生的持续动机。

（5）诱发。美国教育家哈·曼说："那些不设法勾起学生求知欲望的教学，正如同锤打冰冷的生铁。"的确，如果不设法诱发学生的学习积极性，教学决不会达到预期的效果。教师的语言要像磁石一样，要想方设法"钓"学生的求知欲，善卖关子，创设矛盾，诱导学生寻根究底。

（6）鼓动。"激将法"有时在课堂上也可适当运用。要借助教学语言的外力去激发学生学习和思考，使学生跃跃欲试，勇攀高峰。鼓动性的语言具有感情色彩，铿锵有力，且观点鲜明、态度坚决，能给学生指明方向。

教师不是单纯的知识传声筒，而应是一个有鲜明个性，内心世界丰富充实的"人类灵魂的工程师"的形象。教师要想塑造好学生的个性，首先就应该塑造好自己的形象。相应地，教学语言的个性化就应成为自觉追求的目标之一，教学语言体现出教师的精神力量与个性特点。孔子说："《志》有之：'言以足志，文以足言。'不言，谁知其志？言之无文，行而不远。"孔子认为缺乏文采的语言，自然没有感人的力量，所以也就不会有广泛而深远的影响。这就要求教师自觉地追求教学语言的最优效果："言有尽而意无穷""此时无声胜有声"，在有限中求无限！

语文学科核心素养中有一项是语言的建构与运用。于漪、钱梦龙、李华平等语文名家，具有随时随地追求言语美并进行有效呈现的教学情怀和践行智慧，努力使每一句课堂用语都闪现出别样的智慧光芒。他们的教学实践中，课堂上的提问语、讲授语、点评语、总结语智慧精彩，有力地提升了课堂教学的效率，提升了学生的语文核心素养。

课堂上教师的提问语要方向准确，问得准确，问得有效，做到"有向有效"，因势利导，最大程度激发学生探求知识的欲望和兴趣。

我们一起欣赏钱梦龙老师教学《愚公移山》时的教学片段：

师：大家说说看，这个愚公有多大年纪了？

（生纷纷回答，有人说"九十岁"，有人说"九十不到"）

师：到底是九十，还是不到九十？

生（齐）：不到九十。

师：不到九十？同学们是从哪里看出来的？

生："年且九十"，这句中有个"且"字。

师："且"，对！有的同学读书仔细，有的同学就有些粗心了。那智叟是年轻人吗？

生（齐）：老头。

师：同学们是怎么知道的？

生："智叟"中有"叟"字呀！

师：哦，很好。愚公与智叟都是老头子了。那个遗男有几岁了？

生：七八岁。

师：这又是怎么知道的？

生：由"龀"知道的。

师：噢，"龀"。这个"龀"很难写，你来在黑板上写写看。

（生板书，写得很好）

师："龀"是什么意思？

生：换牙。

这一教学片段中，钱老以年龄为抓手，把对"且""叟""龀"含义的理解巧妙连缀起来，教学效果很明显。钱老的提问语还简洁明了、指向清晰，不仅激发了学生探求新知的欲望和兴趣，还引领学生的思维向深处前行，使课堂教学灵动、鲜活，在一步步追问延伸中让学生的思维在问题中得以发展，令学生所学知识在问答中得以落实。这一教学片段中，钱老的课堂提问立意高远，辐射性强，真正实现了"有向有效"的提问艺术，展现了提问的语言魅力，提高了课堂教学效率。

讲授语要"有识有情"。讲授语言其实就是教师在课堂上进行讲解时所使用的语言，它也是课堂上使用频率最高的语言。课堂讲述语言不但充满诗意、饱含情感，而且具有丰富的知识性。数学教学中偶尔出现几句诗情画意的语言，效果更是不同凡响。据说陈景润的老师曾经用诗一般的语言向学生介绍了哥德巴赫猜想：自然科学的皇后是数学，数学的皇冠是数论，而哥德巴赫猜想则是皇冠上的明珠。他还意味深长地说："昨天晚上，我做了一个梦，梦见你们中的一位同学了不得，他证明了哥德巴赫猜想。"这句话产生了神奇的力量，激励陈景润开启了摘取皇冠明珠的万里长征。他矢志不渝，百折不回，终于创造了数学的辉煌。

点评语要"有位有力"。课堂上的教师点评，是重要的教学环节和必要的教学手段，既可以体现教师对学生学习反馈信息进行捕捉、筛选、概括、评判、提炼和升格的能力，又关乎对学生学习兴趣的培养与学习动力的调动和潜能的激发。课堂上的教师点评，要紧扣文本内容和学生的学习进度、思维深度，做到情感真挚、语言新颖、形式多样，做到"有位有力"，才能驱动学生拾级而上。下面是李华平教授教学《老王》时的精彩点评片段：

师：一般来说，大作家对文字都能进行非常娴熟的驾驭，而且一定会遵循简洁的基本原则，但杨绛却在这里用了"多余的话"，这就是反常。阅读文章时，这种反常之处就是需要我们下力气去研究的地方。这就是语文学习，要仔细分析作者为什么要写这样的"反常"。课文中的"反常"之处还有很多，请看大屏幕——

（屏显）反常：反常规、反常情、反常理。

师：文学作品中的反常，主要表现为反常规、反常情和反常理。文学作品运用语言的基本原则是简明，若不简明就是"反常"。反常情，就是违反人之常情。比如，我给你送礼物，你礼貌地收下并表示感谢就是常情；我给你送礼物，你粗暴地拒绝就是反常。那反常理呢？比如，上课要守纪律是常理，但你却上课不守纪律，这就反常理了。读文学作品，我们就是要抓住文本中这些反常规、反常情和反常理的地方，进行思辨性解读，进而深入文本理解作者表达的深意。这种方法称之为"症候式解读法"。

显然，有关"症候式解读法"的渗透，才是这节课的关键与重头，而李教授也是毫不犹豫地果断点评，强调了重点，引导学生真正获得了"蓦然回首"的成功学习体验。李教授这一环节的点评，语言简洁，语意精当，设计精心，有一种水到渠成的精妙。这一"有位有力"的点评，足见李教授语言表达的真功夫。

明代文学家谢榛在谈及文章的开头和结尾时说："起句当如爆竹，骤响易彻；结句当为撞钟，清音有余。"于漪老师也说："课堂的结尾力求余音缭绕，启发学生继续学习的兴趣。"课堂总结语同样要"有彩有才"。既要使结束语成为课堂学习内容达标和增长学生才能的精彩收束，还要用未解决的悬念问题激发学生继续学习的兴趣，开启学生新的自主学习的进程，创设另一个学习的精彩开始。

## 三、案例赏析

### 案例赏析1

【学科】语文

【年级】八年级

【课题】美丽的颜色

【教学表达艺术片段】

### 教学片段一　速读解题

提问：题目"美丽的颜色"中哪个词应该重读？"美丽"别有深意，有哪些内涵呢？

预设：颜色；美好品质。（板书）

提问：文中写到了居里夫人哪些美好品质呢？试着用四字词语概括一下。温馨提示：要有理有据。（随机板书合理的概括）

预设：学生可能会写出"坚持不懈、积极乐观、热爱科学、不畏艰难"等。

小结：所以"美丽的颜色"既概括了内容，也点明了品质，暗示了文章主题。

【设计意图】

在课堂上有意识地引导和规范学生的语言表达。比如在概括居里夫人的品质时，提出用四字词语来表达，而且要有理有据，这样才能让学生养成根据需要表达的习惯。

### 教学片段二　比读思考

提问：你可能读过一些传记，人物传记有什么共同点呢？

预设：学生可能会谈到写人物生平经历、精神品质等。

引导：那么这篇人物传记有何独特之处呢？

预设：学生会谈到诸如细节描写之类的写人手法，教师应予以肯定，如果不能发现文中引用，则出示PPT中的比较文段。

（出示PPT上删节过的2至7段文字，让学生感受除了典型材料，还引用了居里夫人的话）

活动：学生默读PPT上的文段，关注两篇文字的不同之处是是否有引用的内容。

追问：这种引用是盲目的还是有意图的？

活动：（引导学生关注3、5两段）教师读第3段，学生跟读第5段。

（第3段中写居里夫妇工作条件的恶劣，第5段中引用了居里夫人写过的这样一段话："我们没有钱，没有实验室，而且几乎没有人帮助我们把这件既重要而又困难的工作做好。这像是要由无中创出有来。假如我过学生生活的几年是卡西密尔·德卢斯基从前说的'我的姨妹一生中的英勇岁月'，我可以毫不夸大地说，现在这个时期是我丈夫和我的共同生活中的英勇时期。"学生读后体会居里夫人不畏艰险、热爱科学的精神。）

预设：学生会感受到3、5段是相辅相成的，居里夫人的话使得文章更加真实，人物更饱满。

提问：咱们学以致用，看看下面两段文字（13、14段），体会引用的妙处。

（关注"他们彼此一样，都是为了过这种生活而降生的"。作者艾芙·居里在写居里夫妇研究中面临的困难以及他们所表现出的对科学真挚的热爱，同时也写到了夫妇二人志趣相投。）

（14段中居里夫人的话"像是在梦里一样"，教师可顺势提问"梦一样的生活是什么样的"，学生会深刻体会到客观事实和居里夫人主观感受的强烈反差。他们喝着热茶、享受着科研的过程，然而他们身处的环境何其简陋。学生至此更明确了居里夫妇不是简单地把科学作为一种爱好，而是把科学视为像吃饭、喝茶一样的生活内容，所以无论面对什么，他们都安之若素。）

师生共同总结作用：两种文字相辅为用，使文章更真实，使居里夫人的形象更鲜明，深化了我们对人物的认识

教师小结：所以我们在写人物传记时一方面可以选择典型材料，同时我们可以穿插进传主自己的话，使传记作品更真实、更饱满。

**【设计意图】**

此片段的设计旨在通过提问引发学生思考，让学生在活动中表达自己的看法。

教师在谈到本文的独特之处时，首先让学生思考读者在阅读传记时关注的点，学生很自然地想到了故事和人物精神，教师就顺势让学生思考这篇文章在表现人物时的独特之处。有学生谈到典型事件，有学生谈到细节描写，教师并不予以否认，而是告诉学生这些方法在所有写人类文章中都会用到，那本文当中的独到之处是什么呢，进而出示了两个对比片段，学生很快发现了文中的引述部分。

## 教学片段三 细读升华

提问："美丽的颜色"既指镭的美，也指居里夫人的人格之美，哪句话让你既感受到了镭的美，也领悟到了人格之美呢？（把这句话有感情地朗读出来）

预设：镭不止有"美丽的颜色"，它还自动发光。

引导：这里是第一次出现"美丽的颜色"吗？

（关注17、18两段的对话。教师要求学生分角色朗读，引导该读出的情味。比如"热切"要读得充满柔情，"它"要轻读，读出幻想、神往……）

师引：他们此时身处简陋的棚屋，背后是简陋的仪器，经年累月的研究中两个人不是焦灼地在等待结果，而是像两个孩子一样憧憬着、想象着。从这里你能读出居里夫人身上的什么品格呢？

淡泊名利（板书）

引：这里比埃尔谈到"美丽的颜色"，第20段中居里夫人又提到"美丽的颜色"，第21段再次出现了"美丽的颜色"，你觉得艾芙·居里在这儿再次谈到"美丽的颜色"，她有什么深意呢？

生：居里夫人并不是因为发现了镭才美，而是她的美好品质已经让她闪闪发光。

总结：是的，居里夫人在20世纪的人类史上也是熠熠闪光的，然而这绝不仅仅因为她两次获得诺贝尔奖，而是她淡泊名利，不为声名所累，把追求科学的人生过成了梦境。

（屏显爱因斯坦的话：在世界所有的名人中，玛丽·居里是唯一没有被盛名宠坏的。）

的确，功成名就是一种成功，但真正让人热爱景仰的人生一定是超然物外、淡泊自守的，我们共勉。

【设计意图】

此片段设计力图通过有层次的问题激发学生思考，教会他们阅读文本的方法。比如解题导入时，首先引导学生明确题目中重读的内容，进而初步感知"美丽"的内涵，为分析居里夫人做好铺垫。学生思考这篇传记的特色时，引导学生巧妙"比读"，师生和谐互动，在对比阅读中发现文中的引用，教师顺势抛出问题"艾芙·居里的引用是盲目的还是有意图的呢"，使学生的思维一下子深入到问题的本质，激发了学生的深度思考，由"知其然"到"知其所以然"，符合认知规律。本节课的高潮莫过于对居里夫人精神的深入解读。教师并没有生硬地讲解，而是巧妙设问"美丽的颜色在这儿既指镭的美，又指居里夫人的人格之美，文章中的哪处把这两种美结合到一起了呢？细读文本找出相应语句"。这个问题既巧妙呼应了课堂之始的解题，同时学生在"细读"中能很自然找到居里夫人畅想镭、欣赏镭的文字，而在这个过程中，学生关注居里夫人谈到镭时的神情语气，进而感受到这位伟大的科学家在面对名利时的淡泊。结课时，教师谈到何为成功的人生，以居里夫人的伟大人格给了孩子们很好的启迪。

（案例来源：山西省实验中学　徐文娟）

【案例评析】

## 让表达艺术在课堂熠熠生辉

语文课程标准在课程目标中有这样两段阐述："培养热爱祖国语言文字的情感，增强学习语文的自信心，养成良好的语文学习习惯，初步掌握学习语文的基本方法；能具体明确、文从字顺地表达自己的见闻、体验和想法。"由此可见，在教学中教师在语言表达的引导和示范上责无旁贷。

案例中教师的语言比较简洁凝练，整个课堂没有琐碎的问题，在引导学生方面做到了无疑处生疑，有疑处释疑。教师问题的设置能做到有的放矢且层次清晰。整节课的提问中，教师都围绕"读"来巧妙设问，三个教学片段，问题层层推进，师生间的对话由浅入深，学习状态渐入佳境，利于学生思维品质的培养。在课堂上教师有意识地引导和规范学生的语言表达，以身垂范，潜移默化中让学生养成根据需要表达的习惯。

正如于漪老师所说，语文老师的课堂语言"要像蜜糖一样粘住学生的注意力"，教师的语言表达是高效课堂的基础，课堂上师生之间的互动本质上也是在完成一篇文章，起承转合，前呼后应，要能在提问中让学生感受到阅读同类文章的思路，在引导小结中让学生尽可能获得深入的思考。同时，教师要做好语言表达的示范者，并对学生的语言表达提出相应要求，他们的表达将越发恰当流畅。

## 案例赏析2

【学科】数学

【年级】九年级

【课题】探索三角形相似的条件

【教学表达艺术片段】

（同伴合作）

师：请同桌之间一人画 $\triangle ABC$，一人画 $\triangle A'B'C'$，使得 $\angle A = A' = 30°$，$\angle B = B' = 45°$。

（学生认真画图）

师：请同桌之间互相比较各自所画的两个三角形中，$\angle C$ 与 $\angle C'$ 相等吗？理由是什么？

生：$\angle C = \angle C'$，因为三角形三个内角和等于 $180°$。

师：请各自测量所画的三角形三条边的长度，同时计算 $\dfrac{AB}{A'B'}$，$\dfrac{BC}{B'C'}$，$\dfrac{AC}{A'C'}$ 的值，它们相等吗？

（学生测量，计算，有的同学认为不相等，有的同学认为相等）

师：若大家忽略测量误差带来的影响，大家认为它们的比值相等吗？

生：近似相等。

师：大家再重新画出满足条件的两个三角形，是否发现有相同的结论？

（学生画图，测量，计算）

生：上述结论仍然成立。

师：大家能否提出一个猜想，即满足什么条件的两个三角形相似？

生：两个三角形中，如果有两个角相等，这两个三角形相似。

师：请大家用更加简洁的语言概括你的猜想。

生：两角对应相等，两个三角形相似。

师：如何用符号语言表述上面的猜想呢？

生：在 $\triangle ABC$ 和 $\triangle A'B'C'$ 中，如果 $\angle A = \angle A'$，$\angle B = \angle B'$，那么 $\triangle ABC \backsim \triangle A'B'C'$。

师：能结合下面的图形，证明你的猜想吗？

（学生思考，沉默）

师：要证明上述猜想，依据的是什么呢？

生：相似三角形的定义？

师：根据相似三角形的定义，要证明 $\triangle ABC \backsim \triangle A'B'C'$，需满足几个条件？

生：六个条件，即三个角都相等，三条边都对应成比例。

师：现在能满足几个条件？

生：现在只能满足三个，好像三条边成比例不容易得到。

师：请大家回忆，除了定义外？还有什么定理也能说明两个三角形相似？大家可以查看课本。

（学生回忆，查看课本）

生：前面学过，平行于三角形一边的直线和其他两边相交，所构成的三角形与原三角形相似。

（教师画图）

师：请大家认真观察图1和图2，你能把图1转化为图2吗？大家可以交流各自的看法。

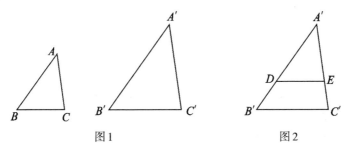

图1        图2

（学生观察，交流）

学生：（欣喜地）噢，老师，我们知道了。可以在 $\triangle A'B'C'$ 的边 $A'B'$ 上截取 $A'D=AB$，过点 $D$ 作 $DE/\!/B'C'$，交 $A'C'$ 于点 $E$。这时可以证明 $\triangle A'DE \cong \triangle ABC$。由于 $\triangle A'DE \backsim \triangle A'B'C'$，所以可以证明 $\triangle A'B'C' \backsim \triangle ABC$。

（教师展示学生的画图，如图3）

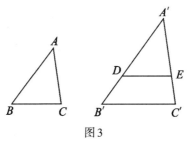

图3

【设计意图】

本节课是在前一节相似三角形定义课的基础上让学生类比三角形全等的条件探索三角形相似的条件之一，即两角对应相等的两个三角形相似。整节课堂教学采用的教学方式是"自主学习—合作探究—展示反馈—点拨提高"四大教学环节。首先引导学生独立思考：判定两个三角形相似，是否一定需要相似三角形定义中的全部条件？接着让学生小组合作逐步探究在分类的基础上由少到多的三角形相似条件，并展示自己的思维过程，充分发表自己的观点，在对话、交流、讨论中生成智慧，相互启发，相互补充，自主完成对三角形相似的判定（一）的构建。最后，通过对问题的分析解决，突破教学难点，强化学生对知识的理解，促进知识的迁移、深化、巩固，进一步完善其知识结构，从而鼓励学生学会用数学的思维发现问题、分析问题和解决问题，真正实施"问题导向、深度思维"的数学活动，促进学生几何直观、推理能力的发展。

（案例来源：太原四十八中　贾俊林）

【案例评析】

### 让"启发性的表达"成为学生顺利完成认知活动的"润滑剂"

教学是师生之间、生生之间互相交往、思维碰撞的过程，而教师高超的表达艺术、富有引导性的教学语言是实现师生之间情感与思想交融联系的纽带。本课是在学习了相似三角形的概念后，探究判定两个三角形相似的条件。教师在教学中采用了富有引导性、启发性的教学语言表达艺术，组织学生由浅入深完成了新知的探究活动。

在本环节教学中，学生虽然借鉴全等三角形的判定建立了探究三角形相似条件的研究结构，但是对于证明探究的结论，却没有可以借鉴的活动经验。为了突破学生的认知障碍，教师采用科学性的表达方式，让学生经历"动手操作—观察猜想—推理证明"活动的全过程。学生在实践操作的过程中建立起直观感性认识，从而提出自己的猜想，而要证明猜想的正确性，推理证明两个三角形三边对应成比例成为关键所在，这是学生最大的认知障碍，也是本节课的难点所在。为了突破这一难点，教师引导学生通过回忆已有认知结构，发现"平行于三角形一边的直线和其他两边相交，所构成的三角形也与原三角形相似"，在此基础上，教师采用"图形直观表达的方式",有意识地将两个图形画在一起,让学生观察、比较、发现这两个图形之间的联系,引导学生通过做平行线的方式,将这两个三角形的相似问题转化为预备定理基本图形,达到了突破教学难点的目的。这种"此时无声胜有声"的表达方式,实现了师生之间智慧与思想的碰撞与融合,因而教师富有引导性、启发性的表达艺术是完成教学任务的关键所在。

## 案例赏析3

【学科】英语

【年级】九年级

【课题】人教版新目标英语 Unit 7 Teenagers should be allowed to choose their own clothes. Section A  Reading: Mom Knows Best.

【教学表达艺术片段】

Step 1  While-reading

The teacher reads the first two parts of the poem with emotion and body language. At the same time, presents some pictures related to the poem. Guides students to read the poem from the aspects of pronunciation, intonation, emotion and expression.

Students listen to the teacher carefully.

【设计意图】

有感情地朗读诗歌的前两节。第一节语速适中、语调平缓,让学生在聆听中体会英文诗歌的节奏和韵律,同时感受诗歌中的母亲对作者无微不至的关爱。第二节内容有明显的矛盾冲突,朗读时语速适当加快,语气加重,让学生在教师的朗读中感受作者的情绪变化。此外,在朗读的过程中注重和学生之间的眼神交流,并借助于图片等多模态表达方式向学生示范不同的感情应有不同的表现形式。

Step 2  Post-reading

Ask students answer the following questions and give them enough time to discuss.

Q1: After reading the whole poem, how do you think the writer feels about his mom?

S1：I think he loves his mom and is thankful for what she has done for him.

T：Excellent. You understand his feeling quite well.

Q2：Think back to the time you spent with your mother, do you think your mother loves you? How do you know that?

S2：I think my mother loves me very much. Whenever I have problems, she always gives me some useful advice patiently.

T：Your mother is kind and experienced, isn't she?

S2：Yes, she is.

Q3：Have you ever done something bad to be against your mother? What is it?

S3：Yes, I have. I sometimes talked back to my mother when I'm not allowed to play computer games.

T：Well, teenagers are not supposed to talk back to their parents, do you agree with me?

S3：Yes, I do. I regret doing that.

Q4：Besides your mother, your father also plays an important role in your life. What do you most want to say to your parents?

S4：Firstly, I want to say sorry to my parents because I often make them angry. Secondly, I want to say "I love you" to them.

T：Good boy. Your parents will be happy if they know your feeling.

【设计意图】

课堂提问贯穿于教学的始终，是教学语言表达的重要方式之一。通过不同结构的问题逐步推进读后活动，从表达作者对母亲的看法，引导学生回忆自己和母亲的相处，问题的设置围绕"走近诗歌—走出诗歌—走进学生生活"和"讲述故事—表达感情"这两条主线展开，激发学生内心对于母爱的理解和对如何表达感恩之情的思考，通过及时的、有针对性的、具有激励性的评价给予学生有效反馈。运用反义疑问句"isn't she?"一般疑问句"do you agree with me?"简略问句"right"？和充满激励的语言"Excellent. / Good boy."等增强学生用英语表达的信心，从而提高其英语口语交际能力。

（案例来源：太原市尖草坪区第二中学　刘艳茹）

【案例评析】

## 声情并茂，引发情感共鸣

一般来说，教学表达方式是师生间交流思想、认识、情感、意图的重要手段，一般分为语言表达和非语言表达。教师只有将情感融入教学中，运用教学表达艺术，才能将教学中的浓浓深情洒满学生心田，和学生产生共鸣，使学生在轻松愉快的学习氛围中获取知识，拓展能力。

本案例中教师通过自己的朗读示范，引导学生体验英文诗歌的韵律和节奏，体验语言之美，再通过语音、语调、语速的变化，引导学生体验作者的情感变化，感知母爱的伟大，让学生沉浸在母子情深的诗句中。同时，让学生清晰地感受到随着年龄增大，作者对母亲态度的变化。在阅读完诗歌之后，教师紧扣学生的生活经验设计了连续追问，启发学生去感受母爱和父爱，并反思自身对待父母的态度，这样做不仅深化了学生对诗歌内容的理解，还能让学生从教师有价值的反馈中反省自己，接受教育，从而发展自我。而教学艺术的基本特点是积极的情感交流，教学是师生双方的协同活动，在此活动中，教师以情育情，处于主导地位，学生在教师语言问答的引导下，充分发挥自身的语言表达优势，凸显其主体地位。

## 案例赏析4

【学科】历史
【年级】七年级下册
【课题】第12课《宋元时期的都市和文化》
【教学表达艺术片段】

一、走进繁荣都市

师：11—12世纪是我国宋元时期，开封、临安的人口达百万，而同一时期的欧洲城市例如伦敦、巴黎不过万人。一般来说，人口接近峰值时，多是经济发展比较好的治世。宋元时期，经济的繁荣极大地促进了城市的发展。这些城市中，不仅农业、手工业、商业十分发达，在社会和文化生活方面也是一派繁华热闹的景象。宋元时期著名的大都市有哪些呢?

生:开封、临安、元朝大都。

师:说起开封的繁华,有一个地方是不可绕过的,那就是大相国寺。大相国寺是开封最繁华的商业中心。

**二、感受市民生活**

师:随着城市的发展,宋代市民阶层日益扩大,市民的文化生活也丰富起来。如果我们生活在宋元时期,要逛街、购物、游玩,能去什么地方?

生1:瓦子。

生2:勾栏。

师:瓦子是什么地方?

生:娱乐兼营商业的地方。

师:勾栏是什么地方?

生:圈出来供演出的地方。

师:为什么叫瓦子?我们来看史料记载:

"瓦舍者,谓其'来时瓦合,去时瓦解'之义,易聚易散也。"

——[宋]吴自牧《梦梁录》

师:哪位同学能为我们解释一下这句话的意思?

生:瓦舍,就是指来的时候像瓦片一样,去的时候临时散开,容易聚集也容易分散。

师:这位同学在关键词解释方面还是比较准确的。之所以叫"瓦子",是因为当时没有一个现成的名称,古人发现人们在聚会游玩时会临时凑起来,结束后便又散开,便将聚会游玩的场所称作"瓦舍""瓦子"。

师补充:"瓦子"最初是临时搭建的,后来逐渐固定下来,修建酒楼、店铺,类似咱们今天的商场。

师:开封城中是什么景象?瓦子当中有哪些活动呢?我们来看《清明上河图》。(播放课件图片)

(学生观看画作,回答)

生1:卖饮食、药材、古玩,表演杂技、说书、唱曲的……

生2:看到人们围在一起,有演出的勾栏。

师：宋代的市民生活到底是什么样子，我们已无法见到，只能从各种记载中管中窥豹。现在，我们来观看电视剧《水浒传》的片段。这段视频是关于北宋都城开封的，比较客观地展示了开封城中瓦子、勾栏的热闹场景。在观看视频的时候，注意观察人们都在做些什么？（播放视频1分50秒）

生1：我看到人们在市场上。

生2：我看到有拔火罐的，可能是医馆，还有算卦的。

生3：我看到有踢足球的。

生4：准确地说是蹴鞠。

生5：我看到有耍杂技的。

生6：我看到有唱曲的。

师：大家的观察很细致，宋代墓葬出土的蹴鞠铜镜和壁画正反映出人们当时丰富多彩的娱乐活动。

三、了解传统节日

师：生活在宋代的市民，不仅日常生活丰富多彩，每逢节日，更是风俗多样，热闹非凡。

师：这周我们刚刚过了清明假期。清明节的习俗是什么？

生1：祭祖，缅怀故去的亲人。

生2：还有吃寒食的习俗。

师：嗯，这正体现了晚辈的孝心、家族的传承，体现了中华民族的传统美德。宋代的传统节日有很多，我们看看史料记载的相关风俗，抢答判断指的是什么节日。判断出是什么节日后直接起立回答，其余方式回答无效。

材料一 开封府放关扑（一种赌戏）三日。……小民虽贫者，亦须新洁衣服，把酒相酬尔。

材料二 用面造枣锢飞燕，……凡新坟皆用此日拜扫，都城人出郊。

材料三 诸店皆卖新酒，……贵家结饰台榭（富贵之家搭建装饰台榭），民间争占酒楼玩月。

——孟元老《东京梦华录》

（学生站立抢答：清明节、春节、中秋节，并对关键词句进行解释）

师：嗯，大家的阅读能力非常强，能够在短时间内完成阅读并得出结论。

师总结：中国的传统节日形式多样，内容丰富多样。这些传统节日无一不是从远古发展而来的。从这些流传至今的节日风俗里，我们可以想象到古代人民社会生活的精彩画面。自2008年起，国家法定节假日中新加了清明、端午、中秋三个传统节日。我们对祖先创造的历史文化遗存，应该加以保护，并使其发扬光大，保护我们的传统节日，就是保护我们的"精神家园"。这是我们历史的责任。

【设计意图】

英国史学家汤因比说："如果让我选择，我愿意活在中国的宋朝。"对多数人而言，宋元时期繁华的都市景象和丰富的文化生活几乎停留在《清明上河图》、诗词或者文物图片、文字叙述中。如何让这些平面的叙述变得立体形象，帮助学生更好地认识当时城市生活的景象，是教学设计的出发点。

本教学片段聚焦"繁华的都市生活"，分别从宋元时期的大都市、市民文化生活和传统节日三方面展开。

其中第二部分市民生活这一重点问题充分利用文字、图片和影视作品勾勒出"瓦子"的形象。

1. 学生通过自主学习知道宋代娱乐兼营商业的场所是"瓦子"，但对"瓦子"名称的来源不明确，是学习的盲区，教师此处设置关于"瓦子"的史料，使学生了解了"瓦子"的来源与商业市场有关，为下一环节的活动开展做好铺垫。

2.《清明上河图》既是开封当年繁华的见证，也是北宋城市风貌的写照，是了解宋代城市发展面貌最好的情境素材。通过展现画中场景，让学生深入其中观察，把提取的信息用自己的语言表达出来，教师适时参与交流对话，在师生对话中形成对城市市民丰富多彩生活的写照。此外，让学生观看文物、蹴鞠、铜镜和壁画，形成史料作品与艺术作品的相互印证，树立史料实证的学科素养。

在第三部分传统节日教学，通过出示史料中关于宋代节日风俗的记载，设置抢答环节，丰富课堂教学形式，活跃课堂气氛。要求学生说出判断节日的依据，训练了学生阅读史料、提取信息的能力。在轻松愉悦的对话交流中增强了学生对中华民族传统文化的认同与尊重，增强了民族自信心和自豪感，突出了家国情怀的学科素养。

（案例来源：太原市迎泽区朝阳中学　王晓蕊）

【案例评析】

## 在多样化的历史场景中与古人共情

基于情境、问题导向、深度思维、高度参与的课堂教学模式是当前教学改革的导向。本节课教师本着"用教材教"而不是"教教材"的原则，依据课标创造性地灵活使用教材进行教学设计。课堂是实施教学设计的基础场合，教师将教学内容表达呈现，学生通过思考、理解进而认识、认可教师所传授的知识，即信服教师的教学内容并形成自己的认识。这就要求教师在教学中立足学情，准确清晰地表达教学内容。

教学表达艺术应包括"教"的表达和"学"的表达，其中前者是手段，后者是目标。本教学片段内容为繁华的都市生活。教师创设生动的场景，采用了多种表达方式，通过精彩的讲解、身临其境的对话、观看影视作品、符合时代特征的文献资料等多种情境载体，一边向学生展示宋代丰富多彩的市民生活景象，一边在深入其生活中与古人共情。教师选取了《清明上河图》这一反映宋代城市面貌的代表作品，和《水浒传》这部以宋朝历史为创作背景的影视作品，二者分别以平面和立体的方式，向学生展示了宋代都市生活的繁华，最后辅以文物佐证，体现了史料实证学科素养。学生在感受丰富多彩的市民生活中通过自我发言、交流对话，不仅使课堂气氛活跃，而且还加深了对传统文化的理解，站在今天的角度，拉近历史与现实的距离，达到与古人共情。

## 案例赏析5

【学科】化学

【年级】九年级

【课题】第四单元课题4《化学式与化合价》第一课时

【教学表达艺术片段】

师：Bonjour（法语"你们好"的意思），（富有激情地）你们知道我说的是什么意思吗？（面带微笑）

生：（一脸疑惑，不知所云）不知道。

展示水的图片（投影）。

师：（微笑地）我在用法语向大家问好，可见语言的障碍带来了交流的不便。我们化学上也会有这样的情况，第三单元我们共同学习了自然界的水，知道水是由氢元素和氧元素组成的。我们中国人用"方块字"表示水，英国人用"water"表示水，日本人用"みず"（学生们也跟着说）表示水，法国人用"l'eau"（学生们也跟着说）表示水，韩国人用"물"（学生们也跟着说，并发出惊讶声，脸上洋溢着笑容，感到很新鲜）表示水。这样不仅给我们的交流带来不便，而且也不能让我们看出水的组成，那化学上有没有一种方法，既能表示水的组成又可以让全世界的人都能看懂呢？

生：（大家异口同声说）$H_2O$。

师：我们给它起名为"化学式"（大声并放慢速度说），今天我们就来一起学习用化学式表示物质的方法，课题2化学式与化合价。这节课主要研究化学式的相关内容（口述并板书）。

环节一　化学式的定义

师：生活中我们经常见到化学式，你在哪里见过化学式呢？（听到我的问题，学生们积极思考）

生：在矿泉水瓶上，在药品说明书上，在某些食品的外包装上……（大家情绪高涨，争先恐后地回答）

展示图片（投影）。（大家瞪大眼睛聚精会神地看大屏幕上的图片）

师：正如大家所说，生活中有很多这样的例子，比如化妆品的外包装上、一些食物标识上、药品说明书上，以及试剂瓶的标签上都有化学式。那什么是化学式呢？请大家看看这些物质的化学式有什么组成要素？它们是用来表示什么的？你能不能给化学式下一个定义呢？（听到问题后同学们陷入思考）

生：（结合图片中的化学式，一位学生脱口而出，生怕别人抢了先）我觉得化学式是由英文字母和数字组成的式子。（大家大笑）（由于大家笑，所以意识到自己的错误，于是自己更正）哦，是由元素符号和数字组成的式子。

生：化学式是用元素符号和数字表示物质组成的式子。（大家一起说）

环节二　化学式的含义

师：化学式除了可以表示物质以外，你知道它还有其他含义吗？（大家再一次陷入思考。这个问题比先前的有深度，学生们脸上都写满了"问号"）

活动与探究：学生以五人小组为单位，通过观察盒中小药瓶里的水，小药瓶标签上水的化学式 $H_2O$ 以及水分子模型（教师展示相应图片），体会水的化学式 $H_2O$ 与宏观物质水及微观水分子之间的联系，思考化学式 $H_2O$ 可以表示什么，将讨论结果写在导学提纲上。

（学生小组活动。教师审行观察同学们的活动并进行适当指导。学生们积极参加小组活动，分工明确，认真思考，讨论热烈。但也有一些学生对球棍模型比较感兴趣，所以玩了起来，在教师的要求检点下也能积极投身活动探究。）

师：（微笑地）活动探究结束，谁愿意代表你们小组将你们探究的结果和大家分享？

生：可以表示一个分子，还可以表示这种物质的组成，可以表示构成分子的种类和个数，还可以表示这种物质。（学生自信满满地说，教师给这个孩子竖起了大拇指，这时全班同学报以热烈的掌声，回答问题的孩子露出了自信的笑容）

师：（用准确、精练的语言总结）当我们一看到化学式 $H_2O$ 就会想到宏观物质水，同时由于水是由无数个水分子构成的，$H_2O$ 还表示一个水分子，可见化学式是宏观物质与微观粒子的桥梁和纽带，这也是化学式的魅力所在。

师：接下来我们一起做个练习。

（教师展示有关 $CO_2$ 的图片）

师：化学式 $CO_2$ 有哪些含义？（提示：我们看到化学式应该从宏观和微观两个角度去考虑其含义）

生：（非常熟练地回答）可以表示二氧化碳这种物质，可以表示二氧化碳是由碳元素和氧元素组成的，还可以表示一个二氧化碳分子，也可以表示一个二氧化碳分子是由一个碳原子和两个氧原子构成的。

（教师展示一瓶酒精和乙醇分子模型，提问 $C_2H_5OH$ 的含义）

生：可以表示乙醇这种物质，可以表示乙醇是由碳元素、氢元素和氧元素组成的，还可以表示一个乙醇分子，也可以表示一个乙醇分子是由两个碳原子、六个氢原子和一个氧原子构成的。（学生们会纠结乙醇分子中的氢原子为什么不写在一起，本例可以直接给 $C_2H_6O$，避免冲淡主题）

师：我们可以继续提高难度吗？你们愿意接受挑战吗？（大家都表示没问题）

阅读药品说明书，诺氟沙星的化学式为 $C_{16}H_{18}FN_3O_3$，其含义是什么？

生：可以表示诺氟沙星这种物质，可以表示诺氟沙星是由碳元素、氢元素、氟元素、氮元素和氧元素组成的，可以表示诺氟沙星的一个分子，还可以表示一个诺氟沙星分子是由十六个碳原子、十八个氢原子、一个氟原子、三个氮原子和三个氧原子构成的。

【设计意图】

化学式是表示物质组成和构成的一种特有表达方式，是化学学科独有的一种语言。本节课整体依据"为什么要学化学式""化学式是什么""化学式的内涵"及"化学式是怎么来的"（理科的WWWH设计意图）进行设计。

导入部分设计突出了为什么要学习化学式。用法语问好的新颖表达一下子将学生的眼球吸引住，让孩子们快速地进入"化学式"学习。随后对"水"用不同国家语言的表达，更牢牢抓住学生的心理，使学生明白用统一语言进行表达对交流、沟通的重要性，水到渠成地揭示出学习化学式的意义之一——便于大家的交流。

环节一"化学式的定义（即化学式是什么）"的表达设计是以学生生活中的情景素材——矿泉水瓶上的标签、药品说明书、食品的外包装等为依托，教师用启发式、层递式设问表达充分调动学生学习的主动性和积极性，帮助学生理解化学式，体验化学与社会的紧密联系。最终用简练精准的语言表达化学式的概念，为让学生能用规范、准确的语言进行总结作出很好的示范。

环节二"化学式的含义"（即深度揭示化学式的内涵）的表达设计主旨在于用简洁明了的语言布置任务——用实物、模型、化学式符号联系起来思考化学式的含义，让学生准确领会教师的意图，从而达到"每当遇到化学式，就会从宏观和微观角度思考其意义"的自觉行为。在这个环节尤其要注意表达的精准性，要给学生做好示范——宏观、微观两个层面如何精准规范描述化学式的含义。同时通过激励性语言，不断地激发学生不畏困难、挑战自我的学习斗志，从中也让学生深入体验到学习化学式对一个合格公民的意义。

（案例来源：山西省实验中学　白伟）

【案例评析】

## 明了凝练的表达是目标达成的捷径

教学的艺术就是懂得如何引导，教学语言如果是积极的、能动的，就犹如留给学生的路标，能起到提示作用，学生循此可以少走弯路，提高效率。本节课题多数教师课堂上的化学式教学存在文本化教学的倾向，也就是说把化学式当作"字"来认，脱离具体的化学物质，脱离物质的微观构成，造成学生记不住、写不对的现象。所以本节课执教教师在表达的设计上，让学生领悟到了学习化学式的方法是用球棍模型、实物体验化学式宏微两个层面的含义，而不是机械地记忆。化学式是化学学科中的一种符号、一种语言，很抽象，离开实物，离开微观的分子、原子便没有任何意义，正是意识到这点，所以教师通过选用生活中的乒乓球、小棍、小球等玩具组成了各种分子模型，用生动形象的语言打比方，使抽象的问题形象化，使学生对化学式的微观含义理解得更加深刻，从而能用准确的语言描述化学式的含义。在设计化学式宏观含义的学习中，表达时不忘展示宏观实物，让学生很容易看到化学式就想到对应的实物，看到实物就想到如何用化学式表示实物。通过宏微两个角度的感知，学生能够深切体会到化学式是连接宏观和微观世界的桥梁与纽带。

## 案例赏析6

【学科】物理
【年级】八年级
【课题】第十章第三节《沉浮条件》
【教学表达艺术片段】

引入：生活多姿多彩，现象变化万千，现象背后必有规律。我们一起来观看一组实验现象。

1. 播放视频"鉴别鸡蛋新鲜程度的方法"。
2. 演示"水果放入水中"的实验。

3. 展示煮饺子的过程图：

师：浸在水中的物体都会受到浮力的作用，但是有的物体会上浮，有的却会下沉，这是为什么呢？

师：什么因素决定了物体在水中是沉在水底，还是浮在水面上的呢？物体在液体中的沉浮到底跟哪些因素有关呢？

师：水果完全浸在水中，为什么放手后，有些水果上升到水面，有些沉在水底？分析物体的运动就需要分析物体的_____。

生1：原本的运动状态。

生2：受力情况。

师：你桌上的书本之所以能静止在书桌上，是因为什么呢？

生1：是因为受到了平衡力。

生2：是因为它原来就是静止状态。

师：分析物体的运动需要分析物体的受力情况和它原来的运动状态。

师：放手时，水果受哪些力的作用呢？

生3：浮力、压力。

生4：重力。

师：有同学提到了"浮力"，又提到了"压力"。感谢这两位同学的提醒和帮助，希望每个同学都能提醒别人。

师：请思考压力的施力物体和受力物体分别是谁？

生：水是施力物体，物体是受力物体。

师：那么水对物体有哪个方向的压力呢？

生1：各个方向都受到压力。

生2：压力表现出来的就是浮力。

师：所以，放到水中的物体，松开手之后，受几个力呢？

生：重力和浮力。

师：浸没在水中的水果松开手后，为什么有的沉下去了，有的浮上来了呢？

生：当 $F_浮 > G_物$ 时，物体上浮；当 $F_浮 < G_物$ 时，物体下沉。

师：当 $F_浮 = G_物$ 时，物体的状态叫悬浮。

师：同学们，这才是最有价值和意义的学习，我们在学习过程中不要怕遇到困难，一步步解决困难的过程，正是锻炼我们的大脑和思维能力的过程，也是我们一步步成长的过程，祝贺大家又进步了！

师：根据浮力与重力的关系，我们分析一下煮饺子的过程吧？

（1）沉在水底的饺子：$F_浮$____$G_饺$（填">""<"或"="）。

（2）加热过程中，$G_饺$_____，$F_浮$_____（填"增大""减小"或"不变"）。

（3）漂在水面时，$F_浮$____$G_饺$（填">""<"或"="）。

【设计意图】

从"煮饺子"这一生活现象切入，通过创设真实的生活情境，激发学生学习的兴趣。课堂中，用类比的方法构建新知识体系，创设一系列问题，引导学生将知识迁移到日常学习中，学以致用，架起知识与实际生活之间的桥梁，提高知识迁移应用能力。让枯燥的知识进入生动的现实中，激发学生学习兴趣，师生在对话、交流、表达中有效达成教学目标。

（案例来源：晋中榆社县教研室　孔建斌）

【案例评析】

### 精彩表达，引领课堂

课堂问答的关键在于问题的设置。其一，问题的设置应有针对性，即针对学生原有的想法、观念和思维惯性等设置问题，引发认知冲突；其二，问题的提出应有恰当的思维度，让学生"跳一跳，摸得到"，使学生既不至于无从下手，也不会觉得没有挑战性，过难和过易的问题既不利于学生的学习，也不利于调动学生的积极性。本节课问题的设置在具备了以上两个特征的基础上，教师与学生的表达便成为问题解决的关键，二者围绕问题的一问一答中，显示出教师语文表达的准确性和逻辑性，学生在其引导下，逐步形成问题解决的思维过程。

在语言的情境性中，教师灵活机智的语言应变能力，语言的即时反馈，增强了语言的实际效果；语言主体的平等地位，使师生双方都有了主动参与的积极性；语言信息的不断交换使得师生教学相长，即时的激励评价又培养了学生克服困难、勇于探索的科学精神。只有让学生明白、理解的表达，才能正确传递教师的任务，只有能激发学生学习兴趣的语言才能够唤醒学生内在的求知欲，才能让学习更有趣、更有效。

### 四、综合评论

教师的语言表达是教师教学的基本功和必要素养，是教学艺术中的重要组成部分。教师的语言表达是沟通师生心灵的桥梁，是帮助学生打开知识宝库的钥匙，是点燃学生智慧之光的火种，是播撒在学生心田的种子。凡是当教师的人绝无例外地要学好语言，才能做好教育工作和教学工作。

课堂教学过程的语言表达贯穿于导入、提问、阐释、评价和结束等各个环节，教学过程语言贯穿课前、课中和课后小结等各个环节，对学生准确掌握知识非常重要。

导入语的表达就像一幕戏剧的开场白，不管是采用谈话式、启发式、故事悬念式等任何一种形式，都要做到自然流畅，言简意赅，都要引人入胜，以趣入境，或者以情入境，或者以奇入境，或者设置悬念，要能激发学生学习的欲望和兴趣。常见的导入语形式有温故知新式、直观导入式、设置悬念式和故事导入式等几种形式。巧妙的导入能使学生进入课堂情境，与教师产生情感共鸣。

提问语的表达是调动学生思考和教学检测的手段，主要有识记性问题、理解性问题和开放性问题等。提问要有计划性、层次性、启发性和挑战性，对设问的难易度、密度、数量以及提问的对象都要在备课时进行综合考量，让不同层次的学生回答不同的问题，让每个回答问题的学生都能享受到成功的愉悦。

阐释语（讲授语）的表达是教师在课堂教学中运用最广泛的教学语言，也是使用频率最高的语言。阐释语对语言叙述或描述的精准程度要求较高。

评价语是指在课堂教学中通过激励或者批评来沟通思想的语言，是反映教师教学基本功的要素之一。评价性语言要独特，要有针对性，做到符合学生的个性特征，切忌千篇一律。教师在课堂上对学生恰当的评价、适当的赞许与鼓励，能让学生产生良好的情感体验，从而轻松愉悦地学习，积极主动地思考，在和谐的情感交互中掌握知识。

结束语是教师在教学过程中对一节课或一个问题的总结性语言。结束语的表达要简明扼要，提纲挈领，画龙点睛，让学生巩固知识，理清思路，从感性认识上升到理性认识，让学生在轻松的气氛中明确重点，掌握主线和关键内容，建构知识体系。

如果说"准确"是语言表达的第一境界，"生动"是语言表达的第二境界，那么"妙趣"当是语言表达的更高境界了。妙趣的语言总是因其新颖的形式、巧妙的组合、特有的情趣而散发出"味之者无极，闻之者动心"的独特魅力。有位教育学家曾经说过，运用语言和游泳、打乒乓球没有本质的区别。任何能力都需要实际操作，也就是说熟能生巧。因此，我们每一位教师都应该把良好的语言表达作为孜孜不倦的追求，不断提高自我的语言运用水平，形成幽默风趣、明快轻松、朴实严谨的教学语言，以期实现教师最终的自我价值。

教师应在教学中不断总结探索语言运用的规律，努力追求语言的艺术，从而形成各具鲜明特色的教学语言风格。

# 第五节　教学应对艺术

## ——机智·智慧·修养

　　教学工作具有很强的不确定性，教学情境是不断变化的，学生也是多变的，所以教师在这种不断的变化中面临着众多的挑战。教师要在不断变化的教学情境中积极地去应对这种不确定性，就需要充分展现自己的智慧，正如马克思·范梅南所说的"展现智慧的人似乎都具有在复杂微妙的情境中迅速地、十分有把握地和恰当地行动的能力"。很多时候，很多事件的处理与应对蕴含着可贵的教育智慧。

## 一、理论要点

　　德国教育家第斯多惠认为："教学艺术不在于传授本领，而在于激励、唤醒和鼓舞。"课堂教学是师生间相互激励与启发的过程，是师生双边活动的过程。学生的差异性导致他们在课堂教学中的表现必然千差万别，同时，受到外界环境的影响，课堂教学出现意外情况总是难免的。这时，教师应当因势利导，灵活处理这些突发事件，一方面保证课堂教学的顺利进行，另一方面，将意外事件转化为预设之外的意外生成。这就需要教师具备敏锐的观察、迅速的判断、及时的反应和机智处理问题的能力，运用好课堂教学的应变艺术，使课堂教学有序进行。那么如何进行教学应对呢？

　　（一）教学应对艺术的基本原则

　　1. 及时性原则

　　意外事件发生时，教师要对学生所反馈的信息立即做出反应，迅速找到处理问题的方式，最大化地减少负面影响，如果合适的话，还可以将其转化为对教学有利的因素。课堂教学是课前预设好的一系列有序活动的实施过程，是一个动态的过程，任何一个环节出了问题都会直接影响后续教学环节的进行。因此，要及时处理教学中的意外事件，将学生的注意力重新吸引到教学中。

2. 有效性原则

课堂中出现意外事件时，首先要对其做出理性的判断，辨别学生行为是真实的意外，还是故意为之，在处理时要有"度"，既不夸大问题，也不回避问题；既保护学生的自尊心，还要有助于学生从中有所启示。

3. 发展性原则

"一切为了学生的发展"是新一轮课程改革的根本理念。学生是发展中的人，而且学生的发展是全面发展，包括知识、技能、情感、价值观等方面的发展。教学不仅是知识与技能积累与提升的过程，更是学生身心成长和发展的过程。因此，在遭遇突发状况时，要用发展的眼光来处理，通过因势利导，启发、引导学生进行积极的思考，参与到问题解决中，共同找到解决问题的途径，促进学生的健康发展。

4. 平等性原则

新课程理念倡导的学生观注重与学生的平等对话。学生是鲜活的个体，而且是不依附于教师的独立的个体。在这一理念下，教师不再是高高在上的权威，而是与学生一起经历学习的参与者、引导者、组织者。因此，意外事件发生时，要尊重学生的人格，保护学生的自尊心，不讽刺、挖苦学生，要通过正面、积极的引导，使学生不受拘束，保持平等与和谐、自由与开放的氛围，启发学生在问题中学习和成长。

5. 自然性原则

教学应对的诱因是教学过程中的偶发事件，它看似教学计划之外的"节外生枝"，但却是一种具体的实践行动，发生于真实的教学情境中。在这个情境中，机智的教师能将它转化为鲜活的教学资源，临场挖掘出有意义的教育内容，自然地融合到自己的教学中去，不露痕迹地为学生营造一个和谐、自然、温暖、愉快的生理和心理氛围，"有可能将一个没有成效的、没有希望的，甚至有危害的情境转换成一个在教育意义上积极的事件"。

（二）教学应对艺术的类型特点

1. 应对教师自身失误

所谓"智者千虑，必有一失"，课堂教学是一种极其复杂的创造性劳动，即使课前准备得十分充分，课堂上仍免不了出现一些无法预料的失误，如：口误——不小心说错话，或者讲解有误；笔误——板书时出现书写错误；教态失误——书本或粉笔掉落、教具演示不当……遇到这类失误时，教师首先要坦然面对，其次要及时纠错，不能因为顾及身份而给学生传递错误信息，还可以通过自我解嘲化解尴尬场面。

2. 应对学生质疑提问

在课堂上，学生在教师的指导下，无论是认知还是思维方面都在不断发展，尤其是青少年，他们思维敏捷，视野开阔，敢于质疑，极具探究精神，有时会提出一些教师意想不到的问题。而这些问题，可能是学生因为自己想不出答案而提出，也可能是故意而为之，无论是哪种情况，面对学生的提问，教师都应积极回应。首先，引导学生先说出自己的想法，以此来判断学生对这一问题的认知程度，同时还可以判断其提问意图。然后，积极调动自己的知识储备，寻找问题的答案，力争给出学生满意的答复。另外还可以通过提出与之相关的启发性的问题，引导学生对问题进行深入思考，自己探寻问题的答案。除此之外，如果是有价值、有一定尝试性的问题，这无疑是课堂生成教学求之不得的。面对富有价值的生成资源，教师不应拘泥于预设的教学进程，而应及时捕捉并理智纳入教学中，可以把问题交给全班学生一起来讨论解决。

3. 应对学生失当行为

失当行为也可以称之为课堂问题行为，是指课堂上所出现的影响和干扰教学进程的行为，它既包括学生违反课堂纪律的行为，如迟到早退、互相吵闹、恶作剧等，还包括学生学习过程中因逆反、羞怯等心理所造成的不良学习行为。对于这些行为，教师不能急于下结论或粗暴处置，而是要根据导致行为的原因和影响程度用适当的方式加以制止，在解决问题的同时，既要注意保护学生的自尊心，也要让他们认识到自己的行为对课堂教学所造成的不良影响，同时引导他们学会自我管理，有意识地约束自己的行为。

4. 应对教学环境变化

课堂教学需要稳定和谐的环境，但有时会出现一些偶然因素的干扰如噪声干扰等。面对外界因素的干扰，教师可以有意识地去忽视，把影响降到最低，如果无法做到，可以通过借题发挥、因势利导等方式进行处理，如引导学生猜测正在发生的事件，或者根据学科特点进行相关的知识拓展等。

（三）教师应对艺术的修炼策略

著名教学艺术家于漪在谈及自己的教学艺术创造经验时时常提到"修炼"一词，这个词本是道家术语，指修养练功。于老师将其引申为一个教师须勤学苦练，方能达到最高的境界，她说："成为艺术家之先必有一个勤学苦练的阶段，只有勤学苦练，多方实践，天长日久，方能力到功成，挥洒自如。"教学需要教育智慧，"教育的智慧主要体现在教师与学生相处时的关心取向上。这与其说是某种可观察到的行为表现，不如说是一种主动建立起来的关系方式"。教育智慧是教师在不断变化的教育情境中随机应变的技能，是教师对意想不到的情境进行崭新的、出乎意料的塑造，将教学活动中的所谓小事变得有意义，这样的教育智慧就可以在学生心中留下较深刻的印象。面对复杂的教育情境，教师该如何修炼自己的教学智慧呢？

1. 基于教学实践，勤于反思总结

教学是一种艺术活动，面对独立的学生个体，教师需要创造性地开展工作。苏霍姆林斯基说过："提高教育技巧——这首先是要自己进修，付出个人的努力，来提高劳动的素养，首先是思想的素养，没有个人的思考，没有对自己的劳动寻根究底的研究精神，那么任何提高教学法的工作都是不可思议的。"因此，教学机智的闪现与深厚的专业背景是密不可分的。其次要通过提高思维力与应变能力，培养处理教学突发事件的机智。教学机智不是实践经验的简单积累，如果一个教师仅仅满足于获得经验而不对经验进行深入的思考，就不可能有什么改进，教师应当善于从经验反思中吸取教益。美国心理学家波斯纳曾提出了教师成长的公式：成长=经验+反思。在教学实践中，面对层出不穷的教学事件，必须创生各种各样的应对措施，对于这些亲历的教学琐事，要对它们进行反思和提炼，把它们作为"事件文本"去解读、分析、反观、提升，这样不仅能改善和丰富实践性知识，使思想的自由度、探索性与创造性得到拓展，提升教师的自主、自尊和自信，还能把模糊的行为清晰化，平凡的琐事意义化，逐渐形成自己解决问题的策略。只有将加强自己的教学理论学习与反思教学实践能力的培养有机地结合起来，在教学实践中减少盲目性、随意性、片面性，增强教学实践活动的理论性、科学性、全面性，只有通过对教学实践的不断反思，面对特殊情况才能产生教学智慧。

2. 培养教育情感，强化育人价值

教育情感是教师对自己所从事的教育教学活动发自内心的体验和感受，是教育者与受教育者、与真知、与教育事业三个对象之间关系的反映。教育者对教育事业的热爱、对学生的关爱、对真善美的追求，共同构成了教育者的教育情感。教育情感是教学机智的创造动力。面对课堂教学的突发事件，只有具有深厚教育情感的教师才能抱着"以人为本"的态度，以一种善意对待学生的心态，不受干扰、不带偏见，时刻从学生的角度出发解决问题，着眼于学生的发展，充分考虑自己的教学行为对学生的影响，保护学生的自尊心，宽严相济，引导学生朝着健康、向上的方向发展。此外，只有对教育事业有强烈责任感的教师才能全身心地投入到教育教学工作中，更全面、更深刻地认识教育教学中意外事件的价值，从中探求学生的思想动向，抓住契机，达到适时育人的目的。

3. 加强沟通交流，促进共同成长

教学机智的养成需要教师自身的积极反思和总结，同时也需要保持开放的心态，不能局限在自己的教室里，而应该放眼于所有与教育教学相关的活动中，以及所有从事教育教学工作的人，通过彼此观摩与反馈等方式，互相学习新的教学模式或修正已有的教学技巧与策略。加强与其他教师的沟通与交流有助于教师开阔思路，在思想、信念、态度等方面互相促进，改变封闭、保守的心智模式，以"旁观者"的角度互相启发，更有助于将教学机智的隐性特质显性化，从而促进自我反思，提升处理意外事件的应对机智。要达到这一目标，可以通过校内教研、校际交流等方式，建立多样化的校本教师学习共同体，通过教师多方位的对话交流，发现和分享教育教学的最佳实践；构建专家引领的组织学习机制；建立学校内部的资源共享平台来积累和传播教师的实践经验与成果。

（四）教学应对艺术的智慧共享

教学过程是一个千变万化、充满挑战的过程。教学内容的变化性和教学情境的复杂性，学生作为鲜活的生命个体，在身心发展水平、思想认识和道德情感上所表现出的差异性等，决定了课堂教学中必然会发生各种各样意想不到的偶发事件。教学应对艺术是极富创造性的活动，它没有固定的方法可套用，需要教师因时、因境、因人等灵活机智地从众多可以采用的应对艺术策略中选择最佳的策略，使课堂偶发事件的应对策略具有艺术性。教学应对艺术一方面是一种教学技巧，另一方面也折射出教师思想的深度，是教师核心观念的深度和教师教学素养的综合表现。

1. 教师的品德修养决定教师教学机智的品位和格调

教师的人格境界、对教学工作的态度、对学生的情感等，对教师的教学行为和策略的选择都有很大的影响。高品位教育是用爱和责任构建的，没有爱和责任，就没有教育。在应对偶发事件时，应渗透教师对学生的爱和责任，以探求和发现学生的思想动向和潜在的动机，因势利导，变事件为契机，达到育人的目的。

2. 教师的知识结构决定教学机智的层次

教师所具备的知识存储量、广度和深度、系统性以及各种知识之间的联系，为教师在教学中应对偶发事件提供了支持。精深的专业知识、广博的文化知识和深厚的教育科学理论，能使教师在复杂多变的教学情境中发现并读懂教学中的困难和学生表现出的各种困难，并进行机智有效地处理。

3. 教师的思维特征决定教学机智的广度

教师敏锐的思维、对教育情境独特的敏感程度决定着教师对教育情境和教育时机的利用能力。课堂教学的存在是动态的、充满偶发性的、不连续的，每节课的情境都是独特的、不可复制的，其中蕴含着丰富的教育时机，教师如果没有敏锐的思维，没有对独特情境的敏感性，就不能从复杂的情境中分辨出富有教育意义的因素，不能及时理解学生的内心情感，不能对学生的各种情绪信息做出正确的判断和有效的处理。

4. 教师的反思能力决定教学机智的深度

教师对教学实践的反思能力是教学机智得以丰富和提高的重要途径，教师对过去的教学经历进行反思和体验，能丰富教师的教学经历，有助于教师从中吸取教学智慧。教师对于具有经验意义的问题进行理解与反思，以此为基础，就能理解或接近理解在那个经历中所隐含的意义体验，从而在未来的教育情境中能更加机智地、富有思想地采取行动。

教学智慧是由突发事件、特殊情况和意外情况"逼"出来的，更主要的是在教学过程中教师的智慧水平，这种展示常常伴随着教学过程中的方法、内容、技能等，使教学成为一种艺术，蕴含着丰富的人文性，需要创造性地开展工作，它没有最好，只有更好。

## 二、实践智慧

苏霍姆林斯基说过："教育的技巧并不在于能预见课的所有细节，而在于根据当时的具体情况，巧妙地在学中不知不觉做出相应的变动。在教育教学中要善于运用自己的智慧，灵活机敏地处理一些事件，幽默含蓄地扭转尴尬局面，以形成自己独特的教学风格。"

（一）尊重学生，因势利导

许多教学中的偶发事件都会使教师冒出智慧的火花，这正是极好的教育教学契机。这时，只要我们尊重学生，因势利导，就会带来意想不到的教学效果。如有位教师在讲授小学数学第四册第五单元《万以内数的认识》第二节"10 000以内数的认识"时，在学生"感受1 000有多大"这一教学环节中，有这样一个片段：

师：我们全校有多少学生，你们知道吗？

生：不知道。

师：那好，老师告诉你们，我们学校有900多人。这900多人我们可以把它近似为多少呢？

生：1 000。

师：多少所这样的学校学生总数大约是10 000人呢？

生：（很快回答）10所。

有一个学生站起来说："11所。"同学们发出"啊"的一声，表示不理解和不赞成。发言的学生脸上出现了窘迫的表情，头慢慢低下去了，多么好的不同答案呀！老师走到他身边，鼓励他："没关系，你是怎么想的，能说说吗？"在老师语言和眼神的鼓励下，他站起来说："刚才老师不是说有900多人吗？我想：10所这样的学校总人数是9 000多，再加上一所就到1万了。"老师随即问：大家说说，有道理吗？在得到学生的肯定之后，自信又重新回到他的脸上。

该学生的回答激活了大家的思维，下一个问题："从我们学校走到公路边大约有 1 000 米，要走多少个来回大约是 10 000 呢？"学生纷纷发表了自己的观点，有的说"10 个来回"，有的说"11 个来回"，还有的说"9 个来回。老师，刚才你说大约是 1 000 米，大约就是不一定，有可能不到 1 000，有可能是 1 000 多"。多好的估算能力呀！

如果学生出现了不同答案时，老师把它看成是胡言乱语、自作聪明的话，那就压抑了学生的聪明才智，挫伤了他的自尊心和积极性，甚至会造成学生的逆反心理和对立情绪。

敏锐的观察力，准确的判断力，适当的措施，及时的调节，都是随机应变能力。一名教师要掌握应变能力，提高教学艺术水平，需要在实践中不断积累经验，积累多种案例和"处方"，可以说经验越丰富，遇到意外事件心中就越有底，就可以"处变不惊"。因此，教育机智就是掌握多样的教育方式，理解其中每一种方式的特点，并善于灵活运用它们的技巧。综上所述，教育机智、应变能力是教师在职业道德和文化修养基础上发出来的智慧火花，它像文学家的灵感一样，是勤奋探究和积累的结晶。

（二）巧妙化解突发事件

教学突发事件发生时，或手足无措，或粗暴压制，或尴尬难堪，如此种种"都难登教学应变艺术的大雅之堂"。真正的教学应变艺术具有巧妙性特征，也就是说教师不仅要通过恰当的策略消解教学中偶发事件的消极影响，而且要化消极为积极，或者给学生以深刻的启发教育，或者通过幽默的语言活跃课堂气氛，或者产生令人回味悠长的延伸效果等，如此种种都可以看作教学应变艺术巧妙性的表现。

例如，有一次古希腊大哲学家芝诺的学生问他："老师你掌握的知识数倍于我们，你回答问题十分正确，可是为什么您对自己的解答也常常怀疑呢？"很显然，这个问题很难回答，因为其中包含着"知识数倍于我们"与"对自己的解答也常常怀疑"之间的矛盾。芝诺反应非常敏锐，他用手杖在沙地上画了大小两个圆圈，说："大圆圈的面积是我的知识，小圆圈的面积是你们的知识，显然我的知识比你们的知识多，所以你们提的问题我能回答，这两个圆圈之外是你我无知的部分，大圈的周长比小圈的长，当然我无知的范围也比你们大，这就是我要常怀疑的原因。"芝诺敏捷的思维、巧妙的回答，既解答了学生心中的疑问，又适时地对学生进行了教育，其虚怀若谷的气度值得后世教师效而仿之，而其巧妙的教学应变艺术同样令人赞叹不已!

## 三、案例赏析

### 案例赏析1

【学科】化学

【年级】九年级上册

【课题】人教版第三单元课题2《原子的结构》第一课时

【教学应对艺术片段】

1. 放眼世界，创设问题情景

师：（PPT展示浩瀚宇宙中的美丽地球图片）我们的世界很大很大，世界是物质的。（PPT呈现氧原子直径数据）物质世界又可以很小很小，物质是由分子、原子等微小粒子构成的。古希腊哲学家德谟克里特和英国科学家道尔顿都认为构成物质的微小粒子——原子（手持一个实心小球）是一个密不可分的实心球体。

生：（倾听，形成问题）原子是否是一个实心球体，原子的结构是什么样子的？

2. 重温历史，初建原子模型

师：原子是一个实心球体吗？请同学们一起观看视频《人类对原子的认识》。

（播放短视频：1897年，英国科学家汤姆生通过低压下气体放电产生阴极射线的实验发现了电子并提出原子模型；1977年，英国科学家卢瑟福通过$\alpha$粒子散射实验发现了原子核并提出原子模型）

生：（观看视频）通过原子发现的化学史实，知道原子是由原子核和核外电子构成的。

师：同学们，你们想象的原子是什么样子呢？请画在笔记本上。

（学生畅想原子结构，画出自己想象中的原子结构模型）

（学生交流展示，介绍自己想象中的原子模型）

师：（评价）同学们眼中的原子结构还真是独特，科学家们也是这样，通过对物质世界的探索，再加上无限的想象力，才揭开了物质构成的奥秘。

3. 自主阅读，认识原子的结构

师：下面请同学们阅读课本第53页，学习目前科学家们认识到的原子结构模型。

学生自主阅读课文（时间3分钟），认识原子的结构。

师：原子是个实心球体吗？

生：（果断回答）不是。

师：那么，原子的内部结构是什么样子的呢？下面，请说说你们的认识。（PPT展示课本中的原子构成示意图，组织学生讨论）

生：（交流展示从图中所获得的原子结构的信息）原子是由质子、中子和核外电子构成的。

师：（倾听、小结并板书原子的结构）中子是构成原子的最小粒子吗？（问题拓展）

生：（迅速回答）不是，科普书中说中子里面还有夸克！

师：（倾听、点评）说得对！科学家对原子结构的认识还在不断的探索中，物质的构成还是一个秘密，等着同学们去探索。

生：原子核居于原子中心，电子在核外。

师：（倾听、点评）电子在核外做高速运动，速度相当快。

生：每一个质子带一个单位的正电荷，每一个电子带一个单位的负电荷，中子不带电。

师：（倾听、点评）观察真仔细，找到了原子中各个粒子所带电荷的电性与电量。原子所带的正电荷也叫作核电荷数。（板书）（触摸身边的物品）物质并不"带电"，可构成物质的粒子却可能带着电荷，那么构成物质的粒子原子为什么不显电性呢？

生：（思考）原子核所带的正电荷与核外电子所带的负电荷总数一样。

师：（倾听、点评、板书）在原子里，质子数=核电荷数=核外电子数。

生：原子的直径约为$10^{-10}$米，原子核的直径为$10^{-15}\sim10^{-14}$米。

师：（倾听、追问）由数据我们可以得出什么结论呢？

生：原子很小，原子核更小！

师：（追问）原子的直径大约是原子核直径的多少倍呀？

生：（口算）$10^4 \sim 10^5$ 倍。

师：（倾听、点评）这些数据可以告诉我们原子的体积很小。（解释说明）打个比方，如果我们把原子放大到乒乓球那么大，就相当于把乒乓球放大到地球那么大。如果我们把原子看作是一个体育场，那么原子核就相当于是体育场里的一只小蚂蚁！

（学生十分惊讶）

师：（追问）原子及其构成粒子的体积都很小，那么它们的质量如何呢？请同学们分析数据，寻找答案。（PPT展示表格，指导学生阅读课本表3-2构成原子的粒子的质量）

生：质量很小。

师：（追问）质子、中子、电子的质量都很小，再比较一下这些数据，你又能得出什么结论？

生：质子和中子的质量差不多，电子质量最小。

师：质子和中子的质量相差不多，中子略微大一点，电子的质量很小，可见，原子的质量主要集中在原子核上。（板书）看来那只体育场里的小蚂蚁，体积虽小，但其质量相对于电子而言，在原子里算是很大了！

（学生倾听、体会）

师：请同学们再读一读课本第53页的表3-1几种原子的构成。（组织学生交流讨论活动）

生：（自主阅读、讨论交流）氢原子中没有中子。

师：看来不是每个原子中都含有中子。氢原子中有1个质子和1个核外电子，氢原子是最小的原子。

生：原子内部质子数和中子数不一定相等。

生：原子中质子数和电子数相同。

师：同学们分析得很全面。

【设计意图】

本课题是"物质构成奥秘"中重要的一部分，是概念教学课。本课教学对学生的主要发展点是帮助学生建立正确的微粒观，通过建立原子结构等，逐步建构认识模型，从而能从微观角度认识物质，并能应用于对物质变化等问题的解释。

1. 对发散思维中开放性问题的有效应对

教与学辩证统一规律是化学教学的根本规律。课堂教学是师生双边活动的过程，开放性问题的设置有助于学生发散思维的培养，但开放性问题必定会有学生开放性的答案。如本课题中活动环节2，基于学生自主阅读课文，让其回答"原子的内部结构是什么样子的"。为了能让学生在解答时形成开放性答案，此教学环节先播放了有关原子结构的化学发展史的视频，目的是激发学生对原子结构的学习兴趣，学生可通过阅读课文提取关键信息，回答问题。基于此教学设计，在实际教学中学生回答此问题时说得比较多，但答案往往零散且缺少角度，缺乏对获取有关知识的概括总结。此时，教师在应对回答时要善于仔细倾听，通过师生交流、学生同伴补充等方式，对学生的答案进行概括、小结并点拨思考角度。如根据学生有关原子核直径、原子直径等方面的回答，鼓励学生比较数据、分析数据，从而得出原子核和原子结构体积大小的关系，使学生对原子结构的认识更加立体化。同时，教师采用打比方的方法"原子——原子核""体育场——小蚂蚁"，增强了学生对空间的想象。通过对学生答案的细致分析，建构学生对原子结构的多角度认识，使学生通过交流讨论活动，反思个人自主阅读信息、分析问题中存在的不足，丰富对图片信息的挖掘，提升自主阅读能力，让学生在阅读中思考，在思考中学习。此外，也能充分提升教师在教学活动中灵活应对学生开放性答案的能力，同时让教师在课堂中的"讲"做到减量不减质。

2. 对课堂达标检测中学生暴露出的问题的深度思考与有效应对

学然后知不足，课堂达标检测能及时有效发现教师的"教"与学生"学"中所存在的问题，使教师及时应对，有效解决问题，并能深度思考，不断优化教学设计，形成非常重要的课堂教学技能。教学设计虽然经过反复推敲，但学生"日新月异"，教师在实践中还是会遇到各种问题。本课中就遇到了同一个问题三个教学平行班都出现大面积错答的情况，看似是学生审题不清，但细细反思，寻找学生的思维过程及思维难点，不难发现是教学设计上的遗漏。本课教学设计从环节1重温历史初建原子结构模型，到环节2自主阅读，认识原子的结构，教学设计侧重学生对原子结构的一般认识，但对于原子与原子的区别却缺少设计，因而学生对原子结构的差异性认识不够，这也为后续课程中，理解不同原子性质不同和物质的多样性造成一定的障碍。此外，学生在回答练习3时，不能以氧原子为例具体分析，恰恰体现了学生思维的单一，缺少灵活性，即缺乏求同和求异兼容，正向和逆向、横向与纵向交叉等思维品质，这正是我们在教学中需要精心设计，学生需要进一步提升的能力训练点。

（案例来源：太原市第五中学校　陈志宏）

【案例评析】

有发现才有应对，要应对需有智慧

1. 有发现才有应对。课堂是核心素养转化落实的"主战场"，核心素养落地课堂，需要教师在课堂中有敏锐的观察力。没有及时有效的课堂达标检测，精准的检测题设计与实施，我们很难发现"教"与"学"中的问题，也就谈不上"应对"。在以学生为主体的"学堂"中，在学生学习、纠错、讨论中善于发现学生思维的难点，并能及时有效应对，才能不仅在逻辑中，也在反复实践中提升学生的思维品质。

2. 执教教师应对的硬核实力是强大的学科思维内涵。"凡事预则立，不预则废"，自如地应对课堂中可能遇到的各种问题，重在从学生思维层面进行深度解决。教师教学设计需从具体性知识传授向核心观念建构转变，从概念解析为本逐步向基于学生认识发展转变。初中学生的思维发展、物质认识模型还处在较低阶段，因此教学设计需要循序渐进，重在创设富有趣味的教学情境，激发学生学习兴趣。如本节课中的视频观看、原子结构模型的大胆畅想、课本自主阅读、简单表格数据的分析、基于课本材料的有效拓展等活动环节，或让学生们感受科学家的探索历程，或使其进行过程性体验，激起了学生学习的需求，驱动学生建立概念。但教学设计的内驱力还是人类对原子结构的认识方法，即共性与个性、宏观与微观、现象与本质的内在联系。

古人云："学起于思，思源于疑。"实践中的"质疑"使教学设计轨迹不断改变，碰撞出师生共进的思维火花，充满灵动的课堂思维是教学中自如应对的源泉。

## 案例赏析2

【学科】历史

【年级】八年级上册

【课题】第六单元第18课《从九一八事变到西安事变》

【教学应对艺术片段】

### 西安事变

教师过渡：华北危急！中华民族危急！此时中日民族矛盾已经上升为中国社会的主要矛盾，中华民族到了最危险的时候！在这千钧一发之际，上演出了惊心动魄的一幕——西安事变。这次"兵谏"震惊全世界，当时的报界称张杨把天戳了个大窟窿。南京方面是乱作一团，亲日派何应钦组织"讨伐军"前进到了离西安86公里的华县，并派飞机轰炸西安郊区。消息传到上海，公证债券市场猛跌停盘。而古城西安到处都是公审蒋介石的口号和标语。错综复杂的形势，使张杨两位将军焦虑万分、进退两难，中国社会面临新的重大抉择。现在请同学们出谋划策，你认为如何处置蒋介石呢？是杀，还是放？为什么？请表明自己的态度，并充分说明理由。

学生异口同声回答：放蒋。

面对学生不假思索的答案，教师追问：为什么？

学生回答：杀了他国民党就会群龙无首，国家陷于纷争四起、群雄割据的局面。如此一来，日本便有机可乘，进而独霸中国。

预设的课堂讨论陷入僵局，教师迷惑：学生们难道全部都这么宽宏大量，不去计较蒋介石以前对共产党人犯下的血债吗？难道没有其他处置蒋介石的不同意见吗？

生1：我主张杀蒋，因为在十年内战中，蒋介石杀害了成千上万的共产党人和革命群众，西安事变捉住了蒋介石，就是杀他一百次也不解心头之恨。

生2：放蒋，因为蒋介石是国民政府的最高统帅，他的地位在中国暂时是无人可以代替的。如果给蒋介石留一条活路，国民党内亲英美派就有可能答应停止内战，尽快建立抗日民族统一战线。

生3：杀了蒋介石还有共产党的军队去抗日啊。

生4：可是当时中国的经济和军事都比日本落后，必须全民族抗日才有胜利的希望。所以必须放蒋。

经过激烈的讨论，最后学生一起回答：放蒋。

教师总结：经过辩论，同学们都认为应该放蒋，英雄所见略同，中国共产党也认为应该放了蒋介石。因此西安事变的最终结果是？

学生回答：和平解决。

教师过渡：在中日民族矛盾上升为主要矛盾，中华民族面临亡国灭种的紧要关头，和平解决西安事变是中国人唯一的正确选择。和平解决西安事变，谁在中间起到了关键作用？

学生回答：中国共产党。

教师用富有激情的语言过渡：十年内战中，蒋介石共杀了31万共产党人和百万爱国群众。可以说共产党与蒋介石有着血海深仇，共产党又何尝不想将蒋介石绳之以法！但为了抗日救国，为了民族大义，共产党放下党派恩怨，对蒋以德报怨，最终促成西安事变的和平解决。西安事变改变了中国历史，中国由此实现了从国内战争到全国抗战的伟大转变，从而为抗战的最终胜利奠定基础。但也正是因为这次事件，张学良和杨虎城的个人命运发生了彻底的转变。西安事变和平解决后，张学良被蒋介石监禁终生。而杨虎城的命运更加坎坷，在1949年，年仅56岁的杨虎城被蒋介石秘密杀害。

教师提问：从张杨发动西安事变到个人命运的改变，结合西安事变的解决方式，谈谈正确的利益观应该是什么？（提示：个人利益与民族利益的关系）

学生异口同声回答：民族利益高于一切！

面对课堂讨论再次陷入僵局，教师追问：那个人利益呢？

学生回答：但要承认每个人的个人利益！

教师继续追问：那当个人利益和民族利益发生冲突时，又该怎么办？

学生回答：当个人利益与民族利益发生冲突的时候，大家必须遵从民族利益，维护民族利益，只有这样个人利益才能真正得到保护！

教师总结升华：从九一八事变到西安事变，始终贯穿着个人利益与民族利益的种种矛盾冲突。九一八事变发生后，蒋介石为了实现自己的个人利益而放弃了民族利益，当民族利益受损时，蒋介石的个人利益同样受损，所以才会有西安事变的爆发。发动西安事变的张学良、杨虎城在中华民族生死存亡的危急时刻，面对国家民族与个人的利益的抉择，他们毅然抛却个人的利益，以牺牲个人的生命和自由，换取中华民族的利益，不愧是伟大的爱国者，是中华民族的"千古功臣"！西安事变发生后，中国共产党放弃党派利益之争，从全民族的利益出发，提出和平解决西安事变的主张，从而挽救了中国的命运。

【设计意图】

　　在预设课堂时，本环节设计了两次课堂讨论，但在课堂生成中，问题抛出后，课堂讨论就陷入僵局，学生根据经验直接把历史结论说了出来，这样课堂讨论就没有了价值。反映出问题的背后是学生对于问题的条件反射，而不是真正理解了历史结论背后的深刻内涵。应对这样的突发事件，教师及时进行了教学调整和引导，从而激发了学生思考的火花，将课堂讨论继续下去，活跃了课堂气氛，使课堂因讨论而精彩。更重要的是指导学生学会站在历史角度、用历史的思维方式思考和解决历史问题，充分体现学生学习的主体性和主动性，突破本课难点的同时让学生从历史史实当中感受到国家和民族利益高于个人利益，培养学生民族大义重于一切的利益观，从而激发学生爱国主义精神和民族责任感。

（案例来源：太原第十二中学　杨清河）

【案例评析】

### 让问题讨论更契合学生的需要

　　八年级学生好奇心和好胜心强，关注热点，具有表现欲望，因此教师关于"和平解决西安事变"设计了两次课堂讨论，旨在创造机会让学生积极参与课堂活动，发挥学生学习的主动性。然而在课堂生成的过程中，并没有达到预想的效果，原因是八年级学生通过新闻、影视等媒体，对和平解决西安事变都有所了解，有一定的历史知识储备；只是知识零散不够系统，尚未形成完整的知识结构，特别是对重大历史事件的分析尚缺乏理性思考。面对这样的突发情况，教师做了相应的引导和说明，引导学生继续参加到教学活动中来，真正发挥了学生的主体作用，让学生去说、去想、去悟，不仅真正学到知识，而且情感得到升华。

　　本课内容包括九一八事变、华北危机和西安事变三部分，教师在教学中力求贯彻"一课一中心"的教学理念，把教学重点的三个历史事变的发生、发展、影响归结到一条暗含的主线，就是在民族危亡的紧要关头，中国各阶层最终都以民族利益为重，一致对外。通过史实感知民族利益高于个人利益，民族大义重于一切的利益观，体验爱国主义情感。通过课堂讨论和教师的引导帮助学生理性地看待历史事物，形成正确的历史观、价值观、利益观，使学生的情感融入课堂。

当然，在今后的教学中教师还要努力做到让学生学会学习、享受学习、感悟学习，多给学生思考的时间，更多地发挥学生的主动性，并在此过程中提升学生的人文素养。

## 案例赏析3

【学科】英语

【年级】八年级上册

【课题】人教版新目标英语 Unit 3 I'm more outgoing than my sister. 第一课时

【教学应对艺术片段】

（听力活动结束，学生运用比较结构就 Tina 和 Tara 的信息进行交流后）

T：Tina is different from Tara in some ways. How are you different from your friends?

Work in groups. Talk about the differences between each other.

【设计意图】

我们鼓励学生大胆地说英语、用英语，在实际运用中领悟和理解语言形式，通过创设真实的语言任务让学生用英语完成各种真实的与生活学习相关的任务，从而培养学生运用英语的能力。本环节要求学生在真实的情境中，运用目标语言及相关词汇熟练描述自己和同学的特点，加深同学间的了解，增进同学间的友谊。

5分钟后，几个小组展示讨论结果。

Xu Xiaoming：Zhang Zheng is shorter than me，Wang Qian is fatter than me. She is a fat pig.

（王倩很生气，几乎要哭了。其他学生看着我。虽然我也生气，想要批评他，但还是克制了自己，因为我意识到这个阶段正是学生人生观、价值观、世界观形成的关键时候，而且他们自尊心极强，因势利导要比一味地批评更容易打动他们。）

T: You are brave enough to be the first one to share your descriptions. And there's no grammatical mistakes in your sentences. However, when we communicate with others, it's important to express properly and try not to hurt others. Besides, there must be something good when we think about a person. Though Wang Qian is a little heavy, but she runs faster than most of you. She won first prize in the sports meeting last month. We're proud of her, aren't we?

（学生们陷入片刻的沉寂，尤其是刚才发言的徐小明。然后他们齐声回答："Yes."）

T: I guess you want to say something to Wang Qian.

Xu Xiaoming: I'm sorry, Wang Qian. I think you are smarter than me.

（其他同学也开始相继发言）

S2: Wang Qian is helpful and we like her very much.

S4: Wang Qian studies harder than me.

S5: Wang Qian is more friendly than me.

（此时的王倩早已忘了之前的不愉快，也加入活动行列）

【设计意图】

课堂上难免会有偶发事件发生，如果处理不当会影响教学。王倩和徐小明都处于青春期，都很在意来自同伴和师长的评价，同时也有很强的自尊心，因此，对于徐小明的"恶作剧"，既不能简单批评，也不能放任不管。我抓住时机，教育孩子们运用恰当的语言评价别人，发现别人的闪光点，在恰当纠正徐小明错误行为的同时，保护了他参与课堂的积极性，也及时维护了王倩的自尊心。

（这时我忽然灵机一动，何不让同学们根据班上同学的实际情况做一个"Who is he or she"的游戏？借此来加深同学们之间的了解）

T: We have known each other for more than one year. But do you really know your classmates very well? Let's play a guessing game!

大家顿时兴致高昂，纷纷出题。

S6: She is shy. She is taller than Zhou Yutian, but is shorter than Wang Qian. She sings more beautifully than me. Who is she?

大家环顾全班，七嘴八舌地开始猜测，掀起了本课的又一高潮。

**【设计意图】**

这个"猜猜他（她）是谁"的游戏是预设之外的活动，目的是经过前面的小插曲之后让同学们学会观察和发现同学们身上的优点和长处，同时还激发学生创造性地运用所学的目标语言，巩固所学知识。

（案例来源：太原市尖草坪区实验中学 胡剑英）

**【案例评析】**

### 爱心与智慧并存

加拿大现象学教育学大师马克斯·范梅南认为"教育机智与其说是一种知识，不如说是对孩子们的关心"。新课标倡导从关注学科到关注人，抓住契机对学生进行思想教育，处处以人为本。教师只有关注学生，才会有教育智慧的生成，才会有课堂教学机智的发展。

在本案例中，教师需要应对的是学生的失当行为。教师在处理学生嘲笑同学这一事件时，没有粗暴地批评，而是充分考虑到青少年的心理特征，他们对于外界的评价很敏感，同时又渴望得到同伴和师长的认可。徐小明也许希望自己的回答得到老师和同学的关注，但是他没有考虑到王倩的感受，因此，教师首先肯定徐小明积极回答问题且句子正确，然后再从语用的恰当性和交际礼仪的角度引导他去关注语言的语用功能，同时提醒他和全班同学在交际中要考虑自己语言的得体性，既要关注表达的准确性，还要考虑他人的感受，并且要善于发现他人的优点和长处。教师化解这一尴尬事件的艺术就在于她及时地渗透了英语"语用"这一知识，既保护了学生的自尊心，又帮助他们树立了自信心，最后通过猜谜游戏既巩固了目标语言，又增进了同学之间的了解。

### 案例赏析4

**【学科】**数学

**【年级】**九年级

**【课题】**锐角三角函数

**【教学应对艺术片段】**

师：如图，在 $\triangle ABC$ 中，$D$ 为边 $AB$ 的中点，$\sin B = \dfrac{1}{2}$，则 $AC = CD$ 吗？

生：（异口同声）相等。

师：为什么相等？大家能说明 $AC$ 与 $CD$ 相等的理由吗？

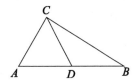

生：$\because$　$\sin B = \dfrac{1}{2}$，$\therefore$　$\angle B = 30°$。根据题意，$\triangle ABC$

是直角三角形，由 $\sin B = \dfrac{1}{2}$，所以 $AC = \dfrac{1}{2} AB$。又因为 $CD$ 是斜边 $AB$ 上的中线，

所以 $CD = \dfrac{1}{2} AB$，所以 $AC = CD$。

师：你从什么地方推理得到 $\triangle ABC$ 是直角三角形的呢？能说说你的理由吗？

生：因为 $\sin B = \dfrac{1}{2}$，所以可得 $\angle B = 30°$，$\angle A = 60°$，所以 $\angle ACB = 90°$。

师：为什么 $\angle A = 60°$？

生：直角三角形的两锐角互余。

师：根据现在的推理条件，$\triangle ABC$ 是直角三角形吗？如果是，还需要"因为

$\sin B = \dfrac{1}{2}$，所以可得 $\angle B = 30°$，$\angle A = 60°$，所以 $\angle ACB = 90°$"吗？

生：根据锐角三角函数的定义，在直角三角形中，一个锐角对边与邻边的比叫作正弦，所以 $\triangle ABC$ 就是直角三角形。

师：不错，正弦的定义记得很准确。但是，如果在一个 $\triangle DEF$ 中，$\angle D = 30°$，$\angle E = 70°$，$\angle F = 80°$，请问 $\sin D$ 的值是多少呢？

生：$\sin D = \dfrac{1}{2}$。哦，老师，我明白了，一个锐角的三角函数值只与这个角的大小有关，与三角形的形状无关，直角三角形只是我们在认识锐角三角函数时的辅助图形。这道题目中，我们只能得到 $\angle B = 30°$，但不能得到 $\angle A = 60°$。

【设计意图】

教师的教学应对行为是教师教学机智的重要表现，反映教师的专业水平。在教学实践中，我们常会看到这样的现象，面对学生日益增长的探索需求、不断鲜明的个性发展以及一些偶发问题和特殊表现，教师往往不能及时调整自己，采取正确的教育行为。本案例中，面对学生对三角函数 $\sin B = \dfrac{1}{2}$ 的理解有误，认为

可直接得到直角三角形，教师的教学应对采用追问的形式，及时让学生慢慢悟出矛盾所在，帮助学生理解一个锐角的三角函数值只与这个角的大小有关，与三角形的形状无关，让学生理解了概念的本质，养成理性思维、批判质疑的习惯。因此，恰到好处的教学应对行为非常关键。

（案例来源：太原第五中学　李鹏）

【案例评析】

## 课堂因"智慧的应对艺术"而精彩

课堂因预设而有序，因生成而精彩。教学中难免出现预设之外的情况，当意外发生时，教师是智慧而有艺术的应对，抓住机会因势利导，还是避重就轻，让学生的学习一切按照教师的预设套路走下去，这反映了教师不同的应对艺术水平。数学课程标准中指出，教学中要处理好"预设和生成的关系，……教师在实施课堂教学中，师生双方的互动往往会'生成'一些新的教学资源，这就需要教师能够及时把握，艺术决策，适时调整预案，使教学活动收到更好的效果"。无论是教师还是学生，都是具有个性特征的生命体，不同的个性与认知水平决定了学生难免在问题的认识上出现偏差，但是我们决不能将学生的错误一棍子打死，一些看似不可思议的错误，其背后往往有合理的成分存在。因而，当课堂上出现突发情况时，教师要艺术地应对，引导学生积极思考，参与到问题的解决过程当中。本案例就是授课者在锐角三角函数的教学中，艺术地利用学生的错误资源，启发诱导学生打开了迷津。本案例中，由于学生对锐角三角函数的概念认识不清晰，受惯性思维的影响，学生直觉上认为$\triangle ABC$是直角三角形，出现了错误认识，但是教师并没有抛弃学生的错误，而是理性地将这种错误资源利用起来，及时介入学生的思维活动，逐步引导学生走向错误认识的症结所在，打开了学生认识上的迷津。

## 案例赏析5

【学科】语文
【年级】八年级
【课题】登勃朗峰

【教学应对艺术片段】

## 实录一　学生分歧应对

师：看到《登勃朗峰》这个题目，你预设作者会写些什么？

生1：攀登的困难。

生2：沿途的风景。

生3：登顶的感受。

生4：经过的地点。

师：看来大家已经掌握了游记的基本写作思路。一篇游记，游踪、游观、游感三要素必不可少。下面请同学们迅速跳读课文，勾画、梳理作者的游踪。

生5：作者从马蒂尼出发，取道黑首，抵达高地，到达阿冉提村，最后回到了沙蒙尼旅馆。

生6：我认为还需要补充作者抵达高地之后，继续拾级而上，爬上了峰顶。接着才是前往阿冉提村。

师：两位同学在此处有了分歧，究竟谁对谁错呢？你们能否各自说说理由。

生5：文中表明游踪的短语分别是"取道黑首""抵达高地""在一道呈V字形山口的中间""逗留高地"，没有发现具体的文字能表明作者已经爬上了峰顶。

生6："我们拾级而上""最后仿佛独踞苍穹"证明作者不断攀登，最终到达了峰顶，所以才能看到周围群峰的景色。

师：两位同学说得好像都有道理。可是我们应该听谁的呢？请大家自读2—5自然段，认真思考。

生7：作者写到勃朗峰是"白雪穹顶"，可是他没有对峰顶的雪景进行细致地描写，所以他没有登上过峰顶。

生8：作者应该是站在山脚下抬头仰望峰顶，攀爬过程中距离峰顶越来越近，然后就看到了"仿佛独踞苍穹的景色"。生活中，当我们站在摩天大楼下面，仰望其顶端，也会产生同样的感受。

生9：勃朗峰是阿尔卑斯山最高的山峰，作者站在山中高地亦可以俯视周围的小山峰，并非登顶才能做到。

师：大家分析得很有道理。看来作者并没有登上峰顶，请大家重新思考并梳理作者的游踪。

生10：马克·吐温从马蒂尼出发，取道黑首，逗留勃朗峰高地，到达阿冉提村短暂休整，最后回到了沙蒙尼旅馆。

**【设计意图】**

这篇游记内容简单，梳理游踪是其中非常简单的一个环节。在真实的课堂上，学生们的看法产生了分歧，这个时候教师是直接判定对错，告诉学生正确答案，还是引导学生为自己的观点找证据呢？前一种做法虽然省时，但是有可能掩盖一部分学生的问题，所以我选择了停下来，询问学生如此思考的原因，进而引导学生回到原文中自主分析。在学生自己的努力下，这一问题得到了圆满解决。语文课程标准指出在阅读教学中，"教师应加强对学生阅读的指导、引领和点拨，但不应以教师的分析来代替学生的阅读实践，不应以模式化的解读来代替学生的体验和思考"。由此可见，课堂上学生观点分歧处正是课堂生成的重要节点，需要教师积极应对，做一个引导者而非"法官"，以包容的心态、平和的态度引导学生进一步思考，促进其对文本内容的理解和思维水平的发展。

### 实录二　学生回答错误和难以达到要求时的应对

师：结合阅读提示，我们明确本文上山部分以散文笔法写景，请同学们细读1—6自然段，思考一路上作者描写了哪些景物？各有什么特点？作者使用了什么样的写景手法？请同学们认真思考并在书上进行批注。

生1：作者在黑首看到了峡谷中的急流、山间崖壁、丘岗、瀑布。从视觉角度写了峡谷之水的清澈、迅疾，崖壁的陡峭，树木的茂盛；从听觉的角度写出了瀑布水势浩大。

生2：作者在V形山口处遥望勃朗峰，将其比作"白雪穹顶"，形象地展现了勃朗峰的闪耀夺目、雄伟壮观。

生：作者遥望周围群峰的千奇百怪，多次使用比喻手法，将山峰比作"美女的纤指""塔糖"，突出其奇形怪状的特点。

生3：作者仰望峰巅云彩，多处运用比喻、拟人的手法，将云朵比作"游丝蛛网""身披霓裳羽衣的天使"，赋予其"轻歌曼舞""妩媚动人"的美好姿态，生动地写出了云朵色彩斑斓、精美柔细的特点。

生4：作者看到肥皂泡，运用比喻的手法，把"天衣云锦"比作"肥皂泡"，体现了肥皂泡的美丽精致。

师：勃朗峰上怎么会出现肥皂泡呢？这是怎么回事？同学们一起来朗读第6自然段。

生5：肥皂泡不是实写，是作者由眼前美丽的云彩联想到的。

师：肥皂泡和峰巅云彩有何相似之处呢？

生6：肥皂泡闪烁着七彩的光芒，正如峰巅云彩一样色彩斑斓。

生7：肥皂泡极其脆弱，存在不了多久就会破碎；峰巅云彩瞬息万变，难以长久。

师：作者联想到肥皂泡，抒发了怎样的感慨呢？

生8：美丽的事物宛如肥皂泡一样不太长久。

师：正因为其不长久，所以作者提出疑问"假如世界上只有一个肥皂泡，其价值会是多少呢"，你们怎么回答这个问题？

生9：无价之宝。

生10：价值连城。

师：所以，我们再度思考，作者由眼前的景物联想到肥皂泡的价值，抒发了怎样的感慨呢？

生11：美丽而精致的事物往往不长久，所以需要珍惜。

师：马克·吐温借肥皂泡含蓄地吐露自己对于眼前美景的欣赏与赞美，流露出淡淡的伤感，这与我国古代诗人心有灵犀。请同学们朗读屏幕出示的诗句。

PPT：

大都好物不坚牢，彩云易散琉璃脆。——白居易《简简吟》

良辰美景奈何天，赏心乐事谁家院？——汤显祖《牡丹亭》

无可奈何花落去，似曾相识燕归来。——晏殊《浣溪沙》

【设计意图】

单元导读提示我们这一单元学习的要点是"把握作者写景的角度和方法，并揣摩品味语言，欣赏、积累精彩语句"，由此我设计了这一环节，要求学生结合具体语句分析品味语言之美。教学是一门有遗憾的艺术，师生交流时并不能完全达到心意相通的境界，当教师面对学生的错误回答或者是不准确回答时，应该如何应对呢？特级教师华应龙老师主张的"化错教学"中有一个理念"错是错，要温暖地融"，所以有学生回答问题时错误地把肥皂泡当做眼前的实景，我没有立刻指出来，而是要求学生齐声朗读原文段落，思考肥皂泡是否真实存在。读罢，学生很快明白肥皂泡是虚写，接下来，我结合课文旁批问题，继续发问"作者抒发了怎样的感慨"。当学生一时不能给出满意的回答时，我内心感到了一丝焦虑，但是我转而想到，学生是否理解这个问题呢？我是否需要给一些提示，辅助学生思考呢？支架式教学提倡事先要把复杂的学习任务加以分解，引导学习者深入理解问题。由此我提示学生们关注文中作者感慨的语句，帮助学生在"美丽的事物如肥皂泡一样不太长久"和"肥皂泡十分珍贵"之间建立联系，由此理解作者真正想要传达的感受。所以当学生的回答达不到教师的预期时，教师应当主动为学生搭建理解的支架，推动其进一步思考。

### 实录三　学生沉默的应对

师：文章7—11段以小说笔法叙述奇人奇事，什么是小说笔法？

（学生沉默）

师：同学们没有听说过小说笔法，但是小说我们可不陌生，这可是我们的老朋友。大家回忆一下我们学过的小说有什么特点呢？

生1：曲折而生动的情节。

生2：鲜明而具体的人物。

师：下山过程中哪一个情节令你印象深刻呢？

生3：车夫醉酒驾着马车在崎岖的山路上狂奔。

生4：车夫驾着马车比其他所有游客出发的都晚，却是最早抵达终点的。

师：像这样波澜起伏、出乎意料的情节就是小说笔法的具体表现。所以听到陌生的名词不要慌张，尽量转化成我们学习过的知识去思考。

【设计意图】

设计这一问题是希望学生感受到下山部分叙事波澜起伏、幽默风趣的特点，但是却遇到学生沉默以对。周卫娟在《学生课堂沉默及其教学应对》中指出学生沉默的原因有：交往主体间地位失衡，不能进行平等对话；教师课堂提问视角单调，学生学习兴趣不足；教师教学方式单一，教学效果不佳；学生个体因素影响课堂沉默状况……我认真分析学生沉默的原因，主要是没有理解问题，不知如何作答。因此我转化提问角度，将学生陌生的"小说笔法"改成他们熟悉的"小说文体的特点"，激发了学生的表达欲望，从而扭转了沉默的局面。作为一名教师，在遇到学生沉默时，要敏锐地观察学生的状态并积极思考具体对策，如果是因为问题难度大，教师可以转变提问方式，把大问题分解成小问题；如果学生状态不佳，无法进入上课状态，可以幽默地讲个笑话，缓解课堂气氛；如果是只有一个同学发言，其他同学无动于衷，可以采用推荐的方式，请这位活泼爱发言的同学推荐一位同学发言……总之，具体的问题具体应对。

（案例来源：山西省实验中学　孙丛敏）

【案例评析】

巧妙应对，温暖智慧随行

教学应对是一门艺术，它既要求教师进行教学设计时充分了解学情，预设学生的质疑问难并进行相应准备，也要求教师充分地相信和尊重学生，包容他们可能出现的各种错误，引导其独立思考、平等交流，从而智慧地"化错"，还要求教师随机应变，遇到课堂意外，及时、灵活地化解。

本案例中的教师把学生观点分歧处生成为研读课文释疑处，作为引导者，以包容的心态、平和的态度引导学生进一步思考，促进其对文本内容的理解和思维水平的发展。在学生沉默时转化提问的角度，将陌生的"小说笔法"改成他们熟悉的"小说文体的特点"，激发了学生表达欲望，从而扭转了沉默的局面。教师的应对艺术在课堂中随时发生，愿每位教师都能做一个温暖而智慧的教师。

## 四、综合评论

苏联著名教育学家马卡连柯说过："教育技巧的重要特征之一就是要有随机应变的能力，有了这种能力教师就能找到避免刻板公式的方法，才能估量此时此地情况的特点，从而找到适当的手段并且正确地加以运用。"这就指出了教学课堂的动态性和灵活性。因为课堂中的教与学是师生的双向活动，学生是鲜活的个体，是不依附于教师意志的独立人，很容易出现无法预设的"意外"。因此，教师要预设出教学突发情景并想出多种对策，同时应具备很强的课堂应对能力，善于根据情境的变化随时修正对策，或因势利导，或机智化解。教育应对的艺术就在于教师能够将看似不利的突发事件转化为有意义的教学资源。

真正做到教育应对有"艺术"，教师首先要让自己努力成为一个有教育情怀的教育工作者，承认并尊重学生的差异性，走进学生的生活世界和心灵世界，用敏锐的眼光发现他们的闪光之处，以包容的心态来看待课堂中学生的种种"不合时宜"的行为，心怀善意地、机智地对学生加以适当的引导，让学生在不着痕迹的"教育"中向上、向善。其次，教师应丰富自己的学科专业知识和学科教学知识，充分理解儿童和青少年的认知发展特点和身心发展规律，提高专业化水平，只有这样，才能够在"意外"发生时，自如地运用相关的理论知识，正确处理突发事件，既保护学生的自尊心，又维系了良好的师生关系。另外，教师要及时进行教学反思。教学反思是不断地发现问题、分析问题和解决问题的过程，既是教师专业化发展的重要途径，也是教师积累实践经验，不断更新、优化教学应对策略的途径。通过反思与总结，教师能及时发现有效应对策略，逐渐摒弃无效应对策略，形成个性化的教育机智。这样的教师才能让课堂教学充满"意外"，让"意外"成为精彩的生成，才能点燃学生思维的火花，或增长知识，或发展思维，或塑造品格……总之，让学生总有"意外"的收获！

# 第四章

## 教学艺术的操作策略

——展现教学操作"新策略"

　　教学艺术的操作需要科学艺术的教学策略。教学策略是为了达成教学目标、完成教学任务，在对教学活动清晰认识的基础上对教学活动进行调节和控制的一系列执行过程。教学策略既是一个事先设定的有一定操作性的程序，更是一个在教学过程中逐步实施的动态过程，各种教学方法的运用、教学活动的开展、教学程序的执行，都是通过课堂教学中的表现和对话呈现出来，而这都应该服从于教学策略的需要。

# 第一节　教学表现艺术

　　本着传道、授业、解惑的原则，凡是要传授给学生的教学内容，教师均需以恰当的方式表达给学生。有研究者指出，艺术表现论"将艺术本体从模仿客观存在彻底转向表达内在主观情感"，这一变化在很大的程度上反映了人的主体性地位。具体到课堂教学中，教学内容是通过知识、能力、情感和价值来表现的。

## 一、理论要点

（一）知识的表现

1. 什么是知识？

　　《中国大百科全书（精粹本）》认为知识包括事实、规则、规律、方法和理论。按照古希腊哲学家苏格拉底"知识即美德"的观点，最高的知识是关于人们内心深处的美德，即"对真正自我的洞见"，与"情感态度价值观"非常类似。可见，教学既是一门科学，更是一门艺术。

2. 学科知识的分类

知识是一面镜子，是学生看待自然世界、社会世界和人的精神世界的一面镜子，通过这面镜子，学生应该能够认识和理解客观世界。现代认知心理学家把知识分为陈述性知识、程序性知识和策略性知识三类。

（1）陈述性知识。陈述性知识是关于"是什么"的知识，包括事实性知识、概念性知识和原理性知识。

（2）程序性知识。程序性知识是关于"为什么"或"怎么做"的知识，包括方法性知识、过程性知识和操作性知识。

（3）策略性知识。是关于"怎么思维和认知"的知识，即元认知，它是以认知过程与结果为对象，调节认知过程的认知活动，所以是对认知的认知。

如果说陈述性知识、程序性知识是知识，那么，策略性知识则是知识的知识。

在上述分类中，学科知识的重要性固不待言。从教学艺术指导教学过程的角度出发，学科教学知识才是我们在此要关注的重点。国内外许多学者认为，学科教学知识包括学科教学的统领性观念和特定内容的学与教。

学科教学统领性观念包括：

第一，学科内容的知识，即中小学一门学科的内容、方法和性质的知识。

第二，教学目的的知识，即不同年级水平上最有学习价值的知识。

特定知识内容的学与教包括：

第一，学生理解的知识，即学生对特定内容容易理解或误解的知识。

第二，内容组织的知识，即特定内容来龙去脉及横向联系的知识。

第三，教学策略的知识，即特定内容的教学策略和表征的知识（包括有效的样例、活动、类比、解释等）。

第四，效果反馈的知识，即学生学习特定内容的效果测评及其调整学习方式的知识。

显然，教师要发展成为教学艺术家，当然要聚焦于学科教学知识。如何学与教？作为有经验的优秀教师，其经验主要体现在特定内容的学与教，需对学科的思想方法、基本原理等有深刻的个人理解。

3. 知识具有的价值

知识不是为学科而存在的，也不是为认识世界而存在的，归根结底它是为人而存在的。挖掘知识的育人价值和精神意义，是教学从知识导向走向素养导向的基本前提。知识是教育活动得以开展的一个"阿基米德"，教育活动离不开知识，没有了知识，教育活动便成为无源之水、无本之木。实际上，知识是个体成长的精神食粮，它蕴含着极其丰富的育人价值，是教育的个体价值得以实现的一个必要条件。这里强调的是知识之于教育活动的育人性、本体性价值，而这正是我们所要阐述的内容。

（1）知识具有育智价值

之所以说知识具有育智价值，是因为它对个体的智力开发、智慧增长具有积极的促进作用。我们知道，知识是人类从实践活动中得来的，是对客观事物及其运动和变化发展规律的正确反映，是人类智慧的结晶。就具体的教育教学而言，个体在学习过程中除了接受、领会知识本身的内容外，还会主动吸收积淀在知识中的智慧、才能和思维方式等，实现知识内在的育智价值。凝聚在知识中的智力因素是与个体的学习过程紧密相关的，知识的育智价值总是体现在知识的学习过程中。正所谓"学而不思则罔，思而不学则殆"，从知识内容本身的角度来说，学习是知识的智力价值得以展开的过程；从学习者的角度来说，学习是个体智力得到锻炼和发展的过程；从两者的结合来说，学习就是将人类的智慧转化为学习者个体智慧的过程。可见，学习知识一方面有助于充实和丰富个体的知识体系，另一方面有助于促进个体的智力发展。这里蕴含着知识实现育智价值的内在机制。

（2）知识具有育德价值

知识不仅是人类智慧的结晶，而且具有丰富的道德因素，体现着人类的道德理想和精神品质。就知识的育德价值而言，苏格拉底的"知识即美德"这一命题最为经典，在他看来，知识与道德是统一的，人的一切品德，包括勇敢、公正、正义等，如果没有真知识，都可能是恶的。他主张用知识去照料人的心魄、改善人的灵魂，强调通过知识去除人生的愚昧与遮蔽，达成善的品格和高贵的精神。

一句话，知识能够充实人生，克服无知和偏见，完善道德人格，而无知必然造成精神的空虚、思想的偏见和人格的堕落。

（3）知识具有美育价值

个体的审美能力不是天生的，它需要经过后天的训练与教育才能被真正激发出来。人们习惯上将这种对个体的审美能力进行教育的活动称为美育。知识具有陶冶价值，美育离不开知识。知识能够提升人的精神生活能力，使人不仅能够发现美、鉴赏美，也能自觉去追求美和创造美，这是知识的育美价值所在。

一般情况下，审美教育包括审美知识、审美技能、审美趣味与审美精神等多方面内容，其中审美知识与技能显然要靠智育来完成。同时，知识本身不仅具有认知价值，也具有审美价值。人类在探索科学知识的过程中所表现出来的追求真、善、美的精神，所展现的人的本质力量，能够让人受到心灵的震撼、精神的激励。一个人的知识越丰富，思维能力越强，对美的领悟也必然越深刻，这是知识具有育美价值的实际意义所在。

总之，知识是人的智、德、美诸方面发展的基础，当然也是个体的创造能力得以形成和发展的基础。在教育活动过程中，不同类型的知识相互补充，共同作用于个体的精神乃至身体，进而促进个体的不断完善。

（二）能力的表现

这里的能力只针对教师的教学专业能力进行概述。

1. 教师的教学专业能力

教师的专业能力是其在教学活动过程中，运用一定的专业知识和经验顺利完成某种教育教学任务的方式和本领。国内外大量的研究证明，教师取得大学学历和教师资格证并不表明就成了一名合格教师，教育教学工作所需要的专业能力绝大部分是在入职后的教学实践中逐渐形成的，特别是在教学的道路上成长为一名优秀的教学艺术家，需具备专业知识素养、专业能力素养和专业精神素养。

2. 教师教学专业能力类别

（1）教学设计能力

指教师在课前根据学生的特点，对教学内容进行组织加工，并选择恰当的教学模式与方式方法以取得教学效果的最优化，包括分析学生情况与组合教学内容、确定恰当的教学目标、选择教学模式与教学方法、预测课堂情形变化等技能。

（2）教学语言能力

教学语言是教师对学生实施教育教学的最重要媒介，即使在现代教育技术高度发达的今天，课堂教学中教师语言的功能仍不可替代。通过科学正确、条理清晰、通俗易懂、生动形象的语言，有效调动学生学习的积极性、自觉性，使学生心驰神往于特定的教学目标和教学内容，是教师教学语言能力的体现。一般而言，教学语言可分为口头语言、书面语言和身体语言三种类型。

（3）教育教学交往能力

这既是教师有效实现与学生的双向沟通所必需，也是教师群体形成教育合力、教师与社会各界合作搞好学校教育所必需。

（4）组织和调控课堂的能力

这是保证教学过程顺利、有效进行的重要条件。在课堂教学实施中，教学目标是灵魂，教学程序是蓝图，教学评价是手段，合理组织调控课题结构是核心，洞察学生心理是基础，运用教育机智艺术处理突发事件是保证，营造融洽适宜的课堂氛围是根本。

（5）教育研究能力

教师在从事教育教学工作的同时，应该是一个终身学习者和研究者。具有科研意识和科研能力，坚持在教育教学实践中开展研究，是教师专业能力不断发展的重要保证。"问题即课题，教学即研究，成果即成长"是中小学教师最常用的研究模式，教师的教育研究来源于对自身教育教学实践的反思，在反思中发现问题，带着问题学习并进行研究，在研究中提升对教育的认识和教学技能，最终促进自身专业化发展。

（6）创新能力

创新能力是指创新教育思想、教学内容、教学方法、教学模式等的能力，是提升教师专业能力的追求与归宿。

（三）情感的表现

1. 情感和教育情感

情感是客观事物是否符合人的需要与愿望、观点而产生的体验，也是人们对客观事物的态度及反映。它既是意识活动的动力，又是在社会生活活动中，个人与他人相互影响的一种重要方式，起着信息交流的作用。教与学相互联系作用的过程始终伴随着情感的交流。

教育情感是教师对自己所从事的教育活动发自内心的体验和感受，是教育者与受教育者、与真知、与教育事业三个对象之间关系的反映；教育者对教育事业的热爱、对学生的关爱、对真善美的追求，共同构成了教育者的教育情感。有人曾询问著名教学艺术家李吉林"你是怎么探索情境教学的？""遇到困难是怎么解决的？"她的回答是"答案的真谛便在'爱生乐教'的情感与信念中"，并指出"爱生乐教"可谓是教师的最根本素养，它需要赤诚，需要执着，需要永恒。正是这种赤诚、执着、永恒促使他们在教学艺术创造之路上克服了一个又一个的难题，走向教学艺术的巅峰。只有那些对教育事业有强烈的责任感，对教育对象充满了关爱的教师，才会全身心地投入到教育教学工作中，才会在教学过程中进入"无我之境"。教师的主导思想是为了学生如何学得好，让学生实实在在地有所收获，教师要善于触动学生的情感，使他们乐于学习。爱因斯坦说过，教师"要适应求知的要求，培养他们的思考力，使他们带着浓厚的兴趣，兴致勃勃地去探索自然的奥秘"。

那么教师如何做到让学生带着浓厚的兴趣去学习呢？

2. 教学情感的表现策略

（1）教师应该运用富有感情的语言、行动、表情去触动学生好学的情感。

教师肩负教育培养青少年一代的重任，不应该把不恰当的喜怒哀乐带到教学过程中去。苏霍姆林斯基说过："凡是出现大声叱责的地方，就有粗鲁行为和情感冷漠的现象。大声叱责表现出最原始本能的反应，每个教师心灵中所具有的情感素养的种子都会在这种反应中丧失殆尽。"由此可见，教师的言、行、表情都应充满对学生的爱。当学生意识到教师是真心实意爱护他、为他操心时，他们对教师提出的要求、讲述的道理、传授的知识就会产生肯定的倾向并自觉地接受。这样学生接受教育就有了感情基础，这种基础是取得良好教学效果的前提。一般来说，学生对教师总是崇敬的，课堂上教师对学生关注的一瞥，信任的一点头，爱抚地拍拍肩，轻声地询问都是"师爱"情感的流露。当师生双方都处于积极情感状态时候，便会产生感情上的"合流"，课堂上将会出现一种协调、自然、宽松的气氛。有一位语文教师以充沛的感情讲完了一堂公开课，一下课学生都一个个围上去，带着喜悦的神色询问教师，渴求教师赞扬他们配合默契，这一举动充分体现了学生的情感需要。

（2）教师宜用生动、形象的事例诱发学生求知的欲望。

欲望是一种强烈的情感。求知欲是激励学生搞好学习的一种心理动力，善于驾驭课堂的教师，往往注意利用一些形象事例来刺激、强化学生这种心理动力。有一位语文教师在指导学生审题时，用简洁的语言描述了"深山藏古寺"的题目，并描述了这样四幅画面：第一幅是茂林修竹环抱一座古寺；第二幅是密林中露出寺庙的一角；第三幅是不画寺庙，却在林木上空高高飘起一面幡；第四幅是山峦起伏，树深林茂，完全不见寺庙，只见山间路上有一个和尚挑水上山。教师问学生："哪一幅画最切题？题眼是哪一个字？"这一问起了牵一发而动全身的作用，课堂上出现了热烈的议论。在教师的引导下，学生逐步找到了题眼是"藏"字，进而认识到画面要突出"藏"字才切题。学生轻松愉快地接受了审题要抓题眼这个观点，这一观点不是硬"塞"给学生的，而是靠教师用形象的事物来激发学生的兴奋感和探求欲，引导学生自己去发现的。

（3）教师要善于触发、调动学生的情感，使学生将"理智的思考"寓于"感情的体验"中。

如有位语文教师要指导学生围绕主题进行作文选材。通常的办法是将围绕主题选材的道理讲给学生听，然后嘱咐学生去思考，并在实践中加深理解。这种办法未尝不可，但这样只能调动学生的理智，不能调动学生的感情，效果是不会很好的。这位语文教师没有按常规处理，他先给学生讲了一个故事：法国雕塑家罗丹雕了一尊著名文学家巴尔扎克的雕像，一天深夜他雕完收工后，连忙叫醒他的一位学生来欣赏，学生惊喜地叫道："多美的雕像啊！"他把雕像反复看了个够，最后把目光集中到手上，那双手叠合起来放在胸前，十分逼真，学生不禁连声说："好极了！老师，我可从来没见过这样一双奇妙的手啊！"罗丹的笑容消失了，抿着嘴在屋里走来走去。他急匆匆又找来两个学生，要他们好好看看，学生看后一致称赞雕像的双手。"手！手！手！"罗丹吼叫起来，突然他走到工作室的一角提起一把大斧，砍掉了那双完美的手，学生都吓坏了。故事讲完后，这位语文教师要求学生回答："罗丹为什么要砍掉巴尔扎克雕像的双手？"智慧的海洋里泛起了层层浪花，学生的兴趣越来越浓，情绪愈来愈高涨，众说纷纭之后，学生的结论趋向一致："手"太突出了，压倒了整个人的形象。这时教师总结式地告诉学生，一件真正完美的艺术品，任何一个部分都不应该比整体更重要、更突出，写文章也一样，所选的材料不利于突出主题就成了多余的东西。这种富于形象感的引导，使学生感到学得既轻松又有收获。

一个教学艺术精良的教师，在教学中把本人产生的道德情感通过学科内容中所具有的形象表达出来，进一步去影响学生，会使学生受到学科内容中包含的道德情感和教师体验到并加以表达的道德情感的双重影响。由于这种双重影响，学生更容易产生道德情感，强度更大，所达到的教育效果更佳。如我们所熟知的数学家陈景润，他中学时代的数学老师沈元老师，曾形象地把世界上的数学难题"哥德巴赫猜想"喻为数学皇冠上的明珠，用以激发学生的想象力和创造性，希望学生们能在科学上有所建树。他富有吸引力的教学，强烈地震撼了勇于进取的陈景润的心灵。此后，陈景润不懈努力，第一个证明了猜想中的"1+2"问题。这则案例说明，沈元老师运用教学艺术对学生进行形象化的正确引导，对陈景润树立正确的远大理想起到了重要的作用，如果没有他对"哥德巴赫猜想"的形象性启示，没有激发学生攀登科学高峰的情感，就很难出现陈景润这样有卓越成就的数学精英。教学艺术精湛的教师，总是善于用情感之火点燃学生炽热的学习热情，不仅有益于学生当前的学习，而且必将对学生的一生产生深远的影响。

教学是情感性的，它以情感与思维、心理对接，没有一定艺术含量的技术操作注定是长久不了的。组织的艺术性对教师的个人教学素养提出了高要求，也对个性化教学提出了呼唤。因为只有较高的教学素养才可能在课堂组织中创新，只有个性才能使这种创新性川流不息，才会在艺术的道路上走出坚实的一步。

## 二、实践智慧

如上所述，教师要通过艺术化的表现把学科知识呈现给学生，达到"教"的艺术，需要把所学知识纳入学科知识体系的结构联系和历史过程之中，这样能够使知识呈现出自身的本性和活力，而这需要教师运用自身的教学专业能力和智慧将其在课堂教学中表现出来。教学表现的具体策略可以从以下方面入手。

（一）依据课标，钻研教材

1. 钻研教材的程序

第一，研读课程标准，通读全套教材。明确全套教材的思想内容、知识范围、各年级教学内容之间的联系，要使自己的教学更具有针对性，自然要知道自己的教育对象已经学过哪些知识、掌握了哪些技能，然后才能以此为基础制订切合学生实际的教学策略。

第二，通过对单元教材的钻研，在全面了解该单元基本内容的基础上，准确地把握该组教材所要求完成的项目、教材所设计的学科技能训练的步骤和方法。在研究单节课的教学内容之前，要通过对一个单元教材的研究，了解该单元基本结构和重点难点要求。在此基础上，进一步了解每节课与本单元的逻辑结构。

第三，深入钻研每节课的教学内容。钻研一节课的教学内容需关注：教学主要内容和特点；教学内容的重难点；教学内容中包含的基础知识，结合学生实际应当重点教学的基础知识；结合本单元的教学重点，理清课与单元内容之间的关系；从课程改革和学生发展需要出发，明确适合学生发展的活动；等等。这些方面的内容互相联系，统一在这一特定的教学内容之中。

2. 钻研教学内容的基本方法

第一，通读全文，初步了解教学内容，在阅读的过程中，要弄清楚教学内容所蕴含的意思。

第二，理清教学内容的结构，把握教材编写思路，使每一节课所涉及的知识点、技能训练点、思想情感感化点构成一个有机的整体。

第三，研究本节课教学内容中有哪些要让学生学习掌握的基础知识、基本技能。

第四，有效利用教学参考书和其他教学参考资料。在钻研每一节教学内容时，参考他人研究教材和教学设计的成果，可以调整和纠正自己在钻研教学内容时的偏差，弥补自己对教学内容理解的不足。

（二）制订教学目标

教学目标和教学内容是构成教学活动的两个重要方面。制订教学目标是准备策略的核心任务之一，是在为后面的教学选择和教学设计定向。

1. 教学目标设置程序

教学目标设置程序有一般的规范，主要由这样几个方面构成：

第一，明确目标来源——根据课标要求和教学内容，基于学情制定教学目标，这是最为关键的步骤；

第二，审视评价标准——要确定怎样才算是达成了目标；

第三，确定目标要求——确定在什么情况下什么时候达到什么水平层级。

不同的活动、不同的情境设置会导致目标设置的具体程序有所不同。一般来说，教师设计教学目标的设置程序如下图所示。

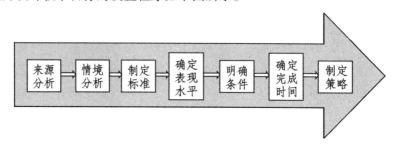

课堂教学目标是学生经过课堂教学要达到的目标，因此其教学意义就在于教师要围绕教学目标组织教学活动，包括设计教学策略、安排教学问题、组织学生活动、进行教学总结、进行教学测试、作出教学反馈等。

2. 教学目标在知识维度的理论支撑

对课程标准的深刻理解无疑需要一定的理论框架的支持，布鲁姆的教育目标分类学为此提供了理论支撑。该理论在知识维度把所有的知识分为四个维度，即事实性知识，概念性知识，程序性知识，元认知知识；在认知过程维度，认知过程从低到高分为六个水平层级，即记忆、理解、运用、分析、评价和创造。

知识分类表

| 知识维度 | 认知过程维度 | | | | | |
|---|---|---|---|---|---|---|
| | 记忆 | 理解 | 运用 | 分析 | 评价 | 创造 |
| 事实性知识 | | | | | | |
| 概念性知识 | | | | | | |
| 程序性知识 | | | | | | |
| 元认知知识 | | | | | | |

纵横两个维度，不仅将知识划分为不同的层次，同时体现了不同的知识应该达到的认知水平。教师在教学过程中苦于辨别哪些知识是需要学生掌握的，某个知识需要学生学到什么程度才算好，分类表则为教师解除了这一困扰。

（1）事实性知识，指学生通晓一门学科或解决其中问题所必须知道的基本要素。一般以直述的形式呈现，其特点是十分具体并能独立存在的"点滴信息"。

（2）概念性知识，指能使各成分共同作用的较大结构中的基本成分之间的关系。概念性知识不是彼此孤立的割裂开的元素和信息点，它强调各成分之间的联系，某一概念之下的一类元素形成了一个知识框架。

（3）程序性知识，指"如何做什么"，是研究方法以及运用技能和方法的知识。是"知如何"做"事"的知识，通常以一系列要遵循的步骤形式出现，即关注"过程"，且是针对具体事件的。

（4）元认知知识，指有关认知的艺术和知识。主要有策略性知识，包括情境性、条件性的知识在内的关于认知任务的知识和自我知识三种。这类知识关注的是策略、任务和自我，其中策略性知识是有关学习、思维和解决问题的一般策略的知识，在我国课程标准中的教学建议部分有提到这类知识。

初步了解了上面教学目标知识维度的划分后，随着学习的展开，教师可以把知识目标分类用于确定自己到底要教给学生什么。

有了基于学科知识内容进行教学目标的制定程序，加上知识维度的理论分解，需要教师在教学实践中，根据自己的教学风格，把学科知识的表现进行艺术化处理，在教学过程中真正实现效益的最大化。

（三）梳理教学过程

认知心理学认为，教学过程是一种信息传递过程。但是人脑毕竟不是电脑，人的大脑在接收信息并进行加工、储存、组合的过程中，都有本人的态度和兴趣参与其中。如果在传授知识、培养技能、发展智力的过程中不激发学生的兴趣而一味灌输，学生无疑会对所学的知识注意不够，所获无几，即便课堂教学秩序井然，却未能完成教学任务，故需要我们根据学科知识的递进层次，对教学过程的一般程序进行梳理后，对其中的教学问题和环节处理提出一些艺术化的策略。

1. 教学过程的一般程序

每一学科的知识都有单元、章、节及层次之间的序列，都有一定的符合学科特点的知识结构。学生的认知、思考和探究能力也有一个从具体到抽象，从简单到复杂的发展过程。因此教学活动必须遵循科学性和有序性的原则，既要考虑到教学知识之序，也要考虑到学生的能力培养与训练之序，思想道德觉悟的培养和提高之序。脱离学生实际的有序性必然导致课堂组织和教学活动的失败，课堂教学目标也就无从达到。

教学过程是围绕教学目标组织教学活动，包括设计教学策略、安排教学问题、组织学生活动、进行教学总结、进行教学测试、作出教学反馈等。其一般程序如下面图示：

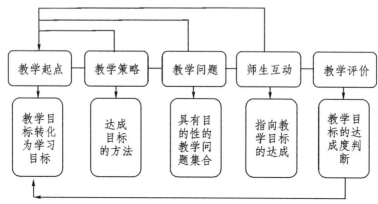

指向教学目标的教学活动

根据上面的流程示意图，明确课堂表现的中间关键环节是教学方法的运用、教学问题的设计和师生互动的表现，我们需要从这三方面寻找教学过程表现艺术的策略。

2. 教学过程表现的策略

第一，教学方法，即达成目标的教学手段和方法。教学方法是教师和学生为了实现共同的教学目标，完成共同的教学任务，在教学过程中运用的方式与手段的总称。这里讨论的教学方法选择是能提高教学效率，达到教学效果，突出学生主体性的"自主、合作、探究"等在课堂教学中常用的具体方法。

（1）以学生为主体的课堂教学方式

①自主学习：学习者参与确定对自己有意义的学习目标，自己制订学习进度，参与设计评价指标；学习者积极发展各种思考策略和学习策略，在解决问题中学习；学习者在学习过程中有情感的投入，学习过程有内在动力的支持，能从学习中获得积极的情感体验。

②合作学习：合作学习要合理分组，明确每个人的职责，建设稳定的、有凝聚力的学习小组，需要教师指导学生对学习任务进行分解，以使每位学生都有用武之地；合作学习中，评价量表的制订也非常重要，可以起到导向和激励的作用。

③探究学习：探究学习具有更强的问题性、实践性、参与性和开放性。作为

学习方式，要将探究作为学生在完成学习任务时基本的行为和认知的取向；要精心设计探究活动的过程，并在其中培养学生的探究技能，要将探究分解成具体的可操作的要素，以便测量和评价。

第二，教学问题。在课堂教学环节中，不同环节的问题设计，其作用和要求也不相同。问题的设计首先要从学生的知识水平、年龄特征、心理特征、对所学知识的兴趣等实际出发，然后再考虑问题的深度和广度；问题要有利于拓展学生的思维，对学生的生活富有针对性；要有利于推动课堂教学的互动。

（2）问题设计中的最佳设问点

①兴趣的共同处，活跃气氛：设置情境于学生兴趣的共同处设问，不仅可以活跃课堂气氛，还可以点燃学生探求欲望的火种。

②思维的集中处，激发思维：现代心理学表明，一个人的思维状态在一定时期内的不同阶段存在强弱交替的变化。一般来说，思维的强劲点主要存在于一定背景材料揭示课本基础知识的转折处，教师在此处巧妙地为学生提供设问，要求学生结合背景材料进行分析、思考、讨论，这时学生的思维处于被高度激发状态，课堂教学也就上升到了高潮。

③思维的障碍处，突破难点：在学生思维的障碍处，教师必须及时、巧妙地设计问题，要求学生运用已有知识与经验去分析思考。这时学生往往会陷入迷茫的困境中，感到"山重水复疑无路"，这就需要教师及时引导学生自我发现矛盾所在，并结合教材知识帮助学生进行重新思考，反复几次之后，学生突感"柳暗花明又一村"，经过自己的努力最终发现了"真理"之所在。

④知识的点睛处，落实重点：要充分发挥教师课堂教学的创造性和艺术性，于无疑处设疑，让学生带着问题、怀着探究的心态去掌握课本中的知识重点。

第三，课堂互动。课堂互动包括师生互动和生生互动。从某种角度来说，课堂教学的过程就是师生之间提问和回答的过程，提问和回应的好坏直接影响着课堂教学的质量。而课堂讨论是评价学生学习成果的理想方式，是课堂教学的一个情景，在这个教学情景中，学生之间、师生之间通过讨论形成信息的多项传递，使学生之间能相互启发、拓宽思路、激活思维，从而分享彼此的观念或观点，通过围绕某一问题发表自己看法的表现，可以推定学生对相关问题的理解程度以及交流与表达的能力。

（3）课堂互动、小组讨论的策略

①分组方法：遵循组间异质、组内同质的原则，充分利用学生间的相互作用促进学习；还应遵循"活动制"的原则，即同一学科的教师根据不同的任务可以有不同的小组配置方式，不同学科的教师应该有自己的分组方法。

②分工合作：合作与分工是相对存在的，小组讨论容易降低学生的独立性和责任心。由于组内成员的差异性，为了避免劣势学生处于被支配的地位，组内成员应有明确的分工。如在小组讨论中，应有主持者、协调者、记录员等，且组内的角色应适当地变换，让每个学生都有机会充当某种角色，这样的合作才能取得实效。

③独立思考：在小组讨论中，学生首先应有自己的主体性，有自己的看法和思考。有了学生个体的独立学习，合作时才能做到人人有话可说、有感而发，有效避免以个别学生的思维代替其他学生的思维，才能真正实现民主平等的合作交流。

④评价问题：对小组讨论的评价直接影响小组讨论的合作质量。应以小组成员的总成绩作为个人成绩的尺度，这样才会激励小组每个成员作出贡献，利于在组内形成合作互助的氛围。

明确了教学过程的一般程序与方法，课堂教学中如何做到知识表现的艺术化，对知识的传授者——教师而言，其专业水平和专业教学能力是必然的要求。一个具备了以上专业知识和专业能力的优秀教师，如果在情感、价值观方面赋予了课堂生命力，那么这样的课堂自然会充满艺术的魅力。下面分享两个我国著名语文特级教师在课堂教学中体现其专业能力艺术化的案例。

【案例一】

《我愿意是急流》（余映潮）

下面我就把同学们说的回顾一下。这首诗有三美：意象丰美，意境优美，意蕴淳美（课件展示）。

第一，意象，简言之，就是渗透着诗人情意的具体形象。咱们中国人往往用红豆表示相思，用杜鹃表示悔恨，用杨柳表示送别，这里的红豆、杜鹃和杨柳就是意象。这首诗的意象丰美就表现在连用了十几个意象，而且都是两两相依。不仅角度丰富，而且层层递进，从对爱人的呵护一直写到欣慰地看着爱人的成功，每两个意象之间是相依相存、不能分开的，有急流、小河就有小鱼，有荒林就有小鸟。

第二，意境优美。什么是意境？就是文学作品中表现出来的蕴含着作者思想感情的艺术境界。我们读《天净沙·秋思》，它的意境是凄婉的，我们读《十一月四日风雨大作》，它的意境是悲壮的。《我愿意是急流》这一首诗的意境是开阔明朗的，是优美清新的，它具有悠远无穷的意味。

第三，再看意蕴。什么是意蕴呢？意蕴就是文学作品里面渗透出来的理性内涵。比如作品中渗透的情感，比如作品中表现出来的一种风骨、人生的某种精义或者某种主旨。这首诗表现了一种甘愿牺牲的热烈的爱情，很纯粹。当然，由于人的世界观、文化素养和性格不同，人们在爱情上往往表现出不同的想法和看法，把它化为文学作品，那么也就表现出不同的意象、不同的意境、不同的意蕴。

【案例二】

《中国石拱桥》（程翔）

师：好，同学们在课前已经预习过课文了，有的人把课文读了三四遍，下面我们来明确这堂课的训练重点。第一，来看看这篇文章的语言是如何表述的，通过学习这篇文章的语言，我们来学习一下表达事物、表达自己的心愿、表达自己的思想时如何运用准确的语言；第二，说明文一定要突出特点，那么我们看看作者在写中国石拱桥的时候是怎样突出特点的，从中我们体会一下怎样做才能抓住事物的特点；第三，看看这篇文章的说明顺序是怎样的，为什么这样来安排。在文体上同学们一定要搞清楚，这篇文章是什么样的文体？

【案例评析】

在讲授中绽出美丽的火花

案例一中，特级教师余映潮老师用课件打出所要讲授的核心内容"意象丰美，意境优美，意蕴淳美"，然后分别从"意象、意境、意蕴"三方面逐条讲解，分析诗歌之美。教师在讲的过程中，首先让学生对自己将要讲的内容有总体认识，告诉学生鉴赏诗歌的美可以从这三个方面入手。教师的讲没有特别融入概念的分析，而是以学生能够明白的浅显语言将文学鉴赏知识介绍给学生，这样的讲授意境开朗，生动简明。教师的讲要显山露水，在关键之处绽出美丽的火花，教师恰当的讲授常常是课堂教学的画龙点睛之笔。

案例二中，特级教师程翔老师用简单的语言向学生介绍了这节课的训练重点，使学生在课堂开始的时候对这节课将要学习的重点内容有了清楚的认识。教师提出了三个重点，第一个重点是语言学习的要求，即如何运用准确的语言"表达事物、表达自己的心愿、表达自己的思想"，第二个任务和第三个任务是关于说明事物的要求和说明顺序的问题。整节课的教学围绕这三个重点任务进行，逐步展开，各个击破，教师讲授的内容既是明确重点，又是布置任务，简明扼要，纲举目张。

讲授是一种方法，更是一种艺术。如何使课堂教学中的讲授变得生动，是对教师教学艺术的考验。娴熟地运用这种艺术不但需要教师有较强的语言表达能力、丰富的学识，更需要教师非常强的专业能力。一个教师在讲授特定的教学内容时，不仅要有正确的理解，还要对教学内容进行形象的表达，从多学科的视野出发将特定的教学内容呈现在学生面前。精彩的课堂语言具有准确、鲜明、生动的特点，精彩的讲授要能使听者如沐春风。

一位教师在教授生物进化这一内容时，从《西游记》美猴王出世的故事讲起，通过原著中描写美猴王诞生的一段文字引导学生思考，巧妙地在石头变成美猴王的神话和进化论科学之间寻找联系，激发学生对新课内容的学习兴趣。这里教师通过讲授，在科学和文学之间建立起密切的关系。

用文学的语言来介绍科学的内容需要教师有较高的语言表达艺术，更重要的要求是教师的语言必须准确、简明。运用简洁、富有逻辑性的语言同样可以起到良好的教学效果。文学艺术的美和科学逻辑的美是两种不同的美，这两种不同的美运用于课堂教学中都能产生积极的影响。运用文学的语言进行生动描述，或者运用科学的语言进行准确的概念阐释，都能对课堂教学产生积极的意义，虽然它们的语言风格不同，但运用得当，都能起到好的课堂教学效果。

下面，我们分享一些教师运用真情实感去触动学生的情感体验，进而真正把教学中要求的三维目标有机融合，让学生在情感体验中自然而然提升了认识的案例。案例来自历史统编教材八年级下册第11课《实现中华民族伟大复兴的中国梦》的教学，这节课是统编教材新增加的一课，教师们普遍认为不太好讲，因为对历史教师而言，他们认为这节课内容紧扣时代主题，理论性较强，对于八年级的学生而言，如何让他们立足当下，展望未来，在自身的情感体验中油然而生出对"中国梦"的理解，需要把学生带入历史发展的场景中。于是在一次没有任何教学资源、没有多媒体辅助教学的情况下，课堂教学出现的一幕，显示出了教师较强的专业能力和富有智慧的情感教育。

课堂伊始，学生通过自学了解了中国梦的内涵和实现中国梦的"两个100年"奋斗目标，但他们仅是停留在知识的记忆层面，并没有在情感上达到自然、自发的生成。

看着课堂上学生木然的眼光和毫无生机的表情，教师突然问道："同学们，你们想过到2050年的时候，你们多大了吗？"

学生一下子活跃起来，大家纷纷说道："42岁""43岁"……

教师又问："按照新中国成立100年的奋斗目标，到2050年，我们的国家建设成为一个富强民主文明和谐美丽的现代化强国，也就是实现中国梦的时候，同学们想过没有，在这个过程中，你承担了什么角色呢？"

课堂马上热闹了起来，学生情绪高涨，七嘴八舌地说："我是实现中国梦的建设者""我是奋斗者""我是见证者""我是经历者"……

教师："同学们说得真好，想一想都觉得很美好！当你们40多岁的时候，我们国家真的实现了强国梦，中华民族实现了国家富强、民族振兴、人民富裕的中国梦。你们在自己不同的工作岗位上，为建设富强美丽的国家，贡献出自己的青春年华和激情热血，那时的你们一定会骄傲地对自己的孩子说爸爸当时怎样，妈妈当时怎样怎样。"

于是课堂上出现了学生们兴奋的表情、激动的神情、向往的深情……

一节在大家看来难讲的课，却在这位教师看似普通的场景设问中，融入了学生的真情实感，这种情感是自然而然的流淌，师生在问题的对话中，达到了思维共振和情感共鸣，教师预设的教学目标也随之迎刃而解，尤其是情感态度价值观目标的升华。可见，课堂教学的艺术化需要教师的智慧生成，这样的教学艺术体现在平实中的对话中，也显现出了教师高超的专业能力。

## 三、案例赏析

### 案例赏析1

【学科】历史

【年级】八年级上册

【课题】第16课《毛泽东开辟井冈山道路》

【课标要求】通过了解南昌起义、秋收起义、毛泽东与朱德井冈山会师等基本史事，认识中国共产党创建人民军队和农村革命根据地的意义。

【教学表现艺术片段】

本课教学中围绕一个教学立意"困境中的抉择"设计了三个问题："是奋起反抗，还是坐以待毙？""是去城市，还是农村？""既然选择了农村，该如何扎根下去？"本课围绕三个问题展开教学活动，本片段呈现的是第三个问题。

### 标语会说话

师：既然选择了农村，如何才能扎根呢？富有时代特征的标语彰显了毛泽东扎根农村的哪些秘密？

标语一：支部是连队的火车头。旧军队只需要士兵的身体，不需要士兵的心灵。三湾改编毛泽东把部队缩编为一个团，建立党的各级组织，将党支部建在连队上。实行民主管理，成立各级士兵委员会，坚持官兵一致原则。

标语二：红军写在宁冈砻市碑上的标语："不杀敌军士兵及下级官长，红军中官兵穿衣吃饭一律平等，革命军军政长官不打士兵。"

标语三：在垄水段村民房屋的墙壁上，有一幅16米长的红色标语，字大如斗："红军是为劳动人民谋利益的先锋队！"落款为"红军独立团"。

标语四：襟里村山多地少且大部分田地集中在几户地主富农手中，地租和国民党的繁多税赋，导致当地农民生活十分贫困。将乐西区襟里乡革命委员会是红军在将乐县建立的第一个苏维埃政权，其旧址直到80年代还保留有大量的红军标语，主要内容有整幅的《国民党十大罪状》《共产党十大政纲》，及"农民打土豪分田地""工人办阶级的工会，农民办贫农团""建立工农兵自己的苏维埃政府"等单幅标语。

生1：标语一体现了党对军队的绝对领导。

生2：标语二体现了红军队伍的建设。

生3：标语三体现了红军紧密依靠人民群众。

生4：标语四体现了农村革命根据地的建立及土地革命的情况。

生5：这些标语集中体现了井冈山道路的实质是在共产党的领导下，武装斗争、土地改革及根据地建设三者相结合。

【设计意图】

《毛泽东开辟井冈山道路》属于历史统编教材八年级上册第五单元《从国共合作到国共对峙》，前接北伐战争，后启中国工农红军长征，时间范围是1927—1934年。根据课标要求制订教学目标为：①知道南昌起义、秋收起义、井冈山根据地、井冈山会师等基本知识；②理解中国共产党独立领导革命、创建人民军队、建立农村革命根据地的意义；③认识井冈山精神和井冈山道路的内涵，感受革命先烈崇高的信念和艰苦奋斗的精神。知识性的目标容易达成，但是情感目标如果没有大量生动具体的史料作为支撑，是很难达到预设效果的，所以本课目标达成的突破点在于想方设法让学生沉浸于大量的史料中。学生的兴趣点是毛泽东、朱德、陈毅等革命家的故事，南昌起义、秋收起义、井冈山根据地建立的经过；困难点是理解一系列事件的历史意义，认识井冈山道路和井冈山精神的内涵；盲点是知识体系和内在逻辑的建构。教学重点是知道南昌起义，讲述朱德和毛泽东井冈山会师的故事；教学难点是了解中国共产党创建工农红军和农村革命根据地的意义，认识井冈山道路和井冈山精神的内涵。在井冈山这片红色土地上，以毛泽东为代表的中国共产党人点燃了革命的星星之火，为中国革命开辟出一条成功之路，培育出薪火相传的井冈山精神。当前面对新的复杂局势，要结合新的时代条件，坚持坚定执着追理想、实事求是闯新路、艰苦奋斗攻难关、依靠群众求胜利，让井冈山精神放射出新的时代光芒。弘扬井冈山精神对于培育社会主义核心价值观具有重要作用，通过弘扬井冈山精神，实现富强、民主、文明、和谐、美丽的发展目标，优化自由、平等、公正、法治的社会环境，引导学生树立爱国、敬业、诚信、友善的思想观念和道德品质，鼓励学生树立忠于理想、坚定信念，勇于应对挑战、战胜困难，矢志不渝、励精图治、艰苦创业的精神品质和时代风貌。

（案例来源：太原市汇丰中学　杨丽峰）

【案例评析】

## 开发课程资源，在问题情境中深化历史认识

历史教学中可开发的课程资源很多，在特定历史环境中产生的漫画、标语、口号等都是课堂教学中可利用的课程资源。一般来说，标语、漫画等蕴含了深刻的时代内涵，教师利用其设置问题情境，所选用的图画、文字应有信息和价值，教师依据这些信息设计问题，要符合学生的认知水平，同时学生需有一定的知识储备。上述片段选用的标语和漫画等素材就具备了这些条件，教师以此设计问题情境，可以让学生产生疑问和困惑，激发他们的好奇心。学生在问题引导下，能够在读图和读史的过程中，基于表层信息，结合历史事实在"是什么"的基础上追问"为什么"，挖掘深层信息，从而促进思考，深化历史认识。

教学中教师要充分利用和开发好课程资源，给学生提供研究的史料，尤其是一手史料，创设情境，运用游戏等有趣的、经常变换的教学形式，让学生先发现问题，学生在此过程中获得极大的成就感，对问题产生更大的兴趣。最后教师再提供相应的阅读材料，学生恍然大悟，回归历史真相。教师不是教"教材"，甚至不是用"教材"教，课本只是阅读材料之一。在一个又一个动人的历史故事中，学生的情绪被点燃，井冈山精神不是以说教的形式出现，而是浸润在了学生的心田里。

## 案例赏析2

【学科】化学

【年级】九年级

【课题】第七单元课题2《燃料的合理利用与开发》第二课时

【教学表现艺术片段】

师：通过以上内容的学习，我们了解到煤、石油、天然气是不可再生能源，同时又是国家不可或缺的战略性物资，直接关系到我们国家经济能否快速发展和国家的战略安全问题。下面我们就一起来了解我们国家的能源发展史。

师：（播放音乐视频《我为祖国献石油》，学生聆听）有同学听过这首歌曲

吗？这首歌的时代背景是新中国刚成立时，我们国家对化石能源的需求量大幅增加，但是由于以美国为首的西方国家对我国能源的严密封锁，我们国家能源不能依赖进口，必须要在国内勘探出大型的油田。

（学生认真地倾听老师的讲述，感受能源的重要性）

师：那时的新中国石油能源匮乏，我们一起来看一幅图片感受一下。

展示图片：新中国成立初期，顶着煤气包的公交汽车。

（学生瞪大眼睛看图片，纷纷发出惊叹声，感到非常惊讶）

师：那时西方的很多地质学家普遍认为我国属于贫油国，我国的地质构造不可能存在大型的油气田。可是我们国家一位伟大的地质学家没有被这种观点所影响，经过多年的实地勘测，结合理论研究，最终在东北发现了储量巨大的大庆油田，你们知道这位地质学家是谁吗？

生：（很多学生脱口而出）李四光。

师：（赞赏地微笑，并为同学们点赞）对，就是李四光。他让我们的新中国从此摘掉了贫油国的帽子，为我们国家的石油工业作出了巨大贡献。（此时学生的脸上表现出了一种敬佩的表情）

展示李四光的照片。

师：那时大庆油田的开采条件非常艰苦，以铁人王进喜为代表的石油工人在恶劣环境下，发扬"自力更生，艰苦奋斗""没有条件创造条件也要上"的精神，开采出新中国自给自足的石油。

展示图片：铁人王进喜。

播放视频：王进喜和其他石油工人采油。

师：虽然今天铁人王进喜已经不在了，但是他的敢战天斗地的"铁人精神"值得我们一代代人传承和发扬下去。

（此时同学们报以热烈的掌声）

师：下面再把目光拉回到我们今天所处的这个时代，高速发展的中国，除了在陆地，还在东海、南海发现了很多大型或超大型油气田，并且在南海神狐海域稳定地开采出了新型能源可燃冰，我们国家已经具备了在国际上仅有的几个国家所掌握的深海开采技术和设备，保证了国家能源的安全。

**【设计意图】**

本课教学内容这一部分的设计立足于课标的情感态度价值观目标，增强安全意识，逐步树立珍惜资源、合理使用化学物质的可持续发展观念。通过用化学的视角介绍我国能源的使用和发展历史，增强学生的爱国情怀和社会责任感，促进学生形成正确的人生观、价值观，树立为中华民族伟大复兴而奋斗的意识。

（案例来源：太原市成成中学　程建威）

**【案例评析】**

### 在化学课堂中让学生的爱国情感得以升华

一堂课教与学的相互作用过程应该伴随着情感的交流，使课堂教学内容更富有情感性。在本课的设计中，执教教师充分挖掘了教材内容之外的思政元素，将化学课堂延伸到课外，让学生除了学习有关能源的化学知识之外，还让学生用历史的视角去看待从新中国成立到今天，我们国家在能源领域的巨大发展。教师通过给学生介绍李四光、王进喜两位祖国能源事业中的标志性人物及他们的事迹，触发并调动学生的情感，通过化学学科内容所蕴含的道德情感，让化学学科教学和化学学科的育人价值得以有机融合，使学生铭记在国家发展过程中涌现出的许多为国家、为民族作出巨大贡献的人民楷模。课的设计从情感态度价值观角度紧紧围绕了学科育人目标，落实立德树人的根本任务，注重引导学生身心健康的成长，真正崇尚科学，崇拜英雄，使学生真正追的"星"是那些为国家默默奉献的科学家、劳动者，引导学生从更高的精神层面上去思考为什么学习，为谁学习，为谁而奋斗的问题，从而达到引导学生树立正确的人生观和价值观目的，真正地培养学生的核心素养。

### 案例赏析3

**【学科】**英语

**【年级】**八年级下册

**【课题】**人教版新目标英语 Unit 6 An old man tried to move the mountains.

**【课标要求】**掌握用过去时态讲述一个古老的传说和有趣的故事，激发和培养学生学习英语的兴趣，理解并体会传说和故事的教育意义。

【教学表现艺术片段】

学生读完愚公移山的故事之后。

T：Let's go back to the story of Yu Gong. How does the story begin?

S1：Yu Gong wanted to move the mountains because they made it hard for him to walk to the other side.

T：What happened next?

S2：He decided to move the mountains.

T：How did he move the mountains?

S3：He asked his family to work with him. They moved the earth and stones to the sea.

T：What did the man think of Yu Gong?

S4：He could never move the mountains because he was old and weak.

T：What did Yu Gong do after talking with the man?

S5：He kept on digging with his family.

T：What was the ending of the story?

S6：A God was so moved that he sent two gods to take the mountains away.

T：Then let's tell the whole story using "to start with / at first, then, next, later ... finally / in the end ...

教师一边提问，一边板书关键信息，包括动词短语和关联词语。

学生先独立练习，利用黑板上的提示词讲述愚公移山的故事，再以小组为单位互相简述，教师观察并给予必要的指导和帮助。

T：What do you think of the story of Yu Gong?

S7：It's moving.

S8：It tries to show us that anything is possible if you work hard.

S9：We should always keep trying instead of giving up.

T：Do you think Yu Gong is silly? Why or why not?

S10：Yes. He is silly because it's impossible to move a mountain.

T：It seems impossible. But his spirit inspires us.

S11: No. He is brave enough to solve the problem.

T: Good idea! It's necessary for us to be brave when facing a problem and try to solve it.

S12: He is kind of silly because he should find some other ways to solve the problem.

T: I agree with you. There may be more creative ways to solve a problem. Maybe he could have a discussion with his family or ask for help from others.

…

T: So there are many sides to a story and many ways to understand it. Have you had such an experience in your life? Is there anyone who seems like Yu Gong? What do you think of him or her? Talk about his or her story to your group.

【设计意图】

学生通常对中国古代传说故事非常感兴趣，让学生先独立思考，写下故事的关键信息，再以小组为单位，运用表示时间顺序的连接词和一般过去时态完整地讲述故事，最后小组讨论，发表对这一事件的观点和看法。完成之后在班内展示，教师针对学生所讲的内容进行及时反馈，并引导学生从故事中受到启发，学习愚公移山精神，培养不怕困难、勇于面对困难的精神品质，同时还要学会思辨，从不同的视角看待同一事件，并且学会创造性地解决问题。

（案例来源：太原市尖草坪区上兰中学　马海霞）

【案例评析】

## 问题引领，启发思考

教学问题的设计和师生互动的表现是课堂表现的关键环节之一。问题的设计首先要结合教学内容，其次要从学生的知识水平等实际出发，还要考虑问题的深度和广度，问题不仅要有利于拓展学生的思维，还要对学生的生活富有启发性，要有利于推动课堂教学中的互动。提问的艺术是引导学习的艺术，提问本身就是引发学生思考的过程。在本案例中，教师通过提问引导学生对愚公移山的故事情节进行回顾，然后要求学生使用连接词和一般过去时讲述完整的故事。从听力材料看，故事本身比较长，学生不容易记住，教师通过提问帮助学生理清了故事情节，再加上连接词的使用，会让故事逻辑性更强、更连贯，教师是在充分考虑学生认识水平的基础作出的决策。另外，教师询问愚公是否愚蠢并要求给出原因，促进学生对人物行为进行深层次的理解，同时学会从不同角度看待人和事，也学会勇敢面对困难，从不同角度寻找解决问题的方法。最后，以愚公移山的故事为基础，引出现实生活中像"愚公"这样的人和故事，让学生先独立思考，再进行小组讨论，使学生之间能相互启发、拓宽思路、激活思维，从而分享彼此的观念或观点，客观地、批判地认识周围的人和事，并善于发现他人身上的宝贵品质，形成坚强的意志和克服困难的精神。

**案例赏析4**

【学科】道德与法治
【年级】八年级
【课题】给学生起"绰号"的老师
【教学表现艺术片段】

### 给学生起"绰号"的老师

课堂教学改革从某种意义上说是重新确立师生关系，"削弱"传统课堂上教师"至高无上"的权利，把课堂的主人地位还给学生，让学生也成为课堂的主人，从而营造一种民主、平等、尊重、和谐的教学相长的师生关系。理念容易理解，但实际操作起来还是很不容易的。

道德与法治课程中关于法律、制度、国家机关的内容比较枯燥，由于知识性、理论性比较强，教师讲起来很难活跃课堂气氛，即使增加一些学生活动讨论，要达到愉悦的氛围也是很难的。但如果教师另辟蹊径，这样的课也能笑声不断，听过一节关于宪法的课，教师利用学生的"绰号"制造课堂幽默的做法令人耳目一新。

这位教师上课提问学生时不叫真名，而是给学生创造一个"新名"。在提问关于全国人大代表三分之一、三分之二问题时，教师说："请银行家把这笔账给大家算清楚。"原来这位同学的名字里有个"鑫"字，教师称他"银行家"。在学生讲解完需要归纳知识时，教师说："现在请董事长把咱们的工作做一个总结。"

因为这位同学姓董，教师叫他"董事长"。一位女同学对黑板上的答案提出质疑，教师说："有请小宋祖英闪亮登场。"原来这位女生的歌唱得很好听，教师便叫她"小宋祖英"。还有位同学名字里有个"圣"字，教师提问时就说："这个道理要请圣人指点一下。"有个同学物理特好，教师叫他"爱因斯坦先生"。最有趣的是课堂小结时教师说："最后请总理给大家做政府工作报告。"因为班里有位同学叫李鹏……一节课下来，学生在轻松幽默的氛围中学习、讲解、讨论，环环相扣，流畅自然，一点也不觉得累。

卡耐基说记住对方的名字，而且轻易叫出来，等于给予别人一个巧妙而有效的赞美。记住他人的名字体现了对他人的一种尊重，记住每个学生的名字并且在课堂上能随口说出学生的名字，说明这是一个负责任的老师，而如果能根据学生名字特点或学生自身的一些特征，通过善意的"绰号""昵称"拉近师生关系，这样的老师真是了不起。

【设计意图】

为了激发学生学习的兴趣和主动学习的积极性，把抽象的知识以生动形象的方式教授给学生，本案例中的教师把学生的名字和课堂教学内容的实际相结合，在课堂上通过给学生起善意的"绰号"，引起学生的注意，一方面拉近了与学生的距离，体现了师生关系亦师亦友的良好状态；另一方面也化难为易，通俗易懂地把知识传授给学生，较好地发挥了学科的育人功能，增强了学科的可信度。

（案例提供：稷山县教科局教研室　杨敬胜）

【案例评析】

## 提高课堂效率从建立良好的师生关系开始

课堂教学目标的顺利实现，需要清晰的教学思路、精心的教学设计，但更重要的是需要运用科学有效的教学操作策略将其完美地表现出来。该案例中的这位教师"独辟蹊径"，利用学生"绰号"营造课堂幽默的做法令人耳目一新。教师给学生的"绰号"不是随心所欲而为之，更不是歧视和打击，而是根据学生的自身特征，通过善意的"绰号""昵称"恰如其分地给学生以尊重、褒奖和激励，学生在被尊重、被赞美的氛围中愉悦地参与课堂学习，民主、平等、和谐的新型师生关系在课堂教学中逐渐形成。

本节课以知识为原点寻找有关的情感态度价值观目标。当学生的学习兴趣、情感态度被调动起来后，知识的学习过程就会变得轻松而愉快，学生脑力劳动的辛苦就会被思考带来的快乐所替代，而这时也是学习效率最高、学习效果最好的时候。

## 四、综合评论

刘庆昌教授认为："把教学表达直接转换为教学表现，就等于为教学艺术实践指明了现实的方向。具体到教学系统，作为教学内容的知识、情感和价值都是可以表现的。而表现的基本策略，就是把知识置入一定的结构联系和历史过程之中，这样能够使知识呈现出自身的本性和活力。由于知识表现的逻辑属于教学逻辑，因而只是表现的过程可以把学生带进具体的教学逻辑中，学生在其中也自然接受了教学逻辑的规定。"

可见，教学艺术表现在整个教学过程中的起承转合自然流畅，"起"，开始能引人兴趣；"承"，上下衔接能环环相扣，别具匠心；"转"，能自然畅达，波澜起伏；"合"，能使人茅塞顿开，豁然开朗，回味无穷，发人深思。

教学艺术表现在教学过程中具有独创性。实践证明，创造性乃是教学艺术的一大特点。在每一节成功的课例中，都体现着教师对美的独特感受，对教材的个性理解，体现着教师新颖的设计和创新的方法，表现在处理教材的独创性、教学结构的独创性、情境创设的独创性等方面。

教学艺术表现还必须注重形象性，需要运用语言、表情、图像、音响等方式表达思想、抒发情感、表达和解释知识。教师教学需要运用不同的方法、手段向学生传授知识，在表现知识的过程中，需要教师运用专业的教学能力，不仅要做到精准简练、通俗易懂、生动形象、有吸引力，还要做到有感染力，融情感和价值于教学中。情感是教学艺术的核心。苏联教育家赞可夫说："教学法一旦触及学生的情感和意志领域，触及学生的精神需要，这种教学法就会发挥高度有效的作用。"让情感和价值成为内在的体验，教学的教育性便一定能够得到充分的彰显。

# 第二节　教学对话艺术

教学中的对话是指为实现教学目标而展开的互动活动，也是在教师组织引领下，以学生主动学习、积极探究、共享资源为特征的学习实践活动，课堂对话包括师生对话，师生与文本的对话，学生与生活、与自我的对话等。对话要讲究艺术，高超的对话艺术常常可以达到令人满意的教学效果。教学对话的艺术应该以智慧开启智慧，用情感激活情感，用心灵碰撞心灵。基于此，我们把对话的艺术分为浅表的教学性对话和深层次的教育性融合两个方面。

## 一、理论要点

### （一）课堂浅表的教学性对话

如果把教学过程比作一种交往过程，那么对话就是一种主要的课堂交往方式。教学是一种对话，对话是一种交流。课堂教学中的对话是教师和学生在一定的语境中围绕文本和问题情境展开对话的过程。对话的主要表现形式是"问答"，我国古代教学理论著作《礼记·学记》中对此有精辟的论述："善问者如攻坚木，先其易者，后其节目，及其久也，相说以解。不善问者反此。善待问者如撞钟，扣之以小者则小鸣，扣之以大者则大鸣，待其从容，然后尽其声。不善答问者反此。"有"问"的艺术，有"答"的艺术，这种对话艺术不但能使教学过程顺利展开，教学目标得以顺利实现，还能营造出平等和谐、充满创造力的课堂氛围。

1. 课堂浅表性教学对话的层次

课堂上，基于师生之间直接的浅表性对话可以分为三个层次，即与学科对话、与他人对话、与自我对话，如下图所示。

**课堂教学对话艺术的三个层次**

（1）学生与学科进行对话

既是对话，则对话伙伴之间的关系是平等的，但学科知识本身并不会说话，故而是人与"事物"的对话。这里的学科变成为"物"，这样的对话，需要人带着情感去深入学科课程，深入研究学科知识，深入探究学科知识背后所蕴含的精神内涵、文化价值等。

（2）学生与他人进行对话

这里的"他人"指的是在教育教学中与学生有直接关系的教师和同伴。既然是对话，则双方都有同样的发言权，双方以学科知识为主要对话内容，进行心与心的交流，以求沟通与理解。在对话的过程中，不同的人由于视野、角度和立场存在差异，对交流内容的诠释也会各不相同。每个人在与学科知识对话的过程中，都有自己特定的视域。"视域就是看视的区域，它包括了从某一立足点出发所能看到的一切。"（德国伽达默尔《诠释学Ⅰ真理与方法》）在对话的过程中，人们必然会加入自己的固有思想。

学科知识本身不会说话，它需经由人的理解与解释，才能被赋予价值和意义。人们在解释讨论的内容时，必然会受到阶级、时代、文化背景、价值观念和个人因素等方面的限制，选择的立场、角度和方法不尽相同，从而导致对事件的解释千差万别。与他人对话，实际上就是每个人从自己的视域出发，最终达到视域融合。

基于这种理由，我们在课堂教学上有必要开展合作学习，了解他人观点背后的角度与立场，求同存异，学会与不同意见和平相处。

（3）学生与自我进行对话

学生自主学习也好，与师长和同伴进行对话也好，最终都是为了认识自己、做好自己。既然我们每一个人都不可能成为他人，那么我们就一心一意做自己，做更好的自己。做更好的自己的过程，就是学生与自我对话的过程。这是最高层次的对话，看不见，摸不着，但学生每天都在与知识对话、与他人对话的过程中自觉不自觉地进行着。

上述三种层次的对话，体现出课堂教学中的对话艺术就是关于课堂教学中师生"问"与"答"的综合。

2. 课堂浅表性教学对话的表现

（1）课堂对话中学生的"问"

学生的问题从不同维度可以分成不同的类型。从内容维度可以分为与学习主题有关的问题和与学习主题无关的问题；从价值维度可以分为可利用的有效问题和不可利用的无效问题。学生的问题通常有以下四类：

真实问题。即学生提出的与当前学习主题有关的寻找信息、解释或明确化的问题。这一类问题可以作为教师了解学生学习情况、诊断教学成败的重要参考，应视为推进教学进程、将教学引入纵深的上好资源。

拓展问题。指那些看似偏离学习内容，但问题的解答对学生知识面的拓宽和思维训练大有裨益的一类问题。拓展问题是教学过程中非常有价值的可利用资源，特别需要教师艺术化地处理。

偏离问题。是指由学习内容引出的偏离了教学目标的枝节问题，它的出现容易导致课堂教学的中断，阻碍教学活动的顺利进行。

虚无问题。是指课堂教学中与当前学习主题无关又无法成为教学可利用资源的问题。这类问题常常是个别学生为了自己引起注意而提出的有捣乱嫌疑的问题。

（2）课堂对话中教师的"答"

这里所指的"答"并非通常意义上所指的学生问、教师答，而应理解为广义上的"应对"。即在课堂教学中，教师能够准确判断学生提问的价值，运用不同的方式，灵活、有效地予以解决和处理的艺术。课堂教学问答艺术的提出，对于学生问题意识的培养、问题解决能力的提高、生成性课堂的构建和有效教学都起着十分重要的作用。时代的发展、课程与教学的变革要求教师不但要科学地进行教学，更要艺术地处理课堂中出现的各种偶然情况，抓住每一次学生发展的契机。学生敢于提出问题是其迈向自主学习的第一步，对内容不同、水平不一、价值各异的问题作出合理有效的问答，才是推动学生进一步发展的助力。一个不知道如何处理学生问题的教师难以抓住学生思维的闪光，也就难以成为教学艺术大师。

（二）深层的教育性融合

真正深层次的教学对话一定是涉及情感和价值的教育性融合。课堂教学艺术的深层次教育性融合，指的是课堂教学中师生之间要形成同频共振规律。而同频共振又需要让教师的课堂教学艺术与学生的思想认识达到同一频率，那个时候，师生之间就会产生思维、活动、情感、价值等方面的"共振"或"共鸣"，即教育的对话达到情感与价值的深层次共鸣。

1. 深层教育对话艺术的表现要求

对话精神。即与学生合作共胜的工作精神，平等互尊的人文精神。

对话人格。就是用理智克服人性局限的结果，它最需要教师放弃我执，且不能简单要求学生如此。

对话策略。其核心是善于运用和促成视域融合。学生虽然是知识上的后学者，是生活经验与阅历的后进者，但他们和教师一样拥有自己的世界和世界观。对话的教育希冀教师能把自己和学生的知识、情感、价值做平等对待，并让两种视域在对话的结构中自然呈现和交汇。

2. 深层的教育性融合达到艺术化的要求

教学要达到上述要求的深度融合，这种深度融合要求达到：

（1）思维共振

所谓思维共振，是指师生在课堂教学艺术交流的过程中，双方思维处处呼应、时时合拍、达成共识。实践证明，教师的思维活动对学生的思维活动有着直接的影响，也就是说，师生思维共振的先决条件是教师首先要做一个积极的思考者。

（2）活动默契

所谓活动默契，是指师生在课堂教学艺术交流过程中，双方的活动达到同步互动、默契协调，在共同合作下进行课堂教学艺术的创造，因为教学实际上就是一种师生双方的互动过程。

（3）情感共鸣

情感共鸣是指师生在课堂教学艺术交流过程中，双方的情感高度一致，共同处于兴奋激动的状态。教师的情感需要有节制地抒发，教材中的情感需要充分挖掘和体验，学生的情感需要调动和激发，至于如何将三者在课堂教学艺术交流过程中巧妙地统一起来，则是一种高超的课堂教学艺术水平。教学实践证明，只有情感丰富的教师，运用情感性教学手段，才能有效地激发学生深厚的情感，达到情感共鸣。

（4）价值理解

对话要讲究艺术，高超的对话艺术常常可以达到令人满意的教学效果。教学对话的艺术应该以智慧开启智慧，用情感激活情感，用心灵碰撞心灵，进而达到共同的价值理解。因为对话的艺术是一种以学习内容为媒介，对话双方平等、真诚表达自己的态度、观点和思维方式的交流。在课堂教学过程中，对话艺术的运用要求教师具有以学生为主体的教学观、丰富的学识素养、优良的教学语言艺术、对环境的敏感体验能力等，并且以此去潜移默化地影响学生的价值判断和价值理解。从对话艺术的角度理解教学，可以将教学定义为教学是一颗心与另一颗心的碰撞。讲究对话艺术的课堂是一条流动的思想之河，河中跳跃的是师生思想、情感快乐交流的浪花，在此起彼伏的浪花中共同流淌着知识带来的教育价值。

教学的对话艺术，是教育智慧的结晶，也是学生学科核心素养培育的能量场。只有在师生积极的相互作用中，才能产生作为一个完整现象的教学过程。

## 二、实践智慧

语言是知识的载体，也是课堂教学的主要媒介。苏联教育家苏霍姆林斯基认为："教育的艺术首先包括说话的艺术，同人心交流的艺术。"也就是说，师生两方面积极性的充分发挥与协调配合，是教学活动默契的重要前提条件。实践证明，教学互动或互动式教学，是实施教学共振的最好方式，教学互动是教学共振的一种具体体现，它能使教学效率和教学效果达到最佳状态。所以，优秀的教师总是致力于师生之间的积极性调动和配合，注重教学双方互动，师生之间达到"心有灵犀"，这种境界的实现，正是师生之间经常进行心灵交流的必然结果。

（一）选用恰当的策略

1. 正面应对策略

课堂教学中，学生提出的较为浅显的有关客观知识的问题，直接做出正面回答，可以使学生产生豁然开朗的感觉，体验到茅塞顿开的满足感和快乐，进而加深对所学内容的印象。

2. 幽默化解策略

夸美纽斯在《大教学论》中说："一个能动听地、明晰地教学的教师，他的声音便像油一样浸入学生的心里，把知识一道带进去。"反之，如果教师的语言平淡无味，听起来如同嚼蜡，学生并不情愿地听教师讲课，那么，不仅学习效率不高，还会给学生带来精神上的痛苦。

如数学、物理、化学、生物等学科语言不同于文学语言，具有质朴平实的特点，不必过多描绘与修饰，但这并不是说教学语言不必要和不可以借助幽默的手段及方法。教师要重视学生的问题，但是教师绝不能让学生牵着鼻子走。课堂中出现的偏离问题有时令教师难以回答，此时，教师如果能借用幽默的手段或语言，就能使偏离问题巧妙化解，既提升教师在学生心目中的地位，又活跃了课堂气氛，使课堂教学在民主、融洽、和谐的氛围中得以继续进行。

3. 规避锋芒策略

教学中遇到学生提出的一些幼稚的、突兀的、刁钻的虚无问题，教师可以巧妙地转换话题，避开问题的锋芒，从而使学生问题引起的尴尬得以化解。北京师范大学朱小蔓教授说："如果学生的情感心灵没有因为对学业的厌恶拒绝而闭锁僵硬，那么开放的、自由活泼的心灵便是块播种并生长真善美人格品质的丰茂绿地。"学生心灵始终是教师关注的重点。倡导以发展教师的"情感人格素养"为核心的教师教育模式，倡导教师要竭力做到俯下身来看见学生，能够与学生顺利进行情感交流。真正的教育不是说出来的，而是在师生互动的具体情境中，由教师的言行表达出来的。

### 4. 巧抛绣球策略

教学中讲究问答艺术的教师，遇到学生的问题并不急于给出答案，而是善于肯定学生的提问，并将问题巧妙地抛给学生，让学生试着解答。好的课堂的基本状态是对话式的、互动式的，在这种对话式的、互动式的教学中，教师可以讲授，但不能总是只有一个声音。而教学是否出现和维持某种对话式的、互动式的状态，取决于教师是否能够很好地"提问"，提问的技能直接影响课堂的效率，直接影响教师的教和学生的学。

### 5. 因势利导策略

著名教育家马卡连柯说："同样的教学方法，因为语言不同，其效果就可能相差十倍。"新课程提倡教学的生成和创造性，学生提出的拓展问题为教师的生成性教学提供了契机。教师借学生的提问因势利导，趁学生学习兴趣浓厚之机，将闪烁的火花燃成创新之焰，引导学生发现新知。

### 6. 以退激进策略

教师不是万能的，在课堂上常常会被学生问到难以解答或无法解答的问题。此时，教师首先要肯定学生的问题，实事求是地承认自己的不知，并鼓励学生和教师一起寻找问题的答案，鼓励学生自主探究。学生对教师都被难倒的问题自然是好奇心十足，教学也就获得了以教师"退"而激起学生"进"的功效。

### （二）创造必备的条件

课堂教学中引起师生思维共振的关键是创造师生思维的同频条件。语言表达技能分为三种境界：一是能讲得清楚，说得明白，完整地表达思想；二是声情并茂，活灵活现，使之传神而动听；三是选词有方，言有限而意无穷。为此，可以这样做：

1. 厘清教材编写的思路和架构。教材的编写思路决定了教学的思维线索和思维方法是符合学科本质特点的。

2. 熟悉学生的思维水平和思维习惯。学生平时思考些什么问题，使用的思维方法和思维习惯中的特点、思维态度的倾向和思维活动的准备状态等，教师要做到了然于心。

3. 精心设计课堂教学的思路和立意。教师在教学构思时，应注意教学思路与教材编写思路和学生思路的合拍，恰到好处地在关键之处拨动学生的心弦，从而诱发师生的思维共振，产生智慧碰撞的火花。

## 三、案例赏析

### 案例赏析1

【学科】历史

【年级】八年级下册

【课题】第8课《经济体制改革》

【教学对话艺术片段】

（教师播放视频：1978年安徽一些地方大旱，田地干裂，农村秋种已经难以进行，安徽省委决定把土地借给农民耕种，让他们自行生产渡灾。）

师：请同学们猜想，当安徽省委作出这一决定后，农民们将会怎样执行这一政策？

生1：把土地挨家挨户地分掉，自己种自己吃。

（教师出示材料一：1978年11月，凤阳小岗村18户农民出于填饱肚子的原始冲动，作出在当时有坐牢危险的大胆决定，分田单干，包产到户，他们做了最坏的打算——如果失败，干部坐牢杀头也心甘。）

师：凤阳小岗村村民这样做，在当时是否"合法"？为什么？他们这样做的结果如何？

生2：不合法，因为他们要冒着坐牢的风险。

生3：结果大获成功，他们拼命苦干，粮食丰收。

师：这种做法虽然效果很好，但农民们还是提心吊胆，这种做法中央是否认可呢？

（教师出示材料二：1980年3月，邓小平说，一些适宜搞包产到户的地方搞起了包产到户，效果很好……这种生产责任制要在一个较长时间内保持稳定。11月中央下发文件予以肯定。1982年中央1号文件规定，在社会主义工业、商业和集体农业占优势的情况下，土地集体所有（公有制）和在生产队领导下的"双包"不会脱离社会主义轨道，没有什么复辟资本主义的危险。）

师：你们在材料中看到了什么？

生4：先是邓小平肯定了，然后是中央也肯定了，这样就合法了。

师：这种做法被称为什么制度？

生5：家庭联产承包责任制。

师：大家能否归纳家庭联产承包责任制的背景呢？

生6：旱灾逼迫。

生7：农民自发。

生8：中央肯定。

生9：十一届三中全会。

师：包产到户的做法是不是意味着生产资料私有？

生10：不是，土地是集体所有，农民获得了生产与分配的自主权。

（教师出示材料三：从1957年到1978年的22年中，小岗村未能向国家交售1斤粮食，反吃了国家25万斤返销粮。1979年以来的两年半时间，这个队向国家交售了10万斤粮食。）

师：家庭联产承包责任制实行后，给农业带来了什么变化？

生：家庭联产承包责任制调动了农民的生产积极性，促进了农业的大发展。

师：请同学们尝试从背景、时间历程、性质、作用四个角度来尝试表述家庭联产承包责任制的概念。

（学生尝试表述）

师：同学们总结得很好。家庭联产承包责任制始于20世纪70年代末皖、川等地的农民实践，经中央肯定后在80年代前期推广到全国。它是在不改变土地集体所有的情况下给农民以生产经营和产品分配自主权的改革，极大地调动了农民的积极性，农业得到发展，农民开始富裕，这是农村经济体制的重大变革。

（案例来源：太原39中　安宝）

【案例评析】

## 由史到论，归纳历史概念

本案例片段旨在使学生理解家庭联产承包责任制的概念。教学过程中，教师没有采用先论后史的演绎法，而是充分采用了师生对话的教学手段。在本案例中，教师提供了三则材料，提出了有思维价值的问题，引导学生通过阅读材料提取其中的关键信息，先史后论地感受了家庭联产承包责任制这一历史概念的归纳过程。对话艺术的关键在于，教师以问题引导学生的思维，让学生有话可说，教师在学生的表述基础上进一步规范引领。学生对历史概念的认识由史料感知到理性抽象，由简单到复杂，由分析到合成，体现了思维由低到高的发展过程。

教学中应该怎样引导教学对话展开？

第一，激发学生兴趣，寻找合适的对话切入点。对话是围绕主题以问题开始的，因此一个好的切入点是教学对话展开的必要条件。

第二，关注学生状态，抓住对话的关键点。当学生思维发生困难时，教师适时点拨，可以促使对话得以继续。在学生思维的起始阶段开始，到思维的发散状态，再到思维的深度上，要抓住每一个阶段的关键点，不断开拓学生思路，加大思维含量，并在发散思维和聚合思维之间架起一道桥梁，最后让学生顺利走过，作出正确的分析与判断。

第三，扩展学生思路，捕捉对话的临界点。当学生对问题的思维可以继续向深度发展时，教师可以采用追问的方式帮助学生拓展思路，追问的目的是为了把学生对问题的思考引向纵深。教师的追问要抓住学生思维的临界点，将其作为深度教学的契机，使学生的思维转向深入思考。

## 案例赏析2

【学科】生物学
【年级】八年级
【课题】两栖动物
【教学对话艺术片段】

师：你知道青蛙属于哪类动物吗？

生：是两栖动物，还有蟾蜍也是。

师：什么是两栖动物呢？

生：就是既能生活在水中，又能生活在陆地上的动物。

师：那么人既能生活在陆地上，也可以在水中游泳，也属于两栖动物喽？龟有时在水中游泳，有时上岸休息或产卵，也属于两栖动物喽？

生：嗯……不是，我记得龟属于爬行动物，人好像是哺乳动物吧？

师：打开课本了解一下两栖动物的主要特征。

生：幼体生活在水中，用鳃呼吸；成体大多生活在陆地上，也可以在水中游泳，用肺呼吸，皮肤可辅助呼吸。

师：现在知道人为什么不是两栖动物了吗？

生：知道了，因为人不管大人小孩，都是用肺呼吸的。

师：那龟呢？你翻翻下节内容，看看龟用什么呼吸？

生：噢，龟用肺呼吸。老师，龟的幼体也用肺呼吸吗？

师：是的，龟终生用肺呼吸。有兴趣的话你可以在课后上网查一下。

师：（播放视频）再看看，这种动物叫大鲵，因为叫声像小孩哭，也叫娃娃鱼，它终生生活在水中。

生：它有点像鱼，还有长长的尾巴。

师：它和青蛙的样子很不一样对吧，但也属于两栖动物。你知道这是为什么吗？

生：嗯……是因为它的幼体用鳃呼吸，成体用肺呼吸吗？

师：是的。现在知道两栖动物的特征里，哪些是本质特征，哪些是非本质特征了吗？

生：本质特征是幼体和成体的呼吸器官不一样，非本质特征是幼体和成体的生活环境不一样。

师：非常正确！你真是个聪明又爱动脑筋的孩子！大鲵，还有蝾螈，它们和青蛙、蟾蜍的长相虽然差异比较大，成体也不一定都能在陆地生活，但它们都具有幼体用鳃呼吸、成体用肺呼吸的特征，这一特征把它们统一到了一起。所以我们不能仅仅关注事物的表象，还要能透过现象看到本质，对于其他事物也一样。

（案例来源：太原市教研科研中心　崔四君）

【案例评析】

## 把学生的思维引向深入

这是初中生物学《两栖动物》一节课中的一段师生对话。教师首先从学生熟悉的问题"青蛙属于哪类动物"引入，然后通过追问"人和龟也能在水中、陆地活动，是否也属于两栖动物"引发认知冲突，再让学生从教材中找到两栖动物的特征，并提炼出其本质特征"幼体用鳃呼吸，成体用肺（兼用皮肤）呼吸"，告诉学生具有这样特征的动物才是两栖动物，而不能仅凭生活环境来判断。

通过用青蛙作为样例，让学生理解了"两栖动物"这一重要概念后，教师又进一步抛出特例——大鲵，问这种与青蛙看似差异很大的动物为什么也属于两栖动物，其目的在于让学生运用两栖动物的特征来进行判断，从而进一步加深对概念内涵的理解。同时，学生头脑中概念的外延也随之扩大。至此，学生对"两栖动物"内涵和外延的理解就都变得清晰起来。教师由浅入深，逐步把学生的思维引向深入。最后，教师引入哲学思想，即要透过现象看到事物的本质，教学的境界瞬间提升，也体现出教学的艺术性，这种哲学思想对学生认识世界有着普遍的指导意义。

【拓展延伸】

## 给学生搭建起思维的阶梯

理想的课堂是通过师生之间的对话展开的，但在实际教学过程中常常不能将对话很好地进行下去。这时教师可从以下几个方面思考解决方法。

第一，教师要有教学的自信力。教学的自信力源自教师对教学内容的深度掌握，以及对学生心理的透彻理解。教学对话是发生在课堂情境中的，虽然课堂情境中学生也是活动的主体，但是作为情境主体的两个方面，教师和学生是有很大差异的。通常情况下，教师是教学情境的设计者，学生一般是在教师设置的情境中进行活动的，由于活动是教师事先设计的，教师就自然而然地具备了对学生的引导力。一旦有教学情境出现了问题，如调皮的学生扰乱了课堂的正常秩序，教师可以根据"捣乱"学生的行为和心理特点设置新的情境，使教学对话重新发生和继续。

第二，教师要有教学智慧。教学智慧是教师在具体的教学情境中灵活地处理偶发事件的艺术和能力。教学智慧的形成与教师的学科知识水平、教育素养、生活阅历等因素有很大关系。教学对话需要技术，更需要智慧。教学智慧使课堂上中断了的教学对话能够自然地继续。

第三，教师要运用恰当的教学方法。启发式教学法是唯一被写入教师法的教学方法，也是启迪学生心智和思维非常行之有效的一种学习方法。教师应在学生思维发展的临界点提问，激发学生的思考，要善于通过细致的观察发现学生思维发展的动态。学生的眼神、动作、语言等在有经验的教师那里都是判断其思维是否达到临界点的依据。

例如，在概念教学方面，建议多运用符合初中生思维特点的归纳法，让学生通过归纳找出事物的共同特征，从而理解概念的内涵；再通过演绎法，让学生运用概念来判断个体特征是否符合概念的内涵，从而形成对概念外延的理解，逐渐使学生对知识的理解向纵深和宽广两个维度发展。

## 案例赏析3

【学科】道德与法治

【年级】八年级

【课题】构筑全民维护国家安全的钢铁防线

【教学对话艺术片段】

师：近期，学校筹备了国家安全主题展览馆，请同学们跟着老师一起去参观。下面我们来到的是军事安全展区，主要陈列了新中国成立70年来的军事成就。请大家通过观看PPT所呈现的图片，感受2019年阅兵仪式上的大国重器。同时思考历届阅兵仪式为什么必须有军事实力的展现？是炫耀吗？阅兵的真实目的是什么？

生：不是，是威慑，是扬我国威，提士气、凝聚民心。

师：我们看展馆墙上的这张图片——东风-41弹道导弹。这是国外媒体尤其是美国关注最多的一款武器。谁了解这款武器？请介绍一下。

（学生畅所欲言。教师围绕先进、威力、研制、耗资等引导学生思考我国为什么投入巨大人力、财力、物力来研制新式武器）

生：怕对自己本土构成威胁，怕撼动到自己世界霸主的地位。

生：东风-41，号称使命必达，全球精准打击，射程14 000公里，30分钟到达世界任何一角落。每枚导弹安装有十个核弹头，可以释放虚假诱饵误导对方反导拦截。

（教师点评）

师：感谢刚才两位同学，他们一个代表美国，一个代表中国。那么，请问你的导弹想打中对方需要具备什么性能？（准、远、快、迷）另一方呢？（反导拦截）我国1964年就已经有了核弹，但一直面临有弹无枪的尴尬，东风-41的问世让我们拥有了有足够威慑力的战略核打击能力。

生：将大大提高中国火箭军的战略威慑能力，打造出一支能够真正捍卫国家安全的利剑，起到了维持世界核平衡的作用。

生：国际安全形势复杂，我们必须有强大的武器才能不被欺负。

生：应对复杂的国际国内形势，我们需要先进武器保障国土、主权的安全，保障人民的切身安全。

师：军事安全是维护国家安全、有效遏制和抵御外来侵略的保底手段，也是最后的手段。所以建设一支现代化的、一流的军队来应对今天复杂的形势非常重要。晚清经济实力强大却被侵略，任人宰割。今天的中国经济实力居世界第二，却没人敢发动武力。可见，国防军事实力是国家安全的制胜武器，没有强大的军队作保障，其他成就都会成为泡影。

师：东风-41经历了10次发射，其中有两次是从太原卫星发射中心发射的。有村民举报岢岚附近经常有外乡人拿钱收买当地百姓帮他们拍照、发定位。假如有人这样诱惑你，你会怎么做？

生：举报，拒绝。

生：我会记住对方特征，包括口音、相貌、身高等，留住证据再举报，这样更方便国家安全机关或公安机关去抓捕这些间谍。

师：我为你们的正义和智慧点赞。大家说得都很好，坚决维护国家安全的初心不变，方式可以多元。我国宪法规定，维护国家安全是每个公民应尽的法定义务，人人有责，人人可为。

（PPT出示《中华人民共和国国家安全法》第七十七条规定）

师：我们需要认真学习关于国家安全和保密工作的法律法规、规章制度，增强维护国家安全的法治意识。增强防范意识，积极履行维护国家安全的义务，另外，在生活中维护军事安全我们还可以做什么？

生1：发现间谍及时向国家安全机关、公安机关和有关军事机关举报并提供必要的支持和协助。

生2：不任意拍照片。不在军事基地、军用港口等地未经允许拍照，更不要在朋友圈分享部队训练、武器装备、军人军装照等照片。

生3：开车不随意插队。驾车外出时，遇到军车车队驶过，不要穿插车队，更不要跟踪拍摄。

师：希望今后每个同学都能成为国家安全的守护者、践行者，人人都能成为维护国家安全的主角。

（案例来源：太原市志达中学校　王慧萍　郝永华）

【案例评析】

## 精彩对白，素养提升

本课是一次省级示范课中一节真实任务情境教学示范课的片段。采取国家安全网上展览的模式讲一节关于国家安全的主题课，创设真实任务情境，教师以展馆讲解员身份参与课堂，能使学生真正体验其中，最大限度激发学生学习兴趣。这节课通过淋漓尽致的教学对话艺术，在培养学生核心素养方面做足做细，形式和内涵兼具，润物细无声，巧妙设计不留痕迹地培养了学生的政治认同、法治观念等核心素养。教师另辟蹊径地将教学内容以展览的方式呈现给学生，创设问题情境，学生活动展开有基础，设问形成了恰当的任务驱动，学生才能畅所欲言，体现了教学对话艺术。教师围绕先进、威力、研制、耗资等问题引导学生思考"我国为什么投入巨大人力、财力、物力来研制新式武器"，这样的对话给了"军迷"学生展示自己的机会，也是一种拓展和引领，人生理想的种子或许就在这一刻播撒在学生的心里。此外，教师及时给予学生激励评价，通过对话进行深层教育融合，家国情怀、正确的价值观在对话交流中悄然生长。

【拓展延伸】

## 一问一答间，彰显教育智慧

"教育是最具有人文性的活动"，因此教师如何艺术地与学生对话、启迪学生思维显得尤为重要。教师要在认真研究和分析教材内容及学情基础上，从知识的、能力的、思维的及情感的角度精心设计教学问题。教师在课堂教学中要通过艺术的语言和得体的行为不露声色地引导并启发学生多角度地思考问题；用认真的态度和显性的行为去时时处处感染学生；通过语言的深度交流达到思想的碰撞，引起学生的共鸣；用高质量的综合评价进行情感渗透，与学生情感共振。教师只有艺术地应对每个细节，讲究教学语言艺术、教学行为艺术，同时从思想和情感上真正认同学生的思维活动和努力行为，才能真正践行立德树人的宗旨。

　　课堂上，教师运用对话艺术，在学生回答第一个问题时，对其表现及时肯定，使学生体会到了学习的成就感。接着再追问另一个难度稍高的问题，激发学生去深入思考，激励其向更高的层次思维，用艺术的对话推进教学活动。当学生回答完问题后，教师能及时地给予评价和反馈，并伴以表示赞许的表情、动作等，让学生感受到来自教师真诚的肯定。这种对话艺术不但能使教学过程顺利展开，使教学目标得以顺利实现，还能营造出平等和谐、充满创造力的课堂氛围，开启智慧，用情感激活情感，用心灵碰撞心灵。

### 案例赏析4

【学科】物理
【年级】八年级
【课题】大气压强
【教学对话艺术片段】

　　师：大家利用桌子上的实验器材（玻璃杯、硬纸片、水、水槽）能自己设计实验证明大气压的存在吗？

　　（学生讨论设计）（纸杯、覆水实验）

　　师：请一个操作比较成功的小组的同学上台展示并分享过程。

　　（部分同学认可，部分同学不认可）

　　师：不认可的理由？

　　生：因为纸片被杯口的水粘住了。

　　师：那这位同学的猜想到底正确吗？大家能不能通过实验来论证？

　　（学生思考讨论）

　　师：我们除了立论也可以采用驳论的方式论证。如果没有大气压会怎样？

　　（学生茅塞顿开，马上想到抽走大气来观察）

（教师演示，在密闭玻璃容器里做覆杯实验，抽出玻璃罩内的空气）

（学生观察到纸片掉落，水不能再被托起）

师：（追问）大气为什么能向各个方向产生压强？

生：（猜想）大气像液体一样，受重力且具有流动性，所以能向各个方向产生压强。

师：我们身处大气的"海洋"中，空气受到重力的同时还具有流动性，因此也能产生向各个方向的压强，我们称之为大气压强，简称大气压。

（案例来源：太原39中　蒋美蓉）

【案例评析】

**因势利导，点燃创新火焰**

新课程提倡教学的生成和创造性，学生提出的拓展问题为教师的生成性教学提供了契机。教师借学生的提问因势利导，趁学生学习兴趣浓厚之机，将闪烁火花燃成创新之焰，引导学生发现新知。本节课的教学目标是通过系列实验操作，观察分析生活中的现象，证实大气压的存在并揭示其存在的原因，解释生活中利用大气压的现象。

物理学的研究对象大到天体，小到共振粒子，从实体到另一形态的场、光等都是物质的。物质又是运动的，如机械运动、分子热运动、光波传播，实际上是不同形态的物质的不同运动形式，它们的运动是有规律的，自然界是合理的、简单的、有序的。因此，科学家们在探索真理的过程中，往往以科学美作为追求的目标，通过他们的努力而形成的物理理论，在内容上、形式上自然、简单、和谐，都放射出美的光辉。教师运用富有艺术的语言，向学生展示物理知识的美的一面，会激发学生爱美的天性和审美的能力。

本片段设计注重启发学生的思维，注重学生的活动体验，充分联系学生的生活和已有认知。学生也学会了通过实验论证观点，体现了物理学的科学性与思想性相统一的原则。设计的学生活动使学生进一步体会到大气压强，学生通过自主思考、合作交流，会分析大气压现象，培养了问题分析和合作交流能力。

【拓展延伸】

## 教学对话艺术构建教学新模式

在传统教学中，教师习惯性地满足于"讲授"，而剥夺了学生发表意见的机会。没有学生和教师的"对话"，也就没有了学生思维的主动发展。所以，我们必须打破传统的教师"独白"，而走向教师与学生的"对话"，建构教学新模式。对话式教学是相对于传统意义上的讲授式教学而出现的一种崭新的课堂教学形式。这种教学新模式的实质，不能简单地理解为只要教师提问、学生回答就是对话式教学。我们应这样理解：通过教学对话艺术，激发学生的有效思维、理性思维、批判质疑，从而培养科学精神。

对话式教学强调教学对话虽然可以发生在不同的主体之间，但我们一定要注意话题的把握，即教学对话不是笼统意义上的对话，而是有特定任务的，否则，不管我们的对话过程中心情多么愉快、形式多么美丽都是没有实际意义的。我们的课堂对话需要服从于一定的话题，师生进行对话的话题是一定的教学内容。但师生进行教学活动的目的不是为了记住话题，而是通过话题这一中介进行交流，让学生获得发展。由于具体的对话往往随机性较强，不确定因素较多，是动态的过程，它与教材内容的相对固定之间有着一定距离，所以，如何把握动态的对话过程与相对固定的话题之间的和谐一致变得尤为重要。把握过"死"，我们的对话便会变得拘束呆板，没有了对话的情趣，也就很难有思维火花的碰撞和创新灵感的闪现；把握过"松"，我们的对话就不能突出主题、实现教学目标，对话也就变成了空谈。比较有效的方法是把教材规定的教学内容根据学生已有的知识经验和生活体验进行整合分层，把抽象的教学目标分解成不同层次又互相联系的问题情境，从而引出"分话题"，分层推进，同时又在各个阶段留有一定的个性思维空间。

## 案例赏析5

【学科】语文

【年级】七年级

【课题】皇帝的新装

【教学对话艺术片段】

师：想一想，这个荒唐的闹剧是谁导演的，它成功上演的主要原因是什么？

生：我认为导演是皇帝和它的大臣。原因是他的大臣害怕被人发现自己很蠢，就欺骗皇帝；皇帝也担心别人说自己很蠢，就去欺骗别人。

师：皇帝和大臣导演了这场戏。让我们读第5段，体会闹剧上演的原因是什么？

生：（有感情齐读第5段）"我倒很想知道衣料究竟织的怎样了。"皇帝想。不过，凡是愚蠢或不称职的人就看不见这布，心里的确感到不自然。他相信自己是无须害怕的。但是他仍然觉得，先派一个人去看看工作的进展情形比较妥当。

师：好，皇上这个时候有种心理，大家从原文中画出来，是——

生：不自然。

师：说明皇帝担心自己愚蠢被人发现，他的虚伪使得闹剧上演。

师：还有没有其他答案，这场闹剧还跟谁有关系？

生：我认为跟那两个骗子有关。骗子提前说了"衣服还有一种奇怪的特性：任何不称职或者愚蠢得不可救药的人，都看不见这衣服"，这让皇帝等人想要证明自己是不愚蠢的。

师：简单来讲就是骗子的骗术高明，骗子导演了这场戏。还有没有其他意见？

生：跟两个大臣也有关。因为他们害怕自己因为看不见衣服，被别人说不称职或者愚蠢。

师：这位同学提到一个词——害怕，请你找出描写官员心理活动的句子，读给大家。

生："我并不愚蠢呀！"这位官员想，"这大概是我不配有现在这样好的官职吧？这也真够滑稽，但是我决不能让人看出来。"

师："决不能让人看出来"，于是他说了假话，看看他对皇帝是怎么说的？

生：是的，那真是太美了！

师：注意这里是什么标点符号？

生：感叹号。

（教师指导朗读）

师：可见，大臣的虚荣腐败、愚蠢无比也是闹剧上演的原因。

生：我觉得还和那些老百姓有关。请大家看第32自然段。"谁也不愿意让人知道自己什么也看不见，因为这样就会显示自己不称职，或者太愚蠢。"

师：所有的善良的老百姓都说出了那句假话，那句假话请你再读一读。"乖乖……"

生："乖乖！皇上的新装真是漂亮！他上衣下面的后裙是多么美丽！这衣服真合他的身材！"

师：简直太荒唐了！骗术高明的骗子是这场闹剧的幕后推手，官员说了假话，甚至连善良的老百姓也说了假话。同学们，请你深入思考并总结这场闹剧成功上演的原因是什么？

生：所有人都不愿意承认自己是愚蠢的，所有的人都虚荣愚蠢。

师：你认为是所有人共同制造的这个骗局，所有人共同上演了这出闹剧。是所有人吗？是所有的什么人？

生：成人。

师：原来这是一个讲述成人内心复杂的故事。所以，所有的大人共同上演了这出闹剧。因此我们要从社会、土壤、大地，或者是更广阔的空间去思考这个问题。所有的大人共同制造了这出闹剧，因为虚荣而悲哀。

（案例来源：太原市第二外国语学校　卢红玉）

【案例评析】

### 智慧语境，搭建教学平台

"这个荒唐的闹剧是谁导演的，闹剧成功上演的原因是什么？"这一问题带动学生对文本进行深入理解和思考，在教师的步步引导下，学生从浅层次的思考逐步走向深入，进而理解本文的写作目的。安徒生说过："当我在为孩子们写一篇故事的时候，我永远记得他们的父母亲也会在旁边听。"也就是说，安徒生认为童话不仅要完成对孩童的精神启蒙和养育，也成了引导成人审视自我、净化心灵的一种方式。

案例中教师有层次地设问，适时追问，师生对话从浅层逐渐深入，进而探究文本的深层内涵。看似简单的对话，其实是师生一起获得情感共鸣的过程。"这个闹剧谁是导演?""这个闹剧成功上演的原因是什么?"直指文章主旨，教师与学生的对话撕开了童话的面纱，在嬉笑中揭示了安徒生创作此篇童话的意义：感受成人世界里的虚伪与无奈，从而带领他们完成"为人生"这一要义。

【拓展延伸】

## 在智慧的对话中启迪心灵

在艺术的课堂上，教师追求的不是表面热闹的言语对话，而是内在的心灵对话，通过对文本的解读实现心灵的交流和共鸣。

教学中的有效对话是在教师组织引领下，以学生主动学习、积极探究、共享资源为特征的学习实践活动，课堂对话包括师生对话，师生与文本的对话，学生与生活、与自我的对话等。对话要讲究艺术，高超的对话艺术常常可以达到令人满意的教学效果。教学对话的艺术应该以智慧开启智慧，用情感激活情感，用心灵碰撞心灵。

## 案例赏析6

【学科】数学

【年级】九年级

【课题】二次函数的概念

【教学对话艺术片段】

### 活动1：初步体会二次函数在实际生活中的意义

师：大家请看右图，知道图中反映的内容是什么吗?

（学生迷惑）

师：这是太钢生产的手撕钢，它的厚度仅有一张A4纸的四分之一。

生：哦!（表示出惊讶，不可思议）

师：这种用手就可以撕的钢铁，由于它的技术处于世界领先水平，虽然价格非常昂贵，但许多外企仍来中国争相购买。

问题：由太钢生产的超薄钢板手撕钢厚度相当于头发丝直径的1/3，是国际同行业顶级产品。

（1）若利用手撕钢加工一个边长为 $a$（cm）的正方形模具，写出它的面积 $S$（cm²）随其边长 $a$（cm）变化的关系式；

（2）若利用手撕钢加工一个周长为20 cm 的矩形装饰品模具，模具的一边长 $x$（cm），写出它的面积 $S$（cm²）随其一边长 $x$（cm）变化的关系式。

师：在上面的问题中，常量是什么？变量是什么？

生：第（1）个问题中的变量是 $a$（cm）和 $S$（cm²）；第（2）个问题中的常量是20 cm，变量是 $x$（cm）和 $S$（cm²）。

师：回答得很好，它们之间的函数关系式是什么？

生：$S = a^2$；$S = x(10 - x)$。

师：获得这两个函数关系式经历了什么过程？

生：阅读题意、分析数量关系、列出函数关系表达式。

师：这两个函数是不是一次函数？是不是反比例函数？

生：既不是一次函数，也不是二次函数。

师：这类函数有非常丰富的现实背景，今天我们开始研究这类函数的概念、图象和性质，以及它们的应用。

### 活动2：经历抽象二次函数概念的过程

师：比较这两个函数和一次函数与反比例函数的特征，它们之间有什么不同？

生1：这两个函数自变量的最高次数是二次。

生2：这两个函数关系式的右边都是用整式表示的，而反比例函数关系式的右边是用分式表示的。

师：这两个同学回答得很好。请同学们再观察下列函数关系式，它们之间有何共同特征？

$$S = a^2;\ S = -x^2 + 10x;\ y = \frac{1}{2}x^2 - 2x;\ y = \pi r^2;\ h = -0.5t^2 + 20t + 1.5。$$

生3：它们都有两个变量。

生4：自变量的最高次数都是二次。

生5：它们的右边都是用整式表示的。

师：如果我们把上述函数关系式的自变量、变量用统一的字母表示，你能根据它们之间的共同特征，抽象出上面5个函数关系式的统一形式吗？

生6：它们都可以表示为 $y = ax^2 + bx + c$ 的形式。

师：你能说明抽象出的式子中，哪些字母表示常量，哪些字母表示变量吗？

生6：$a$，$b$，$c$ 表示常量，$x$ 和 $y$ 表示变量。

师：当 $a$，$b$，$c$ 表示常量时，你能保证该式子的最高次数是二次吗？有没有条件限制。

生7：应该再强调 $a \neq 0$。

师：回答得很棒。可见这类函数尽管有很多特征，但其本质特征是它们都可以表示成 $y = ax^2 + bx + c$（$a$，$b$，$c$ 是常数，且 $a \neq 0$）。由于生活实际中到处存在这样的函数，所以我们给这类函数一个名称，叫作二次函数，其中 $a$，$b$，$c$ 分别表示二次项系数、一次项系数和常数项。

师：大家总结一下，我们获得二次函数的概念经历了哪些步骤？体现了什么数学思想方法？

生：实际问题抽象数量关系→观察数量关系的共性特征→用符号抽象概括表达→得到二次函数的概念。

师：回答得太棒了！也就是说，上述过程体现了抽象、归纳、符号表示等数学思想方法。那么，二次函数表达式和一元二次方程的一般式有什么异同？

生：它们都是用二次三项式表示的，但二次函数左边表示函数 y，而一元二次方程右边是0，可以看作相应二次函数中 $y = 0$ 的情况。

师：非常好，它们关系密切，都是描述现实的有效的数学模型。

（案例来源：太原第二外国语学校　张华）

【案例评析】

## 在富有艺术的对话中实现师生智慧与思想的交融

教学活动是师生互动、生生互动的过程，生动活泼的课堂学习氛围是形成有效学习活动的前提。师生之间通过恰当的数学问题，准确、清晰、富有启发性和感染力的对话，可引导学生积极思考、自主探索，是激发学生学习兴趣和求知欲的关键所在。营造师生间平等、互相尊重的对话氛围有利于鼓励学生积极参与教学活动，在对话中，师生共同感受成功与挫折、分享发现和学习成果，实现了师生情感的交融，可将情感态度价值观目标有机融合在数学学习过程之中。

本课例是在学习了一次函数等函数概念，一元二次方程一般形式及其应用等知识及技能基础上，进一步对二次函数模型进行研究。二次函数是解决实际问题的又一种模型，通过二次函数的学习，可以进一步体会函数模型的作用，为今后学习其他函数打下基础。为了让学生能更好地体会二次函数在刻画现实世界中的重要价值，本课通过解决现实世界中的具体问题，让学生经历建立二次函数模型这一数学化的过程，从中体会二次函数的模型思想，发展模型观念、应用意识和抽象能力等这些核心素养表现。

在教学过程中，教师以实际问题为载体，从学生已有的知识经验出发，重视教师主导作用的发挥和学生主体地位的体现，采用开放性的教学方式，引导学生经历完整的认知过程。教学的艺术就是唤醒、鼓舞和激励，在抽象二次函数概念的过程中，师生通过富有引导性和启发性的对话，思维活动紧紧围绕数学概念抽象学习过程，体现了以核心素养为导向的教学活动的基本特征。

【拓展延伸】

### 享受一种教学对话人格平等的精神美

在平等的对话中，师生之间那种灌输与被灌输、征服与被征服的关系被解构，一种民主的、平等的、互动的、共享的双赢乃至多赢的格局在建构。教师不再是金口玉言的"师皇"，而是平等对话的首席；不再是绝对真理的代言人，而是平等对话的精神领袖。在平等的对话中，话语如涓涓溪水，潺潺流动；心门似春之柴扉，轻轻洞开。师生相互尊重、相互倾听，彼此敞开心扉，真诚肯定对方、赏识对方、悦纳对方，彼此共享知识、共享经验、共享智慧、共享丰富多彩的生活意义与曼妙丰盈的人生价值。几十颗心，以心印心，心心相印，沉浸在思想交锋、情感相融、心灵交汇的大场里，思维得以多方面的顿悟和升华，心灵得以广角的净化和超拔。

教学是一种艺术。成功的课堂艺术离不开师生间的生动对话，成功的数学课堂同样离不开师生间的生动对话。师生对话可以说是一种艺术创造，在以学生为主体、教师为主导的课堂上，有了生动的师生交流对话，就会使成功的数学课堂锦上添花，形成真正的教学艺术。

对此，在数学课堂上，教师首先要放下架子，把自己当成学生的朋友，与学生进行平等对话。其次，教师要精心组织好语言，根据教学内容设计生动的教学语言，与学生进行真诚交流。教学询问的艺术——亲和的语言如同幽默的语言那样，往往能激发学生的求知欲。学生在学习过程中会遇到很多问题，有些问题他们很难自己解决，这时，就需要教师待机进行询问与点拨，显示教学语言的艺术性。教师如果在课堂上这样对学生进行询问："这道题你也不会？老师刚才讲的时候你干什么了？用不用老师再给你讲一遍？"学生将无法回答，只能报以沉默，不仅因为他们确实不会解决这个问题，还因为他们的自尊心受到了伤害。这样，他们与教师的距离拉开了，他们害怕与教师进行交流。反之，教师如果这样说："你希望老师给你一点儿提示吗？""你认为这道题中什么地方最难解决，说出来，咱们一起研究，好吗？"如此一来，学生很乐意接受这样的话语，能够在愉快的语言环境中进行学习，往往很快就能进入思维轨道，与教师一起思考研究，最终得出结论。通过以上两种语言不难看出，具有亲和力的语言有助于拉近师生距离，提高课堂教学效率。

## 案例赏析7

【学科】历史
【年级】七年级
【课题】百家争鸣
【教学对话艺术片段】

师：（介绍孔子生活的时代）孔子所处的春秋时期，社会动荡、战乱纷争、民不聊生、道德沦丧，以至于建立在以血缘氏族为基础的周礼统治秩序，在这种时局下已经彻底瓦解。孔子的理想是复兴周代的统治秩序和统治制度，于是孔子满腔热血奔波列国，渴望入仕，并投入到复兴礼乐教化的事业中去，但是弱肉强食的社会现实让各国君主很难接受孔子的"仁者治天下"，孔子从政失败。晚年，他目睹了乱臣当道、时局动荡、礼乐崩坏，于是专心致力于讲学收徒，《论语》就是由孔子的弟子记载孔子言语的重要儒家经典。今天我们弘扬传统文化，要重读《论语》，孔子学院也走向世界，那么孔子对于我们今天的生活有什么现实意义呢？我们就通过同学们收集的部分论语内容进行了解吧。

生："克己复礼"的意思就是约束自己，使言行符合于礼。我理解的意思是，每个人要克制自己的欲望，严格遵守礼制，诸侯不要觊觎天子的权力，卿大夫不要觊觎诸侯的权力，那样的话就不会天下大乱了。

师：解释得很好，通俗地讲就是以道德标准来约束、克制自己的修养，克制自己的妄念、邪恶的思想、偏差的观念，这是内心的自发的克制自己、管理自己，而不是为了免受惩罚而去做一件事情。比如"中国式过马路"，只要没车我就过，不看红绿灯。红灯停、绿灯行，这是规则，我守规则不是怕被罚款，而是从良心出发，我不想制造麻烦，我是担心别人和自己的安全。罚款是法治，如果从道德和良心上自省，就是礼治。谁还知道论语里关于品德修养的名言？

生："躬自厚而薄责于人"意思就是严于律己，宽以待人。

师：这句话是关于自我反省、完善自己的名言。今天我们很多人在工作中和生活中，往往忽略自身的缺点与不足，总是看他人之短，遇事责怪他人，喜欢抱怨，如今天我批评李明上课说话，他反驳是同桌先和他说的。你们觉得他有错吗？《论语》告诉我们，一个人如果能经常自省，无论遇到什么事都能先对自己进行省察，找到并改正自己的错误及缺点，就能使自己更加完美。孔子不仅是一个伟大的思想家，还是一个教育家，谁收集了他的教育名言？

生："学而时习之"，就是学习要经常复习。

师：经常巩固是学习的有效方法。不过对于这句话的解释，老师和你有不同的见解，学而时习之，重点在时间的"时"和见习的"习"。我们通常说读书就是学问，错了，在儒家的思想中，如何完成做一个人才是学问。所以这句话的意思就是随时随地要有思想，随时随地要有体验，随时随地要学习，随时随地能够反省，就是学问。学而时习之，就是随时随地都可以学，可以跟谁学呢？"三人行必有我师焉"，每个人都有优点，向身边的人学习，如"敏而好学、不耻下问"，每个人都有专长。如何学习呢？"择其善而从之，其不善者而改之"。"学而时习之"送给你，其实学习不只是读书这一件事，而是一辈子做人的事。

（案例来源：太原39中学　戴敏）

【案例评析】

## 语言激趣、情境体验，打造开放课堂

本节课设计的教学片段旨在落实课标活动建议的要求：通过《论语》中孔子名言的交流，让学生在与孔子的对话中深入了解孔子思想对后世的影响。真正有效的史实理解，必须注重历史与现实的对话，古人与今人的对话，在这样的对话中，激发学生的求知欲，吸引学生参与课堂发言和讨论，课堂因为有了学生的全身心参与而变得灵动起来，师生之间在丰富的信息交流与互动中，达成对古代经典的共享、共识、共进。在这样的师生关系中，学生体验到平等、自由、民主、尊重，同时受到激励、鞭策、指导和建议，会形成积极的、丰富的人生态度和情感体验。

【拓展延伸】

## 以课标为出发点，增强教学对话艺术的针对性

对于初中阶段的历史学习，教学对话的艺术设计可以立足于课标活动建议，以激发学生学习兴趣，弘扬传统文化、革命文化，践行社会主义核心价值观。例如本教学片段对应课程标准为：知道孔子，收集《论语》中的一些名言，说一说其中的含义，初步理解儒家思想对后世的深远影响。教师教学语言的设计意图是通过师生对话的方式，深入了解论语的深层含义及对今天的指导意义。《论语》的思想核心是讲做人的道理，所以今天提倡读《论语》，主要的目的和意义也是学做人。现在大家都很关心我们社会的道德状况，道德问题就是做人的问题。读《论语》学做人，就是要提升我们的道德水平，包括个人的和社会的。以此为基准，要求教师不仅对这一知识体系背后的文言文有深入了解，还要求教师在对话中能够做到尊重差异、尊重生命。对话不是简单的问答，在这节课上我们看到真正的师生对话，是蕴含教育性的相互倾听和言说，它需要师生彼此敞开自己的精神世界，从而获得精神的交流和价值的分享。教师选择的这个课题也很有价值，用《论语》的思想来指导今天的我们，让历史与学生的生活学习相联系，拉近现实与历史的距离，激发学生的兴趣，使其感受中国传统文化的魅力，感叹古人的智慧，尊重和热爱祖国的历史和文化，古为今用，让传统文化的经典在今天继续发光发热。

## 案例赏析8

【学科】地理

【年级】八年级

【课题】河西走廊（晋教版）

【教学对话艺术片段】

### 河西走廊——沟通东西方的交通要道

师：（播放《航拍中国》第三季中的《甘肃省》部分视频内容）河西走廊自汉唐以来就成为"丝绸之路"的咽喉要道，如今，河西走廊仍然是联系亚欧大陆的"黄金走廊"。为什么河西走廊能成为古长安（今西安）通往西域的必经之路？假如你穿越回汉朝，能不能帮助当时的张骞分别从河西走廊的南面、北面开辟出新的路线？（出示图片：中国政区图、中国地形图、古"丝绸之路"路线图）

生：（读图分析，小组探究，得出结论）不能。因为河西走廊的南面是雪山连绵、冰川广布的青藏高原，北面是茫茫戈壁和腾格里、巴丹吉林沙漠，自然条件都很恶劣。只有河西走廊地势平坦，有河流、绿洲，自然条件相对优越。

师：分析得非常条理。你们小组从地理位置、地形、地貌、水资源等角度进行了比较，从而发现了河西走廊地理位置的优越性及其自然地理条件的优势。今天，河西走廊还被称为联系亚欧大陆、沟通太平洋和大西洋的"黄金走廊"，那这里是通过什么方式连接这两大洲、两大洋的呢？（出示图片：中国铁路干线分布图、亚欧大陆铁路干线分布图）

生：陇海—兰新—北疆线。

师：非常正确。那么，欧洲国家向太钢集团公司购买了一大批"手撕钢"，假如你是物流公司的老总，受太钢委托，你们公司准备怎么运送这批钢材？

生：大宗钢材可以选择铁路运输，从太原出发，经太焦线、陇海—兰新—北疆线，经哈萨克斯坦，过中亚、欧洲，可以抵达鹿特丹港。

师：老总英明！（生笑）你们公司在你的领导下一定会越来越兴旺发达。（生笑）你们选择的实际上是被誉为"新亚欧大陆桥"的铁路干线，大家再想想，除了这条线路，还能开辟别的路线吗？（出示图片：世界地图、中国铁路干线分布图、亚欧大陆铁路干线分布图）

（学生读图分析，小组探究，得出结论）

小组1：不能。因为如果北上绕道北冰洋，不仅路程远、成本高，而且可能遇到冰山，不安全，冬季也不能航行。

师：分析得非常理性。这样走还不能保证及时给客户把货物送到，有可能要付违约金，还会影响公司的信誉。（生笑）

小组2：不能。如果南下绕道印度洋，路途遥远，要增加运输成本。

师：很好。而且在索马里附近可能还会遇到海盗。（生大笑）

小组3：不能。如果不走水运，走西伯利亚大铁路，那里路程比陇海线远，而且那里经过的都是比较荒凉的地方，气候寒冷，人烟稀少，可能有熊出没。（生大笑）

师：大家表达流畅，思路清晰，（生笑）分析得真是太好了！将来步入社会，一定都是各界精英！我国的陇海—兰新—北疆线，西出新疆后，可以穿越哈萨克斯坦等中亚地区，途经俄罗斯、白俄罗斯、乌克兰、波兰、德国等欧洲国家，抵达大西洋沿岸。今天，随着我国"一带一路"倡议的推进，这条新亚欧大陆桥成为东接亚太、西连欧洲两大经济圈的，世界最长、最具有发展潜力的经济大走廊。

（案例来源：太原师范学院附属中学　许志红）

【案例评析】

## 教学对话艺术，开启学生心灵的"金钥匙"

本案例中，教师语言不多，但在师生对话中，润物细无声地落实了立德树人的根本任务，其匠心和做法也很值得肯定和借鉴。如第一组对话中提到的"穿越"这个词，在当今穿越剧盛行的年代，学生对这个词是非常熟悉的，这无疑会引起学生的强烈兴趣和共鸣，就极可能产生与下一个词——"张骞"的共情，进而产生对英雄的崇尚之情。一个没有英雄的民族是没有希望的民族，教师要在学生的心里播撒英雄的种子，静待其生根、发芽，在未来被需要的某一刻，他们就能勇敢地站出来。又如第二组对话中提到的学生所在城市的企业太钢所生产的"手撕钢"，必然会让学生升腾起自豪感和对家乡的热爱之情。还有提到的"如果你是物流公司的老总"，通过这种代入感很强的设问激发学生探究的欲望和解决问题的积极性。要培养出能够积极应对未来社会、有责任担当的青年，就不能把学校和社会割裂开来，而是要尽早引导学生进行职业生涯规划，从细节处体现为学生终身发展考虑的理念。再如结尾处提到的"一带一路"，引导学生关注社会和国家，培养学生站在全球高度看国家的大政方针，树立根据国情与世界互联互通、促进高质量发展的思想，使其学会用全面的眼光和视角看世界，从地理角度分析建立人类命运共同体的必要性和重要性，做与时代同频、与社会共振的时代新人。

【拓展延伸】

## 通过对话巧设问题链的艺术

本案例中，教师通过语言艺术巧妙地创设学习情境，把知识变成学生要探究解决的问题，以问题驱动的方式完成了教学活动。教师在师生对话中对学生进行赏识性评价的同时，语言风趣幽默，体现了教学对话的艺术和魅力。教师对话的艺术还体现在，教师不是一开始就向学生抛出所有的问题，而是依据地理知识间的内在联系，以区域为载体，结合图片，设计不同层次、互相关联的问题链条，层层追问，通过解决问题的任务驱动，根据学生的生成及时调整和学生的对话，既肯定鼓励，又点拨引导，并不断提出新的问题，启发学生主动探究，达到让学生学习知识、厘清思路、构建知识联系、培养综合思维能力的目的。

在这一过程中，教学语言的艺术性突出表现在问题链的设计。例如，本案例所属教学内容是区域地理的最后一节，属于区域地理的三个重要方面，即认识一个区域的地理位置和区域内地理事物的分布，认识地理事物之间的联系和区域差异，认识区域环境对人们生活的影响和区域环境与区域发展之间的关系，学生已基本掌握。有了这样的知识储备和能力，就为本课学习奠定了基础。历史上以丝绸之路闻名于世的中国"西部金腰带"——河西走廊，学生并不陌生，但为什么河西走廊能成为丝绸之路的咽喉要道，学生并不清楚。所以本课通过创设两个情境、设计两组问题链，将知识问题化、问题情境化，在问题驱动下，激发和引导学生自主、合作、探究学习，从而突破难点，落实重点。

从本案例中我们可以看出，教学对话的艺术性表现在层次分明的问题链。其中，第一组问题：为什么河西走廊成为古代丝绸之路的必经之路？从南面、北面能否开辟出新的路线？这两个问题的答案本质上是一样的，都是从地理位置、地形、地貌、水源等条件分析河西走廊的优越性。区别在于，前一问是正向思维，后一问是逆向思维，后问给前问起到了在问题和答案之间搭建桥梁、帮助学生构建思维模型的作用。第二组问题：连接太平洋沿岸和大西洋沿岸的运输线路还有哪些？陇海—兰新线与其他线路相比有什么优势？这两个问题的答案本质上也是一样的，都是从自然和社会经济角度分析陇海—兰新线的优势条件，进而选择合适的交通运输方式和线路。区别在于，后一问是对前一问的补充，后问给前问起到了搭建梯子、帮助学生打开思路、让学生能跳起来摘到桃子的作用。这两组问题，教师说的话不多，却在发展学生思维方面，让学生发生了由单点结构向多点结构、关联结构和抽象拓展结构发展的高阶思维升华的过程。

### 四、综合评论

教育就是对话，是上一代人与下一代人的对话，是历史与现实的对话，是教师与学生的对话，是人类的历史经验与学生个体的对话。在教学过程中，对话是其中的重要环节和手段。从关注教师"独白"到倡导师生"对话"艺术，实现了教育中师生关系的转变。教学中的对话，就是教师与学生以教材内容为"话题"或"谈资"共同去创造和生成新思维的过程。从方法的角度说，它要求我们改变过去那种太多的传话和独白的方式，走向对话与交流，使知识在对话中生成，在交流中重组，在共享中倍增。正如德国教育家克林伯格所说："教学本来就是形形色色的对话，具有对话的性格"，"对话是优秀教学的一种本质性标识"。当然，实现交往过程中的沟通与对话，要求教师不仅有教学策略和教学方法的改变，而且有角色的转换——从传授者、管理者变为引导者和促进者，同时还有个性的自我完善——需要民主的精神、平等的作风、宽容的态度、真挚的爱心和悦纳学生的情怀。教学对话艺术意味着教师把学生当成有意识、主体地位的"人"来看待，意味着师生之间是民主平等的、可以真诚交往的关系。在这种关系中，教师是学生群体中有能力的一员，是学生群体中"平等的首席"。这种对话，以师生之间彼此敞开心扉，获得精神的交流和意义的分享，实现真正意义上的"教学相长"，形成一个真正的"学习共同体"。

有效的师生对话对学生的学习导向会产生重要的影响，师生间良性的对话是促使学生奋勇前进的重要法宝。教师通过学法指导，引领学生掌握知识是师生对话必不可少的环节。学生学习新知识，常常碰到无从下手或无法深入的问题，教师的巧妙提问会帮助学生开阔视野、掌握新思路。在课堂教学中，知识如何理解、材料如何分析、技能如何迁移与应用，教师常常通过提问来启发学生，这也就暗含着学法的指导。讨论是对话教学的一种最典型的形式。从教学的角度看，教学空间应该不只是个人表达意见的论坛，它应该是一个团体意见被综合、被完善的地方，团体可以肯定、质疑、挑战、纠正个人的意见。教师的任务就是倾听团体的意见，并且一次次地把团体形成的思想回馈给团体，以便大家都可以了解甚至改变团体已有的思想。因此，构建对话共同体及充分发挥其作用，于锤炼教学对话艺术而言不可或缺。

　　总之，教育就是对话，是历史与现实的对话，是人类的历史经验与学生个体的对话。随着新课改的不断深入，教学对话承载着厚重的社会意义和历史文化内涵。

# 第五章

## 教学艺术的主体形象

——形成教学主体"新形象"

# 第一节 做有思想情怀的教学艺术家

一切艺术家都是通过劳动过程创造美的作品。为了实现美的目的，他们都需要掌握熟练的劳动技能、技巧。而作为结果，一切艺术家的劳动都会影响甚至改造他人。

教育的绝对社会性，也决定了教学艺术家在目的上有别于一般艺术家。首先，教学活动中的师生双方是面对面的，它要求教学具有立竿见影的功效，因而，教学艺术家的创作目的在很大程度上是要制造一种现实的情境，以使学生沉醉其中。这就决定了教学艺术家的设想必须是现实的、科学的，而不能像一般艺术家那样在于是否能实现个人的构思。其次，教学活动是实现教育的社会目的的手段。教学归根到底是培养社会所需人才的过程，所以，教学艺术家的目的只能是社会性的目的。很显然，教学艺术家在目的上的自由度远不如一般艺术家。不难想象，教学艺术家的目的是复合的，具体表现为个人的和社会的并存，情感的和理智的并存，审美的、认识和功利的并存。

技能、技巧是艺术家的基本功夫，是进行艺术创作的前提条件。在内容上，教学艺术家的技能、技巧比一般艺术家的复杂和丰富。它包含了学情诊断、教学决策、课堂组织、语言表达、师生合作、启发诱导等不同类型、不同层次的技能、技巧。不仅如此，教学艺术家的技巧还体现在主要是心理性的内部的技能、技巧。

教学艺术家用具体的劳动过程和自身的品行影响和改造学生。教学是教和学相互作用的过程，也是教师和学生相互作用的过程。教学活动的这种特征，决定了教学艺术家的一切行为都直接对学生发生作用。教学艺术的作品是学生的成长，这种面对面的影响首先是可控的，因为教学有明确的目标，教学艺术家也可根据课堂具体情况调节自己的行为和策略；其次，这种面对面的影响是高效率的，从时间上讲是即时的影响。教学艺术家的目的不仅仅要让学生从教学艺术过程中悟出什么，更重要的是运用艺术的手段，使学生立即"就范"。

总的来说，教学艺术家是这样的教师：他有高尚的情操、广博的知识、先进的教学观念、多元化的教学技巧和高超的教学机智；他富有爱心和民主意识，富有创新的意识和教学研究的能力。

## 一、具有高雅的教育形象

自古以来教师的职能就是"教书育人"，"教书"要做到眼中有课本、有学校，"育人"要做到心中有学生。著名教育家雅斯贝尔斯说过："教育的本质意味着，一棵树摇动一棵树，一朵云牵引一朵云，一个灵魂唤醒一个灵魂。"所以，教育的本质抑或是教师的本质，不是知识的简单灌输，更不是一个灵魂对另一个灵魂的绝对服从，而是心灵之沟通、灵魂之唤醒，是一个生命熏陶、激发、鼓励另一个生命的过程。教师的双重职能决定了教师必须具有高雅的教育形象。这种教育形象不仅体现在培养人的知识能力上，更重要的是体现在教师本身的行为上。教师不仅需要潜心修炼教书的能力，还需要静下心来去培养人、塑造人，有教育的情怀。所以，如何在教育过程中树立教师良好的教育形象，带着某种情怀投入教育事业，是必须要认真考虑的问题。

教师教育形象的核心在于教师对职业的认知和对文化知识的沉淀。简单来说，教师形象的实质就是不断地思考和追溯教师开展教育事业的本质和教师自身对文化知识的理解和把握。探讨教师的教育形象，一是基于教育形象的初衷，"教学是一门艺术"的观念经过长时间的教学实践已得到证明并逐渐深入人心，而艺术中最重要的环节就是在教育过程中树立教师良好的教育形象，让教师形象成为教师队伍发展路上的一盏明灯；二是基于教学实际，随着教学艺术不断深入人心，教师们对教学艺术更加憧憬，而教学艺术中最重要的就是阐明教师形象。教师的教育形象应该包括如下几个方面。

（一）教师必须要树立坚定的信仰

"人民有信仰，国家有力量，民族有希望。"习近平总书记的这句话充分表明了信仰的重要性。2019年3月，习近平总书记在学校思想政治理论课教师座谈会上发表重要讲话，他指出："让有信仰的人讲信仰，善于从政治上看问题，在大是大非面前保持政治清醒。"这不仅是习近平总书记对广大思政课教师提出的新要求，也为我们全体教师的未来发展指明了新的前进方向。

第一，要坚定对马克思主义的信仰。我们之所以明确这一点，主要是因为马克思主义为人民实现自由和解放的道路指明了方向。广大教师必须认真学习和体会马克思主义理论的精髓，把握其中的内涵和真谛，念好"真经"，练好"真本领"，树立坚定的马克思主义信仰，只有教师自身首先树立起对马克思主义的信仰，才能在教学过程中教育和启迪学生树立信仰。

第二，要坚定对中国特色社会主义的信仰。中国特色社会主义理论是马克思主义与中国实际相结合的产物，是中国共产党领导全国人民长期实践取得的理论成果和成就，也是中国实现社会主义现代化强国的重要基础。广大教师要在坚定中国特色社会主义信仰的基础上，把个人事业融入建设中国特色社会主义现代化强国的伟大实践中，并努力培养学生的信仰，让学生都能树立正确的中国特色社会主义信仰，以此实现个人的价值。

第三，要树立正确的教育信仰。教育信仰作为一种内在精神指引教师去完善教学艺术，并带着情怀投入教育事业的整个过程。教师的教育信仰是促进个体和社会不断向前发展的指南和基础，是一种深层次的情感状态，它将教育理念转化成教师的教育行为并贯穿始终。教育过程是人与人之间、心灵与心灵之间的碰撞，在这个过程中，教育信仰所产生的巨大力量逐渐成为教育目的得以实现的条件。作为有教育信仰的教师，必须把握从获得教材知识走向实现教育意义，时刻做到理解教育、理解人，理解自身对于家庭、社会、国家的使命和责任。

（二）教师必须要有高尚的道德情操

随着社会的不断进步与发展，逐渐对教师的职业水平提出了更高的要求。就现代教师群体而言，提高专业发展的途径有很多，但真正起到决定性作用的是教师自身在道德情操方面的主动发展。教师自我职业发展的追求如果内化为教师高尚的道德情操，将会形成巨大的能量，而这种能量会逐渐转化为教师的教育情怀，并为教师的专业发展提供更加行之有效的教育手段。因此，教师必须将高尚的道德情操作为教师的职业形象去培养，以此引导学生完善人格、坚定理想、热爱祖国，发挥自身潜能，形成崇高的教育情怀。教师的职业道德形象应包括如下几个方面。

第一，包容是教师形象最基本的表现，也是教育情怀最重要的底色。素质教育着重强调以学生为中心，促进学生的全面发展、自主发展。对于教师来说，最主要的包容对象就是学生。作为教师，在面对不同学生时，要注意调节情绪，用包容的态度对待各类学生群体，了解他们的所思、所想、所需，"对症下药"解决可能出现的问题。从某种意义上说，教师所呈现的包容状态是"治疗"学生思想及行为"痼疾"的良药，只有充分了解他们的需求，以包容教育的形式进行教学，才能拉近与学生之间的距离，增进师生情感，并且促进教学任务的开展，教师对学生的影响力也会在长期的良性交往中得到增强。尤其是当学生遇到困难或觉得迷茫时，如果有人在关注他们、关爱他们、包容他们，就一定能让他们对生活充满希望，这不仅完成了教育关注人、培育人、完善人的终极目标，也实现了教师拥有教育情怀的理想。

第二，善教是教师形象最基本的内涵，也是教育情怀中最重要的环节。《礼记·学记》中有"善教者，使人继其志"，即善于教育的人有能力使别人继承他的心志。"善教"的人，是拥有强烈责任感的人，与其说"善教"是成就他人，不如说是在成就他人的同时成就自己，选择当教师就是选择了责任，就要承担教书育人、立德树人的责任。电影《放牛班的春天》里的马修老师给大家留下了深刻的印象。电影里，马修到一家学校担任学监，学校是由残忍的校长、冷酷的教师以及一群调皮的"问题少年"组成，面对这群调皮的孩子，马修没有像其他教师那样用严厉的以惩罚为主的教育方式对待他们，而是怀着一颗仁爱的心去教育引导他们。马修热爱音乐，在他的努力下，孩子们组成了合唱团，他用音乐引导他们的心灵，不仅实现了教学目标，也给孩子们未来的人生发展带来了巨大影响。马修之所以能感化和温暖这些"问题学生"，不仅因为他有强大的人格魅力，有反抗学校残忍制度的决心，更重要的是他始终抱有以人为本的教育目标，以个人的爱心和耐心在教育学生。他"知人善教"的教育原则既提高了学生的专业水平，挽救了即将深陷"沼泽"的学生们，又在了解学生、关注学生的基础上激发了学生的潜能，找到了学生乐于接受的教学技巧。

第三，公正是时代对教师职业的基本伦理道德要求，也是教育情怀的重要体现。教育公正包括教育制度的公正、教育资源配置的公正以及群体受教育权利的公正等。教师公正则是体现在对待学生方面，教师要做到赏罚分明、实事求是、一视同仁。在面对不同类别的学生时，教师都应给予基本的尊重和合适的教育，在教育的整个过程中提供平等的机会，在教育评价过程中则要用全面的、具体的眼光去看待学生。教师作为学生人生路上的指导者和引路人，一定要做到处事公正、为人公正，这样不仅会为和谐处理师生关系提供坚实的道德基础，而且对学生未来的发展也发挥重要的指导作用。

（三）教师必须要有扎实的学识

"师者，所以传道授业解惑也。"教书育人不仅是教师的责任，更是使命。进入新时代，社会在发生着巨大的变化，知识不断涌现更新，做一个新时代的好教师，就必须具备扎实的学识，努力提升自己的学识魅力。

第一，教师要用学科专业的理论知识武装头脑。习近平总书记曾指出："扎实的知识功底、过硬的教学能力、勤勉的教学态度、科学的教学方法是教师的基本素质，其中知识是根本基础。"扎实学识，就是要通过学习，不断提升教师的素质和智慧。"根本基础"就是知识储备，一个教师只有具备扎实的知识储备，才能在教学过程中始终立于不败之地。学生往往可以原谅教师的严厉刻板，但绝不会原谅教师的学识浅薄。所以，作为教师，我们一定要广泛涉猎多学科知识，多层次、多角度看待问题，不断更新自身的知识储备，拓展知识范围，进一步增强创新能力，并提高自己的综合素质，只有这样才能学有所悟、学有所获、学有所为。

第二，实践是检验真理的唯一标准。"纸上得来终觉浅，绝知此事要躬行"，作为教师，我们在开展教育工作时，应广泛地深入现实社会、深入学生群体，通过实践去反思教育教学方式，并不断探索改进，以便更好地运用于课堂。同时，也应引导学生去实践。多进行实践教学，让更多的学生在实践中学习知识，亲自体验、接触实践，不断激发学生的好奇心与积极性，培养他们的创新意识，只有亲自实践的知识，才是属于自己的知识。

第三，必须树立终身学习的理念。学习是支撑我们每个教育者生命的基础性要求，是人类生存和发展的必备手段。教师作为知识的重要传播者，连接着文明进步的历史，连接着学生发展的现在和未来，所有教师必须树立终身学习的理念。当前，随着知识技术属性竞争的不断加剧，出现了如大数据、云计算、人工智能、5G 等规模庞大的新兴行业，面对日新月异的社会变化，过去以知识的简单灌输为主的教学方式已然不适应社会的发展，要提升学生的综合素质就需要构建有支撑性的教师队伍，这也就要求教师要有持续性的学习和终身求知的教育认知。只有教师始终走在学识的前沿，才能引领学生不断适应社会的需要。

## 二、积淀深厚的教育素养

简单来说，教师的教育素养就是教师应该具备的基础性的职业素养。教师的职业素养应该包含两个方面的内涵：一是自身的素养，主要表现在教师自身所获得的知识、技能、态度、价值观等方面；二是教育学生的素养，主要表现在教师是否了解学生需求、了解教学目标的制订、了解教学任务的设置以及是否能探索出正确引导学生学习和善于反思评价等方面的内容。教育素养对每一位教师都起着至关重要的作用，素养的提升必将带来教师整体素质的提高，但是教育素养的形成也绝非一朝一夕就能实现的。正是基于这样的认识，深厚的教学素养（或学科素养）需要不断的创新和长久的积淀。

（一）教师应该重视自身职业素养的提高

古人云："其身正，不令而行；其身不正，虽令不从。"教师的根本任务就是教书育人，其核心的目标就在于为社会培养全面发展的"完整的人"，因此，只有教师本身具有一定的品格和素养，才能更好地发挥引导、教育和模范带头作用。反之，如果自己都没有做好，却一味要求别人做好，结果不但达不到理想的目标，还会成为别人的笑柄。所以，教师应时刻端正自身言行，坚持言传身教，在潜移默化中给学生形成示范作用，并进一步提升自己的职业素养。

第一，教师应通过读书的方式提升自己。教师要时刻将书籍作为第一精神需要，要始终对读书饱含兴趣和热爱，并培养自己深入思考的习惯。一个只教"眼前书"，而不主动阅读的教师势必会被社会、学生所淘汰，勤奋地读书学习是教师职业生涯中的必经之路，也是培养教师教育素养中文化气质的必备条件。就读书而言，除本专业的书籍以外，教师还可以有意识地选择一些教育心理学方面的书籍来阅读。在现代教育中，教育心理学是教师职业过程中必修的一门学科，它对教师未来教育工作的开展是大有裨益的，通过阅读教育心理学的书籍，我们可以更深入地了解和探索不同年龄段学生的心理、行为以及与同伴之间相互关系的内容，这对于我们教育、评价学生都有重要的基础性作用。

第二，教师应有计划、有目的地积累一些教育教学资料。苏霍姆林斯基曾说："每一位教师都有自己的创造性的实验室，这个实验室一年比一年丰富起来，这是教育素养的一个非常重要的方面，这里指的是教师劳动的工艺学。"这里的"创造性的实验室"，即在观察、教育、培养学生的每一个关键步骤都是我们开展教育过程中的"实验室"，而这个"实验室"需要我们教师的创新性发展和积累。这里的积累包括教学过程中的课程设计笔记、演示文稿、教学流程、典型例题、主要内容以及反思心得等，经过不断地创新、整理和完善，在去粗存精的过程中实现教育的最优化积累，在这样的量化积累下，教师将不断探索出育人的方式，懂得"有教无类"和"因材施教"的道理，相信在这样的前提下，教师的教育素养一定会发生质的飞跃。

第三，教师应努力提升语言修养。人创造了语言，但人却从属于语言。正是因为有了语言，我们才可以深切地反思和沉淀人类思维和历史文化。随着中国现代化进程的不断推进，各种意识形态的涌入，学生群体的价值取向、主体意识以及个体需求发生了急剧变化。在此状况下，传统的以说教灌输为主的语言表达形式已无法满足学生的需要，这对教育教学工作的开展造成了一定的阻碍。正是基于这一认知，给教师提出了新的更高的教学要求，即通过对语言的反思和批判去"治愈"传统课堂教学中许多无法解决的问题，根据学生群体的特征，给予相应的教学表达形式，从而达到教育者、教育对象之间自我理解和相互理解的目的。

（二）教师应把自身的教育素养与课堂教学有机融合

教师从事的是"教书育人"的工作，而教书育人的实现应体现在具体的课堂教学中。教师的自身教育素养能否融入、渗透到课堂教学是教师教育素养能否实现，进而培养教育情怀的关键。

有这样一个案例。山西某中学的李老师是一个乐观、积极、开朗的女孩，她与学生们的关系很好，就像朋友一样，学生们也会在课下亲切地喊她一声"小姐姐"。在七年级上册道德与法治的课程中，李老师在讲《家的意味》时，她引导学生对家庭的含义和功能展开讨论，学生们都争先恐后地围绕课本知识进行辩论，但是当提及"家庭的意义""单亲家庭""留守儿童"等问题时，教室里一下变得安静了许多，不少学生还低下了头。李老师敏锐地察觉到这一现象，她知道班上有学生的家长常年在外地打工，很少陪伴孩子，更有学生是在单亲家庭里长大的，这给他们的心灵留下了很深的阴影，所以在面对"家"这个敏感的话题时，难免会引发孩子们的情绪。这时，李老师用冷静而淡定的方式讲述了自己年幼时父母长期不在身边的经历，并通过讲故事的方式为学生们讲述了很多单亲家庭的孩子依旧努力拼搏、乐观向上的案例。此时，学生们慢慢抬起了头，眼中带着激动的神情，有些学生甚至有如释重负的感觉。随后，李老师又不失时机地加以引导："家是我们身心的寄居之所，家是我们心灵的港湾。无论父母离我们多远、父母的关系又发生了怎样的变化，都不会影响他们爱我们的初心。所以，我们要做好自己，常怀感恩之心，无论生活中遇到什么困难，我们都要用乐观、积极的心态去面对，去保护和善待我们的家，因为家是我们生命中最宝贵的财富！"听到这里，学生们变得坦然，甚至开始用饱含深情的语气向身边的人描述着自己的家，也没有了之前的"自卑"和对家的不理解……

李老师将自身的教育素养很好地运用到课堂的教学中，通过运用教学机智抓住了教育的契机，应时而为，随机而变，合理地运用了自身教育素养和积累的教育资源。通过一个简单的"同理心"的教育行为，让学生们对"家"有了新的认识，而且使学生们对单亲家庭、留守儿童等社会现象有了全新的解读，让生活在不同家庭的孩子都拥有积极面对未来社会的勇气。

通过这个案例，我们不难看出，教师可以充分利用教育素养发挥课堂教学的优势，对学生进行科学合理的教育。学生是一个个鲜活完整的生命个体，教师在面对这一个个有独立人格的生命个体时，要让他们在课堂教学中体会到幸福感，成为真正润泽学生的教师，尊重学生主体生命，唤醒学生自我存在意识，让学生在主动构建自我的过程中成长。这不仅是我们课堂教学中所追求的目标，也是教育情怀得以体现的价值所在。

# 第二节　做有独特风格的教学艺术家

教师在教学过程中应该形成自身特有的教学风格，这种教学风格主要体现在课堂教学的个性化方面，这种"个性化"的方式并不意味着将课堂搞得杂乱无章、毫无秩序，而是经过教师长时间的教学积累、素养沉淀形成的一种以促进学生全面发展为主的具有教师个性化特点的高水平教学风格。这种风格一旦形成，就意味着教师的教学水平在逐渐走向成熟，在长期的积累沉淀中得到了升华。此外，随着教育教学改革的不断推进，很多传统的教育模式已不适用于当前的教育理念，教学方式也相对固化。面对这样的困境，教师只有不断创新、创造，形成有自身独特风格的教育理念和方法，才能突破传统的教学障碍，在专业理论方面处于相对稳定的状态，并且在不断突破自己的过程中提升教育教学能力。从某种意义上来说，教师的进步和成长就是建立在不断突破自身的基础之上的，通过向其他教师学习，掌握更多的教学技能，接受更多先进的教育方法和理念，养成良好的教学习惯，在反思中提升自身的教育素养和教学能力。

## 一、领悟教学本质，形成教育主张

康德曾说："什么是教育的目的，人就是教育的目的。"教育不仅是为了传播文化知识，更是为了使人更趋于完善。学生作为学校的学习主体，是我们努力培养的对象和目标，而教师作为学校的教育主体，不仅要实现自我价值，还要通过自身发展，辅助、培育更多的学生。何为教育主张？即教师对教学实践深刻思考后所形成的一种见解、一种思想，这种主张是自觉形成的理性态度。一个教师想要实现自我价值，让专业之路走得更远，就必须形成独特的教育主张和理念。教育主张的形成，有利于实现教师的教育价值追求。而教育价值的追求过程，就是教师追求的个体价值的表现，也表达了教师对教学实践的反思。教师只有拥有了独立的教育主张，才会对教育过程中的问题有更深刻、更细致的认知。

对于一名教师来说，知道教什么，比知道怎么教更重要。任何学科都有自己的知识框架和理论基础，教师应该根据学科特点，构建一种相对科学合理的教育实践模式，并逐渐形成自己的教学主张。但是，教育主张的形成绝不是一蹴而就的，它需要教师长时间的自我教育积累，以及不断地对教育对象进行探索和评价，只有在实践中才能真正触发专业技能的成长，也才能彻底激发和培养学生自学、自悟的能力。

中国教育家、思想家陶行知毕生致力于教育事业，对我国教育的现代化做出了开创性的贡献。他不仅创立了完整的教育理论体系，而且进行了大量教育实践。陶行知教育思想的精髓可以概括为一个理论、三大原理、四种精神、五大主张。他提出了"生活即教育"的生活教育理论，其中又涵盖三大原理，即"生活即教育""社会即学校""教学做合一"。

1. "生活即教育"，是陶行知生活教育理论的核心，是生活教育理论的本体论，也叫起源论。陶行知认定教育来源于生活，主张教育要依靠生活、改造生活。在陶行知看来，教育和生活是同一过程，教育含于生活之中，教育必须和生活结合才能发生作用，他主张把教育与生活完全熔于一炉。"生活即教育"的核心内容是"过什么样的生活便受什么样的教育"。陶行知认为，人们在社会上生活不同，因而所受的教育也不同。他还指出："生活教育与生俱来，与生同去。"他所说的"教育"是指终身教育，以"生活"为前提，不与实际生活相结合的教育就不是真正的教育。他坚决反对没有"生活做中心"的死教育、死学校、死书本。

2. "社会即学校"，是生活教育理论的场所论。它来源于杜威的"学校即社会"，是在对杜威教育思想批判的基础上得出的。陶行知认为，社会本身就是一所大学校，主张教育要依靠社会的力量，应济社会的需要。"社会即学校"是与"生活即教育"紧密相连的，是"生活即教育"同一意义的不同说明，也是它的逻辑延伸与保证。因为生活教育的"生活"是社会生活，所以"整个社会的运动，就是教育的范围"。

3. "教学做合一"，是生活教育理论的方法论和教学论，是生活现象之说明。陶行知认为在生活中教法、学法、做法是不可分割的，主张事情是怎样做的，学生就应该怎样学；学生是怎样学的，教师就应该怎样教。教法和学法都来源于做法，统一于做法。在生活里，对事说是做，对己之长进说是学，对人之影响说是教，教学做是生活的三个方面，而不是三个各不相谋的过程。"我们要在做上教，在做上学。"在陶行知看来，"教学做合一"是生活法，也是教育法，它的含义是教的方法根据学生学的方法，学的方法要根据做的方法，特别强调在"做"的活动中获得知识。

陶行知的教育艺术还在于"四种精神"，即"爱满天下"的大爱精神，"捧着一颗心来，不带半根草去"的奉献精神，"敢探未发明的新理，敢入未开化的边疆"的创造精神，"千教万教教人求真，千学万学学做真人"的求真精神。

在陶行知的教育生涯中，有"五大主张"，分别是行是知之始、在劳力上劳心、以教人者教己、即知即传、六大解放。行是知之始，是陶行知的哲学思想，认为认识来源于实践，实践是认识的基础。在劳力上劳心、以教人者教己、即知即传都是具体的教学方法。在劳力上劳心，即主张手脑并用；以教人者教己，即主张教学相长；即知即传，则是主张随学随教。

陶行知的"六大解放"分别是：解放他的头脑，使他能想；解放他的双手，使他能干；解放他的眼睛，使他能看；解放他的嘴，使他能谈；解放他的空间，使他能到大自然大社会去取得更丰富的学问；解放他的时间，使他做自己喜欢做的事。

## 二、聚焦社会实际，情境搬进课堂

教师的职责是培养学生成为"人"，成为有感情、有思想、有担当的全面的人。所以，教师应通过课堂教学在让学生掌握学科知识的同时，让他们深刻感悟知识带给人的意义与价值，让价值去引导学生主动学习而非以强制性考试驱使教育的进行，这样会使学生在获得知识时充满无穷的动力。具体来说，就是教师要聚焦社会实际，并设计与现实相关的有效学科问题，以生活为逻辑起点，以学科知识为主要落脚点，将生活情境搬进课堂，以此进行价值引领和方向指导。

把生活情境搬进课堂的教学方法，要将枯燥无味的学科知识与学生的生活实际进行有效的融合，形成师生间的良性互动，使学生在学习中将知识内化，并促使学生构建起自己的知识模型。

把生活情境搬进课堂的方式是多种多样的，教师在创设情境的过程中一定要依据具体的条件和情况进行，要符合学生的思想实际，要紧紧围绕课堂内容进行。同时，还要使学生在富有趣味的情境中快乐地探索知识，深刻理解并掌握所学知识。

李吉林是我国创造情境教育理论体系的教育思想家和教育实践家。情境教育的生动经验和思想追求，是中国教育界对当代人类教育共同面临的困惑和危机的一种积极回应，对世界基础教育改革做出了贡献。情境教育开始受到国际关注，已成为公认的中国教育学派。

李吉林提出的"情境教学"的特点是形真、情切、意远、理蕴。

1. 形真

所谓形真，即要求形象具有真切感，神韵相似，以鲜明的形象强化学生感知教材的亲切感，就如同中国画的白描写意，简要的几笔就勾勒出形象，并不要求重彩，看起来同样是真切的、栩栩如生的。情境教学也是同样的道理，以"神似"显示"形真"。"形真"不是实体的机械复制，或照相式的再造，而是以简化的形体、暗示的手法获得与实体在结构上对应的形象，从而给学生以真切之感。

2. 情切

即情真意切，情感参与认知活动，充分调动主动性。情境教学是以生动形象的场景激起儿童的学习情绪为手段，连同教师的语言、情感，教学的内容以及课堂气氛构成一个广阔的心理场，作用于儿童的心理，从而促使他们主动积极地投入整个学习活动，达到儿童整体和谐发展的目的。情境教学正是抓住促进儿童发展的动因——情感，展开一系列教学活动的。在情境教学中，情感不仅仅作为手段，而且成为教学本身的任务，成为目的。

3. 意远

即意境广远，形成想象契机，有效地发展想象力。"情境教学"取"情境"而不取"情景"，其原因就在于"情境"具有一定的深度与广度。情境教学讲究"情绪"和"意象"。情境总是作为一个整体，展现在儿童的眼前，造成"直接的印象"，激起儿童的情绪，又成为一种"需要的推动"，成为学生想象的契机。教师可凭借学生的想象活动，把教材内容与所展示的、所想象的生活情境联系起来，从而为学生拓宽了广远的意境，把学生带到课文描写的那个情境中。情境教学所展现的广远意境激起儿童的想象，而儿童的想象又丰富了课文情境。

4. 理蕴

即蕴含理念，抽象的理念伴随着形象，有效地提高认识力。情境教学的"理寓其中"，就是从教材中心出发，由教材内容决定情境教学的形式。在教学过程中，创设一个或一组围绕教材中心展现的具体情境。情境教学"理蕴"的特点，决定了儿童获得的理念是伴随着形象与情感的，是有血有肉的。这不仅是感性的、对事物现象的认识，而且是对事物本质及其相互关系的认识。

李吉林同时提出"儿童—知识—社会"这三个情境课程的维度，并概括为"以美为境界、以情为纽带、以思为核心、以儿童活动为途径、以周围世界为源泉"的操作要义。她还指出了将学生带入情境的手段有以生活展现情境、以实物演示情境、以图画再现情境、以音乐渲染情境、以表演体会情境、以语言描述情境等。

### 三、立足学科知识，激发学生思维

立足学科知识，以问题激发学生思维即让学生站在学科理论知识的基础上，先进行发问质疑，然后给予学生足够的思考时间，再给学生充分表明自己观点的机会和时间，最后如果学生对知识理论存在困惑和质疑，一定要给予学生足够的质疑表达空间，通过引导学生在疑中提问、问中释疑的方式，促进学生深入思考，并提升其思维能力和解决问题的能力。

第一，教师应明确解决问题要靠学生提疑。教师要培养学生发现问题并自主解决问题的能力。刚开始，这种习惯可能很难养成和适应，但习惯一经形成，就会迸发无穷的力量，学生将会遵循规律去自主地分析解决问题，这对其未来的发展有深远的意义。当然，提醒一些经验尚浅的新教师，不能因引导学生快速解决问题而罔顾教授过程。在整个以学生发现问题为导向的教育过程中，教师要通过有意识地与学生合作，给予他们一些好的学习方法和解决问题的新方式，引导学生多角度、多层次地认识问题和解决问题。

第二，要给学生足够的思考时间。很多时候我们可能会因教学进度，忽视对学生自主思考能力的培养，学生没有足够的时间进行思考，形成的答案可能会比较片面或杂乱无章，还可能影响学生思维的进一步拓展。所以，教师在教育教学过程中，无论是课上还是课下，都要给予学生足够的独自思考时间，尽可能地调动学生的积极性和主动性，激发他们对知识的兴趣和渴望，通过长时间的独立思考，发现问题、提出问题，并有意识地引导学生分析问题，进而找到解决问题的方法和手段。当前，社会的不断发展变化驱使人们要有独立思考问题的能力，因此，教师应该创设更多、更好的情境来培养学生自主思考的能力，同时创造机会多给学生留下思考的时间。

第三，如果学生对知识理论存在困惑和质疑，一定要给予学生足够的质疑表达空间。在思考过程中，学生存疑是难免的事情，发现问题、提出疑问也并不是什么不好的事情，而是说明学生对知识有了更系统的认识。面对学生的疑问，我们要给予及时的回答，在这样一问一答中，不仅解决了学生的问题，而且也提升了教师自身的教育素养。

教师教学的目的不是要把理论知识装进学生的脑袋中，而是要通过向学生们传授知识的过程，将其内化为学生的素养和能力。在实际的工作中，我们需要常常在不断探索中追问自己，什么样的方式才能更好地落实教育教学目标，更好地让学生在自己创设的课堂情境中学有所得。

## 四、关注学生主体，培养关键能力

学生的主体作用，简单地讲，是指在教学过程中学生作为学习活动的主体出现，他们能够能动地发展自己的潜能。学生应是教学活动的中心，教师、教材、教学手段都应为学生的"学"服务。教师应积极引导学生参与到教学活动中去，并充当教学活动的主角。在教学过程中，学生是认知的主体，教师则是这一活动过程的组织者和指导者。在此过程中，学生要以明确的学习目标来激励自身主体意识的不断增强。学生是学习的承担者，是保障其主体地位的决定者。将学生置于主体地位，应努力引导学生做到明确学习的目的、正确认识自己在学习中的作用、善于自我激励学习动机。而教师则要以正确的教学理念促进学生主体地位的体现。教师应更新教学观念，要有新的人才观，要认识教师角色转变的意义和方法。

中国当代教育改革家魏书生说："在学生心里，要树立这样一个观念：做一件事可以有一百种以上的方法。教育自古不是'华山一条路'，而是'条条大路通罗马'。"

魏书生通过多年的教学实践，探索出一条语文课教学的新途径——"六步教学法"，即定向、自学、讨论、答疑、自测、自结。

1. 定向。即确定本节课的教学重点，包括知识学习、能力形成、德育熏陶等方面内容。可以由教师提出，也可以由学生提出，或者由学生讨论而定，之后把重点写在黑板上。

2. 自学。学习目标确定后，学生可以根据学习目标，自己去深入地学习所学内容，可采用自己最常用的学习方法去学习、去探讨、去寻找答案。

3. 讨论。学生解决不了的问题，他们自己记下来，前后左右四个人组成讨论组，研究自学过程中各自遇到的疑难问题。

4. 答疑。学生分组讨论后，仍没有解决的问题提交全班同学解答。如果全班同学也解答不了，则由教师解答。若遇到疑难问题具有普遍性，教师可以在课堂上予以回答。为了节省课堂时间，一些深奥的问题可以在下课后与学生讨论研究解决。

5. 自测。即学生自我检测。有的学生根据学习重点自己出题，自己解答；有的请一名学生出题，大家解答；或者每组出一道题，其他组抢答。学生自测结束之后，教师使用红笔评卷。

6. 自结。即学生自我总结。内容主要是学生自己回忆本节课的学习重点是什么，学习过程有哪几个主要环节，自己掌握的情况如何……自结的形式是每个学生坐在自己的座位上，七嘴八舌地大声说。

魏书生的"六部教学法"是以信息论为理论基础创立的，其结构主体是建立信息、处理信息、反馈信息，真正做到了视学生为主人，以学生为主体，以教师为主导，以自学为主线的课堂教学模式。他的教学艺术的精髓可以概括为"五字真言"和"两种能力"。"五字真言"是民主与科学，"两种能力"是自我教育能力和自学能力。在魏书生看来，如果学生学习到顾不得画画、唱歌的程度，也就到了山穷水尽的地步。他对此有一个形象的比喻："如果学习各科知识给学生成长提供了'基本营养'，如蛋白质、脂肪、碳水化合物一样，那么唱歌、画画、旅游就是像钾、碘、钙那样的'微量元素'，对人的成长来说，它们同样是不可缺少的。"

### 五、构筑心灵之桥，关爱激发智慧

教育技巧的全部奥秘，在于如何关爱学生。学生对教师的情感，是学生学习的心理动因。"亲其师，信其道"出自我国第一本教育专著《礼记·学记》，原文是"安其学而亲其师，乐其友而信其道，是以虽离师辅而不反也"，即能安于学习，亲近师长，与同学相处融洽，才能信奉自己所学的真理，只有这样，即使离开了同学师长，也不会背弃道义。学生只有和教师亲近了，才会信任教师，相信教师所说的，才会欣然接受教师的教育。良好的师生关系是当前教育形式下构建高效课堂的重要出发点。

当代著名语文教育家于漪，她的每一堂语文课，都像是一篇起承转合、协调统一的优美散文，又像是一曲宛转动听、节奏鲜明的乐曲，充满了神奇的艺术性。她善于生动地讲述，侃侃而谈，缘文释道，因道析文，创造思想教育的情境，使学生入境、动情、明理、通神；善于挖掘教材内在的思想教育火花，熔知识传授、能力培养、智力发展和思想情操的陶冶于一炉。于漪的教学艺术特色用她自己的话来概括，就是"娱目""动情""激思""励志"八个字。

所谓"娱目"，就是"教师要有计划、有目的地以文学艺术的精品娱学生耳目，带领他们进入作品的优美意境，领略无限美好的风光"。

所谓"动情"，就是"教师要努力运用课文佳作中所包含的真挚感情，叩击学生的心弦，激起他们感情上的共鸣。……这种情，应当是高尚的、健康的、向上的、火热的，能激发学生热爱党、热爱祖国、热爱人民，激发学生憎恨敌人、憎恨剥削、憎恨侵略"。

所谓"激思"，就是"教师应从学生思想感情、知识能力的实际出发，运用文章精要之处，开启学生思维的窍门，激发他们生疑、质疑，探索生活的道路和人生的真谛"。

所谓"励志"，就是"教师要充分运用教材中卓有建树的人物的思想言行，施以良好的影响于学生，激励他们树立远大志向，启迪他们，培养坚韧不拔的意志和奋斗不息的精神"。

于漪的教学魅力来自心的沟通、智的启迪、情的感染、美的熏陶、爱的奉献。

1. 心的沟通。教学艺术是教师遵守教学规律，充分发挥教学机智和灵活运用高超娴熟的教学技法，创造一种师生和谐共振的教学情境，以取得较高教学效果的教学实践活动。于漪老师说："课堂生活其实就是师生之间心的沟通、情的交流，不达到心心相印的程度，是教不好学生的。""教学中只有发扬了教学民主，才能真正了解学生。师生处于平等地位，感情才能融洽，思想才能一致，上课就能心心相印，浑然一体。"只有教师和蔼豁达，才能引导得法。只有学生积极主动，才能思维敏捷。只有师生敞开心扉，交流沟通，才能相互补充学习，完全融为一体。

2. 智的启迪。于漪老师认为，开发智力、培养思维，是现代社会和时代发展对人才培养提出的新要求，是在新的历史条件下学科"教书育人"的重要内容，也是当前教学改革的关键所在。同时，知识经济社会"需要的是基础知识扎实，思维敏捷，应变能力很强，有创新精神的人，而不是培养书呆子"。她还认为，教育的着眼点应放在培养训练学生的思维能力上，"学生的智力结构本身能激发学生更浓的兴趣"，"使学生眼看、耳听、口读、手写、心想，汲取知识养料，获取能力"。学思结合成了她教学艺术上的一条基本规律，不仅要学生"学有所思"，而且是"思有所得"。

3. 情的感染。于漪老师认为，"'情'是文章内在的、固有的，贵在咀嚼语言文字，深有所悟。教师只有自己真正动情了，才能以情感染学生"。她常说，教师要"披文入情""以情激情"，为学生创造一个溢满哲理和情致的情感世界，对学生进行熏陶感染，细水长流地进行滴灌、渗透，塑造他们的心灵。于漪老师在教学中，总是先对教材进行艺术处理，全身心地沉浸在一种特定的情境氛围中，再将课文的情思、形象等再现出来，传递给学生，实现认知过程与情感濡染的自然融合。

4. 美的熏陶。于漪老师的语文教学中渗透美育，充满诗情画意，神韵非凡，独树一帜。不仅是学生，即使是语文界同仁乃至前辈专家，听了她的课都感到是极好的艺术享受，美不胜收。有人曾作这样的评价：听于漪老师的课，知识如涓涓溪流，伴随美妙的音律，流进你的心田，潜入你的记忆。她把教学活动变成了审美实践，以丰富的教学形态和美感多渠道诱发学生的认识与审美意识，化抽象为具体，化平淡为神奇，化枯燥为魅力，在美的熏陶渐染中净化学生的心灵，陶冶学生的情操。

5. 爱的奉献。于漪老师奉献给学生满腔的爱，为了爱，于漪老师"教海无涯学作舟，做一辈子教师，一辈子学做教师"。为了培养学生学习语文的好习惯，她一再"沉"到学生中间，悉心体察和准确了解学生看书、写字、思维的种种表现，然后在教学中因人而异、有的放矢地耐心指导；她对作业精批细改，"滴滴红墨水，字字肺腑言"；尤其可贵的是，她极为尊重学生，优等生、学困生一视同仁，鼓励他们给自己的教学提意见、出点子，并及时予以表扬。爱具有双向鼓舞性和协调性，她的学生回报给老师的也是满腔的爱，对母语的热爱，对语文课的喜爱，对于老师的敬爱。"每每上到语文课，我们常常怀着兴奋渴望的心情期待着上课的铃声，目光专注地等待着于老师走进我们的教室。"在他们心目中，于老师是高尚的、难忘的，于老师的语文课永远充满了神奇的艺术魅力。

于漪老师说："只有对学生真心一片，才能与学生心心相印。"她还说："我无怨无悔，因为选择了教师，我就选择了高尚；选择了教师，我就一辈子和年轻人在一起！我一辈子的生命，是和肩负着的历史使命结伴同行。如果下一辈子还叫我选择职业，我仍然选择教育这多情的土地，选择我们可爱的学生，选择这永远光辉灿烂、青枝绿叶的教育事业。"

第六章

各学科案例赏析

本章呈现不同学科一节完整的教学实录，同时对课堂教学设计中不同环节做设计意图的解读，旨在通过一线教师课堂教学的真实状态，呈现出点滴与"教学艺术"相关的做法。

# 美"言"蕴真情——语文

在语文课程中，学生的思维能力、审美创造、文化自信都是以语言运用为基础，并在学生个体言语经验发展过程中得以实现。语文给学生打开认识人生和自然的天地，展现了鉴赏真善美的审美领域，创设了陶冶情操完善人性的艺术环境，语言规范优美，形象生动，富于表现力和感染力，学生在语文学习中受到形象思维和艺术语言的滋养，才能更好地发展思维和语言。

【年级】八年级

【课题】"以和为贵"综合性学习

【课堂实录】

一、探"和"之义

师：请大家拿出工具书，理解第一、二部分补白中的文言语段。①说说"和"与"同"的区别。②进而归纳"和"的含义。（独立思考10分钟，小组交流7分钟后发言）

生1：①"和"是发自内心的认可，"同"是因为利益表现出的短暂的、流于表面的一致。②"和"是和谐、和平、和睦，是一种人际交往的方式，也是一种看待世界的态度。

生2：①"和"因道义而生，"同"因利益而生。②"和"为性情平和、民族和睦、战争和谐、天下和平。

生3：①"和"是有自己的思想，不会轻易苟同别人；"同"的人没有主见，人云亦云，或是为了利益而虚伪地认同。②"和"是从应当遵守的礼仪道德出发，是修身、齐家、治国、平天下的基础理念，在发展中相互交流借鉴而又保持应有的个性，实现共赢。

【设计意图】

本篇综合性学习教材第一板块为"探'和'之义"，学习目标在于正确解读"和"的内涵。内容分为两部分，其一主问题为"和"与"同"有什么区别，其二主问题为"和"的含义，所涉文言材料也依据问题分为两个部分。细究可见，讨论"和"与"同"的区别，必然会谈到二者的含义；而"和"的含义在第一部分的材料中也有体现。两个问题的关系不明确，学生就容易陷入徘徊和自我怀疑。

语文教学梯度理论的特征之一是循序渐进，即教学内容难度的安排以循序渐进的渐变为主要形式，按照一定顺序进行梯形升级。所以我将第二问设计为第一问的层进式追问，两个问题不是并列关系，而是认知的递进过程——通过对比"和"与"同"的区别，深入理解"和"的含义。同时将六则文言材料整合在一起，希望学生的理解更全面。经过这样的调整，学生顺利地对"和"的形成基础、表现、作用等方面进行了完整的理解，辅以与"同"的对比，最后达成学习目标。

二、寻"和"之用

师：小组活动，阅读《六尺巷》，成员轮流讲述自己搜集的体现"以和为贵"的故事，共同讨论，提炼在"和"的理念指导下待人接物、看世界的具体方法。

提示：

讲故事的技巧：

（1）声音：清楚，响亮，抑扬顿挫；

（2）身体语言：手部动作，眼神交流；

（3）故事内容：情节完整，人物特点突出（突出体现"和"的部分）。

听故事的目的：

从故事中提炼达到"和"的境界的具体方法，用以指导我们今后的生活和学习。

议方法的要求：

大家以"以和为贵"为理念，一起讨论，仔细聆听，互相启发，共同受益。

生1：六尺巷的故事：①抓住问题的核心价值所在，不带情绪处理问题；②退一步海阔天空。

生2：郑和下西洋的故事：①本着共同发展的目的进行交流，而不是争论孰是孰非、孰强孰弱；②互相尊重，是"和而不同"的前提。

生3：李钱劝和唐缅之战的故事：如果产生矛盾，双方应按照所遵守的"义"，即礼仪道德准绳进行思考，而不要因眼前利弊失和。

生4：将相和的故事：①遇到矛盾，用发展的眼光看问题，往往能冲破眼前的阻碍，做出符合道义的最佳选择；②当个人利益与集体利益发生冲突时，应当有大局意识，维护好集体利益，个人利益才有保障。

【设计意图】

第一板块探究了"和"的含义，第二板块就将学习目标落在"和"理念的使用上。教材将"用"分为"作用""运用"，分析"作用"是学习"运用"的过程，掌握"运用"方法，并在实践中进行感知和完善是最终目标，二者的分析应紧密相连。教材安排从故事中探寻"和"的作用后，要求拟写宣传标语，是在变相进行"运用"方法的总结。最后部分为实践板块，要求拟定"班级议事规则"，实际也是"运用"方法的总结，其后要开展的热点话题讨论会才属于实际"运用"。教材如此安排的好处是用丰富的形式推动学生进行方法的总结并安排实践，但弊端在于：其一，不符合经济性原则，有两次方法的总结环节；其二，整个学习过程中包含了至少两次小组讨论及全班交流，讨论本身就可以作为实践"运用"方法的阵地；其三，针对热点话题的讨论包括前期准备和后期评价，其实又是一个综合性学习的过程，由于其内容的跳转，会冲淡实践"和"之方法的体验浓度。

有效教学理论认为，教学效益不同于生产效益，它不取决于教师花最少的时间教最多的内容，而取决于在单位时间内学生的学习结果与学习过程的进展情况。在同一个学习活动中，学生可能先后扮演不同的角色，就可以受到不同类别的能力训练。所以，我将"班级议事规则""热点讨论会"两项活动的目的及清晰的要求融入故事环节，把"讲故事""听故事""议方法"作为提炼、实践、改进"和"方法的主要环节，学生可以先后担任"讲""听""议"三种角色。他们在讨论中互相尊重、各抒己见、求同存异，达到"讲清楚""听到位""议有得"的目的，并且过程中很少出现之前小组讨论时出现的目标模糊、相持不下、锱铢必较的情况。随着一个个故事的讲解和讨论，一个个方法提炼出来了，"翩翩少年"也多起来了。

三、作业

请为你提炼出的其中一点达到"和"的方法拟一条宣传标语。

要求：①有较强的针对性和一定的思想性；②讲究语言，力求形式新颖，朗朗上口。

【设计意图】

课后作业为拟定宣传标语，分享时不但是一次语言表达技巧的碰撞，也是一次"和"理念的再感悟。尊重、交流、共赢的"和"文化渐渐深入到学生的心里，表征在他们的言行中。

《追求理解的教学设计》一书总结的最佳教学设计的特点之一是"自始至终具有清晰的全局观念，部分和整体之间不断进行流畅的互动"。而整合就是将教材内容按照清晰的目标进行重组，材料与目标之间的指向关系更明确，继而发挥更优的整体效力。本次综合性学习中，中华传统文化中的"和"内蕴较深，理性思辨的内容较多，理解起来所需的文化积淀较深厚，课堂容易深、沉、杂。所以我在教学设计中，整合两部分文言材料，突出共同指向理解"和"内涵的两个问题间的逻辑性，帮助学生移除达成学习目标过程中的阻碍，让目标更清晰，理解效果更佳；整合两个学生活动，并用明确的要求引导实践，避免了学习目标的弱化和低收益性课时的增加。整合多应用于学习材料和环节繁多的综合性学习的教学中，但"明确学习目标、充分利用教学环节、精讲精练、讲究学习效益"，应当是教学设计中共同追求的理念。

（案例来源：太原市令德中学校　杜宝梅）

【教学艺术评析】

## 整合教材内容提升教学设计艺术

语文课程标准指出：综合性学习主要体现为语文知识的综合性运用、听说读写能力的整体发展、语文课程与其他课程的沟通、书本学习与实践活动的紧密结合。综合性学习应突出学生的自主性，重视学生主动积极的参与精神，主要由学生自行设计和组织活动，特别注重探索和研究的过程，要加强教师在各环节的指导作用。

综合性学习涉及语文听、说、读、写全方位的实践，根据学情，找到各学习目标之间的层进逻辑，引导学生理解并自主设置学习活动，在每个环节中进行有的放矢的学习，是教学完整性、经济性、有效性的保障，有时需要教师对教材内容进行适当的整合。

本案例中教师整合了教材三个板块的内容，将"班级议事规则""热点讨论会"两项活动的目的及清晰的要求融入故事环节，把"讲故事""听故事""议方法"作为提炼、实践、改进"和"的方法的主要环节，学生可在故事的讲解和讨论中提炼方法。课后作业为拟定宣传标语，分享时不但是一次语言表达技巧的碰撞，也是一次"和"理念的再感悟。尊重、交流、共赢的"和"文化渐渐深入到学生的心里，是对学生高阶思维的培养，也是增强文化自信的途径。

同时，中学语文核心素养中包含"文化自信"，是指学生认同中华文化，对中华文化的生命力有坚定信心。通过语文学习热爱中华文化，具有比较开阔的文化视野和一定的文化底蕴。温儒敏先生在《"部编本"语文教材的编写理念、特色及实施建议》中就指出教材融入"传统"元素，并努力"让学生乐于接受，起到润物细无声的效果"。因此，教学设计中，除知识、技能的训练要求外，还要考虑德育的落实，所以教学设计应当旨在让学生易于理解、乐于参与，最终甘于践行。

# "数"支配宇宙——数学

数学是研究数量关系和空间形式的科学。数学源于对现实世界的抽象，通过对数量和数量关系、图形和图形关系的抽象，得到数学的研究对象及其关系；基于抽象结构，通过对研究对象的符号运算、形式推理、模型构建等，形成数学的结论和方法，帮助人们认识、理解和表达现实世界的本质、关系和规律。数学不仅是运算和推理的工具，还是表达和交流的语言。数学承载着思想和文化，是人类文明的重要组成部分。数学是自然科学的重要基础，在社会科学中也发挥着越来越重要的作用，数学的应用渗透到现代社会的各个方面，直接为社会创造价值，推动社会生产力的发展。

数学在形成人的理性思维、科学精神和促进个人智力发展中发挥着不可替代的作用。数学素养是现代社会每一个公民应当具备的基本素养。数学教育承载着落实立德树人根本任务、实施素质教育的功能。

【年级】八年级

【课题】三角形的中位线

【案例呈现】

一、内容与内容解析

1. 内容：探索并证明三角形的中位线定理。

2. 内容解析：三角形的中位线是继三角形的高、中线、角平分线后的又一重要线段，它与三角形的第三边有着特殊的数量关系和位置关系，探究三角形的中位线定理，需将中位线"倍长为2倍"或"将第三边缩小为原来的$\frac{1}{2}$"，需要转化为平行四边形解决，体现了转化的数学思想。三角形的中位线和平行四边形、全等三角形有着密切的联系，学习三角形的中位线定理，可以发展学生的逻辑推理能力，促进学生几何直观、推理能力这些核心素养表现的发展。

基于以上分析，本节课教学的重点是探索并证明三角形的中位线定理，能运用中位线定理进行有关的证明和计算。

二、目标与目标解析

教学目标：

1. 经历探究三角形中位线的过程，理解三角形中位线的概念，体会研究三角形的一般思路，明确中位线是三角形的又一重要元素。

2. 经历探索三角形中位线与第三边的数量关系和位置关系的过程，发展合情推理能力；经历三角形中位线定理的证明过程，发展推理能力，体会转化思想。

目标解析：

1. 达成目标1的标志是知道三角形的中位线和三角形的高、中线、角平分线都是三角形的重要元素，是研究三角形的重要方面；要能理解它们之间的区别与联系。

2. 达成目标2的标志是学生理解转化的数学思想，能用"倍长法"或"减半法"独立证明三角形的中位线定理。

三、教学诊断条件分析

在学习三角形的中位线定理之前，学生已经学习了平行线的性质、三角形全等判定、平行四边形的性质，已经初步形成了合情推理能力和演绎推理能力。要证明三角形的中位线定理，需要利用"倍长法"或"减半法"，将三角形问题转化为平行四边形问题，由于三角形和平行四边形之间存在图形认识的跨越，并且学生缺少证明"线段倍分"问题的活动经验，所以确定本节课教学的难点是探索并证明三角形的中位线定理。

四、课堂实录

活动1：情境引入

师：现在有一块三角形绿地，为美化环境，准备栽种四种不同的花卉，你能将这块三角形绿地分割成四块全等的三角形吗？

（学生思考，交流）

师：要解决这个问题，我们可以将它抽象成下面的问题。（呈现问题2）

活动2：抽象三角形中位线的概念

问题2：有一张三角形纸片$ABC$，你能将该三角形纸片通过适当的剪拼，把它拼成一个平行四边形吗？

（学生思考，交流，感到困难）

师：大家再想，要将一个三角形拼成一个平行四边形，拼图前后什么量没有发生变化？

生：（思考后）三角形和拼成的平行四边形的面积不变。

师：如果三角形的底和平行四边形的底相同的话，大家想想它们的高有什么关系？

生：平行四边形的高是三角形高的二分之一。

师：根据这个关系你们可以想到剪拼办法吗？

生1：（思考后）如图1，可以过$AB$，$AC$的中点$D$，$E$，将$\triangle ADE$剪下，拼到$\triangle CFE$的位置。

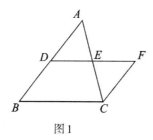
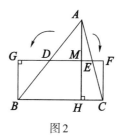

图1　　　　　　　　图2

生2：如图2，可以过$AB$，$AC$的中点$D$，$E$和高$AH$，剪下$Rt\triangle ADM$和$Rt\triangle AEM$，然后将它们分别拼到$\triangle BGD$和$\triangle CFE$的位置。

【设计意图】

教师让学生具体操作剪拼平行四边形的过程，直观感受拼图前后不变的量是什么，为说明所拼成的四边形是平行四边形获得直观感性认识，为抽象中位线和定理的证明做好铺垫。

师：同学们太聪明了，我为你们鼓掌。（鼓掌）我们看这两位同学发现的剪拼办法，其中最重要的是剪拼线DE。大家知道这条剪拼线叫什么吗？这条线叫△ABC的中位线，请你观察图1或图2，试给出三角形中位线的定义。

定义：我们把连接三角形两边中点的线段叫三角形的中位线。如图3，在△ABC中，$D$，$E$分别是边$AB$，$AC$的中点，$DE$就叫作△ABC的中位线。

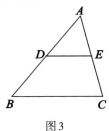

图3

师：同学们思考下列问题。

（1）一个三角形有几条中位线？你能画出来吗？

（2）画出三角形的一条中线和一条中位线，并说出它们的不同。

生：三角形有三条中位线。三角形的中位线是三角形两边中点的连线，而三角形的中线是三角形的顶点与其对边中点的连线。

师：三角形中位线的定义有两层含义：①∵ $D$，$E$分别为边$AB$，$AC$的中点，∴ $DE$为△ABC的中位线；②∵ $DE$为△ABC的中位线，∴ $D$，$E$分别为$AB$，$AC$的中点。

【设计意图】

三角形中位线和三角形中线两个概念容易混淆，通过画图比较，巩固学生对中位线概念的理解，可培养学生严谨细致的学习习惯。

活动3：探究三角形中位线的性质

师：三角形的中位线$DE$与$BC$有什么样的关系？为什么？

思考：（1）你能直观感知它们之间的关系吗？用三角尺验证；

（2）你能用说理的方法来验证它们之间的这种关系吗？

生1：从拼图过程可以看出，$DE//BC$，$DE=\dfrac{1}{2}BC$。

生2：通过测量$DE$，$BC$的长度，以及∠$ADE$和∠$ABC$的度数，得到$DE//BC$，$DE=\dfrac{1}{2}BC$。

师：同学们太聪明了。大家能用一句话概括你们的发现吗？

生：三角形的中位线平行于三角形的第三边，并且等于第三边的一半。

师：用符号语言如何表示呢？

生：如图3，在△ABC中，∵ D，E分别是边AB，AC的中点，

∴ DE//BC，$DE = \frac{1}{2}BC$。

师：能结合图3证明这个结论吗？

（学生思考交流，但仍然困惑）

师：大家想，要想证明这个结论，只需想办法将DE扩大到原来的2倍，或将BC缩小为原来的$\frac{1}{2}$，这样我们就把要证明的结论转化为两条线段相等关系和平行关系。

师：大家观察上面的拼图办法，能给你们一些启示吗？

（学生思考，交流讨论）

生1：如图4，延长DE到点F，使EF=DE，连接CF，AF，CD，则△ADE≌△CFE，得CF//AD，且CF=AD，则四边形ADCF是平行四边形，容易证明四边形BDFC也是平行四边形，所以DF=BC，DF//BC，所以可得DE//BC，$DE = \frac{1}{2}BC$。

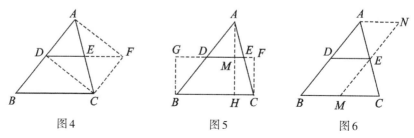

图4　　　　　　　　图5　　　　　　　　图6

生2：如图5，分别过点A，B，C作DE的垂线，垂足分别为M，G，F。也容易证明△ADM≌△BDG，△AME≌△CFE，这样就可以证明四边形BGFC也是平行四边形，所以可以证明DE//BC，$DE = \frac{1}{2}BC$。

生3：如图6，取BC的中点M，连接ME并延长，使得NE=ME，连接AN。也可以证明四边形ABMN和四边形DBME都是平行四边形，从而可得DE//BC，$DE = \frac{1}{2}BC$。

师：同学们太棒了！我再一次为你们鼓掌！请大家选择一种方法写出证明过程。

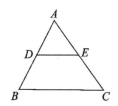

师：当然，除了上面三种证明方法以外，还有其他的证明方法，比如我们研究完相似三角形之后，还可以借助这一知识进行论证，聪明的同学们，你们不妨在课后思考一下其他的方法。

通过证明，我们得到了三角形中位线的性质：三角形的中位线平行于第三边并且等于第三边的一半。其符号语言：

∵ $D$，$E$ 分别是 $\triangle ABC$ 的边 $AB$，$AC$ 的中点，

∴ $DE$ 是 $\triangle ABC$ 的中位线。

∴ $DE // BC$，$DE = \dfrac{1}{2}BC$。

【设计意图】

此环节紧紧抓住三角形纸片的剪拼活动，让学生发现中位线与第三边的数量关系和位置关系，发展学生合情推理能力，学会从具体情境中发现并提出问题。借助拼图活动，获得转化的思路和方法，证明定理。这一过程不仅让学生又一次体会转化思想的重要作用，也让学生经历了完整的发现和证明数学结论的过程，意在发展其合情推理和演绎推理能力。

活动 4：练习强化

1. 如图，在 $\triangle ABC$ 中，$DE$ 是中位线。

（1）∠$ADE = 60°$，则 ∠$B = $ _____；

（2）若 $BC = 8$cm，则 $DE = $ _____cm。

2. 已知三角形三边长分别为 6，8，10，连接各边中点所成三角形的周长为 _____。

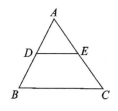

活动 5：知识应用与拓展

如图，在四边形 $ABCD$ 中，$E$，$F$，$G$，$H$ 分别是边 $AB$，$BC$，$CD$，$DA$ 的中点，四边形 $EFGH$ 是什么特殊的四边形，为什么？（由学生完成）

提示与思考：由 $E$，$F$ 分别是中点，你能联想到 $EF$ 是哪个三角形的中位线吗？你应该如何添加辅助线？

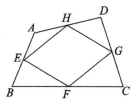

**【设计意图】**

对大部分学生而言，此题难度较大，原因在于条件与结论之间无法建立直接的联系，学生易产生思维障碍，因此，需要将难度分解，把问题慢慢引向三角形中位线的性质上，让学生进一步感受转化思想的重要性。

活动6：问题回头看

师：大家还记得开始提出的问题吗？将一个三角形分成四个全等三角形的方法你们找到了吗？能说明理由吗？

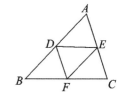

学生总结发言：可以利用三角形中位线的性质创造条件，证明四个小三角形全等。

课堂小结

师：

1. 这节课学习了什么知识？得到了哪些结论？

2. 本节是用什么方法研究新知的？

3. 得到的结论有什么作用？

学生总结发言：

1. 三角形中位线也是三角形中重要的线段，它与三角形中线不同。

2. 三角形有三条中位线，可以将三角形分成四个全等的三角形。

3. 三角形的中位线定理是三角形的一个重要性质定理。注意定理的结论有两个，具体应用时，可视具体情况选其中一个关系或两个关系使用。熟悉三角形中位线所在图形的结构，适当地构造三角形中位线定理的条件是用好这一定理的关键。利用三角形中位线性质可以：

（1）证明两条线段平行；

（2）证明一条线段是另一条线段的2倍或$\frac{1}{2}$；

（3）进行有关计算。

4. 在这节课中，我们一起经过观察、猜想、实验、操作、探索、证明等过程，发现并证明了三角形中位线定理，证明方法运用了转化的思想。

（案例来源：太原志达中学　李越华）

【教学艺术评析】

有效的教学活动不能单纯地依赖模仿与记忆，而是要设计形式多样的实践与探究活动，让学生经历知识的产生与发展过程，体会其中蕴含的数学思想方法，积累宝贵的探究活动经验。教师要重视学生在探究活动中的主体地位，发挥教师在学生学习中的引导、组织、协调艺术，激发学生学习的主观能动性，最大限度地激发学生积极参与探究活动的兴趣。

从教学的组织、表现艺术看，本节课达到了预期的效果，通过本节课的学习，学生能理解三角形中位线的概念，能通过操作探究三角形中位线的性质定理，在动手实践的过程中探究证明的思路和方法。教学过程既关注了知识技能目标的达成，促进其几何直观与推理能力的发展，又关注了过程方法和情感态度价值观目标的落实，较好地完成了本节课的教学任务。

在本节课教学中，教师创设了动手实践的问题情境，给学生呈现了富有挑战性和趣味性的数学问题，即将一个三角形通过适当的剪拼，使其拼成一个平行四边形。而要解决该问题，找到剪拼线所在位置是关键。由于这个问题具有一定的难度，教师设计了富有引导性的数学问题，通过提问拼图前后的不变量让学生自主思考，得到"如果三角形和所拼成的平行四边形的底相等，则平行四边形的高应该是三角形同一底上的高的一半"，从而为顺利找到剪拼线做了较好的铺垫。

同时，教师让学生具体操作剪拼平行四边形的过程，直观感受拼图前后不变量是面积，为说明所拼成的四边形是平行四边形获得直观感性认识。通过教师的有序引导，学生感受到过三角形两边中点的线段在剪拼过程中的重要地位和作用。接着教师让学生概括中位线的概念，发展了学生的抽象、归纳与概括能力。

在证明三角形中位线定理时，学生通过拼图获得直观体验和初步活动经验，在教师的引导下，学生明确了要证明 $DE/\!/BC$，$DE=\dfrac{1}{2}BC$，只需利用"倍长法"或"减半法"将 $DE$ 转化，将"线段的倍分"问题转化为"常规的两条线段相等和平行"问题。在这一环节的教学中，教师设计了从"直观感受"到"理性认识"的活动思路，引导学生运用转化的数学思想，解决了问题，促进了几何直观、推理能力等核心素养表现的发展，为今后的进一步学习积累了活动经验。

# 打开世界之"窗"——英语

英语是当今世界经济、政治、科技、文化等活动中广泛使用的语言，是国际交流与合作的重要沟通工具，也是传播人类文明成果的载体之一，对中国走向世界、世界了解中国、构建人类命运共同体具有重要作用。

学习和运用英语有助于学生了解不同文化，比较文化异同，汲取文化精华，逐步形成跨文化沟通与交流的意识和能力，学会客观、理性看待世界，树立国际视野，涵养家国情怀，坚定文化自信，形成正确的世界观、人生观和价值观，为学生终身学习、适应未来社会发展奠定基础。

【年级】八年级

【课题】Unit 5 What were you doing when the rainstorm came? Section A 3a–3c

【案例呈现】

一、案例背景

人教版新目标英语八年级下册Unit 5的话题是谈论过去的事件。本节课是本单元的第二课时，所学内容是阅读一篇有关一次难忘的暴风雨中的经历及感受的文章。

二、教学文本分析

"The Storm Brought People Closer Together"是一篇在记叙个人经历基础上谈感受的记叙文。作者通过记叙自己及家人在一次暴风雨之前、之中及之后的所见、所闻、所感，讲述了消极的事件中也蕴含着积极因素的道理。通过本节课的学习，希望学生学会如何以时间为线索有逻辑性地描述事件，并学会辩证地思考事件蕴含的意义。文章按照时间顺序展开记叙，对环境和人物行为进行了细致的描写。文章结尾"Although the storm broke many things apart, it brought families and neighbor closer together"这句话既是作者的感悟，也是全文核心意义的体现，升华了文章主题。

三、课堂实录

Step 1　Warming-up

T: Let's watch a short video about a rainstorm.

【设计意图】

山西省地处内陆，这里的学生几乎未曾亲身经历过暴风雨，缺乏相关的生活经历，视频所呈现的场景能让学生真实感受暴风雨给人们的生产和生活带来的影响。视频给学生带来极大的视觉冲击，气氛开始变得沉闷，可以感受到他们被这样的场景所震撼。教师陪伴学生观看视频，观察学生对具体情节的情绪反应。

【艺术评析】

教师是教学活动的辅助者，当学生进入学习情境时，教师默默的陪伴和情感的共鸣更能帮助学生体会视频的内涵，此时无声胜有声。

T: From the video, we all know that the rainstorm can bring big trouble to people. However, every coin has two sides. Besides the bad things, can you come up with some good things it gives us?

【设计意图】

激发学生的辩证思维，在了解到暴风雨破坏性的同时也要思考其积极的一面。学生沉思了大约十几秒，开始陆续举手发言，表达自己的想法。

S1: It can make the air clean.

T: Yes, after the rainstorm, the air will become clean. Thanks.

S2: It can help us to water flowers.

听到该学生的回答，有学生开始发笑并小声议论。该学生有些不好意思了。

T: Oh, my dear, your answer makes me think about another thing—the rainstorm can help us to wash the cars. Thanks for your clue. Boys and girls, do you agree on it?

教师边说边走到这个学生身边，轻轻拍拍他的肩膀，微笑示意学生坐下。

【艺术评析】

　　教学的目的不只是为了让学生获得知识，更重要的是帮助学生树立学科自信、体验学习成就感。在日常的课堂问答中，总有一些出乎意料的答案出现，此时教师的语言和行为是否得当，关系到学生对此课程的后期态度。在这里，学生的回答有合理的成分，教师及时通过语言性评价对其合理性内容进行肯定，同时帮助学生重新找到更贴切的回答思路。"... your answer makes me think about another thing—the rainstorm can help us to wash the cars. Thanks for your clue." 教师的这句话既帮助学生树立了学习的自信心，又启迪了新思路，此处应对充分体现了教学语言的艺术性，反映了教师的应对机智。

　　学生听到教师点评后瞬间安静下来开始思考。此时又有其他学生开始举手。

　　S3: We can learn something from the accidents caused by the storm.

　　学生开始若有所思，有的学生把这一内容写到了自己的笔记本上。

　　T: Thank you for your smart answer. Yes, the rainstorm can cause accidents and we can also learn something from them. Any other ideas?

　　S4: We may help each other in the storm so the relationship with others will become better.

　　T: Good idea! You think more than me.

　　教师给出评价的同时面带微笑向该学生竖起大拇指。

【艺术评析】

　　对于学生精彩的表现，教师通过语言和行为极力肯定，把浅表的教育性问答与深层的情感与价值融合在一起，在鼓励学生的同时也缓和了课堂氛围，打开了学生的思维，充分体现了教学行为的艺术性。

　　学生们开始为这个同学的回答鼓掌，课堂最开始的沉闷气氛被彻底打破。学生们的思考也从浅层逐渐向深层推进。

　　Step 2　While-reading

　　1. Predicting

　　T: A student named Ben experienced a rainstorm. Let's read the passage about it in 3a together. First, please look at the title. What information can you get from it?

## 【设计意图】

引导学生通过标题推断文章大意或主题，理解标题与文章内容之间的关系。

Ss：The writer will tell us the good aspect of the rainstorm—it can bring people closer together.

T：You all get it. Next, let's begin to read the passage.

2. Fast-reading

T：Let's read the passage quickly and match the main idea with each paragraph.

| Para 1 | A. The activities during the rainstorm. |
| Para 2 | B. The result after the rainstorm. |
| Para 3 | C. The weather before the rainstorm. |
| Para 4 | D. The preparations before the rainstorm. |

学生开始速读文章，并将段落和相关大意进行匹配。任务完成较顺利。在学生完成阅读任务的过程中，教师在学生中间慢慢走动，同时观察学生任务完成的进度及效果。由于此任务难度不大，教师直接让平时英语比较薄弱的同学回答，鼓励他们积极参与课堂师生互动，体会英语学习的成就感。

## 【设计意图】

引导学生使用快速阅读的策略，在迅速把握文章每段大意的同时了解文章的结构特点，为细节阅读做准备。

## 【艺术评析】

教育行为是面向全体的活动，教师时刻关注每一位同学，充分利用不同的时机去关注不同学习程度的同学，让所有学生都能体会到教师的关怀。

S5: The answer is CDAB.

T：Great. You give us the right answer. Thank you. And one more question for you—I find the words " before, during and after" in the main idea of each paragraph. What can you know from them?

S5：They tell us the time.

T：Good! What kind of time? What can we know from the time? And in what kind of article can we find such words?

该学生没有立刻想到答案，而是犹豫了一下才说出自己的想法，回答不到位，但是也在朝正确的方向思考。教师点头肯定学生的回答，示意该学生坐下，同时把新的问题面向全体学生重复一遍，引导全体学生思考，朝着深度思维方向努力。

【设计意图】

在学生回答出第一个问题后对其表现及时肯定，使其体会到学习英语的成就感。同时再追问另一个需要经过分析并较先前一问难度稍高的问题，激发学生主动深入思考，引导全体学生关注记叙类语篇的篇章结构和语言特点。

【艺术评析】

在日常课堂上，学生回答不出教师提问的情况时有发生，教师如果能不露声色地化解学生的尴尬处境同时又给予思维启发，会将课堂效果提升很多。在这个环节在中，教师利用简单的问题引出有难度的问题，两个问题由同一个学生回答，使其在体会学习成就感的同时激发其深层思维，艺术性地推进教学活动。

S6: From the words, I know this passage introduces Ben's experience of the rainstorm following the time order.

T: Yes! You got it! So this is a narrative. And it has its own special structure.

教师的语言语调中透露出惊喜，这样的情绪也感染着学生。同时教师开始书写板书内容，将本文的结构呈现在板书上，帮助学生直观地观察和理解，掌握文章结构。

板书：

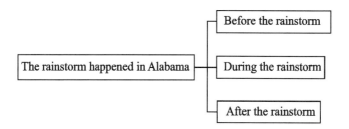

【设计意图】

教师通过问题提示引导学生发现记叙文文章的结构和语言特点，通过逐步呈现思维导图的方式，让学生更清晰地了解记叙文的结构。

3. Careful-reading

T: We have known the main idea of each paragraph. Let's come to more details.

Please read the passage carefully and finish the mind‑map. It can help you to catch the important details in different paragraphs easily.

教师在板书中呈现思维导图，引导学生依据一定的逻辑顺序阅读文章并把握文章细节内容。学生在阅读完善思维导图内容的同时，教师注意观察学生的完成情况，对完成有困难的学生适时进行指导。学生此时理解了板书思维导图的作用，开始利用其提示来完成阅读任务。学生首先整体阅读思维导图内容，然后根据自己阅读得到的信息将其逐步完善。

思维导图板书：

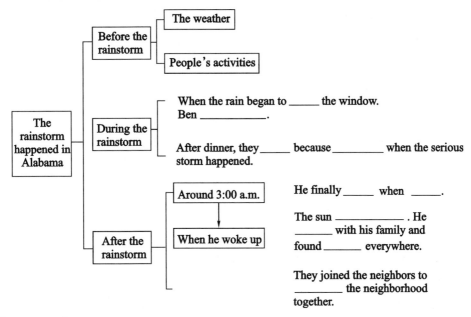

【设计意图】

引导学生认真阅读文章，根据思维导图内容的提示，在把握文章结构的基础上，分层次了解文章的重要细节—— the weather, the time and people's activities，同时进一步深入理解文章的具体内容。

【艺术评析】

虽然学案上有思维导图的内容，但是教师再次将思维导图内容认真书写到黑板上，用自己认真的态度和行为时时处处影响学生。教师的一切行为皆榜样，用行动去影响行动，用思想去影响思想，教学效果会更好。

Step 3  After-reading

1. T: Let's share the details you got. Please answer my questions with the help of the mind-map.

T: What was the weather like before the heavy rain started?

**【设计意图】**

引导学生利用思维导图将阅读获得的相关信息进行整合，并用精准的语言正确表达。帮助学生体会如何生动地进行环境描写。

教师面带微笑慢慢再陈述一遍问题，鼓励学生积极作答。学生根据从思维导图中提取到的相关信息积极思考。课堂氛围活跃，学生思路开阔。

S7: There were black clouds in the sky and there was no light. It felt like midnight.

T: Thanks to S7's description, I can "draw" a picture of the scene before the rainstorm in my mind. What about the sound?

教师对学生的回答做出积极的回应，在表述的同时用肢体语言做出绘画和倾听的动作，生动地引导学生将抽象的内容具体化，启发学生更全面地回答问题。学生认真倾听的同时仔细观察和体会教师的用意，积极思考如何作答。陆续有学生举手争取回答问题的机会。

S8: It blew strongly outside, there were black clouds in the sky and there was no light. It felt like midnight.

T: How vividly you described! Thank you. You make us "see" it and "hear" it.

学生较准确地把握了重点内容，能够准确地用语言表达，同时课堂气氛得到了活跃。教师用激动的语气对学生的回答进行评价，让学生充分感受到教师对自己的肯定，体会到学习成就感的同时也增强了自信心。

**【艺术评析】**

教师根据教学需要适时运用肢体语言结合具体陈述，引导并启发学生多角度、全方位地思考问题，将抽象的内容具体化、形象化，达到艺术的应对效果。

T: What preparations did Ben's family make for the coming rainstorm? Why did they do so? Please discuss it with your partners.

**【设计意图】**

引导学生关注特定环境背景下人物的行为及行为的依据，通过讨论的形式更全面地理解人物行为。

T: What bad things did the rainstorm bring? What about good ones?

S9: Many things were broken in the rainstorm, but it brought families and neighbors closer together.

T: Yes! Every coin has two sides! We should not only see the negative points but also positive ones.

T: After the storm, Ben wrote a diary. Let's complete it following your memory.

Monday, June 15th

A heavy storm hit Alabama today. Everything seemed peaceful and quiet before the _____ began to blow. Then the black clouds came, which made the sky _____. I knew that _____ was in the area through the news on TV.

My dad _____ over the windows while my mom _____ the flashlights and radio _____. She also put some candles and matches on the table. Then the rain began to_____ the windows. It was boring to stay at home in such bad weather.

I couldn't fall asleep until the wind _____ at around 3:00 a.m. When I woke up, the sun _____. I went outside finding everything _____. Fallen trees, broken windows and rubbish were everywhere. Luckily, everyone played a part in cleaning up the neighborhood. The storm could break things apart, but it could never break love apart.

【设计意图】

通过改写后让学生完成日记的方式，检测学生对文本内容的掌握情况。

2. T：In our life, what other things can bring people closer together? Please say out your answers freely.

S10: I think the COVID-19 brings us Chinese closer together. When the virus hit Wuhan, people around the country gave a hand to Wu Han.

S11: I don't agree with you. It was reported that a woman broke the rule by running away from her neighborhood during the epidemic period.

T：Yes. It is a problem that is worth thinking. Do you have any ideas about it?

S12: As far as I see, most of people around us can following rules and try their best to give a hand. There are only a few people like that woman .

…

T: You give me a surprise! You can think over something from different angles. We Chinese get together to fight against the virus, now we can get back to the normal life now. Even though the virus brings some loss, people all over our country are trying to overcome the difficulty.

学生根据教师的设问联系生活发表自己的观点，多角度、多层面阐述对事件的看法。教师通过设问引发学生思考和辩论，并对其讨论内容进行总结，大家对待该事件的态度更客观、看法更全面。

【设计意图】

教师引导学生联系现实生活进行发散思维，就同一内容发表不同看法，进行多角度思维。

【艺术评析】

教师的每一次发言都为下一阶段的活动做铺垫。教师的过渡语言简练而有针对性，总结性语言清晰而有说服力，通过语言的交流与学生进行思想的碰撞，最终达到思想的共鸣。

3. Group-work

T: In the face of the virus, different people did different things to fight against it. Can you design a poster to show others what people did? Try to make more people know their kindness. Please work in groups and then show the poster in class.

学生以组为单位设计海报并进行展示。教师对展示的每个海报进行点评，对学生的设计作品表示肯定，带动学生的情感升华。

【设计意图】

引导学生发现生活里的消极事件中也蕴含着积极的因素，启发学生用积极的态度应对生活中的重大事件。

【艺术评析】

教师对学生的学习成果不只进行质量评价，同时要感受成果背后蕴含的情感，与学生进行情感体验方面的交流，并就此达到共情。

Step 4  Homework

1. Complete the poster and try to make it better.

2. Write a short description about the poster.

【设计意图】

鼓励学生联系生活，学以致用。

（案例来源：山西省实验中学　张静敏）

【教学艺术评析】

## 全身心投入，感悟生活

"教育是最具有人文性的活动"，因此教师如何艺术地应对课堂中预设之外的情况显得尤为重要。本案例中，在应对教材文本时，教师在认真研读教材内容及充分分析学情的基础上，将知识、能力、思维及情感融入精心设计的教学环节中。在具体教学活动中，教师通过艺术的语言和得体的行为不露声色地化解学生的尴尬处境，引导并启发学生从多角度思考问题；用认真的态度和显性的行为去时时处处感染学生；通过语言的深度交流达到思想的碰撞，引起学生的共鸣；用高质量的综合评价进行情感渗透，与学生共同感悟生活。教师只有艺术地应对每个细节，讲究教学语言艺术、教学行为艺术，同时从思想和情感上真正认同学生的思维活动和积极的努力，才能真正践行立德树人的宗旨。教师要注重教学艺术，努力在课堂教学中与学生平等交流，做有情怀的教育者。

# 探索宇宙的"钥匙"——物理

　　物理学是自然科学领域研究物质的基本结构、相互作用和运动规律的一门基础学科，是一门以实验为基础的自然科学。科学既是一种过程，同时也是一种结果。一方面，物理科学作为一种认知活动，是人们积极探索周围世界获取知识、探求规律的过程。另一方面，物理学也是人们探索和认识自然世界的结果，它不仅表现为系统化的知识体系，而且还包含有独特的科学方法和科学精神。只有两者有机结合起来，才能够真正认识科学的本质，综合起来说，科学的本质是探究与思维态度和精神的知识与能力。

【年级】八年级

【课题】温度

【课堂实录】

　　环节一：引入

　　播放视频《神奇的勺子》。

　　师：勺子去哪儿了？

　　生：勺子化了。

　　师：这是真的吗？那么勺子在什么条件下会熔化呢？

　　生：温度足够高才会熔化。

【设计意图】

　　以视频引入，引发学生产生认知冲突，利用悬疑情境使学生带着疑问、好奇走进课堂，彰显高超的导课技艺。

环节二：

师：想不想验证一下这个视频的真实性，探究勺子在温度为多少的水中会熔化呢？

生：想。

师：如果你想探究，你需要哪些器材呢？

生：勺子，冰，加热器。

师：每四人一个小组进行探究。课堂上为大家准备了电加热器，使用过程中一定要注意安全，不要触碰黑色的发热盘。除了热源外，还需要什么？

生：温度计。

师：每个小组提供了两支温度计，请大家仔细观察，能用它们完成今天的探究吗？

生：都不能，一支是体温计，量程不够；另一支没有刻度。

师：那这支没有刻度的温度计能不能粗略反映温度的高低？

生：能。

师：怎么感知？

生：温度升高液柱上升，温度降低液柱下降。

师：如果你是第一个温度计的发明者，你会怎么在温度计上标记刻度？

（学生思考）

【设计意图】

通过问题设计环节，在特定的问题情境中，引导学生进入实验情境。

教师要通过设问、追问、提示、反思、总结等方法，使探究活动有深度、有宽度，促进了学生素质和能力的提升，使学生在课堂上"动"起来。教师制造活跃的课堂气氛，既可以使学生的个性得到充分发展，又能加深对知识的理解。

环节三：

师：使用温度计测量水的温度，观察勺子和水的物态变化。请大家在实验过程中，注意记录实验中观察到的现象和温度值以及自己的收获。

（教师巡视、指导，采集在学生实验过程中的问题）

师：请大家关闭电源，把水和熔化了的金属液体倒回废液收集瓶。注意烧杯的温度很高，小心烫伤！（每个小组配发隔热防滑手套）

师：请大家交流刚才从实验中得到的收获。

师：你的金属勺子熔化了吗？多热的水能使它熔化？

生：熔化了。熔化时的温度约为70 ℃。

师：请各小组把数据、现象填入对应表格，交流数据、现象、收获。

总结：温度计使用的正确方法及注意事项。

生1：使用温度计前应该先观察量程和分度值。

生2：测量温度时玻璃泡应该与液体充分接触，不能碰到容器壁和底部。

生3：读数时应等待液柱稳定后再读。

生4：读数时玻璃泡不能离开被测液体。

生5：读数时视线应与液柱上表面相平。

现象：

勺子熔化了；

冰块也熔化了；

烧杯壁和玻璃盖片上出现水珠。

师：在刚才的实验过程中大家还有什么收获？你觉得这些现象是怎么形成的？

【设计意图】

在实验情境中，学生从使用温度计到记录现象、谈收获，总结出了温度计的使用方法。

经历了整个探究过程，有利于学生思维的发展和实验操作能力的提高。教学过程中，教师用发现教学引导学生对教学内容进行积极的探究活动，学生会收到许多意外的惊喜，从而给课堂教学带来高潮。

环节四：

师：看来物质处于什么状态是由温度决定的。在我们的地球上四季分明，冷热交替，而且水资源丰富，所以在自然界中，水的物态变化多种多样。

展示图片：雾、雨、露、雪、霜、冰。

师：今天，我给大家准备了一份小礼物，请大家把废液杯中的水倒掉，就可以看到一枚印有"山西"字样的纪念币。这是哪里来的？

生：这是刚才熔化的勺子变成液态后，冷却凝固形成的。

【设计意图】

结课体现出了"由生活走向物理，由物理走向社会"的课标理念，以学生常见的各种自然现象为载体，让学生经历了物态变化的过程，为下一节课打好基础，为学生长远发展负责。教学引入与结课首尾呼应，蕴藉隽永，唯其如此，教学才能收到余音绕梁的艺术效果。

（案例来源：太原师范学院附属中学　任金璞）

【教学艺术评析】

新的教学理念倡导教师要开展以学生发展为中心的基于情境、问题导向、深度参与的教育教学，引导学生自主、合作、探究学习。物理是一门以实验为基础的学科，各种物理实验以其直观性、形象性为学生提供了丰富的感性材料，充满趣味性、思维性、挑战性、探索性和创造性，能有效激发学生的好奇心和求知欲。利用实验内容的魅力创设问题情境，可以充分发挥学生的主体性，有利于教师引导学生通过对实验的观察、研究和分析去思考问题、探索问题，从而揭示物理现象的本质，探究物理现象的内在规律。同时，在学习物理的过程中，不同的学生对同一问题的思考角度、思维方式、理解程度、表达水平等存在着较大的差异，这种客观存在的差异其实也是一种宝贵的教育资源。悉心捕捉这些差异并加以整理，往往可以成为生动的对比材料。当这些对比材料呈现在学生面前时，即使教师引而不发，也可以创设出有价值的问题情境，引导学生的深度学习发生。

亮点一：利用奇特的生活现象创设物理情境。在本课中教师以一个勺子在火锅的热汤中熔化的视频引入，引发学生思维的碰撞，学生的脑海里生成了第一个问题："金属的勺子在热汤中就能熔化，这是真的吗？"这里教师创设了一个富有冲突的认知情境，引导学生积极参与教学活动。"能在水中熔化的勺子"为学生开启了一扇奇妙的物理大门，随着课堂的逐步深入把不可能变成可能，不仅为本节课的教学提供了动力，也为今后的物理学习打下了基础。

亮点二：利用不良结构器材创设物理情境。在设计实验环节中，学生提出要准确比较温度的高低需要温度计。那么什么样的温度计适合呢？教师在每个实验台上准备了一支体温计、一支没有标刻度的温度计，并提出了一个问题："请大家仔细观察，这两支温度计能不能进行今天的实验？"学生通过观察和思考，发现现有的器材不能满足实验要求。教师又创设了一个更具有挑战性的问题情境：

"大家能利用实验台上的器材为另一支没有刻度的温度计标上刻度吗？"学生的积极性再次被调动起来，提出了两种方案：一是利用冰水混合物和沸水标注刻度；二是利用现有的体温计和水标注刻度。学生的潜力是无穷的，这两个方案的提出，既充分挖掘出学生曾经学过的知识，完善了温度计的刻度方法，又巧妙地利用了已学知识加以创新。

亮点三：集中呈现各种实验现象及数据创设物理情境。在学生记录实验数据时，利用多媒体技术设计了一个可以实时记录数据、现象的表格，并且能帮助学生回忆已经结束实验的状态。处理实验结果时，这个综合情境的设定发挥了极大作用。首先，学生在观察了五幅实验装置图后，结合自己在实验过程中的实际情况，自主总结出了温度计正确使用的注意事项。其次，通过比较、分析勺子放置位置的不同所产生的数据差异，不仅知道了杯底温度确实和水中温度有差异，测温时温度计的玻璃泡不能接触杯底，而且明确了实验中被加热物体的放置位置不同也会影响实验的结果。最后，通过对烧杯中出现的物态变化（勺子熔化、冰块融化、烧杯壁和烧杯盖上出现的小水珠）的分析，明确了物态变化的原因就是温度，从而把这节的内容即物态变化与温度真正地有机结合在了一起。这样的一个综合情境把学生的认知、情感水平带入一个新的发展区，使教育获得知、情、意、行的整体效应。

亮点四：利用实验的可逆性创设情境。在这节课的最后，教师请学生把刚才倒入废液收集瓶的水倒掉，学生惊喜地发现了教师为他们准备的一份小礼物——熔化后的金属已经凝固成了一枚精美的纪念币。这不仅与开课时的"在水中熔化的勺子"相互呼应，同时也引出了凝固的概念，使学生体验了成功的喜悦，也为后续的学习埋下了伏笔。

本节课的教学艺术主要体现在，情境的创设基于对学生已有知识经验和对教材内容的全面、科学的分析，通过联系实际生活、实验及物理学史等知识，物理这门在很多学生看来比较抽象深奥的学科变得直观形象，易于接受。同时，便于教师深入分析和挖掘教材内容中蕴含的有能力价值和情感价值的知识，并利用这些知识作为情境素材创设问题情境，激发学生的探究兴趣，真正激发学生的深度思考，最大限度地激活课堂教学潜能。

# 走进物质的"视"界——化学

化学是在原子、分子水平上研究物质的组成、结构、性质及其应用的一门基础自然科学，其特征是研究物质和创造物质。化学不仅与人们的日常生活密切相关，也是材料科学、生命科学、信息科学、环境科学和能源科学等现代科学技术的重要基础，是推进现代社会文明和科学技术进步的重要力量。化学在缓解人类面临的一系列问题，如能源危机、环境污染、资源匮乏和粮食供应不足等方面，同样做出了积极的贡献。由此可见，科学探究是化学学习的主要方式，实验是培养探究能力的主要手段，生活实践是知识应用的重要阵地。

【年级】九年级

【课题】二氧化碳制取的研究

【课堂实录】

师：（创设情境，展示自制汽水）同学们，这是老师按照汽水的配方配制的"秘方"，新制的一瓶汽水。你们想尝尝吗？

生：（激动地递过水杯）我想！我想！

师：（微笑着）味道如何？

生：挺好，跟买的差不多。

师：同学们，当你打开汽水瓶盖时，能看到什么现象？你知道这是什么物质吗？

生：（脱口而出）二氧化碳。

师：如何制取二氧化碳气体呢？这节课我们一起探究二氧化碳的实验室

制取。

师：结合第二单元氧气的制取，大家能说说实验室制取气体的一般思路是什么吗？

生：反应原理、制取的装置、验证气体的方法等。

师：今天我们同样按照这个思路进行探究。首先我们一起探究实验室制取二氧化碳的药品，并确定反应的原理。哪些反应能产生二氧化碳气体？

生：碳燃烧、呼吸作用、碳高温条件下还原氧化铜……

师：这些反应是否适合实验室制取二氧化碳？

生：（各小组代表评价）

1. 碳燃烧制取的气体可能不纯，且不便于气体的收集，不适合实验室制取。

2. 呼吸作用制取的气体不纯，不适合实验室制取。

3. 碳还原氧化铜需要高温条件，不易达到，不适合实验室制取。

……

投影资料：（依次呈现）

1. 选择制取气体的药品，一般考虑以下因素：

①制得的气体是否纯净；②原料是否易得；③反应条件是否容易达到；④气体是否便于收集；等等。

2. 含有碳酸根离子（$CO_3^{2-}$）的物质（如碳酸钠 $Na_2CO_3$、石灰石主要成分 $CaCO_3$）与盐酸（HCl）或稀硫酸（$H_2SO_4$）常温反应产生二氧化碳。如碳酸钠与盐酸的反应原理：$Na_2CO_3 + 2HCl = 2NaCl + H_2O + CO_2\uparrow$。

师：实验室制取二氧化碳我们通常选择石灰石或大理石（主要成分为 $CaCO_3$）和稀盐酸。（板书：药品和反应原理）请同学们写出石灰石或大理石与盐酸反应的化学方程式。

生：（类比书写）$CaCO_3 + 2HCl = CaCl_2 + H_2O + CO_2\uparrow$

师：为什么不选择碳酸钠和酸的反应或石灰石与稀硫酸的反应呢？

生：（个别同学回忆五单元第1课题《质量守恒定律》的知识）碳酸钠粉末与盐酸反应速率很快，不利于收集。

师：的确如此。而石灰石中的碳酸钙与稀硫酸反应缓慢且不能持续地产生二氧化碳气体，所以也不适合实验室制取二氧化碳气体。

（教师展示实物，打开浓盐酸试剂瓶的瓶塞，扇闻气味。学生观察）

师：通过观察，你认为浓盐酸具有什么性质？

生：浓盐酸具有挥发性。

师：浓盐酸挥发出的是氯化氢气体。

生：（部分同学很快地意识到）不能用浓盐酸，否则制取的二氧化碳气体不纯。

师：（强调）综合考虑气体纯净、反应速率适中、便于收集等多方面因素，实验室制取二氧化碳时，选择石灰石或大理石与稀盐酸反应。

投影图片：

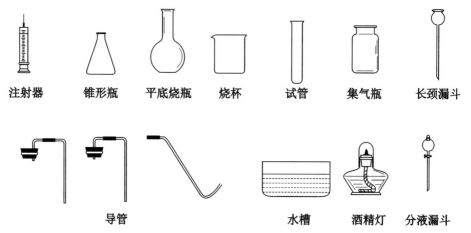

注射器　　锥形瓶　　平底烧瓶　　烧杯　　试管　　集气瓶　　长颈漏斗

导管　　　　　　　　　　　　　水槽　　酒精灯　　分液漏斗

（小组活动探究：1. 根据药品、二氧化碳的性质，讨论并确定制取二氧化碳的装置。2. 从所给仪器的图片中选择要用到的，贴在文件夹上，形成制取二氧化碳的装置图。讨论交流各"固液常温型装置"的优点）

展示学生装置图：

装置一　　装置二　　装置三　　装置四

生：（小组代表展示并解说）

装置一：装置简单，操作简便；

装置二：便于随时添加液体药品；

装置三和装置四：可以控制反应的速率。

（学生补充所提供的实验用品以外的装置：利用隔板及相应实验仪器，拼出可以控制反应开始和结束的装置）

师：请同学们回忆一下，实验室制取氧气采用的收集方法是什么？

生：（脱口而出）向上排空气法和排水法。

师：选择这两种方法的依据是什么？

生：依据氧气的物理性质密度大于空气和氧气的溶解性不易溶于水来选择。

师：（继续追问）这两种方法能适用于收集二氧化碳吗？为什么？

生：由于二氧化碳的密度大于空气，可用向上排空气法收集二氧化碳，但是因为二氧化碳能溶于水，所以不适合用排水法收集。

展示排水法装置图。

师：（微笑地表示赞许）说得正确，看来你的知识迁移能力很强。在确定了二氧化碳的实验室制取装置之后，那么我们制取二氧化碳的步骤是什么？我们还是对比氧气的实验室制取步骤来学习。请各小组的同学先独立思考1分钟，再简单做一下交流。

生：（独立思考，热烈地交流讨论后，有很多小组的学生踊跃地举手示意）第一步，组装仪器，形成发生装置；第二步，检查装置的气密性；第三步，装药品；第四步，收集二氧化碳；第五步，验满；第六步，检验二氧化碳。

展示两种气体的发生装置：

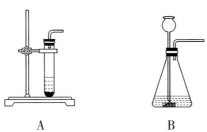

A                    B

师：我们注意到在化学课本上所用的二氧化碳的发生装置是B装置，你知道这种发生装置有几种不同的气密性检查方法吗？（此时很多学生陷入了沉思，留给学生一定的时间思考）

生：方法一是用弹簧夹将右侧导管口的胶皮管夹紧，从长颈漏斗向装置内倒水，若在长颈漏斗中形成了一段稳定的液柱，则装置气密性良好；方法二是先从长颈漏斗向装置内加水并没过长颈漏斗底端，将导管另一端插入水中，用手握住锥形瓶外壁，观察到导管口有气泡冒出，则装置气密性好。

师：说得非常好，我们给你点赞。（全班响起了热烈的掌声）老师还要给同学们留一个挑战性的任务，你们想接受挑战吗？

生：想！

师：下面我要按照刚才确定的步骤给同学们演示实验室制取二氧化碳的操作。你们看到讲台旁边的课桌上放着的一套气体制取装置了吗？我想请一位同学和我一起做实验，我做一步这位同学做一步，请其他同学给他进行点评，看看他做的实验操作是否正确，有谁愿意接受挑战？（这时全班的气氛达到了高潮，很多同学都快速地举起了手，喊着"老师，叫我！老师，叫我！"）

师生共同演示实验：教师和上讲台的学生同时进行二氧化碳的制取实验，其余学生认真观看实验。

（学生以小组为单位点评台上的同学所演示的实验步骤的正确和错误）

师：不但要熟悉实验的原理、方法与步骤，更要去动手实践才能很好地掌握实验室制取气体的方法，同时还要对照中考理化实验考试的评分标准和给分点进入实验室进行实验，才能真正学会和完成这个实验。

（教师组织学生进行当堂达标检测）

【设计意图】

本课题的设计源于对课题《二氧化碳制取的研究》中"研究"二字的思考和解读，所以重点是在学过制取氧气积累了一定经验之后，对制取气体的思路和方法的归纳总结。本节课主要设计了三个探究活动：一是探究制取二氧化碳的药品；二是探究二氧化碳的制取装置；三是探究利用简易装置制取二氧化碳。

本节课在全书乃至整个化学学习过程中，所占的地位十分重要。它是培养学生在实验室中制取某种气体时，药品的选择、装置的设计、实验的方法等思路的最佳素材。上好这节课对学生今后学习元素化合物知识、化学基本实验及实验探究能力都有深远的影响。

（案例来源：太原第十八中学校　赵丽娜）

【教学艺术评析】

## 科学探究引导学生深度思维

新课程理念下，学生的学习不再是单纯的知识习得，而是在探究过程中的学科素养的提升。本课题的设计重视科学、技术与社会的相互联系，倡导以科学探究为主的学习方式。一方面，从学生已有的知识背景出发，教学活动的设计根据学生的实际学情，有针对性；另一方面注意还时间于学生，引导学生探索与发现，反思与创新，为学生提供充分参与和交流的机会。为了帮助学生初步学会实验室制取二氧化碳并检验二氧化碳的方法，教师在课前做了充分的准备，并精心准备和制作化学教具（自制汽水、实验仪器图卡）。教学过程中，教师依据学习目标、学生已有的知识和经验精心设计了探究问题，针对药品的选择及制取装置的选取展开了探究活动，较好地完成了学习任务。在课堂上，能以学生探究、师生互动等教学形式，实施最核心的教学内容，较好地体现了学生学习的主体地位和教师的主导作用。

第一个亮点是本节课的引课。由汽水中含有二氧化碳，引导学生思考二氧化碳的制取，既贴近学生的生活，使其体会化学学科与生产生活的紧密联系，又很好地激发了学生学习的积极性、主动性。

第二个亮点是组织学生探究二氧化碳的制取。课程标准中要求初步学习实验室里制取二氧化碳的原理和方法。这不仅要求掌握有关制取二氧化碳的某些知识，而且要求推理学习知识的内在规律，使学生对制取气体的基本思路有基本了解。为了达到教学目的，教师在教学设计中组织学生理论分析、对比"能生成二氧化碳的反应"，最终确定实验室制取二氧化碳的药品和反应原理。同时，带领学生体会选取药品时需要综合考虑诸多因素，如所得气体是否纯净、反应速率是否适中、是否便于气体的收集、原料是否易得、反应条件是否容易达到等，为学生今后处理类似的探究问题打下坚实的基础。

化学是一门以实验为基础的学科。化学实验是进行科学探究的主要方式，实验教学有利于启迪学生的科学思维，揭示化学现象的本质，其功能是其他学科教育所无法替代的。由于"时间紧，任务重"，在探究药品的选择时主要采取了分析、讨论的方式，学生的感性认识较少，理性知识的输入较多。今后可继续在探究方式上做出改进，将单纯的理性分析改为理性与感性相结合的实验探究法，给学生更多的时间和空间自主学习和探究。在装置的选择上，以小组探究的形式确定制取的装置类型，进而变换不同的仪器组成不同的制取装置，充分发挥了学生的积极主动性，激活了学生的内在活力，更充分地体现出了学生学习的主体地位。学生真正地参与到教学过程中，在"做中学"，在交流中不断改进和完善，分析问题、交流表达等能力得到发展。

# 以过往"镜"鉴未来——历史

历史学是在一定历史观指导下叙述和阐释人类历史进程及其规律的学科。探寻历史真相，总结历史经验，认识历史规律，顺应历史发展趋势，是历史学的重要社会功能。历史学是人类文化的重要组成部分，在传承人类文明的共同遗产、提高公民素养等方面起着不可替代的作用。

义务教育阶段的历史课程，是在唯物史观的指导下，弘扬以爱国主义为核心的民族精神和以改革创新为核心的时代精神，传承人类文明的优秀传统，使学生了解和认识人类社会的发展历程，更好地认识当代中国和当今世界。学生通过历史课程的学习，初步学会从历史的角度观察和思考社会与人生，从历史中汲取智慧，逐步树立正确的世界观、人生观和价值观，提高综合素质，得到全面发展。

【年级】七年级

【课题】青铜器与甲骨文

【教学目标】

1. 通过创设真实任务情境，提出系列探究活动任务，学生在完成1—5的探究任务中，从青铜器的铸造工艺、规模、用途、承载文字等多个角度，认识青铜器的价值，培养史证意识。

2. 学生通过完成探究6的"猜字"游戏任务，知道甲骨文是我国已知最早的文字，同时感受汉字的魅力及独特文化。

【课堂实录】

导入环节

出示"鸟尊"（仿制工艺品），供学生观察，同时展示PPT——文物卡片。

新课环节

师：同学们，这个国庆节大家去了山西博物院青铜展厅参观，哪位同学可以和我合作给大家介绍一下这件青铜器呢？

探究活动1：做一做，讲一讲

文物名称：**晋侯鸟尊**

年代：_____

用途：_____

文物出土地：_____

造型特点：_____

生：年代是西周；

用途是盛酒器——实用功能（有些学生可能答出礼器）；

文物出土地是山西省临汾市曲沃县和翼城县交界处的天马晋侯墓；

造型特点是凤鸟与大象——寓意吉祥，造型精美，工艺高超。

师：（在学生回答基础上点评鼓励）同学们通过参观博物馆，与青铜器有了亲密的接触。我们山西出土了大量的青铜器，这尊鸟尊更是因其造型优美、独具艺术特色，成为山西博物院的镇馆之宝，它的形象也被设计在山西博物院的Logo中。

【设计意图】

探究活动1的设计基于学生参观了山西博物院青铜展区，形成了对青铜器的感性认识，具有了一定的知识储备。通过创设"制作文物卡片"的学习情境，培养学生的表达能力以及整理历史信息的能力；同时，让学生从山西地方史的角度感受青铜文明的艺术魅力，激发对家乡历史文化的自豪感，传承传统文化，蕴养家国情怀。

探究活动2：比一比，谈一谈

教师播放青铜器铸造过程的小视频，PPT出示问题：观察图片，对比石器、陶器，谈谈青铜铸造与制作石器、陶器的区别。

（学生能说出材料有变化，更精致，工艺更复杂等）

师：（在学生回答基础上进行点拨）历史是已经发生过的事情，一去不复返，但历史总会留下很多的痕迹。通过这些文物图片，我们能够直观地感受到古人的智慧，感知社会生产力的不断进步。青铜器是重要的实物史料，透过它们，我们可以了解商周时期的社会状况。不信，咱们就来试一试。

【设计意图】

探究活动2中，运用小视频和文物图片创设历史情境，引导学生对比石器、陶器，思考青铜铸造与制作石器、陶器的区别，思考青铜（金属）铸造业的特点。通过与石器、陶器的对比，学生回顾已经学习的知识，体验"延续与变迁"的历史思维过程。在这个过程中，学生认识到青铜器铸造业的发达体现了人类对物质的性质有了更深入的了解，并能利用对物质的认识来改变物质的形状，为己所用，从而感知商周时期生产力的进步。

探究活动3：算一算，想一想

| 国 宝 档 案 | |
| --- | --- |
|   司母戊鼎（后母戊鼎） | 1939年出土于河南安阳，通高133厘米，口长112厘米，口宽79.2厘米，重达832.84公斤。<br><br>国家一级文物，是世界迄今出土最大最重的青铜器，享有"镇国之宝"的美誉。 |
|     司母戊鼎制作过程想象图 | |

算一算：有理数的乘除

1. 司母戊鼎重达832.84公斤，假设每个同学50公斤，司母戊鼎至少相当于多少同学的体重之和？

2. 浇铸司母戊鼎需要800多千克铜液，如果以每一坩埚一次熔铜12.5千克计算，至少需要多少个坩埚同时进行熔化？

3. 每个坩埚需要四个人操作，要完成司母戊鼎的铸造需要多少人同时行动，共同协作？

学生参与兴致较高，能够计算出司母戊鼎相当于16个同学的体重，铸造司母戊鼎需要256人等答案。

师：同学们通过计算，对司母戊鼎的重量有了较为直观的认识，我们也可以想象到商周时期组织铸造一件青铜器时的庞大规模。司母戊鼎作为迄今为止世界上出土最重的青铜器，见证了商朝时期青铜铸造业所达到的技术水平高度。我国出土了大量精美的青铜器，接下来咱们再来看看青铜器有哪些广泛的用途吧！

【设计意图】

历史教学特别是古代史教学中，当学生面临一个相对陌生、久远的历史阶段和文明成就时，需要创设历史情境，带学生"神入历史"。探究活动3中，通过层层递进的设问，引导学生通过一系列数学计算，感知铸造工艺的艰辛，形成"商代青铜铸造业的规模庞大、工艺水平高超"的历史结论。本环节旨在将抽象的问题具体化，帮助学生理解商周时期中国高度发达的奴隶制文明，形成"人民群众创造历史"的唯物史观。

探究活动4：看一看，议一议

师：（出示图片）从造型、工艺水平等方面鉴赏青铜器，讨论青铜器的多种用途。

生：食器、酒器、礼器、乐器等。

师：（结合PPT《西周天子与贵族的饮食礼仪》讲解礼乐制度）鼎是盛酒器，簋是盛米饭的容器，编钟是宴飨时的乐器。商周时期，贵族之家过着"钟鸣鼎食"的生活。青铜器的铸造原料珍贵，铸造工业复杂，所以在众多的实用功能之外，青铜器逐渐成为了王公贵族权力和地位的象征，天子祭祀，可用九鼎八簋，诸侯只能使用七鼎六簋，士大夫就更少了。礼器的类型和数量反映了权力的大小和严格的等级界限，礼乐制度也由此成为了维持社会秩序的重要制度保障。

【设计意图】

青铜器作为礼器，成为贵族身份、地位的象征，这是商周等级社会的突出特点，也是本课学习的重难点。探究活动4中，学生通过观察青铜器的图片，认识青铜器的众多实用功能。在学生回答的基础上，教师对"礼器""礼乐制度"等概念进行解释，提升学生的历史认识。本环节还原时代背景，引导学生"历史地"看待青铜器的价值，培养证据意识。

探究活动5：读一读，说一说

师：阅读教材中利簋上的文字，谈谈这些文字对我们研究历史有什么价值。

生：利簋上的文字记述了周武王在牧野伐纣的过程，有非常重要的史料价值。

师：刻有铭文的青铜器更是无价之宝，因为它兼有实物史料和文字史料的双重价值，我国有文字可考的历史始于商朝。文字的出现，见证了一个时代的文明所达到的高度。

【设计意图】

探究活动5巧妙地实现了"青铜器"和"甲骨文"两个课程内容之间的自然过渡。学生通过利簋上的铭文，理解"文字证实"的重要史料价值，认识到商周时期不仅创造了辉煌的物质文明，也塑造了世界领先的精神文明，树立文化自信。

探究活动6：讲一讲，猜一猜

师：1. 你能讲讲甲骨文名称的由来吗？

2. 你能否辨认出表格中的甲骨文是什么字吗？

3. 你认为甲骨文有什么特点？

课堂气氛较为活跃，参与度较高。学生能够说出发现甲骨文、解读甲骨文的故事，并能辨认出部分文字。

师：大家能够根据今天的汉字造型猜出部分甲骨文，由此可见，甲骨文已经是比较成熟的文字，是中国独特文化的载体。文字是文化的载体，是传情达意、历史记录的工具，汉字的传承体现了中华文明的绵延不绝。

【设计意图】

探究活动6设计了"猜字"的活动，符合七年级学生的学情特点，能够激发学习兴趣。能够"猜"对的关键在于甲骨文独特的造字方法与造字特点，及其与现代汉字的内在联系。通过本活动，学生建立起历史与现实之间的联系，同时结合教师的讲解，对"文字"这一文化现象形成理性认识。

师：今天，我们通过一系列的探究活动，对青铜器和甲骨文有了较为深入的认识，感受了中华文化的源远流长。更为重要的是，它们身上隐藏了商周时期的社会生产力发展水平、社会阶级关系、文化发展程度等社会状况的许多密码。对史料的解读就是打开历史大门，与古人对话的一把钥匙，这也是学习历史非常重要的途径。希望同学们拿着这把钥匙，去解开更多的历史之谜。

板书设计：

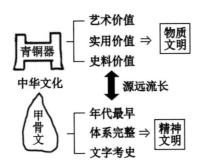

（案例来源：山西省实验中学　徐雪莲）

【教学艺术评析】

## 让学生在活动中"神入"历史

历史是发生在过去的事情，对于学生，特别是刚进入初中的七年级学生来说比较遥远。历史教师的重要职责就是创设多样化的历史情境，将学生引入精彩的历史天地，让他们在体验和感悟中主动探究历史的奥秘。

教学艺术是教学智慧的综合体现，在本案例中，呈现了以下几个特点。

1. 教学目标的适切性

要达到三维目标与学科核心素养的有机统一，教学需要围绕教学目标，依标扣本。本案例中，教师的教学设计有明显的目标意识，采用了"创设情境—系列探究"的具体教学策略，符合初中历史课程标准目标"在了解历史事实的基础上，逐步学会发现问题提出问题，初步理解历史问题的价值和意义，并尝试体验探究历史问题的过程"。同时，本课教学设计中包含了丰富的爱国主义教育资源。教师以山西典型青铜器鸟尊切入，开发山西博物院的教学资源，使学生将课内学习与课外研学有机结合，激发学生对家乡的自豪感；在落实青铜器与甲骨文的基础知识学习之余，教师更为重视引导学生认识以其为代表的灿烂悠久的中华文化，体会绵延不绝的华夏文明的价值。

2. 情境创设的合理性

本案例中，教师用"情境"激发兴趣，用"问题"引导思维，让学生"动"起来，让历史"活"起来，进而构建既生动有趣又有思维深度的历史课堂，促成了教学目标的有效达成。

教师创设了5个学习情境，并针对每一历史情境，设计了具有思维含量的问题。探究问题突出了教学的重点，突破了教学难点，解决了学生学习的困惑点，把情境与问题教学有机融合。

在学习情境中，教师大量使用图片史料，有意识地打破时空界限，缩短学生与历史的距离，将学生引入情境中，给学生以直接的感官刺激，从而使学生对所学知识产生浓厚的探究兴趣，进一步明确学习目的，提高学习效率。

3. 探究活动的有效性

初中学生的形象思维比较发达，对感性的事物较容易理解。本案例中，教师设计"猜一猜""做一做""算一算"等活泼的探究任务，使学生参与其中，降低历史理解的门槛，消除历史学习的障碍。

在教学环节中，教师给学生提供自主学习材料，留给学生充足的时间阅读理解问题，给学生充分的和开放性的学习空间，让学生进入问题情境。学生能看懂的、能通过资料解决的教师不再集中时间讲解，让学生运用自己的多种感官参与学习活动，丰富自己的感性认识，以动促思，动中释疑，促进知识与能力的协同发展。教师在整节课中扮演的角色是学生学习的引导者、协助者和组织者，学生在教师的引导下自主学习与合作探究。在自主学习与合作探究后，学生先展示学习的成果，说出自己的观点与结论，教师引导学生对问题进行反思，并点评指出学生学习的优点和不足，引导学生对问题和知识的认识进一步提升。

# 扣好人生第一粒"纽扣"——道德与法治

党的十八大进一步明确"把立德树人作为教育的根本任务",为我国教育发展确立了明确的价值取向和目标。立德树人,引导学生扣好人生的第一粒扣子,首先要在思政课程中关注公民道德感的提升。所以,本学科把核心素养定位为政治认同、道德修养、法治观念、健全人格、责任意识,是符合初中阶段的学生特点的。初中道德与法治课是一门综合性学科,是融合了道德、心理健康、法律、国情等相关内容为一体的学科。具体来说,道德与法治课是一门德与智、博与专、知与行相统一的学科。德与智的统一是指思想品德的培养与知识学习相统一;博与专的统一即道德与法治课学习过程中,在保持一定广度的同时还要注意以学科目的为核心,用相应的学科专业知识加以支撑,进而达到一定的深度。此外,道德与法治还是一门知与行相统一的学科。

【年级】九年级

【课题】中国人 中国梦

【案例呈现】

一、教学目标

1. 学科教学目标及核心素养体现

了解中国梦的内涵、特点;知道如何实现中国梦;了解中国人民追逐中国梦的历程;理解实现中国梦的意义;培养用历史的宏观思维、发展的辩证的思维看待问题的能力;自觉培养健全人格之自尊自信、理性平和、积极向上等核心素养。

2. 思政教学目标及核心素养体现

（1）通过了解中国梦的逐梦历程感受不同历史时期的红色精神，增强核心素养之政治认同。

（2）培养学生实现中国梦的责任担当，自觉传承民族精神、时代精神、红色精神，培养拥护中国共产党领导中国人民实现中国梦的政治认同，增强核心素养之责任意识。

二、教学构想

中国梦是中国共产党第十八次全国代表大会召开以来，习近平总书记提出的重要指导思想和重要执政理念。自2012年11月提出中国梦后，全国各地中华儿女纷纷做出响应，各行各业涌现出无数先进模范、时代先锋，掀起了共圆中国梦的热潮。本节课结合九年级上册第八课教材内容，引导学生学习中国梦的内涵、价值、实践路线、实现途径等知识。教学中结合教材内容挖掘出中国人民逐梦过程中凝聚形成的民族精神、时代精神、红色精神等思政元素，通过追忆历史和学习模范人物，将思政元素与学科教学相结合。

三、教学流程

［导入课程］

教师组织教材104页活动：运用你的经验。

学生从人民生活、科技发展、国防实力等方面分享交流自己对未来中国的美好憧憬。

师：同学们，我们刚才其实是在谈论一个关于中国梦的话题。大家结合刚才的发言思考一下，中国梦和个人梦想有什么区别和联系？中国梦的这个概念是不是离我们很遥远呢？

生：中国梦代表着中华民族整体利益，是国家的梦、民族的梦，个人梦想属于个体的，个人梦想应该融于中国梦当中，所以中国梦也是每个中国人的梦，离我们并不遥远。

教师引导，板书：中国人　中国梦

　　　　　　　　是国家的、民族的、每一个中国人的梦

【设计意图】

导入环节中主要是基于思政目标及核心素养解读进行设计，旨在引导学生理解中国梦与个人梦的关系，使其从情感上靠近中国梦。

[推进课程]

（一）中国梦的内涵

师：我们每个中国人心中都有一个中国梦，但是中国梦是14亿人民心中对国家民族的梦想的简单相加吗？应该怎样准确地表述中国梦这个概念呢？

教师组织学生自主学习教材，回答问题。

生：中国梦就是实现中华民族伟大复兴，就是要实现国家富强、民族振兴、人民幸福。

教师板书中国梦的本质内涵。

【设计意图】

通过自主学习教材，结合伟人名言及对国情实际等翔实资料的分析，引导学生准确把握中国梦的本质内涵，认同中国梦，培养政治认同的核心素养。

（二）中国梦的逐梦历程

1. 组织学生阅读材料

中国梦是中国共产党第十八次全国代表大会召开以来，习近平总书记提出的重要指导思想和重要执政理念。

2012年11月29日，在国家博物馆，中共中央总书记习近平在参观"复兴之路"展览时，第一次阐释了"中国梦"的概念。他说："大家都在讨论中国梦。我认为，实现中华民族伟大复兴，就是中华民族近代以来最伟大的梦想。"他强调："到中国共产党成立100年时全面建成小康社会的目标一定能实现，到新中国成立100年时建成富强民主文明和谐的社会主义现代化国家的目标一定能实现，中华民族伟大复兴的梦想一定能实现。"

师：从这段材料里你可以看出实现中国梦的两个阶段目标是什么吗？请同学们按照时间和具体目标画一个数轴图。

学生展示数轴图。

教师补充板书"两个一百年奋斗目标"。

教师展示1921年中国共产党成立以来带领中国人民追逐中国梦实现的伟大历史事件图片。师生共同探究两个百年奋斗目标的实现过程，这一过程也是中国共产党领导人民追逐中国梦实现的伟大历程，引导学生感受在这个历史过程中形成的伟大的民族精神和红色精神。

师：中国人民追逐的中华民族伟大复兴梦的脚步仅仅是从1921年中国共产党成立开始的吗？它有更加久远的历史渊源吗？请同学们带着这些问题阅读教材，寻找答案。

学生自学教材后交流分享。

教师依据学生的交流补充板书：千年梦想，百年奋斗

师：通过我们刚才的探究，大家发现中国梦从时间维度上有什么特点呢？用一句话概括一下。

板书：中国梦是历史的、现实的，也是未来的

【设计意图】

本教学环节通过视频图片展示历史的形式，引导学生感悟中国梦实现过程中党的领导力量，以爱国主义为核心的民族精神和红色精神的力量，激发学生爱国、爱党、爱社会主义的情感，进一步提升政治认同等核心素养。

（三）实现中国梦的意义

教师组织学生学习教材106页《中华世纪坛序》。

学生小组讨论对中国梦"实现中华民族伟大复兴"的"复兴"二字的理解，提示可以结合中华民族的发展历史思考。

学生交流分享：只有创造过辉煌的民族，才懂得复兴的意义；只有经历过苦难的民族，才对复兴有如此深切的渴望。中国梦反映了一代又一代中国人的美好夙愿，揭示了中华民族的历史命运和当代中国的发展走向。这就是为什么一定要实现中国梦的原因，也是实现中国梦的意义。

【设计意图】

本教学环节旨在通过小组讨论活动引导学生领悟中国梦的意义，树立实现中国梦的信心决心和责任担当，树立永远跟党走的坚定决心，从而提升自尊自信的健全价格，初步生成政治认同、责任担当的核心素养。

（四）如何实现中国梦

教师带领学生阅读党的十九届五中全会公报材料。

师：巡礼"十三五"，展望"十四五"与2035年，我们不禁感慨：进入新时代，我们比历史上任何时期都更接近中华民族伟大复兴的目标，比历史上任何时

期都更有信心、有能力实现这个目标。接下来请同学们观看视频，然后自读教材112—114页，思考如何实现中国梦。

学生观看视频《习近平为何坚信一定能实现中国梦》。

师生共同总结实现中国梦的途径。

教师展示图片，梳理知识。

教师组织学生阅读身边的模范——全国先进工作者安慧霞的事迹《带着爱的光　乘风破浪》。

师：作为一个新时代的奋斗者，大家从安慧霞的身上能看到什么样的时代精神？

生：改革创新精神、创业精神、无私奉献精神……

师：在实现中华民族伟大复兴的路上，你我都是肩担重任，你我都是追梦人！安慧霞的事迹启示我们应该怎样为中华民族伟大复兴而奋斗？

学生交流分享。

在《我们都是追梦人》的歌声中结课。

【设计意图】

通过观看视频，引导学生思考理解为什么中国梦一定能实现，提升自尊自信的核心素养；通过身边的时代榜样激发学生从实际出发、从行动开始，为实现中国梦不懈奋斗，引导学生自觉培养理性平和、责任担当的核心素养。

板书展示：

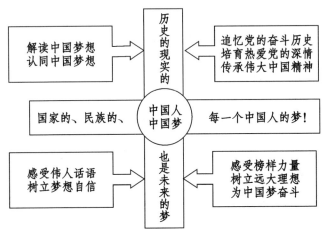

（案例来源：太原市万柏林区第三中学校　贾尚贤）

【教学艺术评析】

## 真真切切感悟中国梦

核心素养导向下的大单元教学设计要求教师建立好学科核心素养与学科核心内容之间的关系。本课的教学设计中，教师把《中国人 中国梦》中的学科核心内容，与政治认同、健全人格、责任意识等道德与法治的核心素养，依据课程标准和教材，通过统摄大概念"中国梦"，进行了大单元整体设计。通过选择有利于培养学科核心素养的教学内容和情境素材制订了本课的学习目标，选择学生易于理解和接受的方法与内容，培养和提升了学生的核心素养。整个教学设计符合学情、教情，也符合课程目标的要求，教学的艺术性得以充分体现。

这节课教师将道德与法治九年级上册教材内容《中国人 中国梦》的两框进行了整合，选取了党的十八大以来习近平总书记提出的重要指导思想和重要执政理念——中国梦主题进行设计。教学过程中通过中国共产党诞生以来领导中国人民革命、建设、改革追求实现中华民族伟大复兴的历史，引导学生感受中国共产党是中国特色社会主义事业的领导核心，是领导中国人民追求幸福生活的领导核心，感受长期以来形成的伟大民族精神的力量，感受伟大红色精神的力量，根植爱党、爱国、爱社会主义情感。通过一系列教学环节进行理想信念教育，激发学生树立远大理想，以实际行动投入到实现伟大中国梦的奋斗之中。

教师在进行大单元教学设计的实践中，其优点在于"学习内容的广度与系统性"，本课的相关知识大都被列入了教学设计的学习范围，由于采用的是班级化团体教学，且有教学设计，教师基本能掌握九年级学生的学习内容与进展，是一篇用教材教而不是教教材的成功案例。但是从另外一个角度来看，优点也是缺点之所在，既然本教学设计强调内容的广度，关于中国人、中国梦的深度便无法顾及；而太强调有系统地按照事前设计的教学设计进行活动，教学可能会相对僵化，易导致不够变通，难以随学生当场的反应、学习状况做调整；另外，以班级为教学单位的团体教学取向的教学模式，比较难以顾及九年级学生的个体差异。

当然，教师的尝试仍然为我们进一步强化教学艺术性的研究与实践，为我们在"双减"政策背景下更好地提升教学效率的研究与实践，为我们更好地学习、理解、落实2022年版的新课程标准，提供了值得学习借鉴的好方法。

# 参考文献

[1] 顾明远. 教育大辞典(增订合编本)[K]. 上海:上海教育出版社,1998.

[2] 刘庆昌,杨宗礼. 教学艺术纲要[M]. 北京:教育科学出版社,1993.

[3] 阴慧芳,朱松苗. "以学生为中心"教育理念的核心与边界[J]. 运城学院学报,2020,38(2).

[4] 宋红月,龚昭月. 课堂教学语言的魅力[J]. 语文教学与研究,2005(14).

[5] 苏霍姆林斯基. 教育的艺术[M]. 肖勇,译. 长沙:湖南教育出版社,1983.

[6] 程少堂. 教学风格论[J]. 教育科学,1988(2).

[7] 顾颉. 如何彰显新时代教师之美[J]. 中国教育学刊. 2010(1).

[8] 陆雄文. 管理学大辞典[M]上海辞书出版社,2013.

[9] 李如密. 教学艺术论[M]. 济南:山东教育出版社,1995.

[10] 曹莉艳. 浅析教学表达艺术及其运用[J]. 沧州师范专科学校学报,2001(3).

[11] 舒江霞. 浅谈教师的课堂表达艺术[J]. 江汉石油职工大学学报,2002(4).

[12] 郝志伦. 课堂教学语言艺术论略[J]. 西南科技大学学报,2007,23(1).

[13] 李莉. 当年敢有愚公志 祇觉移山兴味长——钱梦龙、黄厚江、肖培东共上《愚公移山》[J]. 中学语文教学参考,2017(11).

[14] 胡基良. 学习名师锤炼语言 展现课堂语言魅力——研习钱梦龙、李华平教学语言艺术[J]. 语文教学通讯,2019(17).

[15] 马克思·范梅南. 教学机智——教学智慧的意蕴[M]. 李树英,译. 北京:教育科学出版社,2001.

[16]孙菊如,陈春荣,谢云,等.课堂教学艺术[M].北京:北京大学出版社,2006.

[17]李如密,等.课堂教学艺术新论[M].福州:福建教育出版社,2014.

[18]刘庆昌.论教育情感[J].山西大学师范学院学报,2000(1).

[19]王鉴.课堂研究概论[M].北京:人民教育出版社,2007.

[20]苏霍姆林斯基.给教师的建议[M].北京:教育科学出版社,1981.

[21]余文森.核心素养导向的课堂教学[M].上海:上海教育出版,2017.

[22]张汉林.历史教育追寻什么及如何可能[M].北京:中国民主法制出版社,2016.

[23]吴亮奎.特级教师课堂教学艺术·初中卷[M].南京:南京师范大学出版社,2018.

[24]徐杰,等.名师课堂教学细节设计艺术[M].北京:中国轻工业出版社,2014.

[25]洛林·W.安德森.提高教师教学效能[M].福州:福建教育出版社,2018.

[26]薛伟强.基于学科核心素养的历史教学课例研究[M].上海:华东师范大学出版社,2020.

[27]陆建良,程文伟.中学历史学科语言文字能力刍议[J].历史教学,1998(4).

[28]杨艳玲.对话是课堂教学永恒的乐章[J].教育实践与研究(B),2012(5).

[29]刘庆昌,杨宗礼.论教学艺术家[J].运城高专学报,1993.2.

[30]朱永新.我的教育理想[M].桂林:漓江出版社,2014.

[31]卜志雄.试论教学艺术[J].教学研究,1982(2):44-45.

[32]孙俊三.备课艺术导论[J].湖北民族学院学报(社会科学版),1992(1):65-70.

[33]卢真金.教学艺术风格发微[J].现代中小学教育,1991(2):57-60.

[34]刘庆昌.论教学表现[J].课程·教材·教法,2013(5):45-51.

[35]苏珊·朗格.艺术问题[M].滕守尧,朱疆源,译.北京:中国社会科学出版社,1983.

[36]董宝良.陶行知教育论著选[M].北京:人民教育出版社,1991.

[37]戴维·伯姆.论对话[M].北京:教育科学出版社,2004.

[38]付强.艺术本质的模仿与表现之辩[J].文艺争鸣,2011(12):9-11.

[39]刘庆昌.论教学活动艺术化的实质[J].教育学报,2010(4):43-48.